刑法十二课

刑事疑难类案演习

张明楷 /编著

法律出版社 LAW PRESS · CHINA
北京

图书在版编目（CIP）数据

刑法十二课：刑事疑难类案演习 / 张明楷编著．北京：法律出版社，2024．-- ISBN 978-7-5197-9424-8

Ⅰ．D924.05

中国国家版本馆 CIP 数据核字第 2024A606X3 号

刑法十二课

——刑事疑难类案演习

XINGFA SHIER KE

—XINGSHI YI'NAN LEIAN YANXI

张明楷 编著

策划编辑 屈 瑶

责任编辑 屈 瑶

装帧设计 臧晓飞

出版发行 法律出版社

编辑统筹 学术·对外出版分社

责任校对 李慧艳

责任印制 胡晓雅 宋万春

经 销 新华书店

开本 710 毫米×1000 毫米 1/16

印张 30 **字数** 420 千

版本 2024 年 11 月第 1 版

印次 2024 年 11 月第 1 次印刷

印刷 三河市兴达印务有限公司

地址：北京市丰台区莲花池西里 7 号（100073）

网址：www.lawpress.com.cn

投稿邮箱：info@lawpress.com.cn

举报盗版邮箱：jbwq@lawpress.com.cn

销售电话：010-83938349

客服电话：010-83938350

咨询电话：010-63939796

书号：ISBN 978-7-5197-9424-8

定价：78.00 元

凡购买本社图书，如有印装错误，我社负责退换。电话：010-83938349

说　明

2023 年春季,我在清华法学院承担了刑法专业硕士研究生的“刑法各论”课程。部分研究生在前一学期选修了其他老师为法律硕士开设的“刑法各论”,因课号相同不能再选修我的“刑法各论”课程;部分研究生在我第一节课宣布“撰写 3 万字以上的学术论文才能获得参加期末考试的资格”后,立即退课或者中途退课。最终选课的只有 9 名研究生(包括法学硕士与法律硕士),但未能选课和已经退课的部分研究生整个学期都在旁听我的“刑法各论”课程。

如何给研究生上课,是我一直感到棘手的问题。因为我总觉得,老师的多数观点都已体现在公开发表或者出版的论著中,完全没有讲授的必要,因而我常担心,听课的研究生会认为老师讲授的内容与其已发表的论著完全相同,了无新意。所以,我喜欢给本科生讲课,即使是站着讲;而不乐意给研究生讲课,哪怕是坐着讲。其实,研究生并没有全部阅读老师的论著,即使阅读了也未必能够真正领会,但我还是没有兴趣讲授自己论著中的内容。再者,因受德国、日本法学教育的影响,我认为有必要给学生开设刑法演习课程。其一,演习课程可以促使研究生就某个专题发表看法;其二,选课的其他研究生可以对他人的看法提出质疑;其三,老师可以就研究生在课堂上的各种表现给予评价。与单纯的演讲课相比,演习课更能提高学生的写作水平与表达能力,尤其是能提高学生发现问题、解决问题的能力。不过,在刑法学演习的课堂上,有的学生不敢提问,因为担心暴露自己没有阅读老师论著的真相而被老师批评;有的学生不想提问,因为害怕自己提出的问题过于幼稚而被同学取笑;有的学生不愿提问,因为他们原本只打算轻轻松松地听听课;有的学生不能提问,因为脑子里实在没有可提的问题。老师如何激励学生提问成为一门大学问。我一直以为,研究刑法学,不仅应当“心中永远充满正义”,而且应该“大脑一直装满问题”。所谓研究,无非是发现问题和解决问题,而且要善于从通说中发现问题,敢于从定论中找出问题。对于研究生而言,没有问题还真是一个问题。据说,“不具有提问能力的人,将被人工智能淘汰”。这让我更加坚信,演习课对于研究生具有特别重要的意义。

我在课前提出了十多个供学生选择的课题,要求学生全面收集我国司法实践中的真实判例,从判例中发现问题、总结经验、提炼规则,撰写出 2 万字左右的报告。前四次课由我讲授刑法适用的原则、方法与技巧,四周的讲授内容形成了本书的第一课,剩下的十一课由学生发表的主题报告、课堂提问和老师评述构成。每次课的第一节由学生发表主题报告、第二节为课堂交流、第三节为老师评述。学生撰写的报告,也可谓学术论文,但由于时间有限,他们在课堂上只能报告主要内容。课堂交流环节,主要是学生提问、报告人回答,提问的学生不仅有选课的学生,还有旁听的学生。在一些情形下,我既会向报告人提问,也会替报告人回答。我的评述主要针对学生的报告内容。我在评述时也有学生提问,其中的部分提问与我的部分回答也会在注释中显现。

课程结束后,所有学生对自己的报告进行了修改与补充,对课堂交流的内容进行了整理与删减,我前四次课的讲授与每次课最后的评述,虽然是根据录音整理而成,但也作了不少删减。我对本书的全部内容进行了技术性修改。所谓技术性修改,是指没有修改学生的论文观点与我的讲授内容,也没有补充学生的论证与我的说理,只是删减了部分内容,修改了部分表述。总体而言,本书反映了当时的“刑法各论”课程演习的全貌。不可否认,本书存在形形色色的问题与林林总总的缺陷。例如,有的表述并不顺畅,有的论证比较勉强,有的观点难以成立,有的注释亦不规范。特别恳请读者谅解,非常期待读者指正!

张明楷

2024 年 4 月 6 日于清华园

目　录

第一课　刑法适用的观念、方法与技巧

一、基本观念　/　002

二、基本方法　/　018

三、基本技巧　/　064

第二课　“二次碰撞”类交通肇事逃逸案件

一、学生报告　/　076

（一）引言　/　076

（二）“二次碰撞”类案件的司法实践现状　/　077

（三）对司法实践现状的成因分析　/　083

二、课堂交流　/　091

三、张明楷评述　/　100

第三课　被害人跳车案件的归责问题

一、学生报告　/110

（一）引言　/　110

（二）典型案例引入：货拉拉案件　/　111

（三）类案分析：基于互动型视角　/　113

二、课堂交流　/　126

三、张明楷评述　/　135

第四课　与醉酒妇女发生性行为的强奸罪认定
一、学生报告　/　146
(一)引言　/　146
(二)酒后性行为的类型化关系归纳　/　147
(三)特殊场景下强奸罪的认定难题　/　150
(四)特殊场景下强奸罪的认定规则　/　163
(五)酒后性行为的类型化回应方案　/　165
二、课堂交流　/　167
三、张明楷评述　/　173

第五课　性侵儿童犯罪之传统问题概述与新型问题初探
一、学生报告　/　186
(一)保护法益　/　186
(二)行为类型归纳　/　188
(三)网络视频上的行为与现实空间的行为的差异性　/　196
(四)奸淫行为与猥亵行为的区别　/　198
二、课堂交流　/　201
三、张明楷评述　/　204

第六课　政府工作人员行为触犯侵犯公民个人信息罪的案件
一、学生报告　/　216
(一)案例介绍　/　216
(二)问题研讨　/　218
二、课堂交流　/　229
三、张明楷评述　/　240

第七课　高速公路逃费行为的定性
一、学生报告　/　254
(一)引言　/　254
(二)高速公路逃费行为性质的司法实践状况　/　255

（三）“偷逃型逃费”行为构成盗窃罪的展开 / 257
二、课堂交流 / 272
三、张明楷评述 / 277

第八课　诈骗罪与盗窃罪的区分

一、学生报告 / 288
（一）引言 / 288
（二）有无“欺骗行为”是区分诈骗罪与盗窃罪的第一步 / 289
（三）诈骗罪中的“认识错误” / 291
（四）诈骗罪中受骗人的处分行为与处分权限 / 294
（五）诈骗罪中处分人的“处分意识” / 297
二、课堂交流 / 301
三、张明楷评述 / 305

第九课　抢劫罪与敲诈勒索罪的区分

一、学生报告 / 318
（一）困境：理论区分之难题 / 318
（二）启发：实践做法之总结 / 322
（三）出路：既有理论之反思 / 328
二、课堂交流 / 338
三、张明楷评述 / 342

第十课　从案例看伪造、变造国家机关公文、证件罪

一、学生报告 / 354
（一）引言 / 354
（二）伪造国家机关公文 / 355
（三）车牌是否属于国家机关证件 / 365
（四）身份证件类犯罪 / 371
二、课堂交流 / 375
三、张明楷评述 / 378

第十一课　帮信罪的适用现状、原因分析及解释方向

一、学生报告 / 390

(一)概述:帮信罪案件数量的发展趋势及成因 / 390

(二)作为立法目的的政策性论述 / 393

(三)帮信罪的性质之争 / 394

(四)帮信罪的构成要件之解释与适用 / 396

(五)政策性论述过度适用的后果:打击重点的扩张与偏离 / 406

(六)帮信罪的解释方向 / 410

二、课堂交流 / 413

三、张明楷评述 / 420

第十二课　受贿犯罪若干疑难问题

一、学生报告 / 432

(一)受贿罪的保护法益 / 432

(二)如何理解"利用职务上的便利" / 437

(三)利用本人职权或者地位形成的便利条件 / 450

二、课堂交流 / 454

三、张明楷评述 / 460

第一课

刑法适用的观念、方法与技巧*

刑事疑难案件或者刑事疑难类案的分析，与我们通常所说的刑法适用或者刑法解释并没有什么区别，都是要将案件事实与刑法规范相对应，从而形成合理的结论。我是在等同含义上使用刑法适用与刑法解释这两个概念的，因为离开了需要处理的案件来对刑法条文进行所谓的解释是没有什么实际意义的。我下面讲三个大问题。

一、基本观念

(一)罪刑法定与处罚漏洞

罪刑法定原则虽然对刑法总则的解释会起重要制约作用，但在司法实践中，主要是对刑法分则的解释如何贯彻罪刑法定原则的问题。而这一问题又是与如何防止处罚漏洞密切相关的。我从德国刑法理论中学到的比较多的是如何防止处罚漏洞，从日本刑法理论学到的比较多的是如何实现刑法的公平正义。

比如，成立诈骗罪是否需要受骗人具有处分意识？德国刑法理论的通说与判例认为，在骗取狭义财物的场合要求受骗者具有处分意识，但在骗取财产性利益时则不要求受骗者具有处分意识。这是因为狭义财物是盗窃罪的对

* 本课由张明楷讲授。

象,要求受骗者具有处分意识既可以使盗窃罪与诈骗罪相区别,也不会产生处罚的漏洞。但是,德国刑法没有将财产性利益规定为盗窃罪的对象,如果要求受骗者对财产性利益具有处分意识,那么,受骗者对财产性利益没有处分意识时,被告人的行为既不成立诈骗罪(因为没有处分意识),也不成立盗窃罪(因为不符合对象要件),于是形成处罚漏洞。显然,在骗取财产性利益时不要求受骗者具有处分意识,就可以避免处罚漏洞。在日本并没有做类似的解释,而是对诈骗财物与诈骗财产性利益提出相同要求。又如,德国刑法理论对人的出生的认定是很早的,采取的是分娩开始说或者阵痛说。之所以如此,是因为堕胎罪只能由故意构成而不能由过失构成,在分娩过程中医生、护士的过失行为导致胎儿死亡的,不成立堕胎罪,如果胎儿还没有露出也不成立过失致人死亡罪。但如果认为分娩开始时胎儿就属于人,则过失导致胎儿死亡的,成立过失致人死亡罪,这也是为了防止处罚漏洞。

我并不是说刑法解释要填补所有的处罚漏洞,这是不可能的。罪刑法定原则既意味着处罚漏洞的存在,也意味着不能通过解释填补处罚漏洞。但也不能认为,处罚漏洞越多越好。如果说处罚漏洞越多越好,就可以说没有刑法是最好的。但事实上并非如此。在一个案件是有罪还是无罪存在争议时,说无罪很容易,说理由也简单,因为法无明文规定不为罪。但是,如果一遇到争议案件就主张无罪,你的解释能力是不可能提高的。如果你觉得某个行为构成犯罪,你就想尽各种办法,尝试将其解释为犯罪。在得出有罪结论之后,你必须回过头来思考和判断一下,你的解释是否属于类推解释,以及其他人是否会接受你的解释。不要一开始就担心自己的解释是类推解释,因而不敢进行任何解释。如果是这样的话,你的解释能力永远会停留在最低水平。反过来,如果大家都觉得定罪很容易、说理很简单,而你认为不构成犯罪,就需要有较强的解释能力。我这里特别想讲的是,要在坚持罪刑法定原则的前提下,避免作出具有处罚漏洞的解释。

第一,不要人为地制造处罚漏洞。人为地制造处罚漏洞,主要表现为一开始面对刑法条文时,就没有理由地作出限制解释。例如,串通投标罪的主体是投标人与招标人,问题是,是要按照招投标法理解投标人与招标人,还是将实际从事招投标事项的人解释为招标人与投标人?这要考虑什么人可以实施串通投标的构成要件行为,以及在现实生活中哪些人在从事招投标事项。事实上,招投标事项大多是中介组织人员实施的,既然如此,就没有理由将串通投标罪的主体限定为招投标法规定的招标人与投标人,否则就会导致串通投标罪形同虚设。以制造处罚漏洞为目的解释刑法的做法,我是难以接受的。

第二,尽可能减少此罪和彼罪对立的情形。如果两个罪之间是对立的、互斥的关系,就必然会形成处罚漏洞。例如,如果说盗窃是秘密窃取、抢夺是公然夺取,那么,在查不清行为究竟是秘密还是公开时,就没有办法定罪了。这显然不合适。又如,如果说拐卖儿童罪是以出卖为目的,而收买被拐卖的儿童罪是不以出卖为目的,那么,在查不清行为人是否具有出卖目的时,就不能定罪了。其实,只要收买儿童,就首先成立收买被拐卖的儿童罪;如果进一步查明行为人具有出卖目的,则要认定为拐卖儿童罪。

就一些犯罪而言,通说认为是对立的,但我们并非不能推翻这种对立的观点。例如,诈骗罪和盗窃罪究竟是不是对立关系?在通常情形下,将两罪解释为对立关系,不会有什么问题。但在行为人存在认识错误等场合,肯定对立关系会造成处罚漏洞。例如,行为人想以诈骗故意骗走被害人的水杯,被害人没有听清楚行为人说的是什么,就哼了一下,并没有处分自己水杯的行为与意识,但行为人以为被害人同意了,于是将水杯拿走。如果说成立诈骗罪要求受骗人具有处分意识,即盗窃与诈骗是对立关系,那就麻烦了。一方面,虽然行为人实施了欺骗行为,但被害人并没有处分意识,于是不能认定为诈骗既遂;另一方面,行为人客观上是违反被害人意志拿走水杯的,这是一种盗窃行为,但行为人又以为被害人同意自己拿走水杯,没有盗窃罪的故意。于是,充其量只能认定行为人的行为构成诈骗罪的未遂。但这一结论并没有评价被害人遭受财产损失的事实。如果说盗窃与诈骗不是对立关系,即认为成立诈骗罪不需要被害人具有处分意识,则本案的行为人的行为成立诈骗既遂,这个结论就比较合理。

侵占罪与盗窃罪的关系也是如此。如果说侵占罪与盗窃罪不是对立关系,侵占罪是兜底条款,任何将他人财物非法据为己有的行为首先成立侵占罪,则不会形成处罚漏洞。而要使侵占罪成为兜底条款,就要将“代为保管”“遗忘”“埋藏”解释为表面的要件,而非真正的构成要件要素。总之,你们要记住,不要动不动就肯定两罪之间是对立关系,不要动不动就讨论两个罪之间的区别。这样的讨论只会导致处罚漏洞的增加。

第三,要坚持客观解释论,作出同时代的解释。我不认为沿革解释具有特别重大的价值。因为当今社会变化很快,如果面对刑法条文都要按照以前的理解来解释,就必然形成处罚漏洞。例如,将遗弃罪的主体与被害人限定在家庭成员之间,就不能适应不断发展变化的社会生活事实。现在,养老院越来越多,养老院的工作人员对老人实施遗弃行为的案件已经发生过,《刑法》第 261 条并没有要求被害人必须是家庭成员,既然如此,就不能按旧刑法时代的理解来解释现行刑法中的遗弃罪。养老院的工作人员也可能虐待老人,但《刑法》第 260 条明文规定行为对象为家庭成员,所以养老院的工作人员虐待老人的,不可能成立虐待罪,刑法只好增加了《刑法》第 260 条之一,新设了虐待被监护、看护人罪。但刑法并未在遗弃罪之外增设其他主体或对象的遗弃罪,这也表明,现在的遗弃罪主体与被害人并不限于家庭成员之间。这样解释,才是同时代的解释。

又如,能否将虚拟财产解释为财物?我觉得可以。在当今社会,在刑法没有区分财物与财产性利益的立法例之下,将财物限定为有体物,并非同时代的解释,而是远远落后于时代的解释。当然,肯定有人说,无体物与财产性利益虽然是财产,但不能解释为财物。我虽然不主张解释刑法时查汉语词典之类的,但我还真查了一下“财物”这个词,有的词典解释为财产与物品,有的词典解释为钱财与物资,有的词典解释为钱财、物品的总称。由此看来,财物是一个包容性很强的概念,也可以将财与物进行拆分解释。按我的了解,德国、日本刑法区分财物与财产性利益的立法例,已经遇到了许多麻烦。欧洲一些国家的财产罪其实包括了三种对象,即作为有体物的财物、财产性利益与数据,分开规定带来了许多问题。我国刑法没有这样区分,在解释论上,完全可以将有体物、无体物、财产性利益、数据等一体化,形成财产犯罪理论。当然,数据具有多种属性,只有部分数据属于财物。

不可否认的是,对刑法用语的解释确实要考虑国民的预测可能性,我觉得在判断一个解释是否侵犯了国民的预测可能性时,重要的不是国民是否同意对某个词怎么解释,而是将某个行为解释为犯罪是否侵犯了国民的行动自由。在国民普遍要求处罚某种行为的时候,将这种行为解释为犯罪,一般来说就没有侵犯国民的预测可能性。比如,国民一般会认为盗窃是秘密的,但这并不意味着国民认为公开盗窃不构成犯罪。

第四,不要滥用存疑时有利于被告的原则。也就是说,即使你面对一个案件时,心里没有底,在是否构成犯罪的问题上,没有准确的预判,也不能以存疑时有利于被告为根据,直接得出无罪的结论。存疑时有利于被告是就事实认定而言的,而不是就对刑法规范的解释而言的。如果对刑法规范的解释采取存疑时有利于被告的原则,那么,对被告人最有利的解释就是最正确的解释,结局是,得出无罪结论的解释就是最正确的解释。这显然不合适。于是,我们会发现,还是要看解释有没有道理,有什么样的道理。

例如,甲使用暴力压制被害人乙的反抗,强取了财物。关于抢劫罪中的暴力程度肯定是有争议的,公诉人会认为,既然暴力压制了被害人的反抗,当然构成抢劫罪。但辩护人提出了一个新观点,主张抢劫罪的暴力必须具备致人重伤、死亡的现实危险,因为《刑法》第 263 条规定了抢劫致人重伤、死亡的结果加重犯,这表明暴力可能致人重伤、死亡,所以单纯压制被害人的反抗还不够。面对这样的争论,我们肯定要论证哪一种观点更合理。不能说,既然抢劫罪中的暴力是什么含义还存在疑问,那么根据存疑时有利于被告的原则,对甲的行为就不以抢劫罪论处。我相信大家不会接受这样的观点。

当然,我也不否认存在一些特殊情形,即有罪与无罪的理由是相当的,任何一方都不能说服对方。司法机关为了稳妥起见,而不按犯罪处理。但这并不是存疑时有利于被告的原则的运用。

还有一句格言是存疑时有利于自由。在我看来,这不是针对事实认定而言的,而是就对刑法规范的解释而言。而且,其中的自由并不是指特定被告人的自由,而是指一般人的自由、多数人的自由。换言之,对一个刑法规范的解释,如果限制了一般人的自由,就明显不当。当然,这里也存在一个问题:一般人是否应当享有某种自由?例如,一般人有杀人的自由、盗窃的自由吗?当然没有。那么,一般人有什么样的自由呢?回答应当是,在不侵害他人法益的前提下做任何事情的自由。所以,如果一个解释结论导致一般人不能做原本可以做的事情,这一解释就不能被接受。

(二)保护法益与构成要件

不要否认刑法的目的是保护法益,如果不保护法益,我们要刑法干什么呢?如果说刑法的目的就是保护刑法规范本身的效力,国家为什么要制定一部刑法典来保护这部刑法典的规范效力呢?国家为什么不制定一部“太阳保护法”来保护这部“太阳保护法”的规范效力呢?

确定保护法益是解释刑法分则的关键。解释某个犯罪的构成要件的前提是确定刑法设立这个犯罪的保护法益。如果说刑法的目的是保护刑法规范的效力,是难以据此解释刑法分则的。

1. 具体犯罪保护法益的确定标准

第一,法益必须是值得和需要刑法保护的。社会越发展,需要刑法保护的法益只会越多,所以犯罪也随之越来越多。也正因如此,我在刑事立法上主张积极刑法观。

不是任何利益都能成为法益。既要判断利益是否重大,也要判断利益是否容易被侵害,侵害事实是否经常发生,发生后是否容易恢复等。例如,刑法有没有必要保护人们对电子邮箱的使用权利?我觉得现在是没有必要保护的。虽然许多人普遍使用邮箱,但现实生活中邮箱本身被破坏的情形并不多见,而且容易重新注册或者恢复邮箱。既然如此,就不要将电子邮箱也作为虚拟财产进行保护了。

不能将道德、禁忌等上升为法益。法律能否强制推行道德的讨论,或许是没有多大意义的。这是因为法律不可能强制推行所有道德,道德的外延也无边无际。所以,不可能以某个规范是不是道德为标准来决定法律是否推行它,只能以其他标准来决定要不要推行某个规范。法律禁止杀人、禁止强奸、禁止盗窃,并不是因为不得杀人、不得奸淫、不得盗窃是道德规范,而是因为这些行为侵犯了法益。禁忌的范围也不明确。刑法将扒窃规定为犯罪,并不是因为这种行为触犯了贴身禁忌,贴身禁忌本身也不能成为规定扒窃的理由。我们可以说,扒窃行为因为通常贴身实施,所以存在对人身权利的侵犯。这显然不是从禁忌的角度寻找处罚扒窃的根据。

第二,具体犯罪的保护法益必须是特定的,或者说必须是专属的,亦即每个具体犯罪的保护法益都应当具有特定的内容,而不与其他犯罪的保护法益相混同。如果对不同犯罪确定了相同的保护法益,就没有办法解释构成要件。一方面,此类犯罪中具体犯罪的保护法益不应当与彼类犯罪中具体犯罪的保护法益相同,或者说,对一个具体犯罪所确定的保护法益内容,不应与不同类法益的其他具体犯罪的保护法益相同。例如,将普通受贿罪的保护法益表述为职务行为的公正性,其实使受贿罪的保护法益丧失了特定性,即导致受贿罪与滥用职权罪的保护法益相同,而且不能说明作为抽象危险犯的受贿罪的法定刑,为什么重于保护法益相同的、作为实害犯的滥用职权罪的法定刑。另一方面,同类犯罪中具体犯罪的保护法益,大多并不相同,不能因为不同的具体犯罪同属于某一类罪,就简单地将同类法益确定为具体犯罪的保护法益。例如,一般认为,刑法分则第二章的危害公共安全罪的保护法益是不特定(或者)多数人的生命、身体与重大财产的安全,进而认为,其中的具体犯罪的保护法益都与同类法益相同。但事实上并非如此。放火罪与破坏广播电视设施、公用电信设施罪均属于危害公共安全的犯罪,在将放火罪的保护法益确定为不特定(或者)多数人的生命、身体、重大财产的安全时,就不能认为破坏广播电视设施、公用电信设施罪的保护法益与此相同。又如,有的教科书指出,强制猥亵、侮辱罪的保护法益是他人的人格尊严与人身自由权利。可是,这样的法益并不只是强制猥亵、侮辱罪所特有，或者说，这样的表述实际上囊括了刑法分则第四章的大部分犯罪的保护法益，因为故意杀人罪，故意伤害罪，强奸罪，拐卖妇女、儿童罪等都可谓侵犯了他人的人格尊严与人身自由权利。

第三，具体犯罪的保护法益必须能够解释本罪的所有案件，而不能有任何例外。比如，前面提到过，我国与日本都有学者认为，受贿罪的保护法益是职务行为的公正性。但是，这一观点不能解释以下案件：国家工作人员甲合法地为乙谋取了正当利益，即职务行为完全是客观公正的，但乙事后为了感谢甲给了甲 20 万元。甲的行为没有侵害职务行为的公正性，连侵害职务行为公正性的抽象危险都没有。只要我们认为甲的行为成立受贿罪，公正性说就不能说明这一点。只要这一个案件不能得到说明，就表明公正性说存在疑问。日本的许多学者采取信赖保护说，就是为了说明这个案件中的甲成立受贿罪，亦即甲的行为虽然没有侵犯职务行为的公正性，但侵犯了国民对职务行为公正性的信赖。因为在这样的场合，国民都会怀疑甲实施了不公正的职务行为才使乙获得了利益。在我看来，与其说侵害了国民对职务行为公正性的信赖，不如说侵害了职务行为的不可收买性，即职务行为与财物的不可交换性。

第四，具体犯罪的保护法益必须是具体的，而不能是抽象的。所谓具体的，是指法益必须具有经验的实在性，能在经验上感觉到法益的存在。只有这样，才能判断某个行为是否侵犯了法益。如果法益很抽象，就难以判断行为是否侵犯了法益，处罚范围就会不确定。例如，将具体犯罪的保护法益确定为“国家对 ×× 的管理秩序”“国家尊严”“体育精神”，是非常不理想的。

2. 具体犯罪保护法益的确定根据与确定方法

第一，要看规定犯罪的法条所处的位置。例如，对刑法分则第四章的犯罪，就不要确定为对公共法益的犯罪，当然重婚罪例外。我国刑法分则规定的对个人法益的犯罪已经很少了，如果再将第四章的犯罪确定为对公共法益的犯罪，就明显不合适。现在，很多人都将侵犯公民个人信息罪确定为对公共法益的犯罪，或者认为本罪的客体是复杂客体。一个重要理由是，国家与企业都需要合理利用公民个人信息，所以个人信息并不是由个人所有和独占。可是，

《刑法》第 253 条之一规定的侵犯公民个人信息罪,就是为了保护公民对个人信息的相关权利。刑法没有规定妨害对公民个人信息合理利用的犯罪,既然如此,就不能将公共法益确定为侵犯公民个人信息罪的保护法益内容。

我倒是觉得,规定在刑法分则第三章、第六章的许多犯罪,需要解释为对个人法益的犯罪。例如,全世界公认知识产权是私权利,而不是公共法益。可是,我国刑法将侵犯知识产权罪规定在刑法分则第三章,大家都认为侵犯知识产权罪是对公共法益的犯罪。还有人认为,既要保护个人的知识产权,也要保护知识产权的创新,所以保护知识产权创新的法益就不是个人法益。可是,刑法分则没有规定妨害知识产权创新的犯罪,只是规定了侵犯知识产权的犯罪。所以,要将侵犯知识产权犯罪确定为对个人法益的犯罪。又如,强迫卖淫罪是对个人法益的犯罪,与组织卖淫罪的法益存在明显区别。

第二,要看法条是如何表述的,尤其是对结果的表述。一般来说,结果实际上是保护法益的反面。但如何理解构成要件的结果还是一个问题,我国的刑法理论习惯于追热点,而没有对一些基础问题展开研究。构成要件结果主要包括两类结果:一类是对行为对象造成的结果,另一类是对保护法益造成的结果。前者如盗窃枪支时转移了枪支的占有,这是对行为对象的结果;后者如诈骗他人财物时使他人财产遭受财产损失。对行为对象造成的结果与对保护法益造成的结果通常是重合的,但也有不重合的。杀人、伤害、盗窃、诈骗等犯罪对行为对象造成的结果与对保护法益造成的结果是重合的,但盗窃枪支罪对行为对象造成的结果,只能征表对保护法益的侵犯,并不是指对保护法益造成了侵害。即使盗窃枪支既遂,对公共安全也只是造成了抽象危险。在这个意义上说,不能将构成要件结果单纯理解为对法益的侵害结果。反过来说,如果某个构成要件结果是对保护法益的侵害结果,那么,我们就可以根据这个结果反过来确定犯罪的保护法益。

第三,要看法定刑的轻重。一般来说,法定刑越重,所保护的法益也就越重要;如果保护法益的位阶较低,那么,刑法一般不会规定较重的法定刑。

第四,不能根据司法解释对情节严重的解释内容确定具体犯罪的保护法益。例如,认为侵犯公民个人信息罪的保护法益是公共法益的观点,大多以司法解释规定的严重情节内容为根据。2017 年 5 月 8 日发布的《最高人民法院、最高人民检察院关于办理侵犯公民个人信息刑事案件适用法律若干问题的解释》将诸如"出售或者提供行踪轨迹信息,被他人用于犯罪的""造成被害人死亡、重伤、精神失常或者被绑架等严重后果的""造成重大经济损失或者恶劣社会影响的"作为认定侵犯公民个人信息罪"情节严重"或"情节特别严重"的因素,而这些因素与公民个人信息自决权没有什么关联性,明显已经超出传统个人法益所能涵盖的范围,旨在实现公民信息公开与信息保护的制衡或者平衡,所强调的是侵犯公民个人信息行为对社会信息管理秩序的影响。但在我看来,仅以司法解释规定的情节内容为依据,而不考虑侵犯公民个人信息罪的体系地位,其实是使司法解释的地位高于刑法的地位,使司法机关的判断优于刑事立法的判断,这可能不合适。司法解释只是从限制犯罪的角度规定入罪标准与情节特别严重的标准,这种限制犯罪的标准并不必然与具体犯罪的保护法益相关联。出售或者提供的信息被他人用于犯罪,或者造成被害人死亡、重伤等严重后果,与侵犯公民个人信息的行为充其量仅具有条件关系,并不属于行为造成的法益侵害结果。即使肯定刑法规定侵犯公民个人信息罪的意图之一在于防止行为人利用公民个人信息实施其他犯罪活动,也不能否认公民个人的信息权或者信息安全是值得刑法保护的法益。总之,司法解释关于情节严重的规定,不能直接决定保护法益的内容,也不是确定保护法益内容的决定性因素。

第五,不能根据某些案件事实来确定具体犯罪的保护法益。比如绑架罪,不能因为某些被勒索的第三者产生了恐惧心理,就认为被勒索的第三者的意志自由也是绑架罪的保护法益。例如,有一个真实案例是,行为人绑架了一个老板,向老板的妻子要钱,声称不给钱就杀人,但妻子根本就不害怕,反而说你想咋办就咋办,也不报警。根据上述观点,行为人就不构成绑架罪,因为没有侵犯第三者的意志自由活动。但这样的结论明显不合适。换言之,我们只能将一个犯罪行为必然侵犯的利益当作保护法益,而不应当将一个犯罪行为可能侵犯的利益都当作保护法益。现在的部分教科书将很多利益都表述为一个犯罪的保护法益，就是根据案件事实来确定的，将事实与规范相混淆，并不可取。

第六，不能总是强调一种保护法益的背后的、更深层的所谓法益。如果总是强调一种保护法益的背后的、更深层的所谓法益，那么所有犯罪的保护法益都是一样的，都是保护人的体面生存与全面发展，于是，所有犯罪都成为抽象危险犯。例如，不能说侵犯知识产权罪的保护法益不是表面的知识产权，而是背后的知识产权创新秩序或者利益。可是，如前所述，刑法根本没有规定妨害知识产权创新的犯罪。根据这样的法益观，也没有办法确定侵犯知识产权罪的构成要件。又如，一些学者之所以强调受贿罪的保护法益是职务行为的公正性，而不是职务行为的不可收买性，就是因为职务行为的不可收买性的背后是保护职务行为的公正性。可是，刑法为什么要保护职务行为的公正性呢？还可以继续回答：是因为要平等保护所有国民的权利。为什么要平等保护所有国民的权利呢？还可以继续回答。只要不断地追问，就会发现所有犯罪的保护法益都是人的体面生存与全面发展，所有犯罪都不是实害犯。这反过来告诉我们，确定具体犯罪的保护法益时，既要使处罚范围合理化，也要有利于有罪、无罪的判断，有利于既遂、未遂的判断。再如，拐卖妇女罪的保护法益究竟是什么？妇女的同意是否阻却构成要件符合性？一名妇女被拐卖到卖淫场所后，甲为了使其摆脱卖淫场所，经过妇女同意将其收买出来，这是否构成犯罪？妇女教唆他人出卖或者收买自己的，是否也构成犯罪？这些都是在确定拐卖妇女罪时需要考虑的问题。

第七，不能将加重犯的保护法益纳入基本犯的保护法益。换言之，需要区分基本犯的保护法益与加重犯的保护法益。刑法理论一般首先是确定基本犯的保护法益，然后确定加重犯的保护法益。例如抢劫犯，首先确定基本犯的法益，即所有的加重犯和基本犯都侵犯的法益；其次再讨论加重犯的保护法益。不能因为抢劫致人重伤、死亡这一加重犯的法益包括被害人的身体健康与生命，就将抢劫罪的保护法益笼统表述为财产与人身安全。又如故意伤害罪，国内外刑法理论都没有认为故意伤害罪的保护法益包括生命。这是因为在国外刑法中,故意伤害罪与故意伤害致死罪是两个不同的罪名。但在我国,基本犯与加重犯是同一个罪名。如果说普通的故意伤害罪的保护法益是人的身体健康,那么,故意伤害致死的保护法益则包括人的生命。但我们又不能笼统地说,故意伤害罪的保护法益是人的身体健康与生命。再如,《刑法》第240条规定了拐卖妇女、儿童罪,其中的一种加重犯是"奸淫被拐卖的妇女"。一方面,要将这里的"奸淫"解释为违反被拐卖的妇女的意志,侵犯了被拐卖的妇女的性行为自主权的行为,否则就不能说明刑法加重法定刑的理由;另一方面,不能因为该加重犯的保护法益包含妇女的性行为自主权,就主张拐卖妇女罪的基本犯的保护法益也包括妇女的性行为自主权。

第八,不能将违法阻却事由中优越的利益与犯罪的保护法益相混淆。例如,立法机关在决定是否将侵犯公民个人信息的行为规定为犯罪时,必然要考虑将这种行为规定为犯罪是否导致政府、信息从业者不能合理利用公民个人信息,进而对各方面产生消极影响,这是立法上的利益衡量。另外,在刑法规定了侵犯公民个人信息罪之后,司法上还存在利益衡量,亦即符合构成要件的行为如果保护了更为优越或者同等的利益,则不能作为犯罪处理。不法的判断不涉及犯罪的种类,而是涉及已发生的一个事件的具体的社会危害性,特别是对受法所保护的对应利益进行权衡的结果。所以,作为阻却违法的更为优越的利益与构成要件保护的法益不必然是同一法益。例如,某种犯罪的保护法益为A法益,甲所实施的符合构成要件的行为侵犯了A法益,但如果该行为保护了更为优越的B法益,则甲的行为不具有违法性,不成立犯罪。然而,这并不意味着B法益也是A罪的保护法益。以具体犯罪为例,我认为,未经许可生产、销售电子烟的行为,不应当被认定为非法经营罪。电子烟有利于烟民健康,所以生产、销售电子烟的行为保护了烟民健康,即保护了更为优越的利益,故不能被认定为犯罪。但不能据此认为,国民健康是非法经营罪的保护法益。又如,知识产权制度初建之时,就一直在寻求个人利益与社会公共利益的平衡,利益平衡原则追求的目标就是对权利人专有的私人利益和社会公众对知识产品合理需求的社会公益进行分配和取舍,使之达到一个适当的理想状态。但是,这并不意味着刑法规定的侵犯知识产权罪的保护法益是权利人的知识产权以及社会公众对知识产品的合理需要。这同样是因为刑法没有将妨碍他人合理利用知识产品的行为规定为构成要件行为。如果社会公众对知识产品合理使用,则属于阻却构成要件符合性或者违法性的事由,而这不是将社会公众对知识产品的合理需要作为侵犯知识产权罪保护法益的理由。

(三)一般正义与个案正义

刑法是普遍适用的规范,而不是解决个案的命令。具体案件的处理,既要实现个案正义,也要实现一般正义。

第一,我们就疑难案件提出的解决方案,不能只是解决这一个案件的方案,而必须是解决一类案件的方案,而且还要与其他类型案件的解决方案相协调。我们不能总是为了处理一个特殊的案件,就提出一个特别的理论。例如,不能为了解决二维码案,就特意提出"规范占有"的概念。占有虽然是指事实上的支配,但它本来就是一个规范的概念,即是根据社会的一般观念判断的,而不是按物理标准判断的。如果提出规范占有的概念,就意味着必然还另外有一个事实占有的概念,这会导致占有概念的混乱,而且难以适用于普通财产犯罪中的占有判断。换言之,如果提出一个规范占有的概念,则这个概念必须适用于所有的涉及占有的案件,否则,就会损害一般正义。又如,许多大学生为电信诈骗等提供银行卡,司法机关对这种行为一般认定为帮助信息网络犯罪活动罪,于是有学者主张,要将帮信罪中的"明知"解释为"确切地知道",从而限制帮信罪的成立范围。可是,将"明知"解释为"确切地知道"并不是一般性的解决方案,这一观点不可能适用于刑法分则与总则关于明知的规定,如果将每一个故意犯罪中的"明知"解释得不一样,就没有一般正义可言。如果说某个罪中有一个特殊的概念,其他罪中都没有这个概念,倒是可以想方设法做出合理解释。总之,刑法解释就是要在一般化的可能解决方案中寻找最优的解释,只有这样的解释,才是实现一般正义与个案正义的解释。

第二,要处理好核心法条和边缘法条的关系、基础法条和补充法条的关系。不要倒过来,也就是说不要以边缘法条为中心解释核心法条,也不能以补充法条为中心解释基础法条。例如,如若以强迫交易罪为中心,就会认为,凡是有交易的就成立强迫交易罪,而不可能成立抢劫罪。事实上也有人提出了这样的观点。我觉得要反过来,刑法关于抢劫罪的规定才是核心法条、基础法条,只要符合抢劫罪的成立条件就构成抢劫罪,是否有交易不影响抢劫罪的成立。又如,如果以生产、销售伪劣产品为中心,就会认为,凡是有交易的就不成立诈骗罪,刑法理论上也有学者提出了这样的观点,主张诈骗罪的成立必须是"空手套白狼"。事实上,在其他国家,销售伪劣产品的行为都被认定为诈骗罪。反过来说,是否存在交易不影响诈骗罪的成立。于是,销售伪劣产品罪与诈骗罪完全可能是想象竞合关系,而非对立关系。只有处理好核心法条与边缘法条的关系、基础法条与补充法条的关系,才有利于实现一般正义与个案正义。所以,应对核心条款展开深入系统研究,并且将核心条款作为被比照的对象,然后以此来研究边缘法条。

第三,要正确处理重刑条款与轻刑条款的关系。我国刑法分则中的绝大多数法条是在重刑观念指导下制定的,但《刑法修正案(八)》实施以来,这一立法例有所改变,即有的犯罪的法定刑很轻。但在重刑条款与轻刑条款并存的立法例下,如何解释相关条文,从而实现一般正义与个别正义,就值得特别注意。例如,刑法对危险驾驶罪仅规定了拘役,而没有规定有期徒刑;刑法理论与司法实践一般认为本罪是故意犯罪,而非过失犯罪。而有些醉酒行为可能构成以危险方法危害公共安全罪,这两种犯罪的法定刑相差很大。于是,需要对这两种犯罪之间的中间犯罪即交通肇事罪做出合理解释。经常有人问我,有的人单纯醉酒驾驶后被开除了公职,因为他故意犯罪了;而有的人醉酒驾驶后造成交通事故被认定为交通肇事罪,而交通肇事罪是过失犯罪,反而保留了公职,这是不是不公平?我说这当然不公平。之所以如此,是因为刑法理论没有处理好交通肇事罪与危险驾驶罪的关系。在刑法增设危险驾驶罪之后,交通肇事罪就不再是单纯的过失犯罪,而是包括两种情形:一是单纯的过失犯罪;二是危险驾驶罪的结果加重犯。醉酒驾驶致人伤亡所构成的交通肇事罪,就是结果加重犯,基本犯是故意犯、加重犯是过失犯,如果故意犯罪就要开除公职,则触犯这种情形的交通肇事罪也要开除公职。当然,我并不赞成现在一些法律关于犯罪的附随后果的规定,这是另外一回事。

第四,正确处理此罪与彼罪的关系、有罪与无罪的关系。这样表述可能没有多大意义,因为学习刑法各论就是在解决这两个关系。但我想说的主要是以下两点:

其一,要强调前面提到的一点,即不要总是将两个犯罪看成对立或者互斥的关系,不要总是认为,刑法分则一共500多个罪,触犯此罪的就不可能触犯彼罪。许多人就疑难案件的几种针锋相对的观点征求我的意见,我发现大多是想象竞合,但司法人员总是想说明行为只构成其中一个犯罪而不构成另一犯罪。例如,甲欠乙100万元到期未还,乙到法院起诉甲,诉讼期间双方进行调解,并制作了调解书,然后结案。结案后,甲陆续向乙偿还了调解书中载明的全部金额,调解书完全履行完毕。过了一个多月,乙又以该调解书为依据,编造甲未履行调解书等各种虚假理由,向法院申请强制执行甲,法院根据乙的申请对甲立案,并采取一些措施,造成了甲的损失,该损失达到了虚假诉讼罪的规定标准。一种观点认为,本案的执行程序只是一种执行行为,不属于法律和司法解释规定的虚假诉讼罪中的提起民事诉讼行为,故不构成虚假诉讼罪,而应认定为诈骗罪。另一种观点认为,关于虚假诉讼罪司法解释规定的7种提起民事诉讼的行为里有执行程序,提起虚假的执行也属于提起民事诉讼,应认定为虚假诉讼罪。其实,诈骗罪与虚假诉讼罪并非对立关系,这个案件是典型的想象竞合,不应当存在上述争论。又如,某公安局派出所的所长,找社会人员帮助寻找嫖娼信息,一起约定通过抓嫖捞钱。社会人员在网上找到招嫖信息后,联系组织者谈好后告知所长。社会人员到卖淫女的房间内,控制住卖淫女,所长带人到现场,让卖淫女联系组织者。随后,所长将卖淫女带到派出所办案区,和组织者谈价、收钱、放人。对此,有人主张认定为受贿罪,有人主张认定为敲诈勒索罪。查阅裁判文书网,也能发现两种判决都有。其实,这也是典型的想象竞合。

其二,不要讨论民事欺诈与刑事诈骗的区别以及类似的区别。二者根本不是一个区别问题,因为二者不是对立关系,而是包容关系。民法理论上所讨论的民事欺诈,并没有将刑事诈骗排除在外。既然如此,就不能讨论二者的区别。你们能讨论女研究生与女生的区别吗?你们能讨论男生与人的区别吗?当然不能。或许有人说,讨论民事欺诈与刑事诈骗的区别,是讨论刑事诈骗与不构成刑事诈骗的民事欺诈的区别,类似于讨论女研究生与不是女研究生的女生的区别。如果是这样的话,知道什么行为构成刑事诈骗不就可以了吗?知道什么人是女研究生,不就知道女研究生与不是女研究生的女生的区别了吗?这个问题我讲得太多了,跟民法学者讲这个问题,他们非常赞成我的观点;但跟刑法学者讨论这个问题,却会遭到反对。但我还是坚信,讨论民事欺诈与刑事诈骗的区别不仅没有任何意义,而且会造成不必要的困惑。此外,建议你们不要使用刑民交叉的概念,这个概念是没有意义的,我不相信它会永远成为讨论的话题。与其讨论刑民交叉,不如讨论刑民关系,讨论刑民关系主要是讨论法秩序的统一性问题。

(四)理论学说与司法实践

这个问题我只能简单地说一下。部分国家禁止司法判决引用学者观点,但部分国家则允许判决引用学者观点。在后一种类型的国家,比如美国,一些学者在研究问题时,会考虑写成论文后会不会被判决采用,如果不被判决采用,就觉得没有研究价值。果真如此,则判决引用学者的观点未必是好事。当然,我也不反对判决引用学者的观点,但也要认识到,根据某个学者的观点所作的判决,未必就是合理的判决。我平时在思考一些问题时,也会考虑自己的观点能否被司法机关接受,我自己也知道一些观点过于超前,难以被当下的司法机关接受。比如,所谓期限的利益是否属于财产性利益,即采用欺骗方法让对方提前履行债务或者使自己延期履行债务的,在德国、日本几乎没有争议地被认定为造成了财产损失。但在我国,现在主张期限的利益是财产性利益不可能被司法机关接受，所以我一般也不提出这种主张。

想要一种新的理论完全被当下的司法机关接受，不大可能。一种新的理论不能被当下的司法机关接受，不代表这个理论不合理。司法机关完全接受的理论未必是妥当的理论。所以，在我国，我并不主张只有司法机关接受的理论才是好的理论。我也见到不少论著批判我的观点，其中一个重要理由是我的观点不符合当下的司法实践，但我认为，理论总是要先行的，所以我不太在意这样的批判。

在日本，判例尤其是最高裁判所的判例，学者们反对的并不多，不少学者都是帮助最高裁判所的判例说理。这并不是说日本学者就没有批判精神，而是因为日本最高裁判所的判例确实是有水平的。你们也可以多看看美国大法官和其他国家的优秀法官撰写的论著，不要只是看学者写的论著。因为学者们常常将重点放在如何提出新观点，而不一定思考自己的观点的可行性与运用效果。优秀法官撰写的论著则不同，他们会总结自己发现法律的经验。你们也要关注中国各级法院的判例，以提高自己的判断力。

二、基本方法

适用刑法的过程是一个三段论倒置的过程。也就是说，先要有一个预判或者初步结论，然后才知道应当适用的大前提是什么，找到大前提后，再按照大前提的内容对案件事实进行归纳，最后判断二者是否相符合。所以，对刑事疑难类案的分析，实际上包含了四个重要环节：一是预判的形成；二是法条的解释，法条的解释就是对大前提的解释；三是事实的归纳；四是符合性的判断或者结论的形成。在这个过程中，会不断地对大前提进行新的解释，不断地对案件事实进行新的归纳，从而使最终结论与预判相吻合。当然，在许多情形下，无论如何解释大前提，如何归纳案件事实，都不可能使二者对应。这就需要修正预判，或者说重新预判，重新解释大前提和重新归纳案件事实，形成一个新的结论。对疑难案件的分析过程就是不断地重新预判和不断地将事实与规范相对应的过程。我下面就讲一下这四个重要环节。

(一)预判的形成

预判是相当重要的。对任何法条的解释以及对任何案件的分析,都是从预判开始的,也可以说是从直觉开始的。之所以说预判很重要,是因为解释法律与分析案件都是从预判开始的,预判能发挥指引功能,指向可能适用的大前提。如果你遇到了一个案件,你没有预判,怎么知道适用哪一条呢?将案件事实与哪一个法条相对应呢?你说它符合哪个罪的构成要件呢?不难看出,没有预判就找不到大前提,找不到大前提就不知道怎么归纳案件事实,充其量只能将案件事实当作故事讲一下,这是没有意义的。

但是,并不是任何人的任何预判都是正确的,也就是说,预判具有双重性。如果预判是正确的,对疑难案件的分析就成功了一大半;如果预判错了,而且特别固执,不修改预判,那就麻烦大了。因为预判错了,就会把你带偏,但你又一直不回头,也不改变方向,那怎么可能达到目的呢?

在社会学等学科中,直觉常常成为一种理由。例如,我经常看到国外学者这样表述:"这样的观点不符合人们的直觉。"对于很多问题,人们凭直觉得出了某个结论后,如果学者要得出一个相反的结论,就难以被接受。于是,一般人的直觉就成为重要理由。比如,电车案与胖子案,都是让一个人死亡保护五个人的生命,但在全世界有81%的人表示赞成改变轨道使一个小孩死亡,只有51%的人赞成将胖子从天桥上推下去以便保护五个人的生命。产生这种不同直觉的原因是什么,就成为理论界研究的问题。

当然,提问的方式也会影响结论。比如电车案,一种提问是,如果是你在驾驶电车,你会不会改变轨道去轧死一个人救另外五个人?另一种提问是,你认为改变轨道的司机要不要负刑事责任?你们可以问问自己会怎么回答。你可能会对第二个问题回答说,司机不应当负刑事责任。但如果你是司机,你不一定会改变轨道。因为不改变轨道,你不会负任何法律责任,但如果改变轨道你会冒一定的法律风险。这意味着当事人的回答与第三者的回答会不一样。

这同样表明,公正是需要距离的,如果一个裁判者与裁判结论没有距离,或者说裁判结论与自己的利益相关联,是不会有公正的。我们现在最大的问题是,司法机关的各种考核,使案件的处理与司法人员的利益密切关联,这样就影响了刑法适用的公正性。如果一位检察官批准逮捕嫌疑人后,发现对嫌疑人最多只能判缓刑,但由于他已经逮捕了嫌疑人,在考核指标中,逮捕后如果被判缓刑就表明逮捕是错误的。怎么办呢?只好提出判处实刑的建议,即使是检察院领导也会要求他提出判处实刑的建议,并且要求法院判实刑。这是考核指标不科学造成的,我提了多少年建议要修改考核指标、改变考核方式,但人微言轻,迄今为止没有任何改变。

你们学法律,最重要的是形成良好的直觉。没有良好的直觉,就不可能有正确的预判。这里有一个关键,就是如何判断自己的预判是不是正确的。除了反复训练以外,我提几点建议。

第一,要通过广泛的比较或者类比,确定自己的预判是否合理。所谓广泛的比较,就是要将手中的疑难案件与其他类似的、不同的案件进行比较,用结论确定的案件与手中的疑难案件进行比较。下面我举一些例子,有的例子你们可能已经知道了。

案例1:事后抢劫。甲在盗窃5000元现金之后,当场为抗拒抓捕将保安打成重伤。这个案件无疑成立抢劫罪,而且适用的法定刑为10年以上有期徒刑、无期徒刑或者死刑。乙以抢劫故意将被害人打成轻伤使之昏迷后,取走了被害人的5000元现金,也是当场为抗拒抓捕而将保安打成重伤。一般都认为,乙的行为成立普通抢劫罪与故意伤害罪,实行数罪并罚。但这样的结论是,对乙最低判3年、最高判20年有期徒刑。可是,这样的结论合理吗?当然不合理,因为乙的不法明显重于甲。在这样的场合,很多人习惯于说:“这不怪我,因为《刑法》第269条只规定了盗窃、诈骗、抢夺可以转化为抢劫,没有规定抢劫后还可以再转化为抢劫。”希望你们记住:凡是得出了不合理结论,都不是因为法律规定不合理,而是因为解释者解释得不合理。也就是说,如果你们得出了不合理的结论,就需要再解释,不要怪刑法规定。否则,一遇到难题,你就说刑法规定有问题,然后你就不思考了,就去刷抖音去了。这不行。只要承认盗窃罪与抢劫罪是特别关系,抢劫就包含了盗窃,或者说可以将抢劫中的盗窃评价为"犯盗窃罪",就可以对乙适用加重法定刑。至于对前面的盗窃之外的轻伤害要不要再定一个罪,则是另外的问题。肯定有人要问,为什么偏要将乙的行为评价为事后抢劫呢?为什么不将甲的行为评价为盗窃与故意伤害呢?这样不是也能协调吗?可是,甲的行为构成事后抢劫是没有任何疑问的,这一认定是不可动摇的;对甲要适用加重的法定刑也是铁定的,不可更改的。既然如此,就只能将乙的定罪量刑向甲靠拢,而不是相反。

案例2:国有企业人员滥用职权罪与贪污罪。国有企业的负责人甲将2000万元无偿送给民营企业使用,事后收受5万元好处费。有人说,甲没有将公共财物据为己有,不构成贪污罪,由于是无偿送给民营企业使用,也不构成挪用公款罪,仅构成国有企业人员滥用职权罪。可是,一方面,即使民营企业归还公款,国有企业的负责人也成立挪用公款罪,可能判处5年以上有期徒刑,为什么不归还反而只能认定为国有企业人员滥用职权罪,最高只能判处7年有期徒刑?这一结论明显不公平。挪用公款罪只是要求行为人将公款挪出去,没有说如果是送出去的反而就不构成挪用公款罪。另一方面,在与贪污罪的关联性上,为什么不能认定为贪污罪?贪污的非法占有目的不仅包括使自己占有,而且包括使第三者占有,第三者当然包括单位。从这个案件就可以看出,将非法占有目的限定为本人占有,存在明显的缺陷。换言之,如果说贪污罪的非法占有目的包括使第三者占有,则甲的行为成立贪污罪没有疑问。

案例3:包括的一罪。甲一开始就知道某公司在进行集资诈骗活动,其参与集资诈骗的金额是50亿元。乙一开始不知道某公司进行集资诈骗,以为是非法吸收公众存款,参与的金额是10亿元,后来知道了真相,即知道公司在进行集资诈骗,仍然继续参与其中,参与集资诈骗的金额是40亿元。许多人认为,甲只成立一个犯罪即集资诈骗罪,乙的行为成立两个罪,即非法吸收公众存款罪与集资诈骗罪,要实行数罪并罚。可是,实行数罪并罚的结局大体上乃至肯定是对乙的量刑重于甲。可是,没有理由认为甲的有责的不法轻于乙,换言之,对于乙的量刑应当轻于甲。这就迫使我们认为,不能对乙的犯罪实行数罪并罚,只能以一个集资诈骗罪处罚。而要这样做,就必须改变预判,采用包括的一罪的理论。

案例4:共同犯罪的成立条件。例如,18周岁的甲为16周岁的A入户盗窃望风,无疑成立盗窃罪的共犯。那么,18周岁的乙为15周岁的B入户盗窃望风,是否成立盗窃罪的共犯?如果你的脑子里装的是传统观点所讲的共同犯罪的成立条件,即成立共同犯罪要求二人以上达到法定年龄、具有责任能力,乙就不成立盗窃罪的共犯。可是,为什么乙反而不成立盗窃罪的共犯呢?这显然不公平。但是,你不能认为乙是间接正犯,因为他根本没有支配15周岁的B。你更不能认为乙构成盗窃罪的直接正犯,因为乙本人根本没有实施盗窃罪的构成要件行为,怎么可能构成直接正犯呢?如果你觉得乙成立盗窃罪的共犯,就必须反思你脑子里的共同犯罪的成立条件,接受共同犯罪的成立不以参与人达到法定年龄、具有责任能力为前提的观念,才能够将乙认定为盗窃罪的共犯。

这样的例子举不胜举。常言道,有比较才有鉴别,不比较就会以为自己的预判是合理的,一比较就会发现预判有问题。再举一个例子你们思考一下,我就不说结论了。在我国,通说与司法实践认为,大义灭亲的案件属于情节较轻的故意杀人,处3年以上10年以下有期徒刑。那么,设想的案件事实是,父母因为儿子为非作歹,就想给儿子造成重伤,使之终身残疾不能再为非作歹,却过失导致儿子死亡。简言之,父母的行为构成故意伤害致死,却要适用10年以上有期徒刑、无期徒刑或者死刑的法定刑。这与大义灭亲的处罚是不是明显不协调,该怎么办呢?不要说法律有缺陷,也不要主张刑法要修改,想一想自己有什么办法解决这个问题。

第二,形成的预判是构成犯罪的,就站在被告人角度再思考一下;形成的预判是不构成犯罪的,就站在被害人的立场再思考一下。我一直觉得,有罪判决要让被告人口服心服,无罪判决要让被害人口服心服。此外,还要从其他方面思考自己的结论可能带来的各种影响与效果。

例如，有一条铁路的某个路段，比其他路段晚半年招标，国家要求在2020年年底前完成施工，从招标结束到完成施工只有两年半的时间。在这两年半的时间内，如果按规定程序等待土地占有、征用审批、砍伐林木审批，肯定不可能在规定时间内完成施工。于是，政府让中标企业边报批边施工。中标企业一边砍伐林木一边报批，一边占有农用地建设铁路一边报批，等审批下来，林木砍伐完了、土地也已经占用了。铁路修好后，有关机关以非法占用农用地罪、滥伐林木罪立案侦查。当你觉得这些人的行为构成犯罪时，你要想一想，如果是你，你会怎么办？如果你也只能这么办，你觉得定罪合适吗？这样的案件从直觉上来说，就不应当形成有罪的预判。如果看到这样的案件立马形成有罪的预判，就是典型的机械司法。

又如，不少正当防卫的案件被认定为故意伤害罪，一个原因是司法机关认为防卫人应当报警，而不能伤害对方。可是，在对方正在攻击防卫人时，防卫人怎么报警？报警后公安人员能立即到现场吗？司法人员要常常问问自己，如果是我的话在当时会怎么办？还可以问问在马路上随便碰到的某个人，听听他/她的看法。

再如，被害人在向债权人归还欠款时，因为写错了账号，将60万元转到了被告人的账户。被告人声称，“既然钱到了我的账户那就是我的钱”，无论如何都不退还给被害人，而是将钱取出后用于归还自己的债务。如果站在被害人的立场想一想，很难认为被告人的行为不构成犯罪，而且如果认定被告人的行为仅成立侵占罪，也难以保护被害人的法益。

此外，我是一直反对增设袭警罪的，但反对无效，《刑法修正案（十一）》增设了袭警罪，现在袭警罪的适用率已经很高了。可是，英美虽然有袭警罪，但并不是只有袭击警察是犯罪，袭击任何人都是犯罪。在这种立法例之下，国民认为刑法在平等保护所有人。大陆法系国家刑法中没有袭警罪，只有妨害公务罪，同时有暴行罪、胁迫罪。总体来说，对任何人实施暴力、胁迫都构成犯罪，而不是只有对国家工作人员和警察实施暴力、胁迫时才构成犯罪。我国刑法没有规定保护普通人身体的暴行罪，在有了妨害公务罪的立法例下，偏要增加一个袭警罪。可是,为什么要对警察进行特殊保护呢?这是没有理由的。更为重要的是,刑法已经规定了妨害公务罪,这个罪完全可以涵摄袭警行为。妨害公务罪这个罪名,让一般人与被告人知道自己行为的危害性在于妨害公务,而不是在于侵害了国家机关工作人员的身体。但袭警罪这个罪名,让一般人与被告人认为行为的危害是袭击了警察的身体,是对警察个人的犯罪,而不是对警务的犯罪。这可能会加剧警民矛盾,并不利于社会的和谐。按照我的看法,即使行为构成袭警罪,也要尽可能认定为妨害公务罪,这样对国家、社会、被告人都好。

第三,面对疑难案件时,要比较一下国外的判例。各国刑法对许多自然犯罪的规定都是相同的,没有什么区别。比如,三角诈骗是德国、日本、意大利、韩国等多数国家刑法理论与司法实践普遍承认和运用的一个概念,你们没有必要否认这个概念。又如,关于被告人取出他人错误汇款的案件,日本的通说与判例是,如果在机器上取款,就认定为盗窃罪;如果是从银行柜台取款,就认定为诈骗罪。当然,我并不是说日本怎么处理我们就应当怎么处理,只是如果刑法规定相同,德国、日本的通说和判例的处理结论是相同的,我就比较看重这个处理结论。但是,如果刑法规定不同,或者德国与日本的通说不同,就需要思考学说不同的原因,思考我国刑法的规定为什么与国外不同,一般人会接受什么样的结论,等等。例如,日本刑法没有规定对不作为犯要减轻处罚,日本刑法的通说并不认为不作为犯都是正犯,亦即不作为犯也可能是从犯;德国刑法第 13 条规定对不作为犯要按照该刑法第 49 条减轻处罚,通说认为不作为犯都是正犯。在德国,如果认为不作为犯是从犯,就要减轻后再减轻。我国刑法没有规定对不作为犯要减轻处罚。在这种立法例之下,认为不作为犯都是正犯,不可能成立从犯,就必然导致对不作为犯的处罚过重。又如,在德国,主张对财产性利益的诈骗罪不需要处分意识,是为了填补盗窃财产性利益不构成盗窃罪的漏洞。在我国,盗窃财产性利益也构成盗窃罪,既然如此,就不能区分财物与财产性利益来决定受骗者是否必须具有处分意识,只要确定一个统一的标准即可。在要求具有处分意识的前提下,处分意识是严格一点还是缓和一点,都不那么重要。在日本,处分意识比较缓和的一个重要原因是盗窃财产性利益的行为不构成盗窃罪。但在我国,只要承认盗窃财产性利益的行为也构成盗窃罪,就没有必要对处分意识的认定过于缓和。一方面,缓和到什么程度并不清晰;另一方面,缓和的意义并不大。所以,关键在于标准明确。

第四,要反思一下在你处理的这个案件中有没有什么因素影响了自己的预判,是无关的案件事实影响了自己的预判,还是个人经历、家庭背景、亲属关系等影响了自己的预判?是不是考虑了不应该考虑的事实,是不是没有考虑到应当考虑的事实?如此等等。

例如,我经常讲的例子,一个研究生的父母是医生,他在撰写买卖器官案件的处理情况时,都是写医生不构成犯罪。理由就是"否则医生的风险太大了"。这是在为自己的父母考虑,怎么可能实现刑法的正义?在研究生课堂上讨论一个国有公司会计挪用公款的案件时,大家都认为构成挪用公款罪没有疑问,我也认为成立挪用公款罪,但有一位学生就是不同意。我就问她父母或者亲属中有没有当会计的,她说没有。我接着问她本科是学什么的,她说是学会计专业的。这显然是她的专业影响了她的判断。我有一次收到一位不相识的中学老师的来信,他在信中说:刑法将醉酒驾驶规定为犯罪,我原本是十分赞成的,但现在与我关系特别好的一位公务员因为醉酒驾驶进了监狱,而且出狱后不能再当公务员,所以我现在觉得设立这个罪有问题。我只是想,如果是与他关系不好的某人因为醉酒驾驶进了监狱,他会不会觉得这个罪设立得太好了。当然,我要声明一下,我不是赞成现行的有关故意犯罪的附随效果的规定,我只是强调,你们要反思一下影响自己预判的因素是什么。

与此同时,也不要让无关的事实影响自己的预判,让无关的事实决定案件的性质。例如,不少人认为要区分遗忘物与遗失物,如果侵占遗忘物就构成犯罪,但侵占遗失物的就不构成犯罪。那么,如何区分二者呢?区分标准就是,如果遗忘后还能想起来忘在什么地方了,就是遗忘物;如果遗忘后想不起来忘在什么地方了,就是遗失物。这样的标准就是让被害人记忆力的好坏决定刑法对其财物的保护程度不同,这显然不合适。又如,按现在的通说与实务做法,扒窃是指在公共场所窃取他人随身携带的财物。那么,怎么判断随身携带呢?一种做法是,财物放在被害人伸开胳膊能够得着的地方,就是随手携带的,否则就不是随身携带的。我的反问是,以谁的胳膊为标准呢?被害人的胳膊长短为什么可以决定对他的财产的保护程度不一样呢?残疾人只有一只胳膊但财物刚好放在胳膊缺失的那一边怎么办呢?按被害人的生理特征判断被告人的行为是否构成犯罪,明显不合适吧。

总之,在形成预判后,要反思一下自己的预判是否妥当、是否合适。如果发现预判不当,就要放弃预判,重新形成预判,不要过于固执,不要以为自己是上帝。记得国外有一位学者说过,“很多知识分子最大的问题是忘记了自己不是上帝”。其实,这不只是一个学术方法问题,而是学术态度问题,我们要善于从对立面学到东西。

至于如何形成好的直觉、好的预判,这是三言两语说不清楚的,要多看书、多比较各种现象与事例、多了解多种学说,要善于了解一般人的观念、了解其他专业人士的观点,在日常生活中就要使自己成为有正义感的人。对于不涉及技术性、专业性的问题,还可以多问问马路边随便碰到的人,这个人就是一般人。比如许某案,当时争议很大。我就问过马路边的人与出租车司机,他们都说“不是自己的钱怎么能那样取呢”“那还是要构成犯罪的吧”。但是,像如何区分盗窃与诈骗、如何区分盗窃与侵占这样一些技术性很强的问题,问马路边的一般人就不合适了。

(二)法条的解释

法条的解释显然不是三言两语可以讲清楚的,我想联系我国刑法理论与司法实践的现状,讲以下几点。

第一,不要以为法条的字面含义就是法条的真实含义。

法条的含义是从社会生活事实中发现的,不是从法条的文字本身发现的。为什么有关盗窃、诈骗、受贿、挪用的论著多?因为案件事实多,学术研究就比较多,就不断地从社会生活事实中发现法条的新的含义。很少有人写出背叛国家罪的论文与著作,为什么?因为没有案件事实,难以从社会生活中发现法条的新的含义。

文字的含义是不准确的,有的文字有多重含义,有的言不尽意,有的看上去很清楚但经不起追问。比如,现在都提倡“光盘行动”,其中“盘”不包括碗吗?当然包括。没有人会认为,米饭是装在碗里,所以不需要吃光。显然,“光盘行动”中的盘包括了装食物的所有餐具。再说怎么理解其中的“光”。如果你买了一碗水煮鱼,在吃完鱼之后你必须把油也喝光吗?当然不会,而且不应该。况且,“水煮鱼”这道菜的名称就有问题,明明是“油煮鱼”嘛,但没有人会计较这道菜名。显然,只有当我们知道“光盘行动”的目的何在,才不会按照字面含义解释这个词。

拉伦茨的《法学方法论》中译本第 109 页有这样一段话:“卢曼继续说明,不论神学或法学的教义学史都清楚显示,教义学的作用‘并不在束缚精神,毋宁要在处理各种经验及文化时,提高其自由程度’。只有坚守教义学扭曲形象者才会对这项说明感到惊异,任何曾严肃从事教义学的工作者都证实前述说法。大家都知道,相较于受教义学训练的法律家,非法律家往往更‘忠于文字本身’,会对规定作严格,但经常并不合理的解释。因此,当卢曼提及:‘即使在,并且恰好在社会期待拘束性之处,教义学经常可促使大家对此保持距离’,我们必须同意其见解。”如果你们遇到一个法条就想着按字面含义解释,就表明你没有受过教义学训练。

例如,《刑法》第 153 条第 1 款规定:“走私本法第一百五十一条、第一百五十二条、第三百四十七条规定以外的货物、物品的,根据情节轻重,分别依照下列规定处罚:……”第 151 条规定了走私国家禁止出口的文物、黄金、白银和其他贵重金属或者国家禁止进出口的珍贵动物及其制品,以及走私珍稀植物及其制品等国家禁止进出口的其他货物、物品的犯罪行为。问题是,怎么理解《刑法》第 153 条中的“以外”?倘若行为人客观上走私的是国家禁止进出口的珍贵动物及其制品,但主观上确实以为自己走私的是普通货物、物品,该如何处理呢?如果要认定为走私珍贵动物、珍贵动物制品罪,明显违反责任主义,因为行为人对走私珍贵动物、珍贵动物制品没有故意。如果要认定为走私普通货物、物品罪,可能会有很多人反对,因为珍贵动物、珍贵动物制品是《刑法》第151条规定的货物、物品,而不是第151条规定以外的货物、物品。可是,能认为行为人的走私行为不构成犯罪吗?显然不能。为什么?既然走私可以进出口的货物、物品都是犯罪,为什么客观上走私了禁止进出口的货物、物品反而无罪呢?这明显不公平、不合理。不要以为这是刑法规定有问题,如果你认为刑法规定有问题,其实是因为你解释得有问题。其实,只要将《刑法》第153条中的"以外"理解为界限要素、表面的要素,而不是真正的要素,就能将行为人的行为认定为走私普通货物、物品罪。

法条文字具有两方面的作用:一是限制我们的解释,二是启发我们的解释。前一个作用也可以说是对罪刑法定原则的贯彻。因为限制我们的解释,意味着我们只能在文字可能具有的含义内解释,而不能超出文字可能具有的含义进行解释。问题是,什么样的解释在文字可能具有的含义之内,什么样的解释在文字可能具有的含义之外?或许可以认为,只要是我们可能想到的含义,都在文字可能具有的含义之内。从实质的角度来说,还是要注重国民的预测可能性。法条文字的后一个作用告诉我们,任何解释都是暂时的,而不是固定不变的。因为文字具有多种含义,文字的含义总是不断发展的,所以没有固定不变的解释。

要避免将法条的文字含义当作真实含义,或者说要避免形式的解释,就要特别注意两点:一是把握法条的目的,按法条目的解释文字。离开了目的是无法解释规范的。例如,哈特讲的如何解释"禁止一切车辆进入公园"这一规定中的车辆,就一定要联系公园作出这一规定的目的来解释。二是反省自己的前理解。我发现,一般来说,人们在阅读法条时总是首先按字面含义来理解,形成一种前理解。但这样离开了案件事实与法条目的的前理解,大多只是一种字面含义解释。

第二,不要追求立法原意。

主观解释论主张追求立法原意,认为刑法解释就是要将立法者的原意揭示出来。但我一直不赞成这种主观解释论,而是主张客观解释论。大家都知道,国外立法一般都有立法理由书,立法理由书会说明第 1 条是什么意思,第 2 条为什么这样规定,第 3 条为什么这样修改,如此等等。但事实上,国外刑法理论基本上不会引用立法理由书。我在日本文献中就没有见过他们引用立法理由书的,德国学者只是偶然会提到立法理由书。为什么呢?在国外,立法理由书是给国会议员们看的,旨在使国会议员同意通过立法,不是给法官看的。但刑法一经公布,读者就发生了变化,虽然国会议员们也会阅读刑法,但经常阅读的是法官、检察官、律师等人,读者变化了或者说听者变化了,文书的含义就必然发生变化,法官、检察官、律师等人不可能再按立法理由书理解和解释刑法文书。我国没有立法理由书,怎么可能还要追求立法原意呢?

我并不否认一些条文是有立法原意的,但即使有立法理由,也不意味着立法原意是永远正确的,不意味立法原意符合当下的社会生活事实。例如,《刑法》第 336 条第 2 款规定的非法进行节育手术罪,立法原意显然是为了推行计划生育政策,但现在的生育政策有了明确的变化,国家在鼓励生育。在这样的背景下,未取得医生执业资格的人擅自为他人进行节育复通手术、摘取宫内节育器的,还要认定为犯罪吗?肯定不能认定为犯罪。倒是终止妊娠手术的还可以定罪,因为这种行为导致人口出生减少。换言之,现在只能将未取得医生执业资格的人擅自堕胎的行为认定为犯罪。当然,如果节育复通手术、摘取宫内节育器的行为致人伤亡的,则可以认定为过失致人重伤罪、过失致人死亡罪。

有一些条文可能是没有原意的,绝大多数条文则根本找不到原意。刑法典不是一条一条通过的,全国人大代表不可能逐一审议全部条文,每位代表在审议刑法时,对条文的理解不可能相同。例如,《刑法》第 1 条中的“保护人民”中的“人民”是什么意思?它是一个政治概念吗?每位代表的理解是一样的吗?不可能一样。解释者可以通过询问几千名人民代表在投票表决时是怎么想的来进行解释吗?根本不可能。那么,起草者的意思就是立法原意吗?当然也不是。如果遇到争议就问参与起草的人,都还叫法治吗?顺便讲一下,许多人将全国人大常委会法工委刑法室的工作人员撰写的论著当作立法解释或者当作立法原意,这明显不合适。他们的解释也只是学理解释,是他们自己的意思,不等于刑法的真实含义。事实上,立法机关工作人员对刑法的解释也可能很不妥当。例如,全国人大常委会法工委刑法室的工作人员对《刑法》第237条中的侮辱妇女的解释就明显不当:要么将公然猥亵解释为犯罪,要么与寻衅滋事罪的解释相冲突,要么将强制猥亵行为解释到侮辱妇女中去。其实,《刑法》第237条中的“侮辱”与“猥亵”是同义的。

如果你总是追求立法原意,你就会觉得自己没有解释的必要,于是,遇到什么问题都来一句“这个问题有待立法解释”。为什么有待立法解释呢?因为你要么觉得自己不知道立法原意,立法机关站出来说几句就可以了;要么认为自己的解释没有用,因为自己的解释不是立法原意。只有当你认为解释就是要发现刑法的真实含义,而真实含义是从社会生活事实中发现的,而不是由立法者与起草者决定时,你才觉得自己有责任把刑法解释好。

每个解释者都只能去追求刑法的真实含义,追求公平合理的结论。肯定有人说,公平合理是没有标准的。但可以肯定的是,每个人追求自认为公平合理的结论,比每个人都不追求自认为公平合理的结论要好得多。但不能将自认为公平合理的结论当作刑法的原意,而是需要通过说理证明自己的结论是公平合理的。其实,动辄说立法原意是什么的人,根本没有注释原意源于何处,都是将自己的观点当作立法原意,你们不要上当受骗。

第三,不要追随司法解释。

国外也有司法解释的概念,尤其是美国的文献中有时也出现司法解释这一概念,但他们所说的司法解释是指判决的说理部分,而不是指像我国这样的司法解释。

如果说我国不需要司法解释,那是不大可能的。但我国的司法解释存在较多问题。首先,司法解释过多,导致下级司法人员没有司法解释就不会办案了。例如,如果司法解释对某个罪的情节严重有规定,下级司法人员就按司法解释的规定办案;如果司法解释对某个罪的情节严重没有规定,下级司法人员就不知道如何办案了。经常有人问我,说某个罪的情节严重没有司法解释,我们该如何认定。这是很不正常的现象。有人甚至还说,司法解释的效力高于刑法,在司法解释的规定与刑法有冲突时要遵循司法解释,理由是,如果认为司法解释与刑法有冲突,下级司法机关就会以此为由不遵守司法解释。这样的观点明显违反法理,也违背常理。刑法的效力怎么可能低于司法解释呢?如果司法解释与刑法规定相冲突,当然要遵循刑法的规定。至于是否存在冲突,则是如何判断的问题。

其次,司法解释通常也较为抽象,仍然需要再解释。例如,2013 年 7 月 15 日发布的《最高人民法院、最高人民检察院关于办理寻衅滋事刑事案件适用法律若干问题的解释》第 1 条第 3 款规定:"行为人因婚恋、家庭、邻里、债务等纠纷,实施殴打、辱骂、恐吓他人或者损毁、占用他人财物等行为的,一般不认定为'寻衅滋事',但经有关部门批评制止或者处理处罚后,继续实施前列行为,破坏社会秩序的除外。"其中的"处理处罚"是什么意思?如果处理过但并没有处罚,是否属于"处理处罚"?如果处理过但根本没有解决问题,如债务人不履行合法债务,行为人实施跟踪、辱骂等行为,在有关部门"批评制止"或"处理"后,被害人依然没有履行债务,行为人继续实施上述行为的,也要认定为寻衅滋事罪吗?刑法应当保护这种"老赖"吗?当然不能。还有一些争议较大的问题,司法解释也不能作规定,所以司法解释解决的问题有限。有的司法人员跟我说,司法解释所规定的都是我们知道该怎么办的,我们不知道该怎么办的、实践中争议特别大的,司法解释就没有规定。例如,《刑法》第 266 条只规定"数额较大"的构成诈骗罪,没有规定"多次诈骗"的构成犯罪。司法实践经常遇到的问题是,行为人多次实施诈骗行为,一种情形是行为人每次诈骗的数额都没有达到数额较大标准,但累计计算达到了数额较大标准,这种情形要不要认定为诈骗数额较大,进而追究刑事责任?另一种情形是行为人的多次诈骗中有一次达到数额较大标准,另外两次没有达到数额较大标准,这种情形要不要累计诈骗数额?对这个问题,我虽然持肯定回答,但他们还是说 2011 年 3 月 1 日发布的《最高人民法院、最高人民检察院关于办理诈骗刑事案件具体应用法律若干问题的解释》没有规定，不好当犯罪处理。我倒不是说我的意见是正确的，持否定回答也是有理由的。我只是说，你们不要以为司法解释是万能的，司法解释的作用是有限的，你们不要遇到问题就希望司法解释来解决。

再次，司法解释本身也有一些是明显错误的。比如，关于走私犯罪的司法解释，就对走私对象错误的案件采取了抽象符合说的观点，按照司法解释的规定，行为人以为走私的是普通货物、物品，但客观上走私的是核材料的，也要认定为走私核材料罪。这明显违反责任主义。又如，许多司法解释规定，两年内受过行政处罚再次实施犯罪行为的，提升一档法定刑处罚，这比累犯的从重处罚还要严苛，不符合当然解释的基本原理。

最后，司法解释所追求的是同案同判，希望相同的案件在全国作相同的处理。但我对同案同判一直持怀疑态度。我不是说同案同判是错误的，而是说同案同判是幻想，是不可能实现的目标。在德国、日本这样体量的国家，相同案件都做不到同案同判，在我们这样的大国怎么可能做得到？在我看来，同案没有同判比同一类案件在全国都判决错误要好得多。当下推行的类案检索制度，也是要追求同案同判。但这样的制度也存在问题。其一，何以认为以前判决的都是正确的？如果就同一类案件而言，以前各地法院出现了几种不同的判决该怎么办？这不是通过类比就可以得出妥当结论的。其二，即使以前的判决是正确的，但在社会生活事实发生变化之后，就不一定要按以前的判决处理。法律的真实含义是在社会生活事实中发现的，社会生活事实的变化必然导致法律真实含义的变化，怎么可能总是按以前的判决处理呢？其三，中国裁判文书网等数据库中，见不到撤回起诉的案件，更看不到没有被立案侦查的案件，基本只能见到有罪判决，无罪判决很罕见，这就导致类案检索制度不利于无罪案件的处理。例如，北京有个区的警察有一次跟我说，他在网上发现了四个将职业打假行为认定为敲诈勒索罪的判决，他手上有一个职业打假的案件，可否按照类案检索制度，也将该行为以敲诈勒索罪立案侦查。我跟他说，你知道全国还有多少没有将职业打假行为认定为敲诈勒索的案件吗？他当然不知道。我对他说，职业打假行为是完全正当的行为，不要当作敲诈勒索罪处理。

不少人说，职业打假行为是利用法律挣钱。在我看来，利用法律挣钱不等于违反法律挣钱，如果利用法律挣钱都是犯罪，在很大程度上意味着遵守法律就是犯罪。这显然不合适。

所以，我们在课上讨论刑法条文与案件时，一方面，你们不能动不动就说这个问题有待司法解释；另一方面，也不能仅以司法解释为根据，将司法解释的规定作为决定性的理由。要增强自己的解释能力，提升自己的判断力。尤其是公诉人班的同学，在办案过程中要善于规避错误的司法解释。

第四，不要追随权威解释与传统观点。

从司法实践的角度来看，在办案过程中首先要追求个案结论的妥当性或正义性，同时兼顾一般正义，但许多权威解释与传统观点不一定有利于个案正义的实现，有时候少数说反而有利于实现个案正义。比如，区分正犯与共犯的主观说是少数说，但在德国旧刑法时代处理姐妹溺婴案时，采用主观说就实现了个案正义。

从学术研究的角度来说，更加不能追随权威解释与传统观点，不能追随通说。那么多人持通说，多你一个少你一个没有关系。学术的发展过程就是不断地推翻通说的过程，如果总是维护通说，学术是不可能发展的。所以，做学术研究的人，除了提出创新观点外，要善于扶持少数说，扶持弱势理论，不断地使弱势理论成为强势理论。

许多解释都是因为维持传统观念与传统观点而导致法条比较落后。例如，刑法关于强奸罪的规定显得比较落后的一个重要原因是按传统观念解释法条。《刑法》第 236 条规定的是“强奸妇女”，“奸”一定限于狭义的性交吗？其实不一定。完全有可能认为所有进入式的性行为都属于“奸”。于是，男子强行与妇女口交、肛交的，也可以认定为强奸罪。

第五，不要轻信所谓的唯一结论。

前面说过，解释刑法是在一般化的可能解决方案中寻求最优的解决方案，但何谓最优方案，最优方案是不是只有一个，都是值得思考的。一个法条的解释与一个案件的处理都具有多种可能性，所以要善于在多种可能性中寻找最优方案。与此同时,最优方案也是随着社会生活事实的变化而变化的。不要以为任何问题都只有唯一结论,不要以为某个结论永远是正确的。

有的司法机关向我咨询案件时,我有时也会提出好几个方案让司法机关选择。例如,被告人章某、汪某在一个公司是上下级关系,章某在一年内先后多次向汪某的水杯里投放一种安眠药(思诺思,二类精神药品),导致汪某短暂的昏迷,章某趁汪某昏迷之际,将其带入车内实施猥亵行为,有时还拍摄了下体照片。章某在供述时承认投放了十几次药物,也承认十几次将其带入车内,但只承认实施了两次猥亵行为。汪某对猥亵行为不知情,因为药物导致她昏迷。汪某因为昏迷而四处就医,因此患上了抑郁症。这样的案件肯定会有多种答案。其一,如果思诺思不是刑法上的毒品,就不能认定章某的行为构成欺骗他人吸毒罪。其二,如果司法鉴定认为思诺思属于刑法上的毒品,则可以以欺骗他人吸毒罪与强制猥亵罪实行数罪并罚,但由于对欺骗被害人吸食思诺思的行为独立定罪了,就不应认定为强制猥亵情节恶劣,亦即,如果实行数罪并罚,只能将欺骗他人吸毒罪与强制猥亵罪的基本犯实行并罚。其三,如若认为章某的行为不成立欺骗他人吸毒罪,就可以按非法拘禁罪与强制猥亵罪的基本犯实行数罪并罚。章某十多次向被害人投放思诺思,虽然其只承认猥亵两次,剩余的多次都是为了追求精神刺激等目的,但将被害人带至自己的私家车,这属于典型的非法拘禁行为,而且该拘禁行为情节严重(造成被害人四处就医、患上抑郁症等),可以认定为非法拘禁罪。因此,应当对该非法拘禁罪与强制猥亵罪的基本犯实行数罪并罚,亦即,由于对手段行为独立认定为非法拘禁罪,故不能认定强制猥亵情节恶劣。其四,如果不将章某的手段行为独立定罪(不实行数罪并罚),对章某的行为便能够认定为强制猥亵情节恶劣。一方面,虽然章某仅承认猥亵了两次,不能认定为多次,但其猥亵方式包括摸被害人下体这种在猥亵中属于程度严重的方式,而且因为被害人昏迷,行为人每次猥亵时间不会较短。此外,与威胁相比,利用药物使他人昏迷进而完全丧失反抗能力的方式本身也属于比较严重的手段行为。另一方面,在被害人因不明原因的晕厥而反复就医的状态下,章某仍继续实施行为,直至被害人因病情无法确诊四处就医,严重影响工作而被迫辞职,后患上严重的抑郁症。即使患上抑郁症这一结果由投放药物的手段行为造成,而不是由猥亵行为本身造成,但由于手段行为是强制猥亵构成要件行为的一部分,故能认定其强制猥亵行为造成了严重后果。概言之,对手段与行为方式以及行为造成的结果进行综合评价,能认定为强制猥亵情节恶劣。上面讲了多种处理方案,每一种方案都是可能被采用的。

第六,不能只追求结论的妥当性,还要注重论证的充分性。

学习刑法各论,结论的妥当性当然是十分重要的,但不能只追求结论的妥当性,而不注重论证的充分性。一个在司法机关有争议的案件,在刑法学界也必然有争议,因此说理很重要。如何说理是一个大问题。其一,不能只讲所谓的大道理,大道理谁都知道,许多大道理实际上是空道理。比如,当人家做出了某种解释时,你说"你的观点违反了罪刑法定原则",你这样说是没有意义的。你必须指出人家的解释是如何超出了文字可能具有的含义的,你是怎么证明人家的解释侵害了国民的预测可能性的。其二,不能讲人家完全可以反过来讲的道理。我在一些判决书中看到这样的现象,辩护意见是被告人的情节显著轻微,危害不大,不应当认定为犯罪。而判决认定犯罪的理由是,被告人的情节严重,社会危害性大,因而构成犯罪。其三,所讲的道理不能在其他方面形成明显的缺陷。例如,拐卖妇女罪的保护法益究竟是什么?被害人的同意或者承诺是否有效?如果说人格尊严不能被侵犯,个人不能承诺自己的人格尊严被侵犯,于是认为经过妇女同意的拐卖行为也要认定为拐卖妇女罪,这样的话很容易被人接受。但是,一旦认为被害人的同意或者承诺无效,就意味着将拐卖妇女罪变为对公共法益的犯罪,而不是对个人法益的犯罪。于是,妇女唆使他人将自己拐卖给某人为妻的,也成立拐卖妇女罪的教唆犯。这恐怕存在疑问。其四,要善于讲出对方无法反驳的理由,而要做到这一点,就必须将争议问题与对方也不得不承认的原则、原理、观点进行比较,说明相同与不同之处。其五,自己的理由要能够得到刑法条文的印证,能够同时解决其他相关问题,不会与其他法条产生矛盾与冲突,就具体犯罪构成要件的解释与保护法益完全融洽。

第七,不要只了解自己赞成的理论,要以善意去理解其他人的观点。

许多人只是习惯于阅读与自己立场相同的论著,一见到与自己立场相左的论著就扔在一边,觉得不值一读。这种做法特别不好。我觉得应当相反,对于与自己立场相同的论著可以少读,因为你已经持这样的立场,没有必要再强化。你应当阅读立场相反的论著,并且善意地理解他人的观点,不能将对方的观点朝自己反对的方向去理解,然后进行所谓批判。更不要曲解他人的观点,将他人的观点歪曲成自己想要批判的观点。要善于从他人的观点中学到东西,善于从他人的观点中发现自己观点的缺陷。

读书也要读自己读不懂的书,不能只读那些可以一目十行的书。我在许多地方都讲过一个故事。有检察院让我就公诉人的晋升当评委,每个候选人都要回答一个问题:你最喜欢读的是哪一本书?其中一位候选人讲出一个书名,声称自己读了六遍。我问为什么读六遍,他回答说:因为这本书讲出来的都是我内心的想法。我就说,既然如此,你就不应该读这本书,你反复读这本书会有什么收获呢?其实是不会有什么收获的。

第八,不要以推翻别人的学说、建立新的学说为目的。

我发现有的人做学问只有一个目的,就是推翻别人的学说;还发现有的人写论文只有一个目的,就是让别人引用,至于是被批判还是被赞成,以及能否解决问题则在所不问。如果一个学说落后于时代,不能解决实践问题,当然可以推翻,但你们要知道,社会进步有两个途径:一个是积累,另一个是替代。按我的观察,工科、医学的进步主要是替代,人文科学主要是积累。法学的进步当然是靠积累。所以,不要以推翻别人的学说为目的,试图建立新的学说时要思考一下新的学说有什么用处,新的学说是不是在解决真问题,是不是只是文字游戏。

(三)事实的归纳

国外的资深法官并不会为法条的解释犯愁,但会为事实的归纳犯愁。总的来说,事实的归纳分为两大类:一类是如何整体上评价某类行为,例如,发放高利贷的行为,吸收公众资金用于正当生产经营的行为,要不要当作犯罪处理?这样的问题,不是简单的法律适用问题,而是涉及社会多方面的问题,需要不同领域的学者一起共同研究。另一类是在具体案件中如何归纳、评价案件事实。例如,如何归纳许霆案的犯罪事实?又如,甲趁朋友乙熟睡时,将乙的手机打开,发现乙的微信绑定了乙的银行卡,随后将乙的银行卡中的3万元转入乙的微信零钱中,然后再将乙的微信零钱中的3万元转入自己的微信中。如何看待这个案件事实?具体一点说,甲是否冒用了乙的银行卡?我这里所讲的"事实的归纳"就是指后一类具体案件的事实归纳。

1. 事实的归纳要以可能适用的犯罪构成要件为指导

前面讲过,我们面对一个具体案件时,一定会有一个预判,这个预判会告诉我们被告人的行为是否成立犯罪,成立何种犯罪。如果认为被告人的行为构成盗窃罪,我们就要以盗窃罪的犯罪构成为指导归纳案件事实,就客观方面的事实来说,就是要以构成要件为指导归纳案件事实。下面我主要侧重于对客观事实的归纳来讲一下。

第一,要看案件事实是否符合构成要件所描述的犯罪构造。例如,诈骗罪的构造明显不同于盗窃罪,如果没有受骗人,就不要按诈骗罪归纳案件事实。这一点我就不多讲了。

第二,要看案件事实是否具备构成要件的各个要素,这就需要逐一判断,不能动不动就综合起来判断。例如,行为是否构成诈骗罪,就要按行为人是否实施了欺骗行为,对方是否因为欺骗行为而产生了认识错误,是否基于认识错误处分了财产,处分财产的行为是否使行为人或第三者取得财产,被害人是否遭受财产损失。又如,行为是否构成盗窃罪,就要按财物有没有人占有,由谁占有,行为是不是转移了财物的占有,从而使自己或者第三者占有。不能用一个"秘密窃取"来归纳案件事实。我经常讲到一个案件:甲是啤酒的零售商,啤酒厂为了促销就在啤酒瓶盖的背面印有一些图案,持有特定图案的啤酒瓶盖的人就能到啤酒厂兑奖。甲从啤酒厂购买了大量的啤酒后,将所有的啤酒瓶盖都打开,把可以兑奖的啤酒瓶盖留下来兑换,然后再用不能兑奖的啤酒瓶盖将啤酒封好,将啤酒再出售给他人。某地司法机关的多数人都认为甲的行为构成盗窃罪,因为甲的行为属于秘密窃取,因而构成盗窃罪。可是,啤酒瓶盖由谁占有呢?甲从啤酒厂买来后当然是他本人占有,而且由他本人所有,自己怎么可能盗窃自己占有的财物呢?如果甲将自己买来的啤酒全部倒入大海,不可能构成故意毁坏财物吧!自己将自己占有和所有的啤酒瓶盖留下来怎么会构成盗窃罪呢?盗窃了谁的财物呢?所以,只要逐一分析盗窃罪的构成要件的各个要素,就不可能认定甲的行为构成盗窃罪。除了构成要件外,对于责任要素,也要逐一分析。

第三,要使用构成要件的语言归纳案件事实,或者说要使用刑法的用语归纳案件事实,不能用民法概念归纳案件,更不能用日常生活用语来归纳案件事实。例如,被害人一家全部去外地打工了,行为人将被害人家屋前屋后的树全部卖给外地人,而且向外地人谎称是自己家的树,得款 5 万元。如果用民法概念归纳本案事实,是不是无权处分?如果是,就认为只要行为人将 5 万元交付给被害人,就可以了。如果用刑法的用语来归纳案件事实,那么,就树这一对象本身来说,行为人的行为是将被害人占有的树转移给自己或第三者占有,构成盗窃;就 5 万元现金而言,则是对购树人的诈骗,因为行为人隐瞒了真相,让购树人获得的是赃物,会使购树人卷入诉讼,能评价为有财产损失。由于只有一个行为,故属于想象竞合。很多律师在为被告人辩护时,喜欢说被告人的行为是不当得利,检察官还会在庭上反驳说不是不当得利。其实,不当得利与刑法上的犯罪并不是相互排斥的,不当得利也可能构成犯罪。例如,假冒专利而获取的利益也是不当得利,但并不影响行为构成假冒专利罪。所以,被告人的行为属于不当得利,并不意味着被告人的行为不构成犯罪。检察官也不必反驳律师说的不当得利,而是需要说明不当得利并不影响犯罪的成立。又如,杀人、伤害、强奸都是民法上的侵权行为,律师不能说被告人的行为是侵权行为所以不构成犯罪。这是很浅显的道理。用日常生活用语归纳案件事实,就更不合适了。一位学法律的人,不能用日常生活用语归纳案件事实。例如,一名交警违反规定，让违章车辆停放在私人停车场，私人停车场对违章车辆收费很高，交警从私人停车场那里提成。如果用日常生活用语归纳这个案件事实，就可能说这是“滥收费”。但刑法并没有规定滥收费这个罪。如果以受贿罪的构成要件为指导，用刑法的用语来归纳这个案件事实，就会发现交警的行为构成受贿罪。

第四，不要使用中间概念归纳案件事实。我国司法实践使用了很多没有必要的中间概念，中间概念的使用不仅没有意义，而且不利于归纳案件，甚至容易违反罪刑法定原则。例如，一个行为是否构成诈骗罪，只需要将案件事实与刑法规定的诈骗罪的犯罪构成进行比对，判断二者是否相符合，没有必要使用套路贷这样的中间概念。也就是说，一方面，没有必要先看一个案件是不是套路贷，因为套路贷并不是一个刑法概念，人们所称的套路贷行为既可能不构成犯罪，也可能构成诈骗罪，还可能构成敲诈勒索罪。既然如此，先判断行为是否属于套路贷就没有任何意义。另一方面，也不能认为，只要属于套路贷就构成诈骗罪。主张只要有套路就构成诈骗罪的观点，其实是修改了刑法关于诈骗罪的规定，或者说自己确定了一个诈骗罪的构成要件，这明显不符合罪刑法定原则。又如，刑法分则对有的犯罪只规定了暴力手段，有的规定了暴力、胁迫手段，有的规定了强制手段。其中，在不同的犯罪中，暴力的含义或者说对暴力程度的要求并不相同。不能用“软暴力”这个中间概念来归纳案件事实，这与上面讲的套路贷是一个道理。因为“软暴力”不是刑法概念，我们要判断的是具体案件事实是否符合具体犯罪的构成要件，而不是判断具体案件事实是否符合某一类犯罪的共同特征。

第五，以可能适用的构成要件为指导归纳案件事实，意味着舍弃一些与构成要件无关的事实。不能像讲故事一样讲案件，归纳案件事实不是为了吸引人，而是为了判断案件事实是否构成犯罪。凡是有争议的案件，都有争议点，不可能在任何一个方面都有争议，明确案件的争议点至关重要。也不能将所有案件背景当作案件事实来叙述。当然，我并不是说所有的案件背景都是没有意义的，但你们要明白什么样的案件背景有意义，什么样的案件背景没有意义。例如,说某人就是因为得罪别人所以被告发了,这个所谓的案件背景有什么意义呢?反过来,行为人之所以在没有取得采矿许可证时就开始采矿,是因为政府要求行为人边采矿边申请采矿许可证。这样的案件背景就是有意义的,能说明行为人有无违法性认识的可能性以及期待可能性。

2. 事实的归纳要从不法到责任

在整个世界范围内,认定犯罪都是从不法到责任,也可以说从客观到主观。比如,苏联的四要件体系是从客观到主观,英美的犯罪论体系也是先判断犯行,再判断犯意,而不是相反。法国的犯罪体系是:法定要素(违法性)→客观要素→主观要素,即先判断是不是合法行为,如果是正当防卫就不再判断其他事项,如果是违法行为,就再判断客观要素与主观要素。无论我们应当采取什么样的犯罪论体系,事实的归纳一定要从不法事实开始,即行为是否符合构成要件且违法,如果得出肯定结论,就再判断有无责任,不能先判断责任,再判断不法。因为责任是对不法的责任,存在没有责任的不法,但不存在没有不法的责任,所以千万不要颠倒顺序进行判断。

例如,甲患有眩晕症,医生叮嘱他千万别开车,甲也一直没有开车,但有一天突然有急事要开车,甲就开车外出。但甲在开车外出时癫痫病发作,导致交通事故,致多人伤亡,而甲不知道自己患有癫痫病。面对这样的案件,要先判断结果能否归属于甲的驾驶行为,而不是先判断甲有没有预见可能性。当然,能否将结果归属于甲的行为肯定是有争议的,在我看来,这个案件是存在结果回避可能性的,也具备结果归属的其他条件。在此前提下,也能肯定甲具有预见可能性。

又如,如何区分故意杀人既遂和故意伤害致人死亡、故意杀人未遂与故意伤害罪等,刑法理论与司法实践都是将重心放在行为人故意内容上,可是,我们如何知道行为人的故意内容呢?其实,这个问题也需要从不法到责任。要先判断行为是不是已经致人死亡或者具有致人死亡的紧迫危险,如果得出肯定结论,那么,客观行为就是杀人行为。亦即,行为符合故意杀人罪的客观构成要件。然后再判断行为人是否已经认识到自己在当时情形下，使用那样的工具、采用那样的力度、实施了那样的次数，会导致他人死亡。显然，这样的问题不需要问被告人，可以问自己，也可以问马路上随便碰到的哪个人。如果得出肯定结论，就认定为故意杀人罪。如果得出否认结论，就判断行为人有无伤害的故意，如果有伤害的故意，就认定为故意伤害罪。在这种情形下，并不是说行为的性质就发生了变化，行为的性质依然是杀人，或者说客观行为依然是符合故意杀人罪构成要件的行为，但由于行为人没有杀人故意，因此只能认定为故意伤害罪。反之，如果客观事实是行为没有致人死亡，而且也不具有致人死亡的紧迫危险，那就不是杀人行为，只能认定为伤害行为。在这样的场合，不应当追问行为人有无杀人故意，只能判断行为人有无伤害故意。

我再举一个例子可能容易理解一点。张三是卡车司机，要将货物从广州运到北京。在出发前，李四将两包东西放在车厢内，并告诉张三，到武汉时有人取一包，另一包到北京时有人取。张三并不知道两包东西是什么。到了武汉后，有人取出一包东西，张三问是什么，对方说是毒品，还有一包要运到北京。可以肯定的是，张三将一包毒品从武汉运输到北京，是构成运输毒品罪的。但不可否认的是，张三将两包毒品从广州运输到了武汉。即使当时张三不知道是毒品，也不可能否认他运输了毒品，只是因为他当时没有故意，所以对将两包毒品从广州运输到武汉的不法事实，不负刑事责任。致人死亡的案件也是如此。如果甲客观上导致乙死亡，而且不具有违法阻却事由，那么，甲的行为就符合故意杀人罪的构成要件且违法，不能因为他主观上没有杀人故意仅有伤害故意，就认定他的客观行为不是杀人行为，只是因为他没有杀人故意，才认定为故意伤害罪。

3. 对事实的归纳要实质化

由于犯罪的本质是侵犯法益，因此对事实的归纳不能只流于形式，而看不到实质。换言之，对事实的归纳也必须实质化。具体来说，就是要看行为是否侵犯了法益以及侵犯了什么法益。例如，我经常看到这样的判决，承包山林的行为人未经批准采伐枯死的树木后再种上树苗，被法院认定为滥伐林木罪。

可是,这样的行为侵犯了什么法益呢?侵犯了林业管理部门的权威吗?林业管理部门的权威值得刑法保护吗?滥伐林木罪的保护法益是森林资源,行为人的行为破坏了森林资源吗?显然没有。既然没有,怎么能认定为滥伐林木罪呢?

又如,丙注册了一个域名“www.8.cn”,注册时在万维网上进行了登记,不久后乙把这个域名盗走了,盗走后也在万维网上进行了登记,但乙在登记时使用了假名,丙报案后公安机关很久破不了案。公安人员可以在万维网上查到这个域名,但是密码由乙控制了,关键问题是不知道乙是谁。甲专门从事域名买卖生意,他觉得这个域名不错,而且乙也有意要出卖,甲就把这个域名买过来了,买价比较便宜(12.5万元),甲买过来时用真名在万维网上进行了登记。甲登记后,公安机关就立即找到了甲。司法鉴定该域名价值40万元,而甲只花12.5万元就买下来了。于是,公安机关认为甲的行为构成掩饰、隐瞒犯罪所得罪。但在我看来,这样的结论是基于对案件事实的形式归纳,而没有进行实质判断。掩饰、隐瞒犯罪所得罪是妨害司法的犯罪,在甲购买该域名之前,公安机关一直未能破案,正是因为甲购买后将域名在万维网上进行登记,而且使用了真实姓名,公安机关才破案。这怎么就妨害了刑事司法呢?这显然是帮助了刑事司法。再者,认定甲明知是犯罪所得的赃物,也是非常牵强的。

4.事实的归纳要全面

任何案件事实都有不同的侧面,从不同的侧面来观察事实就会得出不同结论。对案件事实的归纳既要避免重复评价,也要做到全面评价。在全面评价后,如果发现只有一个行为,就按想象竞合处理。

例如,某市有一项政策,如果规模较大的民营企业需要引进科技人才,经企业审核同意引进后,该科技人才就可以在该市购买房屋,并且能从公安机关取得落户许可的证件,进而将户口迁移至该市。某企业的负责人与中介人员相互串通,将不符合条件的外地人员作为人才引进,并且让外地人员在购房时给企业多交5万到10万元,随后,外地人员就到公安机关领取落户许可的证件。这个案件看似行为人在买卖国家机关证件,但要认定为买卖国家机关证件罪是有明显障碍的。因为国家机关证件并不是企业持有和所有的,而公安机关并没有出卖国家机关证件,如果围绕国家机关证件来归纳案件事实,也只能考虑企业负责人是不是伪造国家机关证件的间接正犯。也就是说,外地人员其实不符合人才引进的条件,公安机关原本不应当制作落户许可的证件,但公安机关的相关人员因为受骗而制作了落户许可的证件。简单地说,企业的负责人使公安机关人员制作了不应当制作的、内容虚假的国家机关证件,这种情形属于无形伪造。在此意义上说,企业的负责人是伪造国家机关证件罪的间接正犯。当然,许多人不会同意这个观点,因为刑法理论与司法实践大多不承认无形伪造,不会认为公安机关制作的落户许可的证件是伪造的证件。但可以肯定的是,本案事实还有另外一个侧面,即企业的负责人利用职务上的便利为外地人员谋取了不正当利益,索取、收受了外地人员给予的财物。这就完全符合非国家工作人员受贿罪的成立条件。显然,仅围绕伪造或者买卖国家机关证件来归纳案件事实,就忽略了企业负责人的受贿行为,因而并不全面。

5. 事实的归纳要精细

所谓事实的归纳要精细,是说不能随意整体评价、综合评判,要按照犯罪的构造与构成要件要素、责任要素细致地归纳案件事实。不知道从何时开始,司法实践中流行着“后行为是前行为的延伸,按前行为定罪”“主行为与从行为并存时按主行为定罪”这样的说法。这样的说法其实是一种整体评判的方法,存在明显的缺陷。例如,凭什么说后行为是前行为的延伸就按前行为定罪呢?张三买了一把刀,然后用刀杀人,能不能说杀人这一后行为是买刀这一前行为的延伸呢?从前后关系来说的确是。可是,只能将张三的行为评价为买刀吗?不认定为故意杀人罪吗?显然不是。分析案件时,不是只看哪个行为在前、哪个行为在后,而是要判断哪个行为造成了构成要件结果,如果不考虑这一点,必然导致定罪的错误。又如,如何区分主行为和从行为呢?实践中有所谓盗骗交织的说法,并且认为,如果主行为是盗窃就认定为盗窃罪,如果主行为是诈骗就认定为诈骗罪。可是,其一,如果认为成立诈骗罪要求受骗人因为受骗而产生处分意识进而处分财产,就意味着盗窃罪与诈骗罪是对立关系,二者不可能交织。其二,如何区分主行为与从行为呢?根本分不清。你们举任何一个案例,当你们说甲行为是主行为时,一定会有人说乙行为是主行为。其三,主行为构成犯罪时,从行为也可能构成犯罪,二者既可能是并罚关系,也可能是想象竞合或者其他罪数形态,而不是仅考虑主行为的性质。我下面举几个旧案例。

案例5:被告人甲去ATM取钱时,自己的银行卡无法插入,低头一看发现里面有一张银行卡,是被害人乙取款后忘了取回的银行卡,于是甲就按“继续服务”,再查银行卡的余额有3.1万元,便立即从机器里取出4000元现金,随后将密码修改为000000。第二天,甲去银行柜台谎称是亲戚的银行卡,要将该银行卡中的2.7万元转入自己的银行卡中,银行职员信以为真就将被害人卡中的2.7万元转入甲的银行卡中。一个月后案发,公安机关很快抓获了甲,甲的父亲帮甲退还了3.1万元。

对于此案,有许多不同观点。第一种观点认为甲的行为成立侵占,因为甲的前行为是侵占银行卡,取款与转款行为是侵占行为的延伸,所以只能认定为侵占。又由于甲的父亲帮甲退还了全款,所以不构成侵占罪。第二种观点认为甲的行为构成盗窃罪,因为甲前面的行为是盗窃,后面的转款行为是前面的盗窃行为的延伸,只认定为盗窃罪即可。第三种观点认为甲的行为构成盗窃罪,理由是甲盗窃了信用卡,盗窃信用卡并使用的,构成盗窃罪。第四种观点认为甲的行为构成信用卡诈骗罪,因为无论是在机器上使用,还是第二天在银行柜台使用,都属于冒用他人信用卡,因而构成信用卡诈骗罪。上面这些观点要么采用了“后行为是前行为的延伸”这样的事实归纳方式,要么没有区分4000元现金与2.7万元银行债权,对事实的归纳都过于简单而不精细。

甲在机器上取出4000元现金时,并没有盗窃被害人的信用卡,只是单纯利用了被害人的信用卡。我不承认机器可以被骗,所以我不认为甲对4000元现金构成信用卡诈骗罪。现金是银行占有和所有,擅自使用他人信用卡在机器上取款,违反了银行管理者的意志,所以甲对4000元现金构成盗窃罪。不能认为甲所取得的4000元是对被害人乙的盗窃,因为被害人根本没有减少4000元现金。如果你说甲盗窃了乙的4000元现金,律师就会问乙与检察官:"被害人乙的4000元现金放在哪里?"你根本回答不了这个问题。肯定有人会说,银行没有损失,怎么能对银行构成盗窃罪?其实,不是银行没有损失,而是银行通过减少乙的银行债权填补了自己现金的损失。所以,要承认甲对于这4000元构成对银行的盗窃罪。这一点在日本的学说与判例中是没有什么疑问的。问题在于甲对2.7万元债权构成何罪。如果不考虑信用卡是不是盗窃所得,当然是典型的冒用他人信用卡,银行职员基于受骗而处分了乙的银行债权,甲的行为构成信用卡诈骗罪。如果考虑信用卡的来源,则需要判断甲是盗窃了信用卡还是侵占了信用卡。可以认为,乙是遗忘了信用卡,但问题在于,遗忘在ATM里面的信用卡,是否当然转移给银行管理者占有,如果得出肯定结论,则甲依然是盗窃了信用卡。按照《刑法》第196条第3款的规定,盗窃信用卡后再使用的,就要认定为盗窃罪。如果说信用卡就是遗忘物,银行管理者并没有占有,则甲的行为就不是盗窃,只是侵占了信用卡,第二天转款的行为就构成信用卡诈骗罪。我还是倾向于认为,在这种情形下,信用卡当然转移给银行管理者占有。

分析财产犯罪以及部分经济犯罪案件,第一步要找准被害人,如果连行为人与被害人都分不清,怎么可能得出妥当结论。第二步要具体确定被害内容或者结果内容,是有体物丧失了,还是债权丧失了,抑或其他财产性利益丧失了。在上面的案例中,不能简单地说被害人乙损失了3.1万元。对此,要联系行为人取得的具体财物进行判断。第三步要判断造成具体结果的是哪一个行为,而不是所谓后行为是前行为的延伸或者主行为吸收从行为。第四步判断造成具体结果的行为符合什么犯罪的构成要件。比如,张三盗窃了李四的一个提包,提包里的手机、现金等有体物的价值3万元,提包里还有一个存折,存折的名义人是李四的朋友王五,张三随后冒充王五在银行柜台取走了5万元的存款。在这个案件中,不能说后面的取款行为是前面的盗窃行为的延伸,而应认为前面的盗窃行为只是窃取了 3 万元的财物,被害人是李四。可以肯定的是,如果没有后面的行为,王五只要挂失就不会有财产损失。王五的财产损失是由张三的取款行为造成的,取款行为是诈骗行为而不是盗窃行为。后面的诈骗罪的被害人是王五,而不是李四。肯定有人认为,王五可以找李四赔偿,所以王五不是被害人。可是,如果王五不是被害人,就意味着他没有财产损失,没有财产损失为什么还要找李四赔偿。显然,“王五可以找李四赔偿”这句话就意味着王五有财产损失,而该损失是由谁的行为造成的,当然是张三的取款行为造成的。张三的取款行为不可能是盗窃行为,只能认定为诈骗罪。

案例 6:所谓两头骗或者双重诈骗的案件,如甲为了骗取银行贷款,就需要提供担保,于是甲欺骗乙,谎称如果乙将自己的房屋用于给自己的贷款担保,取得 1000 万元的贷款后就给乙 300 万元好处,由甲本人归还本息,乙信以为真就为甲的银行贷款提供担保,但甲在骗取银行贷款后就将资金转移到了国外。

对于这样的案件,有的人认为甲只对银行构成贷款诈骗罪,但更多的人认为甲只对乙构成诈骗罪,而不对银行构成贷款诈骗罪,因为银行可以通过行使担保权确保自己没有损失。我不赞成这样的观点。

第一,认为只要有足额担保就不构成贷款诈骗罪的观点,明显不符合《刑法》第 193 条的规定。《刑法》第 193 条规定了五种贷款诈骗行为类型:一是编造引进资金、项目等虚假理由的;二是使用虚假的经济合同的;三是使用虚假的证明文件的;四是使用虚假的产权证明作担保或者超出抵押物价值重复担保的;五是以其他方法诈骗贷款的。显然,没有足额担保只是贷款诈骗罪的一种行为类型。反过来说,即使有足额担保,但如果属于其他行为类型,并具有不归还贷款本息的想法的,也能成立贷款诈骗罪。如果说只要足额担保就不构成贷款诈骗罪,就相当于将《刑法》第 193 条规定的第一、二、三、五类构成要件行为都删除了。这不是在解释刑法,而是在修改刑法,恐怕不合适。

第二,银行发放贷款的目的是通过收回本金且收取利息来获利,而不是为了行使担保权。行使担保权是因为没有实现发放贷款的目的采取了挽回损失的措施。换言之,只要没有归还贷款,就意味着银行有财产损失,甲的贷款诈骗就已经既遂。

第三,在许多案件中,虽然行为人提供了足额担保,但完全可能由于其他原因而导致银行不能行使担保权。例如,担保人的房屋被司法机关长时间查封,银行根本不可能行使担保权。即使银行能够行使担保权,也不能确保没有财产损失。例如,担保物可能价值贬损,银行行使担保权只能挽回部分损失。在这种情形下,不肯定甲对银行构成贷款诈骗罪就明显不合适。

第四,在一些案件中,由于特殊原因担保人可能没有财产损失。如果仅认定为对担保人的诈骗罪,就只能认定为诈骗未遂。可是,行为人甲已经取得了财物,在这种情形下认定为诈骗未遂显然不合适。

第五,如果说甲的行为是否构成贷款诈骗罪,要根据银行事后行使担保权的情形来判断,亦即,如果不能行使担保权或者虽然行使担保权但仍然没有收回贷款本息,甲就对银行构成贷款诈骗罪,如果通过行使担保权而收回全部贷款本息,甲的行为就不构成贷款诈骗罪,那么,就难以解释贷款诈骗罪的既遂时间。事实上,甲取得贷款时就既遂,而不是等到银行不能行使担保权时才既遂。换言之,甲的贷款诈骗既遂时间不可能随着行使担保权的状况而改变。

第六,如果精细地归纳案件事实,就会发现,甲对银行贷款构成贷款诈骗罪,对乙的担保物构成诈骗罪或者合同诈骗罪。前一罪是通过隐瞒不归还贷款本息的内心想法这一欺骗行为实现的,后一罪是通过谎称给乙 300 万元好处的欺骗行为实现的,两个行为造成了两个不同的结果,当然成立两个罪。只不过这两个罪可以成立牵连犯,属于手段行为与目的行为的牵连,可以从一重罪处罚。

案例 7:替换二维码案件。这个案件现在还在讨论,以后也会讨论。甲将商家乙的收款二维码换成自己的收款二维码,顾客丙在购物时按商家的指示扫了甲的二维码。有人认为甲的行为构成盗窃罪,有人认为甲的行为构成一个诈骗罪,还有人认为甲的行为构成两个诈骗罪,只不过两个诈骗罪属于包括的一罪或者想象竞合。我认为只构成一个诈骗罪。

第一步,确定被害人是商家还是顾客。我认为是商家而不是顾客,因为顾客虽然也受骗了,但顾客并没有任何财产损失,他与商家的交易是成功的,他得到了应得的商品。而且在这种情形下,商家没有理由让顾客再次付款。即使商家将顾客起诉到法院,法院也不可能判决顾客再次付款。所以,顾客实现了自己的交易目的,不是被害人。既然如此,就只能认为商家是被害人。

第二步,确定被害人损失了什么。显然,我们既可能说商家损失了商品,也可能说商家损失了商品的对价即货款,但难以认为商家同时损失了二者。在这种情形下,就要联系行为人得到了什么来确定。甲显然得到的是商家本应得到的商品对价,所以我们可以得出一个结论,商家损失了本应得到的商品对价。这个商品对价原本在哪里呢?当然是在顾客那里。

第三步,确定是什么行为使商家没有得到商品对价。没有疑问,是甲偷换二维码的行为使商家没有得到商品对价。

第四步,确定甲偷换二维码的行为符合什么罪的构成要件。这个行为不可能是盗窃行为,因为甲只是换了二维码,并没有违反顾客的意志,将顾客支付的商品对价转移给自己占有。偷换二维码的行为欺骗了商家,也欺骗了顾客;商家以为是自己的收款二维码,顾客也以为是商家的二维码。问题是谁处分了商品对价?当然是顾客,顾客基于认识错误处分了自己应当支付的商品对价。但如前所述,顾客没有财产损失,只有商家有财产损失。所以,只能认为甲的行为属于三角诈骗。我在《法学评论》2017 年第 1 期上发表的《三角诈骗的类型》一文对此有较为详细的说明,你们有兴趣的话可以看一下。

有人认为甲的行为构成盗窃罪,是这样进行类比的,即顾客在给商家现金的过程中,甲从中间拦截了。拦截现金是盗窃,拦截债权也是盗窃。但这个类比有问题。如果是顾客将现金交给商家时,无论现金是由商家占有还是顾客占有,都可以认定甲的行为是盗窃罪,而且认定为盗窃罪是以甲没有实施欺骗行为为前提的。但扫二维码并非如此,债权直接从顾客那里转到了甲那里,而这个转移并不是违反顾客意志的,而是通过欺骗行为转移的。当然不能说是盗窃。

还有人认为,在顾客扫二维码时,就应当规范地判断商品对价由商家占有,甲违反商家的意志转移了商品对价,所以构成盗窃罪。这个说法有明显的问题。占有虽然是事实上的支配,但本身就是一个规范的概念,即要根据社会的一般观念判断有无人占有以及谁占有。我们可以说,商家应当占有商品对价,但不能将“应当占有”评价为占有。如果将应当占有评价为占有,那就没有财产罪了。为什么呢?因为A盗窃了B的摩托车后,B虽然事实上不再占有摩托车,但他应当占有自己的摩托车,因为他应当占有自己的摩托车所以就占有了自己的摩托车,A就没有转移摩托车的占有。这显然不成立。我在这里强调一下,盗窃罪中的占有就是指事实上的支配,而是否存在事实上的支配,需要根据社会的一般观念进行规范的判断,占有本身就是一个规范的概念。不能将占有分为事实上的支配与规范上的支配,也不能认为对占有的判断要先进行事实判断,再进行规范判断,而是要将所有的事实作为判断资料进行规范的判断。规范判断之前的所谓事实判断是没有任何意义的。例如,我现在站在你面前,手中拿着你的手机,但根据社会的一般观念,我根本没有占有你的手机。如果你先进行事实判断,说手机在我手上,事实判断得出的结论是我占有了你的手机,然后再进行规范判断,否认我占有你的手机,那前面的事实判断有什么意义呢?没有任何意义。

总之,对事实的归纳要精细。但你们也不要误解我的意思,我不是说你们要注重案件的所有细枝末节。关键在于哪些细节影响定罪,哪些细节不影响定罪,而这一点又要以可能适用的构成要件为标准。我发现,许多案件之所以争议很大,一个重要原因是部分人进行细致的分析,部分人进行整体的判断。我也不是说不需要整体判断,但整体判断要建立在精细分析的基础上,而不是舍弃与构成要件密切关联的事实进行整体判断。

6. 事实存疑时有利于被告

有些案件的事实无论如何都是查不清的,面对这样的案件,一定要坚持事实存疑时有利于被告的原则。案件事实不仅包括客观事实,而且包括主观事实。例如,行为人骗取了银行贷款,但是否具有非法占有目的,或者说是否具有不归还本息的意思，无论如何查不清。在这种情形下，也要按有利于被告的原则来处理，即只认定为骗取贷款罪。

只要贯彻事实存疑时有利于被告的原则，那么，最终认定的事实就不是自然事实，看上去似乎说不通，但学刑法的人要习以为常。

例如，在贿赂案件中，国家工作人员一直供述是行贿人乙主动行贿，自己只是收受财物，而没有索取财物。但行贿人乙一直供述是被甲索贿才给予其财物。那怎么办呢？首先，国家工作人员索取贿赂的事实存在疑问，或者说不能证明国家工作人员索取贿赂，所以，只能认定国家工作人员收受贿赂；其次，就行贿人而言，其主动行贿的事实也存在疑问，或者说不能证明行贿人是主动行贿，因此，只能认定行贿人是被索取。肯定有人认为，这两个认定对不上，意思就是既然认定国家工作人员是收受贿赂，就要认定行贿人是主动行贿；既然认定行贿人是被索取，就要认定国家工作人员是索取贿赂。但从刑法适用的角度来说，在真相查不清的情况下，必须对行贿人与受贿人都适用事实存疑时有利于被告的原则，而不能只对其中一人适用这个原则。如果只对其中一人适用这个原则，那么对谁适用这个原则呢？为什么对另一个人不适用这个原则呢？如果是这样的话，反而造成刑法适用的不公正。从刑事诉讼法的角度来说，案件事实都必须是证据证明的事实，而不是自然事实。在上述案件中，认定受贿人是收受贿赂，认定行贿人是被索取贿赂，就是证据证明的事实，对此不应当有什么疑问。

又如，二人相互斗殴致其中一人或者双方受轻伤的案件。这种案件是实践中比较多发的案件，司法机关大多按故意伤害罪处理，有的地方将双方都送进了监狱。在我看来，这样的案件完全没有必要由司法机关处理，双方各自回家就可以了。我一直认为，甲乙二人发生争吵不存在违法犯罪的问题，但在此过程中，如果一方先动手殴打对方，则先动手的人是不法侵害，对方就可以进行正当防卫。正当防卫致人轻伤的，不可能构成防卫过当，必须认定为正当防卫。但是，在司法实践中，许多案件查不清究竟是哪一方先动手。既然查不清哪一方先动手，就只能按事实存疑时有利于被告的原则来处理。在处理甲的行为时,由于不能证明是甲先动手殴打对方,按存疑时有利于甲的原则,就只能认定是乙先动手殴打甲,甲的行为就是正当防卫。在处理乙的行为时也是如此,由于不能证明乙先动手殴打对方,按存疑时有利于乙的原则,就只能认定是甲先动手殴打乙,乙的行为就是正当防卫。肯定有人认为这很奇怪,怎么二人都是正当防卫,而不存在不法侵害?其实不是如此。在认定甲的行为是正当防卫时,是认定了乙的行为属于不法侵害;在认定乙的行为是正当防卫时,也是认定了甲的行为属于不法侵害。这是因为对甲与乙都要贯彻事实存疑时有利于被告的原则。

当然,还有一种情形就是典型的二人相互斗殴,比如二人约定斗殴。在这种情形下,一方导致另一方轻伤或者双方都轻伤的,也不要认定为故意伤害罪。因为既然同意与他人斗殴,就表明同意了轻伤害的结果,被害人对轻伤害的承诺是有效的,这可以通过被害人承诺来说明双方的行为都不构成故意伤害罪。

(四)符合性的判断

刑法的适用或者解释,就是将案件事实与刑法规范相对应的过程。如果案件事实符合刑法规定的犯罪构成,就具备了犯罪构成符合性,因而成立犯罪。我下面主要以构成要件符合性为重点讲一下。

1. 符合性的基本含义

所谓构成要件符合性,就是指案件事实不缺少构成要件要素,而且符合犯罪的构造。换言之,案件事实不缺少构成要件要素以及要素之间的关联性,就具备了构成要件符合性。符合性不是指案件事实与构成要件一模一样,司法人员不可能要求犯罪人拿着《刑法一本通》、按照刑法规定去犯罪。简单地说,案件事实多于构成要件的,不影响构成要件符合性,只是需要判断多出的部分是否另构成其他犯罪。构成要件是成立犯罪的最低限度条件,但构成要件不可能有上限。例如,盗窃数额较大的就构成盗窃罪,但不能说如果盗窃的财产过多,就不可能成立盗窃罪。

例如,行为人在盗窃他人卡车里的优质煤的同时,将劣质煤掺进卡车里,从而掩盖煤的数量减少的事实。许多人认为,这种行为不是盗窃,因为盗窃是指单纯将他人的财物转移给自己占有,而本案行为人除此之外还将劣质煤掺进卡车里,比盗窃行为多一个环节,所以不是盗窃。这是没有正确理解构成要件符合性的含义所得出的结论。盗窃,是指违反被害人的意志,将他人占有的财物转移给自己或者第三者占有。行为人将他人卡车里的优质煤转移给自己占有,就完全符合了盗窃罪的构成要件。至于行为人同时将劣质煤掺进卡车里,这本身并不是一个构成要件行为,不需要归纳为构成要件事实,当然也不会影响盗窃罪的认定。

再简单一点说,讲台上的这个杯子是我从日本买来的。假如学生问这个杯子是花多少钱买的,我说花了 2000 元。学生让我卖给他,我不同意。后来,学生趁我课间休息时,拿走了我的杯子,同时放了 3000 元在我讲台上。这个行为也完全符合盗窃罪的构成要件。可能有人问,老师赚了 1000 元,怎么还是被害人?你们一定要知道,盗窃罪是对个别财产的犯罪,刑法保护我对这个杯子的占有与所有,学生违反我的意志,将我占有的杯子转移给他自己占有,就完全符合了盗窃罪的构成要件。至于学生放 3000 元在我讲台上,则是他自愿的,并不违反他的意志。违反他人意志的行为与不违反他人意志的行为不可以相互抵销。

在这方面,司法实践的一个最大问题是,只要主体是国家机关工作人员,就只考虑职务犯罪或者渎职犯罪。我讲一个十多年前的真实案例。乙犯了故意杀人罪后,为了潜逃外地而让民政所的工作人员甲利用职务上的便利为其提供一个身份证明,然后凭这个身份证明去公安机关办理虚假的身份证件。甲就为乙提供了一个身份证明。14 年后,乙被抓获,同时查明了甲提供身份证明的事实。乙的故意杀人罪没有超过追诉时效,但检察机关认为甲的行为构成滥用职权罪,对甲的行为要么适用《刑法》第 397 条第 1 款规定的法定刑,要么适用该条第 2 款前段规定的法定刑,但由于最高刑分别为 7 年与 5 年有期徒刑,经过 10 年就不再追诉。可是,检察机关又觉得应当追究甲的刑事责任。一位负责人就打电话问我该怎么办。我听了案情之后就说,甲的行为构成窝藏罪,因为甲的行为是帮助乙逃匿的行为,而且甲知道乙是犯罪人,构成窝藏罪没有问题。乙所犯之罪是故意杀人罪,可能判处无期徒刑以上刑罚,属于窝藏罪中的情节严重的情形。情节严重的窝藏罪的法定刑是 3 年以上 10 年以下有期徒刑,经过 15 年才不追诉,现在只经过了 14 年,当然可以按窝藏罪追诉甲。但对方反复说,甲是国家机关工作人员且利用了职务上的便利,应当构成滥用职权罪,而不是窝藏罪。我反复跟他说,行为主体是不是国家机关工作人员以及是否利用职务上的便利,都不影响窝藏罪的成立。案件事实多于窝藏罪的构成要件要素不影响窝藏罪的认定;只有当案件事实少于窝藏罪的构成要件要素时,才不能认定为窝藏罪。但我从电话中感觉到,要说服对方还是特别困难。之所以如此,就是因为司法实践一遇到国家机关工作人员利用了职务之便的案件,就只想到职务犯罪或者渎职犯罪,而不会认为他们的行为会构成普通刑事犯罪。归根结底还是没有正确理解构成要件符合性的含义。

又如,国家工作人员利用职务上的便利骗取财物的,当然也符合诈骗罪的构成要件,而不是只符合贪污罪的构成要件。也就是说,就骗取财物而言,贪污罪的构成要件要素多于诈骗罪的构成要件要素,既然行为构成贪污罪,当然也构成诈骗罪。问题是,司法解释规定贪污罪的定罪数额起点一般是 3 万元,而诈骗罪的定罪数额起点通常是 3000 元,那么,国家工作人员利用职务上的便利骗取 2 万元(没有其他严重情节)的应当如何处理?现在司法机关都不把它当作犯罪处理。理由可能是多种多样的。第一种理由是,贪污罪与诈骗罪是法条竞合的特别关系,特别法条优于普通法条,所以要将国家工作人员的行为认定为贪污,但由于没有达到贪污罪的定罪数额起点,因此对国家工作人员的行为不能以犯罪论处。但这个观点存在两个明显的疑问。其一,适用特别法条优于普通法条的原则,是以行为同时符合了特别法条与普通法条为前提的,既然国家工作人员的行为不符合贪污罪的数额要求,也就不符合贪污罪的构成要件,当然就只符合诈骗罪的构成要件,只能认定为诈骗罪,不存在适用特别法条的问题。比如,刑法理论一般认为,故意杀人罪与故意伤害罪是特别关系。假如行为人的暴力行为致被害人死亡,司法机关以特别法条优于普通法条为由,认定行为人的暴力行为属于故意杀人,但同时查明行为人没有杀人故意,这个时候还能按特别法条优于普通法条处理吗?当然不能。因为行为人的暴力行为不符合故意杀人罪的成立条件,当然只能考虑是否成立故意伤害罪。其二,如果说贪污罪与诈骗罪是特别关系,那么,按照司法解释关于定罪量刑数额的规定,贪污罪就是减轻法条。可是,国家工作人员利用职务上的便利诈骗,究竟是使不法减轻还是使责任减轻呢?我觉得没有任何减轻的理由。所以,以特别法条优于普通法条为由,否认国家工作人员利用职务上的便利骗取2万元的行为构成诈骗罪的观点,是难以成立的。第二种理由就是我刚才讲的,许多人认为,诈骗罪的成立不需要主体具有特殊身份,也不要求利用职务上的便利,所以,国家工作人员利用职务上的便利骗取公共财物的,就不符合诈骗罪的构成要件。这就没有理解构成要件符合性的含义。国家工作人员利用职务上的便利骗取公共财物的,不缺少诈骗罪的构成要件要素,也符合诈骗罪的构造,认定为诈骗罪没有任何问题。按照上述观点的逻辑,如果国家工作人员利用职务上的便利骗取私人财物的,则既不符合贪污罪的构成要件,也不符合诈骗罪的构成要件。但恐怕没有人赞成这样的结论。

其实这是一个浅显的道理,但我不知道为什么出现这样的问题。比如,女生对恋爱对象提出的要求或标准是,学历不低于本科,身高不低于1.7米。现在有一位男生是研究生,身高1.75米,会有女生说这位男生不符合这两个要求或标准吗?不会吧。

2. 符合性的规范判断

符合性的判断是将案件事实与刑法规范相对应,前面讲过,这种对应并不指案件事实与刑法规范一模一样,如果案件事实多于构成要件要素,并不影响符合性的结论。既然如此,那么,在性质相同的情况下,重度行为可以评价为轻度行为,高度行为可以评价为低度行为。

下面这个例子是我经常举的一个例子,而且被当作过博士生入学考试笔试题。甲起先以伤害故意砍乙两刀,再以杀人故意砍乙两刀,乙身上只有一刀是致命伤,但不能查清致命的这一刀是前两刀中的一刀还是后两刀中的一刀。绝大多数考生都认为,甲的前两刀属于故意伤害未遂,后两刀属于故意杀人未遂,最终只按故意杀人未遂处罚。可是,这样的结论不符合人们朴素的法感情。明明是甲的行为导致乙死亡,却要认定为两个未遂。当然你们会说,事实存疑时有利于被告嘛,所以只能如此。但我不认为如此。伤害行为不能评价为杀人行为,但杀人行为是可以评价为伤害行为的。在本案中,不能将四刀都评价为杀人行为,但可以将四刀都评价为伤害行为,当然也能将杀人故意评价为伤害故意,所以,可以认定甲的行为成立一个故意伤害致死,而不需要适用未遂犯的规定。

又如,挪用公款的行为不能被评价为贪污公款,但贪污公款的行为可以被评价为挪用公款。同样,如果将公款出借给他人使用的,属于挪用公款,那么,将公款无偿送给他人使用的,也属于挪用公款,只不过存在是否同时构成贪污罪的问题。贷款诈骗行为可以被评价为骗取贷款罪,但骗取贷款的行为不可能被评价为贷款诈骗罪;抢劫行为可以被评价为盗窃,但盗窃行为不能被评价为抢劫。当然,在什么样的情形下,需要将重度行为、高度行为评价为轻度行为、低度行为,取决于如何评价才能使案件得到最妥当的处理。

再如,甲、乙共谋入户盗窃,并且商定如果被人发现就立即逃走。某日,甲、乙二人侵入丙家盗窃,甲在主卧盗窃时已将价值5万元的首饰装入口袋。乙在次卧盗窃时,因为将东西碰落在地而导致丙惊醒。丙斥责乙,乙为了取得财物而对丙实施暴力,压制了丙的反抗,最终取得了价值5万元的财物。甲知道乙实施抢劫,但既没有阻止,也没有到次卧对乙实施帮助行为。很多学生认为,甲只对自己盗窃的5万元负责,即只能认定甲盗窃5万元。甲是否具有阻止乙抢劫的义务,可能是有争议的问题。但可以肯定的是,即使甲不知道乙在次卧实施了抢劫,或者即使乙在次卧仅实施了盗窃行为,甲也要对乙非法取得的5万元负责,为什么在这个案件中,甲反而不对乙非法取得的5万元负责呢?当然要负责。换言之,如果认为甲不具有阻止乙抢劫的义务,也要认定甲盗窃了10万元财物,因为抢劫可以被评价为盗窃。另外,乙也要对甲盗窃的

5 万元财物负责,但不能将这 5 万元认定为抢劫数额,因为盗窃不能被评价为抢劫。

上面的这些例子告诉我们,构成要件本身只是成立犯罪的最低要求,凡是符合最低要求的就能构成犯罪,但构成要件不可能有最高限制。例如,不能说故意伤害罪的行为只能是伤害行为,不能是致人死亡的行为。既然致人伤害的行为构成伤害,致人死亡的行为更能构成伤害。

总之,构成要件符合性的判断是一种规范判断,而不是单纯的事实判断。当然,规范判断建立在事实判断的基础之上。

3. 符合性的反复判断

构成要件符合性的判断不是一次性的,需要不断地进行反复判断。

第一,在形成了合理的预判之后,为了得出合理结论,目光必须不断地往返于案件事实与刑法规范之间。也就是说,为了得出合理结论,需要不断地对刑法规范进行新的解释,不断地对案件事实进行重新归纳。例如,当对一个案件形成了构成诈骗罪的合理预判之后,在进行构成要件符合性的判断时,可能发现案件事实不符合诈骗罪的构成要件。在这种情形下,既可能是以前对诈骗罪的构成要件的解释出现了问题,也可能是对案件事实的归纳出了问题,所以,既可能要重新解释构成要件,也可能要重新归纳案件事实,从而使案件事实与构成要件相对应。

例如,乙手上有一些真外币,是朋友送给他的。某日,甲为了非法占有这些外币就欺骗乙说,你手上的这些外币是假币,如果你不尽快扔掉,就可能成立持有假币罪。于是,乙信以为真,就将外币扔掉,甲随后"捡走"了这些外币。一般来说,我们不可能对本案形成盗窃罪的预判,而是会形成诈骗罪的预判。但问题是,诈骗罪的构成要件是要求行为人实施欺骗行为使受骗人产生认识错误,进而处分财产,行为人或第三者取得财产。这种构造会使人们认为,受骗人处分财产是指处分给行为人或行为人指定的第三人,而不包括受骗人扔掉财产。如果这样理解,就会认为甲的行为不成立诈骗罪。但就此得出无罪结论是不合适的。其实,诈骗罪的构成要件只是要求受骗人处分财产,并没有要求受骗人必须将财产处分给行为人或者行为人指定的第三人。受骗人将外币扔掉的行为也是处分财产的行为,随后行为人也得到了外币。既然如此,就可以认为甲的行为符合诈骗罪的构成要件。我顺便讲一下,认为甲的行为构成侵占罪是不合适的。认定甲的行为构成侵占罪的理由是,乙虽然扔掉了外币,但外币仍然由乙所有,因此,甲的行为属于侵占遗忘物。不可否认,作为侵占罪的构成要件要素的行为对象,必须是他人所有的财物,或者说被害人没有放弃所有权的财物。但在本案中,乙事实上放弃了对外币的所有权。可能会有人说,乙是基于受骗才放弃所有权的,如果甲不欺骗乙,乙就不会放弃所有权。这一点没有错,我们应当认为,正是因为甲欺骗了乙,才使乙放弃了对外币的所有权。这表明欺骗行为才是使乙丧失财产的行为。既然如此,就要认定甲的行为构成诈骗罪。

又如,被害人乙从外面回家在门口换鞋时,将手机放在鞋柜上,换完鞋后就进屋,将手机"忘"在鞋柜上。乙刚进屋内,来隔壁邻居串门的甲发现鞋柜上有部手机就拿走了。甲的行为究竟是盗窃还是侵占,既有如何解释构成要件的问题,也有如何归纳案件事实的问题。望文生义的解释是,侵占罪的对象是遗忘物,乙进屋时确实忘了拿走手机,将手机遗忘在鞋柜上,所以甲只是将乙的遗忘物据为己有,属于侵占。然而,这样的解释并不妥当。遗忘物是指不是基于他人本意脱离了他人占有的财物,而占有是事实上的支配,事实上的支配与否,要根据社会的一般观念判断。如果以此为大前提,那么,我们在归纳本案事实时就会认为,在他人家门口鞋柜上的任何物品都是由他人占有,而不能被评价为遗忘物。甲违反乙的意志,将乙占有的手机转移给自己占有,构成盗窃罪。

我以前经常以故意毁坏财物罪来说明这一点。假如将构成要件行为的毁坏解释为导致财物物理性的毁损,那么,甲将他人价值 1 万元的手提电脑从四楼扔下去,导致电脑粉碎的,当然会认为甲的行为构成毁坏。但现在遇到的案件是,乙使用物理的力量将他人价值 2 万元的戒指扔进大海。戒指在大海里是不会有物理性的毁损的,所以,如果坚持毁坏是指对财物的物理性的毁损,就不能认定乙的行为构成故意毁坏财物罪。如果不能接受这样的结论，或者解释者觉得将乙的行为认定为犯罪才是合理的，那就需要对毁坏进行重新解释，亦即，将毁坏解释为对财物使用物理的力量使财物的价值减少或者丧失。如果这样重新解释毁坏这一构成要件行为，那么，乙的行为就符合了毁坏这一要件，能够认定其行为构成故意毁坏财物罪。倘若这样解释后，你又遇到了一个案件，丙将被害人饲养宠物的笼子的门打开，导致宠物飞走，该宠物价值3万元。丙的行为显然没有物理性地毁损宠物，也没有对宠物使用物理的力量，只是对笼子的门使用了物理的力量，但被害人却丧失了宠物。如果你觉得对丙的行为也应当认定为故意毁坏财物罪，就需要再次解释毁坏这一构成要件行为。如果将使他人财物的价值减少或者丧失的一切行为都叫毁坏，那么，丙的行为就符合了故意毁坏财物罪的构成要件。当然，上面的解释，尤其是最后一个解释，不是所有学者都会接受的。我想说的是，如果你的预判是对丙的行为应当以故意毁坏财物罪论处，就需要做上面的反复对构成要件进行解释和反复归纳案件事实的工作。

疑难案件总是促使我们对构成要件作出新的解释，我经常说，刑法的真实含义是在社会生活事实中发现的，就是因为我们面对新的案件时，正义感要求我们得到合理的结论，而按照以往对构成要件的解释又不能得出合理的结论，于是，我们就需要对构成要件进行新的解释。

第二，在得出一个有罪或无罪的结论后，还需要再进一步判断。其一，如果得出了轻罪结论，即使这一结论本身是成立的，也要判断行为是否构成其他更重的犯罪；其二，如果得出了重罪结论，也要判断行为是否构成其他更轻的犯罪乃至不构成犯罪，再反思对重罪的判断是否正确；其三，如果得出了不构成此罪的结论，也要再判断是否可能构成彼罪。我下面举例说明一下。

例如，四名行为人冒充警察去抓赌，到了现场后让所有参赌人员都跪下，如果反抗就要被拘留。参赌人员都以为行为人是警察，就都跪下，双手放在后脑部。然后，四名行为人说，“这次就只没收你们的赌资，如果不服就同我们一起去派出所”。参赌人员让四名行为人拿走了所有的赌资。四名行为人当然触犯了招摇撞骗罪，但司法机关认为他们非法占有了他人财物，认定为敲诈勒索罪。这样的结论本身也是成立的。问题是，四名行为人的行为能否构成抢劫罪？这需要进一步判断，亦即，四名行为人的行为是否以胁迫方法压制了参赌人员的反抗？如果得出肯定结论，就不能只认定为敲诈勒索罪。

接下来讨论，如果认为四名行为人的行为构成抢劫罪，而且认定为冒充军警人员抢劫，就要判处10年以上有期徒刑乃至无期徒刑，这是否合适？恐怕一般人都会认为判得太重了。那就要想方设法再解释抢劫罪的加重构成要件，再重新归纳案件事实。冒充军警人员抢劫属于加重构成要件，加重构成要件以符合基本构成要件为前提，既然如此，就只能认为，只有当行为本身符合抢劫罪的构成要件，并且冒充了军警人员时，才能适用冒充军警人员抢劫的规定。也就是说，如果是因为冒充军警人员才压制被害人反抗的，则只能评价为抢劫罪的基本犯。否则，一个情节既是构成基本犯的情节，又是构成加重犯的情节，属于重复评价。在这个例子中，四名行为人正是因为冒充军警人员才压制了参赌人员的反抗，因而只能被评价为抢劫罪的基本犯，而不能被认定为加重犯。

又如，现在偷拍与偷窥案件并不少见，有人主张这种行为成立强制猥亵罪，但这一结论有疑问。因为行为人只是实施偷拍与偷窥行为，并没有使用暴力、胁迫等强制手段，不符合强制猥亵罪的构成要件。有人认为这种行为不成立犯罪。不能说这样的结论没有道理，但还是要进一步思考这种行为有没有成立其他犯罪的可能性。公民的身体信息当然是公民的重要个人信息，偷拍与偷窥都是非法获得公民个人信息的行为，如果情节严重，是可以认定为侵犯公民个人信息罪的。

第三，对构成要件符合性进行反复判断，在很大程度上意味着正确处理此罪与彼罪的关系。如果你们将所有犯罪之间的关系都当作对立关系，认为每个罪都与其他犯罪之间是一种互斥的关系，那么，在判断一个行为构成轻罪之后，就不会再判断这个行为是否构成另一重罪；充其量只是在判断一个行为不成立此罪之后，会再判断这个行为是否成立彼罪。我是很不赞成将犯罪之间的关系理解为对立关系的。因为对立关系不仅导致处罚漏洞,而且导致共同犯罪、认识错误等情形没有办法处理。我前面讲过这个问题,这里再举两例。

比如,一般认为,侵占罪与盗窃罪是对立关系,即盗窃是指盗窃他人占有的财物,而侵占是指行为人将自己占有的财物或者没有人占有的财物据为己有。但这样理解会产生问题。例如,许多年前的一道司法考试题是这样的:甲坐在长途汽车司机的后面一个座位上,座位上有一个包,甲上车就看到了这个包,以为是左边乘客的包。在左边的乘客下车后,甲发现包仍然在车上,他就以为左边的乘客遗忘了包,于是他下车时就拿走了这个包。这个包里有 13 部手机,是司机代人购买的。如果说侵占与盗窃是对立关系,甲的行为就不可能成立犯罪,因为甲的行为客观上是盗窃,但他没有盗窃的故意。甲主观上只是侵占遗忘物的故意,而客观上并不存在遗忘物。但这个无罪结论不公平,因为如果甲确定拿走的是遗忘物都构成犯罪,现在拿走了他人占有的财物却反而无罪,这明显不合适。很多人在这种场合总是习惯于说,“这不怪我,法律就是这么规定的”。但刑法是正义的文字表述,如果得出了不公平的结论,一定要反思自己的理解。如果将侵占罪中的“遗忘”“埋藏”解释为表面的构成要件或界限要素,即《刑法》第 270 条规定的这两个要素只是为了与盗窃罪相区分,而不是说成立侵占罪时行为对象不可以是他人占有的财物。这样来理解的话,就会认为,侵占罪的对象包括三类财物,一是受托占有的他人财物,二是遗忘物与埋藏物等脱离他人占有的财物,三是他人占有的财物。在最后一种情形下,如果行为人有盗窃故意就认定为盗窃罪,如果没有盗窃故意只有侵占故意,就认定为侵占罪。上面说的案件就是最后一种情形。

又如,日本近几年的司法考试有一个题目,其中的一个情节大意是,甲已经对丁实施欺骗行为,让丁把存在银行的存款取出来放在家里,然后派警察去取这笔现金代为保管,以免丁的财产被他人非法占有。丁同意后,甲就派一起共谋的乙和丙去丁家里取现金。乙和丙在去丁家的途中就商量,如果丁不同意给现金就使用暴力取走现金。到了丁家后,丁果然不同意给钱,于是,乙与丙就使用暴力压制了丁的反抗,取走了现金。刑法理论一般认为,如果甲教唆乙、丙盗窃,而乙、丙到现场后实施抢劫的,对甲也要认定为盗窃既遂,因为抢劫包含了盗窃,二者不是对立关系。但问题是,诈骗与抢劫是不是对立关系?如果说诈骗与盗窃是对立关系,那么,诈骗与抢劫也是对立关系。于是,在这个例子中,甲就只成立诈骗未遂。但这种结论是否合适,不无疑问。如果说诈骗与盗窃不是对立关系,诈骗与抢劫也不是对立关系,这样的话,甲的行为也成立诈骗既遂。

从上面所举之例可以看出,越是将犯罪之间的关系理解为对立关系,就越不能对构成要件符合性进行反复判断,而且容易造成处罚漏洞。

第四,构成要件符合性的反复判断,并不是指面对一个案件时,一定要反复判断到构成犯罪为止。一方面,对构成要件符合性的判断,不能歪曲事实,也不能类推解释刑法规范。如果遵守了这两个要求,仍不能实现自己的预判,就需要修改预判。另一方面,如果对一个案件形成的是无罪的预判,而且认为这个预判是合理的,那么,即使按照以往的解释构成犯罪,也要重新解释构成要件,使之不构成犯罪。假如现在遇到的一个案件是,未取得医生执业资格的人擅自为多人进行节育复通手术,估计没有人会形成该行为构成非法进行节育手术罪的预判结论。但行为人的行为确实符合以前解释的非法进行节育手术罪的构成要件。在这种情形下,要对本罪的构成要件进行重新解释,甚至要对本罪进行与以前的结论完全相反的解释,从而使行为人的行为不构成犯罪。

又如,行为人向电信诈骗犯提供了银行卡,发现银行卡有款项汇入后,就立即将银行卡进行了挂失,使电信诈骗犯不能转走诈骗款项。如果到此为止案发,行为人挂失银行卡的行为是否构成犯罪?现在司法机关大多认定这种行为构成盗窃罪,但我觉得这个行为不应当以犯罪论处。因为我的预判是,这个行为使电信诈骗不能最终得逞,而且提高了电信诈骗犯罪的被害人挽回财产损失的可能性,被害人的合法财产显然更值得刑法保护。所以,对这一案件我就想方设法解释为无罪。即使不能从构成要件层面出罪,也可以从阻却违法的层面否认犯罪的成立。也就是说,虽然行为人挂失银行卡的行为侵害了电信诈骗犯对赃物的占有,但保护了电信诈骗被害人更为优越的利益,所以,阻却犯罪成立。

再如,1979 年刑法对死缓的处理规定是,如果被判处死缓的犯罪分子在考验期内“抗拒改造,情节恶劣”就执行死刑。这样规定其实是比较理想的,因为抗拒改造且情节恶劣,表明犯罪分子不具有改造的可能性。但许多司法人员认为这一规定过于抽象,导致刑法修改了上述规定。1997 年《刑法》第 50 条规定:“判处死刑缓期执行的,在死刑缓期执行期间,如果没有故意犯罪,二年期满以后,减为无期徒刑;如果确有重大立功表现,二年期满以后,减为十五年以上二十年以下有期徒刑;如果故意犯罪,查证属实的,由最高人民法院核准,执行死刑。”那么,只要故意犯罪就执行死刑吗?我不赞成这样的结论。例如,甲罪犯在死缓考验期间积极改造,但遭到其他罪犯的辱骂、攻击,一气之下伤害对方的,即使构成故意伤害罪,也不应当执行死刑。又如,罪犯在监狱实施了某种犯罪预备行为的,也不应当执行死刑。因此,应当将上述条款中的故意犯罪限制解释为表明罪犯抗拒改造、情节恶劣的故意犯罪,而不是一切故意犯罪。《刑法修正案(九)》将《刑法》第 50 条第 1 款修改为:“判处死刑缓期执行的,在死刑缓期执行期间,如果没有故意犯罪,二年期满以后,减为无期徒刑;如果确有重大立功表现,二年期满以后,减为二十五年有期徒刑;如果故意犯罪,情节恶劣的,报请最高人民法院核准后执行死刑;对于故意犯罪未执行死刑的,死刑缓期执行的期间重新计算,并报最高人民法院备案。”这一修改增加了情节恶劣的规定,但也要从抗拒改造情节恶劣的角度来理解和适用。我认为,对于罪犯单纯犯脱逃罪的,就不要执行死刑。诚然,犯脱逃罪也可能情节严重,但罪犯单纯犯脱逃罪的期待可能性减少,人人都向往自由,罪犯也不例外,所以有的国家刑法并不处罚单纯脱逃的行为,只处罚使用暴力、胁迫方法或者毁坏监狱设施方法的脱逃行为。而且,单纯脱逃不表明行为人一定会再犯罪。既然如此,对于单纯脱逃的罪犯,就没有必要执行死刑。

4. 符合性的结论评判

即使通过案件事实与刑法规范的对应,得出了符合自己预判的结论,也要回过头来评判结论的合理性。最后对结论是否合理的评判,既包括对前面从事的判断过程与结论进行反思，也需要从更宏观的角度进行判断。

现在，官方文件提倡法律的适用要实现法律效果、社会效果、政治效果的统一，不少学者对此提出异议，认为适用法律只能讲法律效果，而不能讲其他效果。但我认为，后两种效果本身就是法律效果的内在要求，而不是法律效果之外的要求。国外的法官在适用法律时，不可能不考虑法律适用的各种效果。当然，因为刑法实行罪刑法定原则，所以，不可能突破罪刑法定原则去追求社会效果与政治效果。也可以认为，在罪刑法定原则的约束下满足保护法益与保障人权的要求，就同时实现了法律效果、社会效果、政治效果的统一。

例如，企业生产了瘦肉精之后，正常出口到美国。据说，美国是允许生猪吃瘦肉精的，只要在屠宰之前的一个月不吃瘦肉精即可。但我国的司法机关将这种行为认定为非法经营罪。这就有问题了。企业的这种行为对我国没有任何害处，相反挣了外汇；司法解释规定对这种行为以非法经营罪追究刑事责任，是以在我国销售瘦肉精为前提的。如果生产了瘦肉精之后出口到美国，就不具备这一前提。将这种行为认定为非法经营罪，并不具有法律效果，更没有社会效果与政治效果，或者说三个效果都特别差。换言之，不要认为将这种行为认定为非法经营罪具有法律效果，只是没有社会效果与政治效果，而应认为什么效果都没有。

又如，企业没有取得生产电子烟的许可而生产电子烟，然后通过正当途径出口到境外销售。许多司法机关也将这种行为认定为非法经营罪。诚然，未取得电子烟的生产许可而生产的，可能符合《刑法》第 225 条第（一）项的规定。但是，能否将电子烟当作普通烟草管制就存在疑问。更为重要的是，将电子烟出口到境外销售，且境外鉴定为合格电子烟的，对这种情形进行法益衡量，就会认为这种行为阻却非法经营罪的违法性。对这种行为不以犯罪论处，则实现了法律效果、社会效果、政治效果的统一。

从结论评判的基本方法来说，我觉得还是我前面讲过的，对处理结论进行全方位的比较，有比较才有鉴别。当然，在比较的过程中，要注意社会生活事实的变化，不能认为以前的判决永远是正确的，也不能认为其他地方的判决都是正确的。同样,也不能认为上级法院的判决就一定是正确的。我经常讲日本关于强制猥亵罪的判例。在20世纪70年代,日本最高裁判所认为,强制猥亵罪必须出于性的刺激或者满足的内心倾向,将行为人以报复动机实施的强制猥亵行为认定为强制罪,而没有认定为强制猥亵罪。但是,这一判决受到了许多学者的批判。此后,日本的几个地方裁判所、高等裁判所对于出于报复动机实施的强制猥亵行为认定为强制猥亵罪,而不是认定为强制罪。也就是说,日本下级裁判所就相同的案例并没有完全听从最高裁判所的判决。日本最高裁判所于2017年也变更了自己以前的判例,也承认成立强制猥亵罪不以行为人具有性的刺激或者满足的内心倾向为前提。

三、基本技巧

接下来,我讲一下解释法条的一些基本技巧。我在这里就不讲平义解释、体系解释、历史解释、比较解释、目的解释这些解释理由了,而是讲一些具体的技巧。这里的技巧与我在教材中所写的解释技巧也不完全是一回事。

第一,如果解释不出来,就思考能否解释掉。

有一句法律格言说,“多余的解释掉”。因为是解释者,不可能直接删除法条的某些表述,只能解释。不过,刑法实行罪刑法定原则,不可能随意将构成要件要素与责任要素解释掉。但也不可否认的是,在极少数情形下,也可能基于具体犯罪的保护法益以及法条之间的相互关系,将刑法规定的某个要素进行非常缓和的解释,使这个要素不像字面含义那样发挥作用。

例如受贿罪,在外国刑法中,都没有要求国家工作人员为他人谋取利益。如果要求国家工作人员有为他人谋取利益的具体行为与结果才构成受贿罪,就会带来诸多问题。其一,国家工作人员只收受财物而不实施为他人谋取利益的行为,就不构成犯罪,这是鼓励国家工作人员只收受财物。从刑事政策上说,这样的局面是很不好的。其二,国家工作人员甲接受请托收受他人财物后不实施为他人谋取利益的行为,国家工作人员乙接受他人请托收受他人财物后实施了为他人谋取合法利益的行为时，甲的行为构成受贿罪，乙的行为反而不构成受贿罪。这显然违反了刑法的公平正义性。再联系受贿罪的保护法益来看，无论是认为本罪的法益是职务行为的不可收买性还是职务行为的公正性，都不要求国家工作人员实施了为他人谋取利益的职务行为，因为采取职务行为的公正性说的观点，认为受贿罪是抽象危险犯，也不要求国家工作人员实施了为他人谋取利益的行为。那么，我国刑法为什么规定收受财物的行为只有为他人谋利益才构成受贿罪呢？在我看来，这一规定所要表达的意思其实是财物与职务或职务行为必须具有关联性，即财物是职务或职务行为的不正当报酬。所以，现在刑法理论的通说与司法解释都认为，只要国家工作人员有为他人谋取利益的许诺，就成立受贿罪。什么情况下可以认定有许诺呢？显然，只要请托人给予了财物，国家工作人员并不拒绝而是收受了财物，就表明许诺了为请托人谋取利益，否则为什么收受财物呢？这样解释后，既可以认为将受贿罪中的“为他人谋取利益”这一要素解释掉了，也可以认为对“为他人谋取利益”进行了一个全新的解释。

又如，侵占罪中的“拒不退还”“拒不交出”究竟起什么作用，也是可以进一步思考的。如果只是从客观方面来说，这一要素有没有可能是客观处罚条件，而不是构成要件要素。我这里想说的是，有没有可能将这一要素解释掉。所谓解释掉，也不是直接删除这一要素，而是将它解释为“非法占为己有”的同位语。也就是说，如果证据材料已经证明行为人将财物非法占为己有的，就不需要再判断是否拒不退还、拒不交出。例如，行为人将受托管理的手提电脑变卖给第三者，所得款项用于还自己的债务了，这一行为足以表明行为人将代保管的财物非法占为己有了，因而构成侵占罪。又如，行为人将受托管理的5万元现金用于购买商品，仅此还不能认为行为人非法占有了他人现金，因为现金是种类物，行为人完全可以用自己的其他现金归还给请托人。只有当行为人拒不返还所管理的5万元现金时，才可能构成侵占罪。将拒不退还、拒不交出解释为“非法占为己有”的同位语，也可谓将它解释掉了。

我要反复说明的是，在刑法解释中不可以轻易地“将多余的解释掉”，不得已这样解释时,必须有充足的法律依据。

第二,如果按照字面解释还不够,就考虑添加新的要素。

如果按照刑法分则规定的构成要件解释,导致符合构成要件的行为并不具有值得科处刑罚程度的违法性,那么,就需要添加新的要素。这个所谓新的要素,就是指刑法分则没有明文规定的,但解释者需要添加的要素。如果添加的这个要素得到认可,它就是不成文的构成要件要素。

添加不成文的构成要件要素,不违反罪刑法定原则。因为罪刑法定原则旨在限制司法权,而添加不成文的构成要件要素限制了犯罪成立范围,也是限制了司法权。当然,也不能说因为添加不成文的构成要件要素限制了司法权就可以任意添加。在通常情形下,还是要尊重立法者的规定。

在某些情形下,添加不成文的构成要件要素是因为符合字面含义的行为不值得科处刑罚。例如,《刑法》第 301 条第 1 款规定:“聚众进行淫乱活动的,对首要分子或者多次参加的,处五年以下有期徒刑、拘役或者管制。”第 2 款规定:“引诱未成年人参加聚众淫乱活动的,依照前款的规定从重处罚。”我从第 2 款说起。第 2 款的保护法益应当是未成年人的健康成长不受聚众淫乱行为妨碍这一法益,当然会有不同表述。所以,无论聚众淫乱活动是公开的还是秘密的,都侵犯了未成年人的这一法益。但问题是,多名成年人自愿秘密实施的淫乱行为是否值得科处刑罚?我对此一直持否定态度。例如,一名女性与两名男性在家里实施各种性行为,对此有必要认定为聚众淫乱罪吗?我觉得没有必要定罪。所以,我觉得对于《刑法》第 301 条第 1 款规定的聚众淫乱罪要添加“公然”这一构成要件要素,即聚众公然进行淫乱活动的,才构成聚众淫乱罪。

在某些情形下,添加不成文的构成要件要素,是基于犯罪之间的关系。例如,诈骗罪的成立需要具备直接性要件,也就是说,如果行为人实施欺骗行为后,还需要行为人再实施其他不法行为才能取得财物,就不构成诈骗罪,而是构成其他犯罪。只有当行为人实施了欺骗行为之后,不需要再实施其他不法行为就可以取得财物,才成立诈骗罪。添加直接性要件,是为了使诈骗罪具有自身的特点与类型性,即被害人的财产损失是由欺骗行为造成的,而不是此后的另一不法行为造成的。例如,甲欺骗乙离开自己的办公室,然后趁乙不在办公室之机,将乙办公室的财物拿走。甲虽然实施了欺骗行为,但这个欺骗行为不能直接使乙遭受财产损失。使乙遭受财产损失的是甲后来取走财物的行为,而这一行为是盗窃而非诈骗。当然,你们也可以认为,直接性要件是为了说明诈骗罪的欺骗行为的实质内容。这样说也不错,但从另一角度来说,在欺骗行为难以限定的情形下,通过直接性要件来限定欺骗行为,就使诈骗罪的构成要件行为具有定型性。

第三,如果当作真正的要素不合适,就解释为表面的要素。

真正的构成要件要素是成立犯罪所必须具备的,如果不具备就不可能成立特定的犯罪。但表面的要素只是界限要素,界限要素都不表明违法程度增加,相反只是表明不法程度减少。任何一种解释,都要经得起三个方面检验或考验:一是认识错误,二是共犯,三是事实不清。

例如,行为人客观上虚开了增值税专用发票,但他误以为自己虚开的是普通发票而不是增值税专用发票。这个案件怎么处理呢?《刑法》第205条规定的是虚开增值税专用发票罪,第205条之一第1款规定:"虚开本法第二百零五条规定以外的其他发票,情节严重的,处二年以下有期徒刑、拘役或者管制,并处罚金;情节特别严重的,处二年以上七年以下有期徒刑,并处罚金。"由于行为人没有虚开增值税专用发票的故意,因此不能认定为虚开增值税专用发票罪。如果你把《刑法》第205条之一中的"以外"当作真正的要素,即只有客观上虚开了第205条规定以外的发票才构成虚开发票罪,那么行为人的行为就不构成犯罪,因为他并没有虚开第205条规定以外的发票,而是虚开了第205条规定的发票。但如果虚开了不能折抵税款的发票都能成立第205条之一的犯罪,而行为人虚开了可以抵扣税款的发票却反而不构成犯罪,这样的结论是不公平的。所以,要将《刑法》第205条之一中的"以外"当作表面的要素,即凡是虚开发票的行为,首先成立第205条之一的虚开发票罪,如果发票是增值税专用发票,则适用特别法条优于普通法条的原则,认定为虚开增值税专用发票罪。

又如,《刑法》第 114 条规定:“放火、决水、爆炸以及投放毒害性、放射性、传染病病原体等物质或者以其他危险方法危害公共安全,尚未造成严重后果的,处三年以上十年以下有期徒刑。”第 115 条所规定的是造成严重后果的情形。那么,适用第 114 条时必须证明行为确实尚未造成严重后果吗?答案是否定的。如果行为人实施放火行为,现场也有一人死亡,但不能证明此人是被放火烧死的,就不能适用《刑法》第 115 条。如若要完全排除行为人放火烧死了被害人,也不能排除。在这种情形下,不可能宣告行为人的放火行为不构成犯罪,而是要适用《刑法》第 114 条。也就是说,《刑法》第 114 条中的“尚未造成严重后果”是不需要具备的要素,或者说是不需要证明的要素。这一要素也并不表明违法性增加,而是表明违法性减少。

第四,如果将某个要素解释为客观的要素不合适,就解释为主观的要素;反之亦然。

有些要素究竟是客观要素还是主观要素,是难以判断的。但区分这两种要素很重要。一方面,如果是客观要素,就必须是客观上出现过的,而且有证据证明的,但如果是主观要素,就只要存在于行为人的内心即可;另一方面,如果是客观要素,行为人主观上对此就必须有认识或者认识可能性。所以,要妥当区分客观要素与主观要素。

例如,受贿罪中的“为他人谋取利益”究竟是客观要素还是主观要素,现在还存在不同观点。我是一直把它当作客观要素的,但当作客观要素时,只要国家工作人员许诺为他人谋取利益即可,而不要求国家工作人员实施了为他人谋取利益的行为。但也有学者认为“为他人谋取利益”是主观要素,将这一要素作为主观要素,可以强化受贿罪的实质故意内容。但由此带来的一个重要问题是,如果国家工作人员客观上收受了请托人的财物,口头上只是虚假承诺为他人谋取利益,但心里根本没有想为他人谋取利益的,是否具备主观要素?按理说这种情形并不具备“为他人谋取利益”的主观要素,但如果因此而不认定其行为构成受贿罪也并不合适。将“为他人谋取利益”作为客观要素,并不意味着受贿罪的成立不需要故意。

又如,《刑法》第 270 条规定的拒不退还、拒不交出,有没有可能是主观要素,而不是客观要素？也就是说,行为人客观上将他人的财物非法占为己有,主观上有拒不退还或者拒不交出的想法时,就成立侵占罪。行为人虽然使用了他人的财物,客观上将他人的财物当作自己的财物而使用,但如果没有拒不退还或者拒不交出的想法时,就不成立侵占罪。这样解释也是有一定道理的。

再如,挪用公款的三种用途,究竟是客观要素还是主观要素？如行为人将公款挪出后放在家里,准备用于炒股,但发现股市行情不好,就一直将公款搁在家里。后来发现有一套房屋比较便宜,就将该公款用于购房首付,并且在三个月内归还了公款。如果说挪用公款进行营利活动,是指主观目的,那么行为人的行为就构成了挪用公款罪。但如果说挪用公款进行营利活动是指客观上将公款用于营利活动,那么行为人就没有挪用公款进行营利活动,行为人的行为只属于挪用公款进行其他个人活动,由于没有超过三个月,因而不构成挪用公款罪。挪用公款分为三种用途,是因为三种用途使公款流失的危险程度不同,但主观的想法不同不等于公款流失的危险程度不同,所以,要将挪用公款的三种用途解释为客观要素,而不能解释为单纯的主观目的。

有些要素既可能是客观要素,也可能是主观要素。也就是说,某个要素相对于甲行为而言是客观要素,但相对于乙行为而言是主观要素。例如,《刑法》第 111 条前段规定:“为境外的机构、组织、人员窃取、刺探、收买、非法提供国家秘密或者情报的,处五年以上十年以下有期徒刑。”其中的“为境外的机构、组织、人员”这一要素,相对于窃取、刺探、收买而言,是主观目的,即只有当行为人窃取、刺探、收买国家秘密或者情报是为了提供给境外的机构、组织、人员时,才成立本罪。但就非法提供而言,则是指向境外的机构、组织、人员提供国家秘密或者情报。在这种情形下,“为境外的机构、组织、人员”就是一个客观要素。由于是客观要素,因此行为人需要有故意,即认识到自己是向境外的机构、组织、人员提供国家秘密或者情报。但这一故意与前述主观目的是不一样的,故意的内容是要现实化的,而主观目的是不需要现实化的。

行贿罪中的“为谋取不正当利益”一般来说是主观要素,即为了谋取不正当利益而给予国家工作人员以财物,即使客观上没有取得不正当利益,也不影响行贿罪的成立。问题是,行为人在请托国家工作人员为自己谋取不正当利益,国家工作人员也为行为人谋取不正当利益之后,行为人才产生给予国家工作人员以财物表示感谢的想法,进而将财物提供给国家工作人员的,是否构成行贿罪?如果说行为人此时给予国家工作人员以财物,并不是为了以后谋取不正当利益,因而不具备行贿罪的主观要素,不成立行贿罪,可能难以被人接受。如果说在这种情形下,推定行为人主观上就是为了以后进一步谋取不正当利益,也过于武断。所以,我认为,在这种情形下,可以将“为谋取不正当利益”同时作为客观要素,即因为谋取了不正当利益而给予国家工作人员以财物的,也成立行贿罪。

第五,如果对用语采用平义解释得不出妥当结论,就应当进行扩大解释或者缩小解释。

这一点说起来容易,你们听说了也会觉得这个不值得讲,因为刑法解释最通常的两种技巧就是扩大解释与缩小解释。可是,按我的观察,我们通常都只是在进行平义解释,而且按照平义解释得出一个结论后,就认为这个结论是天经地义的。事实上,刑法理论对刑法分则条文的解释大多只是平义解释,扩大解释与缩小解释并不是很多。

例如,我前面讲到了毁坏的含义。即使一些学者承认刑法中的财物包括狭义的有体物与财产性利益,但依然认为毁坏仅限于物理性的毁损。可是,既然财物包括财产性利益,对财产性利益就不可能有物理性的毁损。既然对财产性利益不可能要求物理性的毁损,同时承认有体物与财产性利益是等价的财物,也就没有必要要求对有体物必须造成物理性的毁损。所以,在我国,对毁坏这个概念进行扩大解释是合适的。

在我国,扩大解释具有双重性。一方面,扩大解释的确会扩大犯罪的成立范围;但另一方面,对轻罪的扩大解释完全可能限制重罪的成立范围。比如,认为财物包括有体物与财产性利益,就扩大了盗窃罪的成立范围。这个扩大是相对于仅将有体物作为盗窃罪的对象而言的。但将危险驾驶罪中的道路、机动车进行扩大解释,就可能缩小以危险方法危害公共安全罪的成立范围。例如,醉酒驾驶航空器,至少将在跑道上驾驶时的行为认定为危险驾驶罪,就可以避免将这种行为认定为以危险方法危害公共安全罪。又如,对遗弃罪中的"扶养"进行扩大解释,使遗弃罪的成立不限于家庭成员之间的情形,就可以缩小故意杀人罪的成立范畴。所以,不要以为只要是扩大解释就扩大了犯罪的处罚范围。

当然,不可否认的是,扩大解释与类推解释是难以区分的,但不能因此就认为不能进行扩大解释。扩大解释是允许的解释技巧,类推解释则不被允许。有时能见到"扩大解释违反罪刑法定原则"的表述,但我觉得不能得出这样的结论。不可否认,如果对一个法条原本应当进行缩小解释,你却对它进行扩大解释,有可能违反了罪刑法定原则。但如果扩大解释并没有导致将不值得科处刑罚的行为认定为犯罪,就不能认为扩大解释违反了罪刑法定原则。

一般来说,缩小解释会限制犯罪的处罚范围,但不能认为犯罪的处罚范围越窄越好。如果是这样的话,不处罚范围就是最好的,因而废除刑法就是最好的。但在当今时代,这是不可能的。此外,应当作缩小解释时,如果不作缩小解释,也会侵害国民的自由。例如,生产伪劣产品罪与销售伪劣产品罪是选择性罪名关系。可是,如果一个人仅生产了伪劣产品而并没有销售,为什么要处罚呢?所以要对生产伪劣产品的犯罪进行限制解释。

第六,当法条有并列的概念或用语的时候,可以通过提升出上位概念来理解。

这个技巧容易引起误解,我得说清楚一点。如果将刑法的某个概念提升到其上位概念来理解与适用,就是典型的类推解释。例如,《刑法》第 236 条规定的是强奸罪,强奸对象仅限于妇女,但妇女与男性的上位概念是人,如果说《刑法》第 236 条的妇女就是指"人",则强奸男性的行为也构成强奸罪,这是类推解释,没有疑问。又如,《刑法》第 240 条规定的是拐卖妇女、儿童罪,妇女与儿童的上位概念也是人,如果据此说《刑法》第 240 条规定的行为对象包括所有的人,则是典型的类推解释。

但我这里所要讲的作为解释技巧的概念提升,不是指类推解释,而是指在刑法分则条文并列规定了几个概念,但这几个概念可能难以理解,或者这几个概念的关系难以理顺,在这种情形下,可以提升出这几个概念的上位概念,思考这个上位概念的实质含义,再以上位概念的实质含义指导几个下位概念的解释。

例如,《刑法》第 310 条第 1 款规定:"明知是犯罪的人而为其提供隐藏处所、财物,帮助其逃匿或者作假证明包庇的,处三年以下有期徒刑、拘役或者管制;情节严重的,处三年以上十年以下有期徒刑。"司法解释将"或者"前的行为归纳为窝藏罪,那么,窝藏罪中的"为其提供隐藏处所、财物"与"帮助其逃匿"是什么关系?是说只有通过提供隐藏处所、财物的方式帮助犯罪分子逃匿的才构成窝藏罪,还是说凡是帮助犯罪分子逃匿的都构成犯罪,前面所规定的"为其提供隐藏处所、财物"只是一种列举?在这种情形下,就需要思考为犯罪分子提供隐藏处所、财物的实质含义。显然,为犯罪分子提供隐藏处所、财物,就是帮助犯罪分子逃匿,所以可以认为,"为其提供隐藏处所、财物"的上位概念是帮助逃匿。既然如此,从立法论上来说,本来就可以删除"为其提供隐藏处所、财物"的表述,但不能删除"帮助其逃匿"这一用语。

又如,《刑法》第 191 条规定的洗钱行为一共有五项:(1)提供资金帐户的;(2)将财产转换为现金、金融票据、有价证券的;(3)通过转帐或者其他支付结算方式转移资金的;(4)跨境转移资产的;(5)以其他方法掩饰、隐瞒犯罪所得及其收益的来源和性质的。问题是,第(5)项的兜底规定究竟包括哪些方法?这就需要对前四项的行为进行提升,前四项的行为都是利用金融工具、金融手段的行为。加上洗钱罪被规定在了刑法分则第三章的"破坏金融管理秩序罪"一节,所以,第(5)项的行为并不是指任何方法的掩饰、隐瞒行为,而是指利用了金融工具、金融手段的与前面四项行为具有相当性的掩饰、隐瞒行为。

第七,如果将分则中的某个用语当作一个词来解释会得出不当结论,就考虑能否拆解这个用语,当作两个词来解释;反之亦然。

我讲这一点,你们就会想到我对冒充军警人员抢劫的解释。我之所以将“冒充”拆分成“假冒”和“充任”来解释,就是为了得出妥当结论。如某地发生的一起案件,警察让无业人员穿上警服,然后二人一起抢劫一家小旅馆。虽然二人是共同正犯,但相对而言,警察所起的作用更大。如果说对无业人员适用冒充军警人员抢劫的规定,而对警察适用抢劫罪的基本法定刑,就明显不合适。如果说无业人员是冒充军警人员抢劫的正犯,而警察是以冒充军警人员抢劫的共犯,同样不合适。肯定有人说,这种不合适是刑法规定造成的,解释者无能为力。但我不这样认为,我觉得还是有解释空间的。我是读《春秋左传》受到的启发。《春秋左传》上讲:“人火曰火,天火曰灾。”我们现在说的“火灾”这个词是不是就可以分解为火与灾?也就是说,火灾包括两类,一类是人为造成的火灾,另一类是自然引起的火灾。还有许多这样的例子,我就不详细举例了,你们可以看看我在《侵犯人身罪与侵犯财产罪》这本书中的介绍。在古代,每个字都有它的意思,后来人们将两个字组在一起形成一个词,其实这个词大多是可以分解的。比如,最常见的“学习”这个词,可以分为“学”与“习”,或者说“学”与“习”的意思是不一样的。

你们可能认为,其他学者都没有对一个词进行拆分,只有我在进行拆分。其实并非如此,只不过其他学者是在偷偷地拆分,或者不承认自己在拆分。例如,《刑法》第385条第1款规定:“国家工作人员利用职务上的便利,索取他人财物的,或者非法收受他人财物,为他人谋取利益的,是受贿罪。”刑法理论的通说认为,国家工作人员实际获取了财物的,才构成受贿罪的既遂,而分则规定是以既遂为模式的。也就是说,刑法理论的通说将本条中的“索取”解释为索要和取得,“索”就是索要,“取”就是取得。这是拆分解释的吧。不过,这样的拆分解释是有问题的,既然收受即取得就构成受贿罪,为什么还规定一个索要并收受的行为构成受贿罪?在我看来,将索取解释为索要,才使受贿罪的构成要件行为存在两种并列的类型。所以,并不是我一个人在对分则的某些概念进行拆分。

又如,《刑法》第240条规定的“拐卖”一词,其实是拆分成“拐”与“卖”来理解的。比如,以出卖为目的的绑架,可以说是拐,单纯的出卖则是卖。这是《刑法》第240条有明文规定的,所以一般不会有争议。

再如,《刑法》第244条之一前段规定:“违反劳动管理法规,雇用未满十六周岁的未成年人从事超强度体力劳动的,或者从事高空、井下作业的,或者在爆炸性、易燃性、放射性、毒害性等危险环境下从事劳动,情节严重的,对直接责任人员,处三年以下有期徒刑或者拘役,并处罚金。”一般来说,雇用是指花钱雇请未成年人从事体力劳动,但如果行为人采用诱骗手段,让未成年人义务从事体力劳动,行为人根本不给未成年人钱的,难道就不应当认定为本罪吗?如果说只有发工资才构成本罪,行为人一定不会发工资。所以,能否将“雇用”一词分解为“雇”和“用”来理解?我觉得是可以的。其实这样的拆分解释是很多的。

反之,刑法分则有的条文所规定的虽然是两个并列的概念,但也可能需要将其合并起来解释。《刑法》第221条规定:“捏造并散布虚伪事实,损害他人的商业信誉、商品声誉,给他人造成重大损失或者有其他严重情节的,处二年以下有期徒刑或者拘役,并处或者单处罚金。”虽然“捏造”与“散布”是两个词,而且法条还特意使用了一个“并”字,但我一直认为,只需要解释为散布虚伪事实即可,捏造本身不是构成要件行为。

第八,如果理解为注意规定不能得出妥当结论,就解释为法律拟制;如果理解为法律拟制不能得出妥当结论,就解释为注意规定。

刑法分则中有一些条文,与基本法条的意思既可能相同,也可能不同;既可能是注意规定,也可能是法律拟制。注意规定其实也可谓重复性规定,在有规定之后再重申已有的规定,注意规定都是可以删除的。但法律拟制则不同,法律拟制是视不同为相同,有无法律拟制的规定,结论是大不一样的。所以,一定要善于区分二者。这个问题我在《刑法分则的解释原理》一书中做了详细讨论,这里就不讲了。

第二课

“二次碰撞”类交通肇事逃逸案件*

一、学生报告

(一)引言

《刑法》第133条分别规定了交通肇事罪基本犯、交通肇事后逃逸和因逃逸致人死亡三种情形,从条文的表述和结构来看,似乎逻辑严密、一目了然。但对于如何理解法条中的“逃逸”等关键概念、第133条内部各条款之间的关系、交通肇事罪与过失致人死亡罪等罪名的关系等基本的教义学问题,刑法理论还未形成统一的观点,难以为司法实践提供前后一致的指引。这类争议传导至司法实践层面,就表现为司法实务部门在处理部分类型的交通肇事案件时的困难与争执。这一点在“二次碰撞”类交通肇事逃逸案件中表现得非常明显。

“二次碰撞”类案件的典型情况是:前行为人因违反交通运输管理法规而发生重大交通事故,致一名被害人受伤之后逃离事故现场。被害人因受伤或昏迷等原因无法离开现场。随后,后行为人驾驶车辆经过事故发生地,因避让不及或其他原因而导致被害人再次遭受碾轧或碰撞而最终死亡。①

在这类案件中,前行为人通常仅造成伤害结果,被害人的死亡结果是由后

---

* 本课报告人为万一璇,清华大学2022级刑法学硕士。

① 参见刘轩、杨妮:《“二次碰撞”案件中前肇事逃逸人的罪责认定》,载《法律适用》2020年第10期。

行为人的二次碾轧行为直接导致。因此,在司法实践中,对后行为人的刑事责任认定一般争议不大,争议主要集中在对前行为人的刑事责任认定上。一方面,前行为人的肇事行为和被害人的死亡结果之间相隔较远,中间可能介入各种因素,使因果关系的认定复杂化;另一方面,即使能肯定前肇事行为与死亡结果之间的因果关系,由于围绕交通肇事罪的诸多基本问题还存在争议,实务人员在前行为人成立何种罪名时持有不同观点,最终出现了严重的同案不同判的现象。

基于此,本次报告将重点讨论"二次碰撞"类案件中前行为人的刑事责任。本报告通过收集、整理"二次碰撞"类交通肇事逃逸案件的判决,分析我国司法实践对这一问题的认定情况及存在的问题,并探讨学理上的观点分歧如何影响司法实践。希望可以从合理解决疑难案件的角度,为交通肇事罪教义学规则的建构提供有益的思考。报告主要包含两部分:第一部分介绍司法实践的现状及司法实务部门在处理"二次碰撞"类案件时所面临的难题。第二部分讨论理论上的争议问题对司法实践产生的影响,并分析同案不同判现象形成的原因。

(二)"二次碰撞"类案件的司法实践现状

在司法实践中出现的"二次碰撞"类案件大致可以区分为两类:在第一类案件中,由于前行为人的行为与被害人的死亡结果之间介入了多重因素,因果关系比较复杂且往往成为案件的争议焦点,这类案件以彭某武、黄某昌故意伤害案①为典型。在第二类案件中,因果关系的归属争议较小,问题是在肯定结果归属之后,如何认定前行为人所成立的罪名。以下区分这两类案件分别讨论司法实践的现状。此外,在检索案例的过程中,遇到了我个人存有疑问的一类案例,想在该部分的最后提出来,与大家共同讨论。

1. 因果关系存疑类案件

因果关系认定存疑的典型案例是彭某武、黄某昌故意伤害案。该案的基

---

① 参见湖南省长沙市中级人民法院刑事附带民事判决书,(2019)湘01刑终1243号。

本案情是,2018 年 10 月 13 日 19 时,彭某武驾车行驶至某烟花厂门口路段时,因与同行人黄某昌聊天未注意前方交通情况,撞到路人马某,车从马某身上碾轧而过且拖拽马某行驶了几米。事故发生后,二被告人立即下车查看,发现马某躺在车底部左边两车轮中间位置,没有动弹,生死不明。黄某昌唆使彭某武趁无人发现立即驾车逃离现场。彭某武欲驾车逃离时,明知被害人躺在前后车轮中间,仍在黄某昌的指挥下驾驶车辆加速行驶,致左后轮再次从马某上半身碾轧后逃离现场。烟花厂职工钟某从厂子出来刚好看到这一幕,于是立即返回门卫室要同事打电话报警。为防止二次事故,钟某和同事两人立即到公路上拦车。此时,胡某驾驶车辆行驶至事故现场,由于避让不及时,其车左侧车轮刮碰到马某头部并拖带其身体偏移,后马某因抢救无效死亡。

事后,交警部门认定,本次事故分成两个阶段,第一阶段原审被告人彭某武承担全部责任,马某无责任;第二阶段胡某承担主要责任,原审被告人彭某武承担次要责任,马某无责任。经鉴定,马某系因巨大外力作用致重度颅脑损伤死亡,即后行为人的碾轧行为直接导致死亡结果。一审法院认定彭某武成立逃逸致人死亡,判处 7 年 2 个月有期徒刑;二审法院改判为故意伤害致人重伤,判处 7 年 2 个月有期徒刑。①

从法院变更罪名这一做法即可看出,死亡结果能否归属于前行为人在该案中争议巨大。本报告对这一问题发表初步意见,希望能抛砖引玉,和大家做进一步讨论。

在典型的"二次碰撞"类案件中,前行为人在第一次碰撞后通常未采取任何安全措施即驾车离开现场,将被害人遗弃在公共道路上。此时,发生二次碾轧一般来说并非异常。因此,即使二次碰撞才是导致被害人死亡的直接原因,也应当将死亡结果归属于前行为人。然而,彭某武案的特殊之处在于,前行为

① 一审法院认为:黄某昌指使并协助彭某武驾车逃跑,故应以交通肇事罪的共犯论处,他在共同犯罪中起次要作用,系从犯。二审法院认为,二人成立故意伤害罪的共同犯罪,且彭某武起主要作用,系主犯。

人虽然未采取防护措施即逃离现场，但是第三人主动介入并采取了拦截车辆的措施。一般情况下，可以认为这类拦截车辆的行为可以有效地防止二次碰撞。但在本案中，后行为人在有第三人拦车的情况下，仍因避让不及时而二次碾轧被害人，后行为人对二次事故的发生具有较大过错，交警也认定后行为人对第二阶段的事故承担主要责任。因此，可以认为在该案中二次碰撞的发生具有异常性，足以切断死亡结果与前行为人之间的因果关系。至于前行为人成立何种犯罪则是另外的问题。①

2. 罪名认定存疑类案件

经检索和梳理相关案例，在肯定因果归属之后，司法实务对前行为人的罪名认定至少形成了四种不同的裁判观点。

（1）前行为人成立交通肇事罪（因逃逸致人死亡）

典型案例是邵某平交通肇事案。② 该案的基本案件事实是，2014 年 7 月 19 日 22 时 5 分许，邵某平驾车在国道上行驶，在某镇汽车站路段碰撞到行走的被害人徐某珠，致徐某珠身体局部受伤倒地。事发后，徐某珠在原地呼叫路人帮忙，邵某平驾车离开现场。22 时 7 分许，张某帅驾车行驶至这一路段，碰

① 对于这一问题，本报告发表初步意见如下：前行为人在逃逸时，明知被害人在车轮之间，仍然加速行驶从被害人身上碾过，这一行为可以评价为杀人行为。鉴定意见表明被害人的损伤程度为重伤二级，但是未明确是前行为人的交通肇事行为还是杀人行为造成的。如果重伤结果是由肇事行为造成的，根据司法解释的规定，交通肇事致人重伤后逃逸，成立交通肇事罪的基本犯。由于杀人行为同时是前行为人的逃逸行为，可以认为行为的重要部分有重合，交通肇事罪基本犯和故意杀人罪未遂成立想象竞合，最终认定为故意杀人罪未遂。如果重伤结果是由杀人行为造成的，前肇事行为不成立犯罪，行为人成立故意杀人罪未遂（造成重伤）。从量刑上来考虑，将重伤结果归属于前肇事行为对行为人较为有利。根据存疑有利于被告原则，可最终认定被告人成立故意杀人罪未遂。

② 参见殷一村、周永敏等：《邵大平交通肇事案——交通肇事撞伤他人后逃离现场，致被害人被后续车辆碾轧致死的如何定性》，载最高人民法院刑事审判一至五庭主办：《刑事审判参考》（总第 105 集），法律出版社 2016 年版，第 15 ~ 24 页。类似案例参见（2018）豫 09 刑终 206 号、（2019）川 14 刑终 168 号、（2019）川 16 刑终 52 号、（2015）吕刑终字第 459 号、（2019）桂 12 刑终 108 号、（2018）闽 04 刑终 165 号、（2018）鲁 13 刑终 414 号、（2021）云 26 刑终 221 号、（2011）上刑初字第 123 号等。

撞到倒地躺在快车道上的徐某珠，造成徐某珠当场死亡。在该案中，一审法院和二审法院均认定邵某平成立因逃逸致人死亡。①

（2）前行为人成立交通肇事罪（交通肇事后逃逸）

典型案例是杨某锋交通肇事案。② 该案的基本案情是：2011 年 9 月 16 日 20 时许，杨某锋无证驾驶车辆沿着国道行驶至某镇宾馆门前时，将前方路边行人陕某三和穆某撞倒后驾车逃逸。被害人穆某被撞倒后呼救时，又被肖某某所驾驶的车辆从头部碾轧而过，穆某当场死亡。在该案中，司法机关对被告人的罪名认定争议较大。检察院在一审起诉和二审抗诉时，均主张被告人构成交通肇事逃逸致人死亡。但一审法院认为，被害人的死亡系被告人肖某某二次碰撞所致，杨某锋不成立逃逸致人死亡，而是成立交通肇事后逃逸。二审法院认为，“杨某锋肇事逃逸的先行行为相当程度上导致了后车肇事致人死亡的结果。故应认定杨某锋、肖某某交通肇事共同造成被害人死亡”。但法院随即话锋一转，称杨某锋的行为只是被告人死亡的间接原因，“对其不应在七年以上处刑”，并以此为由维持了一审法院的罪名认定。

（3）前行为人成立过失致人死亡罪

代表性案例之一是樊某过失致人死亡案。③ 该案的主要案件事实是：2014 年 5 月 8 日 21 时，被告人樊某驾驶车辆行驶至某县大桥附近时，与路人司某发生刮擦，致使司某倒在机动车道内，樊某短暂停留后未实施救助驾车驶

① 浙江省内的法院早在 2012 年就采用了这一裁判观点，参见（2012）浙温刑终字第 1063 号。这可能与浙江省高级人民法院在 2011 年出台的《关于在审理交通肇事刑事案件中正确认定逃逸等问题的会议纪要》（以下简称《会议纪要》）有关，其规定，“刑法第一百三十三条中‘因逃逸致人死亡’，是指肇事者在交通肇事后为逃避法律追究而逃跑，致使被害人因得不到救助而死亡的情形。因逃逸致人死亡，既包括被害人受重伤后得不到救助而死亡的情形，也包括被害人因伤无法离开现场而发生的其他车辆再次辗压致死的情形”。

② 参见（2012）庆刑终字第 81 号。类似案例参见（2021）桂 09 刑终 313 号。

③ 参见（2016）鲁 03 刑终 54 号。类似案例参见（2018）鲁 1622 刑初 39 号、（2018）湘 0224 刑初 60 号、（2014）薛刑初字第 67 号、（2015）扶刑初字第 107 号、（2016）陕 0725 刑初 122 号、（2018）冀 08 刑终 271 号。

离现场。21 时 2 分许，一辆轿车行驶至此处，二次碾轧司某，导致被害人于当日死亡。法院认为，樊某碰撞被害人致使其倒地后，对被害人具有法定的救助义务，她在有能力救助的情况下，选择驾驶车辆离开现场，导致被害人遭受二次碾轧而死亡，被害人的死亡与被告人的不作为行为之间存在因果关系。且被告人经常在该路段驾车行驶，对路况较为熟悉，应当预见到如果不及时对被害人实施救助，在晚上能见度较低的主要交通要道上，被害人可能会因为车辆的二次碾轧而死亡，被告人对死亡结果的发生具有过失。法院最终认定被告人成立过失致人死亡罪。①

(4)前行为人成立故意杀人罪

典型案例是李某海故意杀人案。② 案件的基本案情是，2005 年 10 月 16 日凌晨 3 时许，被告人李某海驾驶二轮摩托车营运载客时搭载了被害人章某，后因操作不当造成二轮摩托车车头撞击到路边隔离带，导致章某从摩托车后座甩出后倒地，被害人躺在机动车道内因受伤而无法动弹。李某海在未采取任何保护措施的情况下，自行驾车逃逸。后章某被一辆途经该处的大货车碾轧而当场死亡。法院在因果关系方面的分析与樊某案相似，但在责任形式方面，法院认为，被告人“先期的交通肇事行为是过失行为，但当其发现并已明知被害人在凌晨时分受伤摔倒在交通干线的机动车道上而无法动弹，存在被后续车辆碾轧致死的高度危险时，其应当并能够履行救助、报警的法定义务而不履行，且未对被害人采取任何人身安全的保护性措施，不顾被害人安危，自行驾车逃逸，其主观上已非轻信被害人被后续车辆碾轧致死的结果可以避免的过失犯罪心态，而是放任被害人死亡于不顾的间接故意犯罪

① 在该案中，附带民事诉讼原告人提出了“被告人构成交通肇事逃逸致人死亡”的意见，但法院仅称“与本案事实不符，不予采纳”，未做出任何解释说明。

② 参见叶琦、蔡恩璇：《李中海故意杀人案——如何认定交通肇事逃逸案件中的间接故意杀人犯罪》，载最高人民法院刑事审判一至五庭主办：《刑事审判参考》（总第 95 集），法律出版社 2014 年版，第 40 ~ 45 页。类似案例参见（2015）新刑初字第 212 号、（2017）青 02 刑终 5 号等。

心态”。① 最终认定被告人成立故意杀人罪。

(5)小结

从以上案例可以看出,司法实践对“二次碰撞”类案件中前行为人的罪名认定并不一致。一方面,多数案例中的案件事实之间并不存在明显的差异。以上述案例为例,案情均具有如下特征:(1)案发时间为晚上;(2)案发地点为国道、县道等主要干道,并非偏远地区;(3)两次碰撞发生的时间间隔较短,未超过5分钟;(4)在第一次碰撞发生之后,有其他路人或周边的住户在场,部分案件中有路人帮忙报警;(5)前行为人都没有采取救助或防护等措施,而是径直离开现场。另一方面,在案件事实高度相似的情况下,法院在定罪处刑上却存在非常大的差异。在定罪层面,法院的认定框架存在差异。例如,在邵某平案和杨某锋案中,法院在交通肇事罪的框架下讨论被告人符合该罪名的哪一条款。而在樊某案和李某海案中,法院则超出了交通肇事罪的认定框架,借助过失致人死亡罪和故意杀人罪两罪名来考察前行为人的刑事责任,重点分析肇事后的不作为行为与死亡结果的因果关系,以及前行为人在这一阶段的责任形式。肇事行为被化简为作为义务来源的先行行为。在量刑层面,法院对被告人判处的刑期差异悬殊。例如,法院在邵某平案中判处被告人3年有期徒刑,但在李某海案中判处被告人12年有期徒刑。

① 在案件审理过程中,辩护人提出李某海的行为成立因逃逸致人死亡而非故意杀人罪的辩护意见,但法院未予采纳。值得注意的是,在最高人民法院第220号指导案例倪某国交通肇事案中,最高人民法院认为,以故意杀人罪或者故意伤害罪追究交通肇事案件的刑事责任,应当同时符合几个条件,其中第一项就是行为人必须有在交通肇事后将被害人带离事故现场后予以隐藏或者遗弃的行为。在李某海案中,被告人并没有将被害人带离现场,但法院仍认定为故意杀人罪。这意味着最高人民法院在一定程度上改变了立场,认为在交通肇事的案件中,在特定情况下单纯的不作为行为就足以成立故意杀人罪。参见汪勤云、王永仑:《倪庆国交通肇事案——如何准确把握“交通肇事后将被害人带离事故现场后遗弃、致使被害人无法得到救助而死亡”的情形》,载最高人民法院刑事审判一、二庭编:《刑事审判参考》(总第30辑),法律出版社2003年版,第5~10页。

3. 存在疑问的案件

在部分"二次碰撞"类案件中,前后两次碰撞发生的时间间隔很短,前行为人在一次碰撞发生后尚未来得及离开现场即发生第二次碰撞。前行为人目睹二次碰撞发生后逃离现场。对于这类案件如何处理,法院存在不同的裁判观点。例如,在汪某樟交通肇事案①中,基本事实是2018年7月5日20时23分,汪某樟驾驶二轮电动车碰撞路人陈某根,致使其倒在车道中。事故发生后,汪某樟从地上起来后捡拾自己的东西,未实施报警和救助行为。20时26分,许某洁驾驶小型轿车行驶至事故发生地时,二次碾轧被害人,致使被害人死亡。汪某樟随后驾车逃离现场。在该案中,法院认定汪某樟成立因逃逸致人死亡。然而在类似案件如葛某章交通肇事案②中,法院认定前行为人构成交通肇事后逃逸。对于这类案例如何处理我个人存有疑问,想在之后的课堂交流阶段和大家共同探讨合理的处理方案。

(三)对司法实践现状的成因分析

对于上述第一类案件,因果关系的认定困难也有可能带来罪名认定上的差异,但这种差异主要源自案件事实的复杂性。对于第二类案件,裁判观点的分歧则与刑法理论上关于交通肇事罪的争议密切相关。因此,本报告将讨论重心放在第二类案件上,探讨哪些理论上的争议以及这些争议如何促成了同案不同判局面的形成。

1. "因逃逸致人死亡"条款的适用条件

一般认为,因逃逸致人死亡是交通肇事罪的加重犯,其适用以基本犯的成

---

① 参见王永兴、黄江南:《汪庆樟交通肇事案——肇事者交通事故后滞留现场不履行救助义务,在二次事故发生后,隐瞒身份并离开现场,可以构成因逃逸致人死亡?》,载最高人民法院刑事审判一至五庭编:《刑事审判参考》(总第124集),法律出版社2020年版,第1~8页。

② 参见(2019)浙03刑终1682号;类似案例参见(2020)湘13刑终73号、(2020)粤53刑终28号、(2020)湘05刑终419号、(2021)冀04刑终300号、(2021)陕01刑终578号、(2021)鲁14刑终132号、(2021)冀02刑终559号等。

立为前提。如果肇事者的行为不成立基本犯,则不可能成立加重犯。[①] 这一观点可谓“基本犯成立必要说”。根据这一教义规则来审视邵某平案,则会发现法院的结论存在一定的疑问。根据《最高人民法院关于审理交通肇事刑事案件具体应用法律若干问题的解释》(以下简称《交通肇事罪解释》)第2条的规定,交通肇事造成死亡1人或重伤3人以上,负事故全部或主要责任的,或者交通肇事致一人以上重伤,负事故全部或者主要责任,为逃避法律追究逃离事故现场的,成立交通肇事罪的基本犯。在邵某平案以及多数的“二次碰撞”类案件中,前行为人虽然逃逸,但最终的法益侵害结果为1人死亡。根据司法解释,在将1人死亡的结果作为基本犯的基础事实予以评价之后,就不能再以这一事实为基础适用因逃逸致人死亡的规定,否则就违背了禁止重复评价原则。[②]

但显然,以邵某平案为代表的裁判观点与上述结论相互冲突。最高法在

① 参见张明楷:《刑法学(下)》(第6版),法律出版社2021年版,第928页。类似观点参见劳东燕:《交通肇事逃逸的相关问题研究》,载《法学》2013年第6期;周光权:《刑法各论》(第3版),中国人民大学出版社2016年版,第191页;彭菊萍:《浅析交通肇事因逃逸致人死亡的有关问题》,载《法学杂志》2009年第7期;黄伟明:《“交通肇事后逃逸”的行为性解释——以质疑规范目的解释为切入点》,载《法学》2015年第5期;冯亚东、李侠:《对交通肇事罪“逃逸”条款的解析》,载《中国刑事法杂志》2010年第2期;郑江艳:《“交通肇事后因逃逸致人死亡”的刑法性质》,载《河北理工大学学报(社会科学版)》2010年第2期;姜天琦:《论交通肇事罪中的“因逃逸致人死亡”》,华东政法大学2022年博士学位论文,第75页;段蓓:《交通肇事罪中“逃逸”问题的限缩性解读——基于对651份裁判文书的分析》,载《政治与法律》2022年第3期。

② 因此,有学者认为,“行为人超速驾驶致使一人重伤后逃逸,进而导致其死亡的,不能适用‘因逃逸致人死亡’的规定,只能认定为一般的交通肇事罪”。张明楷:《刑法学(下)》(第6版),法律出版社2021年版,第928页。本报告认为,其他可能的解决方案是:(1)首先将死亡结果归属于前行为人的肇事行为,认定成立交通肇事罪的基本犯;其次基于前行为人实施了不救助被害人的逃逸行为,认定前行为人成立交通肇事后逃逸。此时,肇事“后”逃逸,不应理解为交通肇事基本犯成立“后”逃逸,而应理解为交通事故发生“后”逃逸。(2)将死亡结果归属于前行为人的逃逸行为,认定成立过失致人死亡罪。虽然这两个方案的思路和罪名存在差异,但均在3年以上7年以下有期徒刑的范围内对前行为人处刑。

邵某平案中给出的解释是,“刑法规定的‘因逃逸致人死亡’不以逃逸前的交通肇事行为构成交通肇事罪为必要条件”。也就是说,司法实践在坚持司法解释的效力和禁止重复评价原则的同时,变更或者放弃了上述加重犯适用的教义学规则。这一观点得到了部分学者的响应。例如,有观点认为,“‘逃逸致死’的规定既不是交通肇事罪的结果加重犯,也不是交通肇事罪的情节加重犯,而是一种独立性条款;只要交通违规行为使他人处于需要救助的状态(包括重伤、轻伤以及虽未受伤但被撞昏在道路中央),肇事者不予救助进而导致死亡的,均应成立‘逃逸致死’”。①这一观点可谓“基本犯成立不要说”。据此,在仅有一人死亡的场合,也能直接认定前行为人成立因逃逸致人死亡。

目前,这一观点尚未被学界普遍接受,多数观点仍然坚持加重犯的适用以基本犯成立为必要这一原则。②但这一观点自从被最高人民法院明确采纳后,在司法实践中的影响力逐渐增大。在检索相关案例的过程中,我发现在以上四种不同的裁判观点中,追随指导案例认定前行为人成立“因逃逸致人死亡”的判决占据多数。然而,这一观点毕竟存在背离刑法教义学基本原理的嫌疑,学者在论证这一观点的合理性时,也主要仅论述它能避免由定量的司法解释所带来的处罚困难,并没有提出其他有力的理由。但即使是为了解决处罚的困难,突破教义学规则也并非唯一的解决方式,如部分法院将前行为人认定为过失致人死亡罪的做法,同样也是出路之一。

2. 逃逸致人死亡与过失致人死亡罪、故意杀人罪的关系

如果承认“因逃逸致人死亡”的适用不以基本犯的成立为前提,随之而来的问题是,在典型的“二次碰撞”类案件中,前行为人成立“因逃逸致人死亡”,还是过失致人死亡罪甚至是故意杀人罪?这一问题与如何理解“因逃逸致人

---

① 陈洪兵:《“因逃逸致人死亡”条款虚置化的原因及其克服》,载《法学》2018 年第 2 期。类似观点参见刘轩、杨妮:《“二次碰撞”案件中前肇事逃逸人的罪责认定》,载《法律适用》2020 年第 10 期;李会彬:《“因逃逸致人死亡”情节的独立性解读》,载《政治与法律》2014 年第 8 期。

② 参见李会彬:《“因逃逸致人死亡”情节的独立性解读》,载《政治与法律》2014 年第 8 期。

死亡”的构造,或者说如何理解因逃逸致人死亡和过失致人死亡罪、故意杀人罪的关系有关。

在“因逃逸致人死亡”的构造中,可以肯定的是行为人对逃逸及其产生的具体危险具有故意。① 但问题在于,行为人对逃逸行为所引起的死亡结果是何种责任形式。刑法学界对此存在不同的观点:②(1)过失说:因逃逸致人死亡仅限于过失致人死亡的情形。③ (2)故意兼过失说:因逃逸致人死亡不仅包含过失致人死亡的情况,而且包含行为人构成故意杀人的情形。④ (3)间接故意说:因逃逸致人死亡的责任形式仅包含间接故意。⑤

第(2)(3)种观点能较好地解释因逃逸致人死亡的法定刑明显高于过失致人死亡罪的法定刑的原因,⑥但可能面临与故意杀人罪罪刑不相协调的质疑。因为故意杀人罪的法定刑为死刑、无期徒刑或10年以上有期徒刑,但发生在交通肇事领域的不作为故意杀人却仅处7年以上有期徒刑。⑦ 而且这两种观点违反了加重犯的教义学规则。根据加重犯的一般性理论,在基本犯属

---

① 参见张明楷:《刑法学(下)》(第6版),法律出版社2021年版,第928页。

② 观点争议可参见赵秉志、肖中华、左坚卫:《刑法问题对谈录》,北京大学出版社2007年版,第256页。

③ 参见劳东燕:《交通肇事逃逸的相关问题研究》,载《法学》2013年第6期;黄伟明:《“交通肇事后逃逸”的行为性解释——以质疑规范目的解释为切入点》,载《法学》2015年第5期。

④ 参见陈洪兵:《“因逃逸致人死亡”条款虚置化的原因及其克服》,载《法学》2018年第2期;栾莉:《论交通肇事罪中的逃逸致人死亡之定性》,载《中国人民公安大学学报(社会科学版)》2015年第6期;张明楷:《刑法学(下)》(第6版),法律出版社2021年版,第928页。

⑤ 参见李会彬:《“因逃逸致人死亡”情节的独立性解读》,载《政治与法律》2014年第8期。

⑥ 参见张小虎:《不纯正不作为犯先行行为犯罪及其处置的法理分析——兼论交通肇事逃逸致人死亡》,载《河南省政法管理干部学院学报》2007年第1期。

⑦ 参见赵秉志、肖中华、左坚卫:《刑法问题对谈录》,北京大学出版社2007年版,第256页。对于这一批判的反驳,参见陈洪兵:《“因逃逸致人死亡”条款虚置化的原因及其克服》,载《法学》2018年第2期。相反,将因逃逸致人死亡的责任形式限定为过失,从法定刑的角度来看具有合理性。参见劳东燕:《交通肇事逃逸的相关问题研究》,载《法学》2013年第6期。

于过失犯时，不可能以故意行为的结果或状态作为加重要素。[①] 换言之，刑法理论中不可能出现“过失的基本犯＋故意的加重犯”这样的构造。[②] 交通肇事罪的基本犯是典型的过失犯罪，根据这一规则，理论上不可能将逃逸（故意）致人死亡理解为交通肇事罪的加重犯。但如上所述，理论上部分观点开始主张因逃逸致人死亡条款具有独立性，不仅认为其适用不以基本犯的成立为前提，而且认为应当将该条款解释为一项规定于交通肇事罪条款中的相对独立的罪名，而非交通肇事罪的加重犯。[③] 作为一项独立的罪名，其罪过形式不必受到交通肇事罪基本犯罪过形式的限制，而是可以包含逃逸（故意）致人死亡的情形。

这类观点因过于激进，没有得到学界的普遍接受，过失说目前仍然占据着理论通说地位。[④] 在司法实务中，最高人民法院虽然主张因逃逸致人死亡的适用不以基本犯的成立为前提，但并未全面承认这一条款的独立性。例如，最高人民法院在邵某平案中指出，不作为故意杀人和因逃逸致人死亡之间的区别之一就在于，不作为故意杀人对被害人的死亡持放任态度，而因逃逸致人死亡主观上并不希望被害人死亡结果的发生。言下之意是，最高人民法院认为因逃逸致人死亡仅包含过失致人死亡的情形。[⑤]

对因逃逸致人死亡构造的不同理解会影响对“二次碰撞”类案件的处理。

---

① 参见楼伯坤：《刑法第133条规定与加重犯理论之冲突》，载《浙江工商大学学报》2004年第5期。

② 部分理由在于，“在基本行为过失的情况下，如果加重结果系故意所致，势必突破作为基本行为的过失行为的范围，而要求存在新的独立行为，而一旦加重结果乃是由独立于基本行为的另一行为所致，便绝无成立结果加重犯的可能”。劳东燕：《交通肇事逃逸的相关问题研究》，载《法学》2013年第6期。

③ 参见李会彬：《“因逃逸致人死亡”情节的独立性解读》，载《政治与法律》2014年第8期；陈洪兵：《“因逃逸致人死亡”条款虚置化的原因及其克服》，载《法学》2018年第2期。

④ 参见陈洪兵：《“因逃逸致人死亡”条款虚置化的原因及其克服》，载《法学》2018年第2期。

⑤ 部分地方性规定也持这一立场，如前述浙江省《会议纪要》中规定，“因逃逸致人死亡，只适用于肇事者因逃逸过失致人死亡的情况，不包括故意致人死亡的情况”。

具体而言,在故意说和故意兼过失说之下,因逃逸致人死亡的成立范围较为宽泛,绝大多数“二次碰撞”类逃逸案件均可落入该款的成立范围。如果同时认为因逃逸致人死亡与过失致人死亡罪、故意杀人罪之间是法条竞合的关系,那么除非行为人实施了将被害人拖至车流量更多的道路上等明显增加法益侵害危险的行为,几乎没有适用过失致人死亡罪和故意杀人罪的余地。相反,过失说限制了因逃逸致人死亡的成立范围,对逃逸行为致人死亡的情形,需要根据案件的具体情况来判断前行为人成立的罪名。

3. 对前行为人责任形式的认定

如上所述,司法实践的主流观点认为因逃逸致人死亡并不包含故意杀人的情况。那么,在具体案件中,就需要判断前行为人对死亡结果持何种责任形式。这涉及过于自信的过失和间接故意的区分问题。这一问题是刑法理论中的难点。如学者所言,在典型案件中,区分二者较为容易,“但就不典型的案件而言,人们总会得出不同结论”。[1] “二次碰撞”类案件即属于非典型案件。在多数情况下,前行为人没有实施隐藏或转移被害人的行为,也没有采取任何人身安全的防护措施,而是在意识到肇事发生之后直接逃离现场。此时,根据逃逸行为等客观情况来推断前行为人的主观心态存在现实的困难。

为解决这一困难,最高法在邵某平案中提供了部分指导性意见:在“二次碰撞”类事故中,应重点考量被害人因何种原因处于危险状态、危险程度、被害人对逃逸者的依赖程度、逃逸者履行义务的难易程度、逃逸者不履行义务对结果的原因力、将结果仅归责于逃逸是否合适等因素,综合判断逃逸行为与故意杀人之间是否具有等价性。一般而言,第二次事故的发生具有较大的必然性时,可以认定为不作为的故意杀人罪。例如,事故责任认定表明第二次碰撞肇事者不负责任,那么,可以认定第二次事故发生具有较大必然性,逃逸行为对被害人死亡结果具有等价于作为的原因力。相反,第二次碰撞具有偶然性、第三人负有较大过错时,难以认定为故意杀人罪。

---

① 张明楷:《刑法学(下)》(第 6 版),法律出版社 2021 年版,第 386 页。

这一综合判断的方式的确能为司法实践提供一定的指引，促使法院根据具体案件的客观情况来认定行为人的主观心态，避免过度依赖行为人的供述。但这并不意味着区分的困难被完全抹除，部分边缘的案件仍然是困扰着各级司法机关的难题。这也是司法机关在案情类似的案件中，却对被告人的责任形式作出不同认定结论的原因之一。

4. 交通肇事罪与过失致人死亡罪的关系

如何理解交通肇事罪与过失致人死亡罪的关系对“二次碰撞”类案件的处理也会产生一定的影响。刑法理论就这一问题存在不同的观点：(1) 法条竞合说：在交通肇事致被害人死亡的场合，两罪名之间系法条竞合的关系，排除过失致人死亡罪的适用空间。① (2) 想象竞合说：行为人因交通肇事致人死亡时，成立交通肇事罪与过失致人死亡罪的想象竞合犯，适用从一重罪论处的原则。② 由于过失致人死亡罪的基本法定刑更重，这一观点实质上消解了交通肇事罪基本犯的适用可能。

不同于刑法理论上的争论进路，司法实践的主流观点采取了一条形式化的路径来区分二者。根据《交通肇事罪解释》第 8 条的规定，在实行公共交通管理的范围内发生重大交通事故的，按照交通肇事罪来处理，但在公共交通管理的范围外，驾驶机动车辆等致人伤亡等构成犯罪的，则按照过失致人死亡罪或其他条款定罪处罚。③ 这表明，就公共交通管理范围内发生的交通事故而言，司法实践基本上接受了法条竞合说的观点。但这一观点至少存在以下几个方面的疑问。

第一，以“公共交通管理范围内/外”这一形式性标准来区分法定刑差异

---

① 参见周光权：《刑法公开课》，北京大学出版社 2019 年版，第 221 ~ 222 页。

② 参见张明楷：《刑法学(上)》(第 6 版)，法律出版社 2021 年版，第 628 页。

③ 司法机关在处理具体案件时基本上遵循了司法解释所确立的规则，对于发生在公共交通道路领域外的肇事案件，认定为过失致人死亡罪。类似案例参见(2021)鲁 0406 刑初 174 号、(2021)津 0116 刑初 105 号、(2020)桂 0922 刑初 260 号、(2019)浙 0921 刑初 144 号、(2019)赣 0425 刑初 106 号、(2018)豫 0327 刑初 288 号等。

较大的两项罪名，缺乏实质性的根据，且会导致悖论的出现，即"本来发生在公共交通道路范围内的驾驶行为因为危害到公共安全而使其法益侵害性重于发生在非公共交通范围内的驾驶行为，处刑反而比后者轻"。[①]

第二，这一观点在实践中使"事故发生道路是否属于公共交通管理范围"成为较多案件的争议焦点，进而导致行政性标准或者行政机关对涉案道路所作出的定性结论往往取代司法标准，成为定案的实质根据。[②]

第三，即使是发生在公共交通管理范围内的事故，法院在部分案例中也认定行为人成立过失致人死亡罪，[③]这表明单一的形式性区分标准难以承担起正确处理两项罪名关系的任务。

这一存在诸多问题的形式标准导致法院在处理"二次碰撞"类案件时出现分歧。一方面，在法条竞合说和司法解释的指引下，绝大部分法院在认定公共交通领域内发生的肇事案件时，习惯性地在交通肇事罪的框架下寻求解决方案，逐次检讨交通肇事罪的三个条款是否适用，排斥或未考虑过适用过失致人死亡罪等其他罪名。在传统的教义规则难以合理处理"二次碰撞"类等疑难案件时，这一惯性思维可能推动法院重新解释交通肇事罪的相关条款，如将因逃逸致人死亡的适用解释为不以基本犯的成立为前提。另一方面，部分法院有意或无意地发现了形式性区分标准的不足，重新考察过失致人死亡罪与交通肇事罪的关系，突破了一概适用交通肇事罪的思维惯式，在部分"二次碰撞"类案件中认定前行为人成立过失致人死亡罪。

---

① 陈洪兵：《公共危险犯解释论与判例研究》，中国政法大学出版社 2011 年版，第 252 页。

② 例如，在段某华交通肇事案中，涉案道路是否属于公共交通管理范围内的认定即由交通管理部门作出。参见邓思清主编：《刑事案例诉辩审评——交通肇事罪》，中国检察出版社 2006 年版，第 118 页。

③ 例如，在孙某过失致人死亡案中，孙某在公共道路采取"顶逼""点刹"等方式试图驱离阻拦车辆的被害人，在加速逃离过程中导致被害人被车辆拖行而死亡，法院认定被告人成立过失致人死亡罪。参见（2014）浙杭刑初字第 121 号。类似案例参见（2017）湘 0681 刑初 96 号。

5. 小结

从上述分析可见,对“二次碰撞”类案件的定罪量刑之所以差异悬殊,不仅是因为“二次碰撞”类案件相较于一般的交通肇事案件具有复杂性,而且也与交通肇事罪解释论规则存在的诸多争议有关。这些争议涉及交通肇事罪的基础理论问题,影响范围不局限于“二次碰撞”类案件,但这类案件可以作为分析理论问题的合适切入点。正因为“二次碰撞”类案件具有足够的复杂性,能将很多不同但又相互纠缠的法律争议问题卷入同一分析场域,对这类案件的处理结果是否合理可以作为检验各种解释方案合理性的判别标准。

二、课堂交流

同　学:交通肇事后逃逸和逃逸致人死亡中两个逃逸的解释是否一样?

报告人:在学界中存在不同的观点。一种观点认为,两个逃逸要作不同的解释,交通肇事后逃逸中的逃逸更加强调逃避法律追究的层面,因为最终并没有出现因逃逸致人死亡的情况,逃逸致人死亡中的逃逸则更加侧重没有履行救助义务的层面。另一种观点认为,既然是同一法条的相同表述,对于两个逃逸应当作相同的解释。我个人同意第二种观点。

同　学:如果将第二档法定刑中的逃逸解释为逃避法律追究,没有去报案,是否会与自首的规定相互矛盾?

报告人:在司法实践中有一类案件是行为人在交通肇事之后立刻逃离现场,但他开车到某个地方之后停下来,打电话报警。法院一般认为:首先,行为人已经离开现场,构成逃逸;其次,打电话报警自首可以认定为自首。也就是说,将逃逸和自首两个情节分开认定,升格法定刑之后再根据自首情节从轻或减轻处罚。[①] 两个规定并不矛盾。

同　学:逃逸是一种作为还是不作为?

① 邵某平案即属于这类情形。

报告人：司法实践中有一类案例，行为人在逃逸时二次碾轧被害人，导致被害人死亡，法院将这种情形也认定为逃逸致人死亡。① 这表明法院并没有将逃逸理解为一种单纯的不作为，而是包含了这种比较明显的作为行为。所以，逃逸是仅限于不救助的情况，还是也包括了作为形式的逃逸，存在争议。

同　学：如果行为人没有离开现场，眼睁睁地看着被害人死亡能否理解为逃逸？如果将这种行为也理解为逃逸，是否超出了逃逸的文义解释？是否可以将逃逸解释为仅限于以逃离现场的方式不履行救助义务的情况？

报告人：从被害人的角度来说，行为人是否逃离现场并没有什么区别，被害人都没有得到救助，从行为人角度来看，是否逃离现场都不影响行为人并没有履行救助义务这一点。

张老师：问题的关键在于是从字面含义还是从实质含义去讨论逃逸，如果从字面含义来理解，那就要求行为人逃离现场。尤其是司法解释出来之后，给人的印象就是要求行为人逃跑。但是从“逃”的含义来说的话，并不一定和离开现场有关系。例如，在逃税罪中，“逃”是说行为人该交税而没有交税，与行为人离不离开现场没有关系。在《刑法》第 133 条里强调要逃离现场，是从你自己理解的文字含义出发的。

同　学：如果按照主流观点，将逃逸理解为不履行救助义务，根据基本犯成立必要说的观点，致 1 人死亡的情况很难被评价为交通肇事后逃逸或逃逸致人死亡，也就是说加重犯只能适用于致多人死亡的情况。在致多人死亡时，把哪些人的死亡结果作为基本犯的评价对象，哪些人的死亡结果作为加重情节的评价对象？

报告人：我认为在一次交通事故致多人死亡的情况下，可以根据因果流程来区

① 参见(2011)新刑一终字第 118 号、(2015)庆中刑终字第 110 号等。但也有法院将这种情形认定为故意杀人罪，参见(2013)宜刑终字第 4 号、(2013)新刑一终字第 76 号。

分死亡结果是作为基本犯的评价对象还是加重情节的评价对象，如果被害人因交通肇事当场死亡，只能作为基本犯的评价对象，如果确实因为得不到救助随后才死亡，则可以作为加重犯的评价对象。

同　学：因逃逸致人死亡中的“人”如何理解，是仅限于第一次事故中的被害人，还是也包含其他人？比如，行为人在逃逸的过程中撞到了其他人能否认定为因逃逸致人死亡？或者肇事车是油车，由于交通事故发生漏油，行为人逃逸，后因起火等造成了其他人死亡，能否认定为因逃逸致人死亡？

报告人：我个人认为，如果将逃逸解释为不履行救助义务，那么相对应地就应将“人”解释为仅限于第一次肇事行为的被害人。如果后续因二次事故等原因而造成其他被害人死亡，可以单独评价这些后续行为。①

同　学：关于基本犯成立必要说和基本犯成立不要说的争议，是否有可能通过承认过失未遂来综合这两个学说争议，认定为未遂的交通肇事逃逸致人死亡？

报告人：如果承认过失未遂，可能造成的情况是，任何一次轻微的、没有造成损害结果的行政违法行为都可能被认定为过失未遂。

同　学：这里也需要加入一些情节严重等限制。

张老师：没有其他的解释方案吗？一定要这样解决这一问题？

同　学：我有个想法是，可以把第二档法定刑作为基本法定刑，将 3 年以下法定刑理解为特别的“奖励方法”，当行为人履行了救助义务和自首义务时，可以适用 3 年以下法定刑。

张老师：第二档法定刑不可能成为基本犯，肯定会有其他办法的，司法实践会不会采纳是另外一回事。

同　学：将逃逸致人死亡限定为仅包含过失致人死亡的情况，在行为人对死亡

---

① 有关这一问题的讨论，参见姜天琦：《论交通肇事罪中的“因逃逸致人死亡”》，华东政法大学 2022 年博士学位论文，第 102～103 页。

结果持间接故意时,有没有可能按照交通肇事罪基本犯和不作为的故意杀人罪数罪并罚?

报告人:对于行为人致一人重伤逃逸,随后被害人死亡的情况,根据现行司法解释,由于死亡人数为一人,对死亡结果不能重复评价,此时应该只能认定为想象竞合。即使将行为人致一人重伤和逃逸情节作为基本犯的评价基础,由于逃逸行为本身就是不作为的行为,不能对逃逸行为作重复评价,也只能认定为想象竞合。如果当场造成一人死亡、其他人受伤,因逃逸致受伤人死亡时,有可能数罪并罚。

同　学:交通肇事罪的基本犯至少要求致人重伤,如果是因为行为人逃逸之后,被害人伤情加重转变为重伤的,如何认定?

张老师:按照我的观点,就看加重的情节能不能被评价为基本犯的情节。如果直接按加重犯处罚的时候,不符合基本犯的成立条件,那就回过头来看这个加重情节有没有可能被评价到基本犯中去。我去年(2021年)发表了一篇文章①,讲的就是这种加重情节的作用变更评价,这种变更是有可能的,但是有条件。

同　学:如果将交通肇事罪基本犯与过失致人死亡罪的关系理解为想象竞合,那么带来的后果就是交通肇事基本犯被虚置,你怎么看待这一问题?

报告人:我认为目前处于两难的局面,如果认为两者的关系是法条竞合,随之而来的是罪刑不均衡的问题,尤其是交通肇事罪基本犯的入罪门槛还高于过失致人死亡罪,需要对这种法定刑的配置提出正当性的理由;如果认为两者是想象竞合,则可能导致交通肇事罪被虚置。在这种情况下,要看如何取舍。我个人更倾向于优先考虑罪刑协调的问题,因此支持想象竞合的观点。

学　生:我有一个想法是,交通肇事罪的入罪门槛比较高可能与一定的利益衡量有关,因为行车行为在日常生活中非常正常,交通事故发生的概率

---

① 张明楷:《加重情节的作用变更》,载《清华法学》2021年第1期。

比较高,为了保护人们行为的自由度和经济的活跃程度,在立法的时候就实际承担了这部分成本。也就是说,为了社会的发展,立法做出了取舍。我们在实践中,在处理类似于在小区倒车致人死亡的案件时,在认定为过失致人死亡的同时,在量刑上会尽量往交通肇事罪上靠。所以,我觉得两个罪名之间在竞合的时候,还是可以优先适用交通肇事罪。

张老师:在刚开始改革开放的时候,大家都是开公车办公事,立法可能考虑到了这一点,因此将交通肇事罪的法定刑设置得比较低。但是在私家车居多的情况下不能再去这样考虑问题。你看在国外,交通肇事的犯罪规定得很严格,那人家不考虑经济发展吗? 照样也考虑。但人的生命、身体安全比个人开车的自由要重要得多。

在实践中,只要是能符合交通肇事罪的构成要件的都被认定为交通肇事罪了,从这个意义上来讲,它就成了一个特别法条。但是就像刚才同学讲的那样,在“二次碰撞”的案例中,司法实践也有认定为过失致人死亡的。就肇事行为仅致人轻伤的情形而言,这样认定比较合适,因为如果前行为人致人轻伤后逃逸的,也适用逃逸致人死亡的规定明显不合适,不符合加重犯的适用以基本犯成立为前提的原理。而且仔细想想就会发现其中的不协调,前面肇事行为没有构成交通肇事罪的被认定为过失致人死亡,处 3 年以上 7 年以下有期徒刑,而其他致一人死亡的情况按照交通肇事罪来认定处 3 年以下有期徒刑。那么,如何解释这里的不协调?

同　学:以重大责任事故罪为例,它包含两档法定刑,第一档法定刑对应的是“发生重大伤亡事故或者造成其他严重后果的”,第二档法定刑对应的是“情节特别恶劣的”。相关司法解释规定,在安全事故发生后,负责人员等故意阻挠开展抢救,或者对被害人进行隐藏、遗弃等行为,导致死亡等结果发生的,或者事故后果扩大的,要么升格法定刑,要么认定为故意杀人罪等罪。① 部分观点将逃逸理解为一种遗弃，将交通肇事后逃逸或逃逸致人死亡理解为交通肇事罪与遗弃的结合犯或结果加重犯。因此，在交通肇事的场合，遗弃被害人的，一般认定为交通肇事的加重犯。如何理解这种认定和责任事故类司法解释规定之间的差别？

张老师：在交通肇事逃逸致人死亡的场合，如果能肯定因果关系，存在两种可能，一种是认定为逃逸致人死亡，另一种是认定为不作为的故意杀人。其他责任事故类犯罪在法条上没有类似于逃逸致人死亡的规定，所以一般就适用故意杀人或故意伤害的规定，此时的问题是，如何协调交通肇事罪和其他责任事故类犯罪的关系。在事故发生之后，故意阻挠抢救、把受伤的人隐藏在难以被人发现的地方，可能成立故意杀人，此时不一定是不作为，尤其是阻挠抢救的时候，就是一种作为，而不是不作为。在思考《刑法》第 133 条的时候，要考虑到这一点。如果认为因逃逸致人死亡包含故意杀人，就可能会与其他责任事故类犯罪存在不协调的地方。因逃逸致人死亡最高只能判处 15 年有期徒刑，而其他责任类事故在类似情形下处刑可能更重一点。

同　学：在具体案例中，违反道路交通的行政责任认定是否会影响被告人刑事责任的认定？

---

① 《最高人民法院、最高人民检察院关于办理危害生产安全刑事案件适用法律若干问题的解释》第 8 条规定："在安全事故发生后，负有报告职责的人员不报或者谎报事故情况，贻误事故抢救……具有下列情形之一的，应当认定为刑法第一百三十九条之一规定的'情节特别严重'：（一）导致事故后果扩大，增加死亡三人以上，或者增加重伤十人以上，或者增加直接经济损失五百万元以上的；（二）采用暴力、胁迫、命令等方式阻止他人报告事故情况，导致事故后果扩大的；（三）其他情节特别严重的情形。"第 10 条规定："在安全事故发生后，直接负责的主管人员和其他直接责任人员故意阻挠开展抢救，导致人员死亡或者重伤，或者为了逃避法律追究，对被害人进行隐藏、遗弃，致使被害人因无法得到救助而死亡或者重度残疾的，分别依照刑法第二百三十二条、第二百三十四条的规定，以故意杀人罪或者故意伤害罪定罪处罚。"

报告人:在案例检索的过程中,我注意到有些法院在判决书中强调行政责任只是刑事责任认定的一项参考性因素,并不是决定性的依据。[①] 但是我认为,在实际认定的过程中,多数法院似乎仍将行政责任的认定作为一个非常重要的决定因素。例如,在邵某平案中,法院基本上完全采纳了交警出具的责任认定结论,并作为因果关系的判断依据。在彭某武案中,交警认定在第二次事故中,后行为人负主要的责任,前行为人负次要责任,这种责任认定可能会让法院对死亡结果能否归属于前行为人产生疑问。

同　学:在类似于汪某樟案的案例中,前后两个过失行为之间非常紧密,是否可以理解为同时犯?

张老师:把它归纳为同时犯是想解决什么问题呢?

同　学:想解决结果归属的问题。

张老师:在同时犯的场合,各个行为人只对自己造成的结果负责,你使用同时犯的概念是想说前、后行为人对各自的结果负责吗?

同　学:是想将结果归属于两个行为。

张老师:将结果归属于两个行为不一定要用同时犯的概念,共犯也能同时归属。你提出这个概念的时候,要想一想你是想解决什么问题,要不要用同时犯这个概念来解释,不用同时犯的概念,能不能也把同一个结果归属于两个行为。通说都承认多因一果,不一定要借助同时犯的概念。

在这类案件中,最核心的问题是在什么情况下,第二个人造成的结果能归属于前一个人的行为,或者说在什么情况下,第一个人要承担后面一个人造成的死亡结果。多年前北京的一个案例:一个出租车司机撞人之后,立刻停车,在旁边放了一个红色的三脚架。之后,有一辆卡车开得很慢经过此处,后面还有一辆车正在超卡车,由于卡车将

① 如(2016)渝05刑终1060号。

三脚架挡住了,后面这个车的司机没有看到三脚架,撞到了被害人,导致被害人死亡。行为人自己或第三人采取了防止二次事故的措施时,结果可能就只能归属于第二个人。如果第一个人没有采取任何措施,那结果一般是可以归属到第一个人的行为的。至于是否归属到第二个人的行为,那是另外一回事。这实际上是总论里经常讨论的问题,即结果归属判断的问题。在彭某武、黄某昌故意伤害案中,第三人采取了防护措施,第二个人还是没有注意,直接从被害人脑袋上碾轧过去,死亡结果也是颅脑损伤造成的,肯定是能将死亡结果归属于第二个人的。至于能否归属于第一个人,则是另外的问题。但司法实践就因为第二个人态度好、没有逃逸,就不管他了。这个案件争议还是很大的。

学　生:关于彭某武、黄某昌故意伤害的这个案件,能不能认定为过失犯的共同犯罪?

张老师:过失的共同犯罪是指两个人有共同的注意义务,像这种情况没有必要借助这个概念,只要讨论后行为人的结果能不能同时归属于前行为人的行为。司法实践中经常说的"前行为人负主要责任,后行为人负次要责任",我觉得它只是一种行政法上的判断,不能直接影响结果归属的判断。在彭某武、黄某昌案中,后面的死亡结果不能归属于前行为人的行为。因为在这个案件中已经有人在现场拦车,提醒后面的车注意一点,但后行为人还是不注意而轧到被害人的头部,因此我觉得不应该将死亡结果归属于前行为人的行为。哪怕你认定前行为人构成故意杀人未遂都有可能,因为他知道这个人在两个轮子中间,还是碾轧过去,将第二次碾轧行为评价为杀人行为其实没有那么大争议。

除非是像在高速路上,后行为人一般只注意前面的车,都不会想到突然有个人躺在路上,加上车速也比较快,前面即使放置了提示的标志几乎也反应不过来。在这种情况下,后行为人二次碾轧了被害人的,我认为要将结果归属于前行为人的行为。此时,后行为人的介入比较正常,并不异常。但在其他一般公共道路上,情况就不一样。所以,我们还是要很具体地去判断,不能笼统地判断。没有必要用共同过失判断,还是要分别判断。

同　学:在难以查清是哪一次碰撞导致被害人死亡的情况下,如何处理?

报告人:最近有一个新的指导案例——陈某华交通肇事案,①就是你说的这种情况。在这个案子中也存在"二次碰撞"的情况,但是不能查清是前行为人还是后行为人造成的死亡结果。最高法认为此时应适用存疑有利于被告的原则,对前行为人而言比较有利的是认定被害人当场死亡,从而认定被告人成立交通肇事后逃逸。对后行为人而言,也是认定被害人在第一次碰撞时已经死亡比较有利。

同　学:这样是否会导致事实认定的冲突? 比如,对前行为人适用存疑有利于被告原则,认定被害人没有死亡比较有利,而对后行为人适用存疑有利于被告原则,认定被害人已经死亡比较有利。

报告人:在这类案件中,如果认定被害人没有当场死亡,根据司法实践的主流观点即基本犯成立不要说,前行为人就成立逃逸致人死亡,对前行为人不利,因此无论是对前行为人还是后行为人,认定被害人在第一次事故中已经死亡都是更有利的。而且在同一案件中,因为对不同的被告人同时适用存疑有利于被告原则,而导致事实认定上存在冲突,在理论上也是被允许的。②

---

① 参见闫歌:《王爱华、陈玉华交通肇事案——车主指使驾驶人员逃逸致被害人遭连环辗轧死亡的刑事责任认定》,载最高人民法院刑事审判一至五庭编:《刑事审判参考》(总第130辑),人民法院出版社2022年版,第16~23页。基本案情是:2019年7月12日4时6分许,被告人王某华指使被告人陈某华驾驶货车,陈某华行驶至城西交警中队东侧时,碰撞并辗轧到行人刘某后驾车逃逸;4时7分许,樊某居驾驶车辆行驶至事发路段时,又辗轧到已经倒地的行人刘某后驾车驶离。该事故致刘某当场死亡。经安徽龙鑫司法鉴定所鉴定,刘某华驾驶的车辆安全技术性能不合格。经交警支队二大队认定,陈某华负此次事故的主要责任,樊某居负此次事故的次要责任,刘某无责任。无法查明被害人的准确死亡时间。

② 参见张明楷:《刑法学(下)》(第6版),法律出版社2021年版,第1619页。

三、张明楷评述

你们在听报告的时候,还是要多问一些问题,不要老是想着等着我来讲。要习惯于从任何一个人的发言中发现问题,而且最好让自己受到一些启发。不管人家讲得好不好,都要善于从人家的讲话中受到启发,能提出问题很好,能受到启发就更不错了。我刚刚也从同学的发言中受到一些启发,是我之前没有想过的问题,突然就想到了。你们不要老是单纯地从那种学习新知识的角度去学习,我觉得这是我们教育最大的问题。老是想自己昨天知道了一个新名词,今天学到了一个什么新概念,这种学习没有多大意义,尤其是在互联网如此发达的时代,上网一查就能知道。关键是要掌握发现问题的能力,从别人那里学到东西的能力,这一点非常重要。

关于今天的主题,我讲几个相关问题。

第一,关于如何理解交通肇事罪条款中两个逃逸的含义。

如果首先考虑的是司法解释规定,那可能会将逃逸理解为逃避法律追究。但逃逸致人死亡中的逃逸显然是指没有履行救助义务而致人死亡。说实话,最开始我也认为逃逸致人死亡是指逃逸导致的再次碰撞致人死亡,写《刑法学》第1版的时候我只想到了这一种情况,没有想到不救助而致人死亡的情况,因为那个时候交通肇事两次致人死亡的事件太多。题外话就不多说了。

在思考这一问题的时候需要用到我经常说的类比方法。交通肇事为什么会因为逃逸或者逃避法律追究就要法定刑升格?为什么杀人之后逃避法律追究,法定刑不升格?其他的罪名也是如此。《刑法》第139条之一新增设了不报、谎报安全事故罪,这个罪名在我看来也是处罚不实施有效的救助行为的不作为。这样理解的话,再将逃逸理解为逃避法律追究或者逃跑,就有问题。你们千万不要说,“这是法律规定的问题,法律应当对所有的犯罪都规定逃避法律追究加重法定刑”。这样主张也不合适,犯罪人犯罪之后为逃避法律追究而逃跑是犯罪人的理性。再联想一下自首,正是因为通常犯罪人都逃跑,所以刑法对自首的犯罪人才给予奖励。

这样思考的话,会认为《刑法》第 133 条中的两个“逃逸”不应该有两种含义,都是指应当履行救助义务而没有履行。所以,如果一个人已经被撞死了,不可能实施救助,那就不可能逃逸,更不可能逃逸致人死亡。这个递进关系告诉我们,逃逸是能够致人死亡的,所以在规定了肇事逃逸之后又规定逃逸致人死亡。这个递进关系反过来表明逃逸指没有履行救助义务,就是没有去救助这个受伤的人。这样去理解并没有什么障碍。也就是说,逃逸致人死亡,是以逃逸具有致人死亡的危险性为前提的;而要具备这一前提,就必须是被害人的生命处于危险状态。如果一个被害人已经死亡,没有其他人受伤,就不存在致人死亡的危险性,就不具备逃逸的前提。既然逃逸致人死亡以具有致人死亡的危险性为前提,我们又将《刑法》第 133 条的两个逃逸作相同理解,那么,第一个逃逸即交通肇事后逃逸也必须具有致人死亡的危险性。

第二,关于逃逸是否要以基本犯的成立为前提。

之前说的两种观点都有一定的道理。如果以基本犯的成立为前提会出现什么局面呢?前行为人虽然致人重伤但不构成交通肇事罪的时候,即不具备司法解释规定的六种情形时,前行为人逃逸,那就不能适用交通肇事后逃逸和逃逸致人死亡,需要判断是否能适用过失致人死亡罪的规定。但要适用过失致人死亡罪的规定,就要考虑法条之间的关系。

如果这些考虑都要照顾到,也有办法,但不要去用过失未遂。刚刚同学在讲的时候我想到一个办法,就是能不能用犯罪的成立范围和处罚范围的区分来解释。《刑法》第 133 条只是规定发生交通事故致人重伤、死亡。那么,凡是致人重伤的就已经能成立交通肇事罪了,这是交通肇事的成立范围。在这里,一般轻伤就不讨论了,而且轻伤一般也不大可能造成死亡结果。司法解释规定的是交通肇事的处罚范围,即三人重伤或者一人重伤时还要具备其他特定条件才给予刑罚处罚。司法解释是从要不要起诉、要不要处罚的角度来说的。言下之意是,交通肇事致一人重伤也构成交通肇事罪,但是可以不起诉。如果这样解释,就可能协调这些矛盾。像在日本,近 50% 的案件不起诉,并不是说这些案件不构成犯罪,而是构成犯罪但不起诉而已。[①]

而且我认为这个司法解释太落后了。我经常讲,为什么交通肇事罪的成立会设立这么高的标准,就是在起草交通肇事罪的时候没有什么私家车,司机都是在为单位驾驶机动车,如果驾驶机动车撞死一个人就要定罪,那很多人就不愿意开车了,可能会换工作。但是在私家车明显增加之后就不能这样思考了。私人开车和为单位开车同样在违章发生交通事故致人重伤或死亡的情况下,定罪处罚是否会不一样?不能说绝对不一样,但司法机关肯定是要考虑这个因素的。即使认为都成立犯罪,在起诉与不起诉等方面肯定是要有一些考量的。比如,单位有急事让司机赶快送一个东西到某个地方,司机超速将人撞死,和私人为个人利益去干什么事情将人撞死,这两种情形下起诉与不起诉不一定一样。

总体而言,我认为从法条关系上来讲,加重犯的成立还是要以符合基本犯为前提,否则就乱套了。不符合基本犯能符合加重犯的这个理论能适用到其他犯罪吗?不符合抢劫罪的基本构成要件,能认定为抢劫致人死亡吗?不符合抢劫的基本构成要件的,能认定为入户抢劫吗?你会发现不可能。我经常讲,刑法的解释不是要就个案得出一个很特殊的结论,那不叫解释。解释是要在一般化的解决方案中寻求最优的方案,你的结论必须能适用于一般的情形,在一般的情形下用这个结论的时候,得出的结论也要是妥当的。所以,任何加

① 这里有同学提问:那您的意思是,可以对所有的司法解释都做这样的理解吗?就是认为司法解释都是对起诉或处罚范围的规定,而不是对刑法条文本身的解释?张老师回答:没有必要这么去讲,只是在这个罪名中或者相同情形中这样理解。同学提问:按您的观点,如果行为人违反交通规则直接撞死了被害人,应该是处3年以下有期徒刑,如果行为人将被害人撞成重伤后逃逸,应该是处3年以上7年以下有期徒刑吗?张老师回答:按照司法解释,是按基本犯去处罚,对吧?但是按照我的观点,是有可能适用第二档法定刑的,即致人重伤时就成立基本犯。逃逸之后就多了一个遗弃行为,相当于是有两个罪。我的观点是,交通肇事后逃逸相当于是交通肇事罪和遗弃罪的结合犯,因逃逸致人死亡是结合犯的结果加重犯。遗弃罪处5年以下有期徒刑,交通肇事后逃逸,已经犯了交通肇事罪,再遗弃他人,在3年以上7年以下处刑也挺协调的,没有什么问题。

重犯的适用都要以基本犯的成立为前提,这个原则不要动摇。[1]

第三,关于逃逸致人死亡和故意杀人的关系。

刚刚同学提到的最高人民法院指导案例中的综合判断方法,实际上是遗弃致人死亡和故意杀人如何区分的一种综合判断方法。我国现行刑法没有规定遗弃致人死亡这种结果加重犯,但民国时期的刑法以及国外的刑法都规定了遗弃致人死亡,因为遗弃是对生命、身体造成危险的一种犯罪,当然可能致人死亡。只不过有观点认为遗弃仅限于家庭成员之间不提供食物等情况,但如果将遗弃理解为对生命造成危险的犯罪时,很多这种情况可以被放在遗弃罪中。如果是仅限于家庭成员之间的不提供食物等情形,则完全可以在虐待罪中讨论。

如果认为逃逸致人死亡包含了故意致人死亡的情况,此时前提是包含了一个杀人的行为,而不是说包含了行为不符合杀人罪的要件但对死亡结果是故意的情况。这种说法意义就不大。一个逃逸行为既符合故意杀人罪的成立条件,也符合因逃逸致人死亡的规定,是完全可能的,因为故意与过失不是对立关系,而是位阶关系,将故意杀人评价为过失致人死亡是没有问题的。真正的问题在于,行为符合故意杀人罪的客观构成要件,行为人又有故意时,是否仅适用因逃逸致人死亡规定。如果客观上没有杀人的行为,那就没有必要说他对于死亡是故意,这样讨论没有意义。因为他本来就没有杀人的行为,说他有杀人的故意意义何在?这种脱离客观上的杀人行为去思考的观念,就是实践中经常出现的离开了不法就先去判断主观责任的做法,这其实是不合适的。

如果说逃逸行为符合故意杀人罪的客观构成要件,行为人又有故意时,仅适用因逃逸致人死亡的规定,或者说因逃逸致人死亡包含了不救助行为本身

① 这里有同学提问:看您的书上提到过基本犯未遂的情况下,也可以成立加重犯。张老师回答:未遂也属于基本犯,当然可以成立加重犯,这没有问题。但如果连未遂都没有成立,那肯定不能成立加重犯。如果是预备行为导致加重结果,那就不可能成立结果加重犯。这里讲的基本犯的成立,并不等于成立基本犯的既遂。

构成不作为的杀人且对死亡有故意的情况,那就要看理由是否能成立。无非能从违法和责任两个角度来讲理由。从违法的角度来讲,无非是不作为比作为的不法程度要轻一些,所以处罚要轻一些。可是这个理由在我们国家不成立,而且要考虑别的不作为杀人是否都应将法定刑降低呢?我国法律又没有这样的规定。从主观方面来讲,无非是为了逃避法律责任,期待可能性减少,但这个可能也说不通,“期待可能性”这个概念不能滥用。否则,就意味着先前行为产生作为义务的情况下,期待可能性都减少。这样思考可能有困难。所以,我认为,如果逃逸行为符合故意杀人罪的客观构成要件,行为人又有故意时,可以认定为因逃逸致人死亡与故意杀人罪的想象竞合。

第四,关于交通肇事罪和过失致人死亡的关系。

这个问题涉及对过失致人死亡的理解和认定。如果说是交叉关系,适用规则是重法条优于轻法条。山口厚老师对交叉关系也持这种观点,两个法条是交叉关系,在交叉部分的行为同时符合了两个法条,那当然是哪个重就按哪个来。这和想象竞合的结论是一样的,即要适用重法条。只不过差别在于,法条竞合的时候就只定一个罪,想象竞合定两个罪。但是适用重法条这一点是没有疑问的。

如果说是特别关系,也不是说没有可能。因为凡是致人死亡的时候,都符合了过失致人死亡罪的构成要件;凡是致人重伤的时候,都符合了过失致人重伤罪的构成要件。而且交通肇事罪另外多了一些要求,要求危害公共安全,给其他人的生命身体造成危险。涉及的一个问题是,在过失致人死亡的法定刑中,3 年以下有期徒刑是最通常适用的,还是 3 年以上 7 年以下有期徒刑的这一档才是适用最多的?从法条表述上来看,给人的感觉是 3 年以下的法定刑对应的是情节较轻的时候,所以通常情形是适用 3 年以上 7 年以下有期徒刑的法定刑。这样来看,相比于交通肇事致人死亡,过失致人死亡的法定刑更重,交通肇事的法定刑轻。但是,如果按照我国 1979 年《刑法》的规定或一些国外刑法的规定,也完全可能认为过失致人死亡通常应该适用 3 年以下有期徒刑的法定刑。然而我国并不是这样,法官和检察官对适用情节较轻的条款非常慎重,生怕把量刑量轻了,但对适用情节严重的条款,胆子就很大。这个我也能理解,主要就是一些观念的问题。

认为交通肇事罪不是特别法条也是完全可能的。因为两个罪名侵犯的法益不一样:一个是公共安全,一个是个人的生命法益;一个是公法益,一个是私法益。

我认为关键点是通过这两个罪还要把其他的一些法条关系也理顺。我倒是倾向于认为《刑法》第 133 条不是过失致人死亡罪的特别法条。这与我的两个观点有关。一个是我认为司法解释规定的交通肇事成立条件太过时了。司法解释是 2000 年制定的,20 多年过去了都没有改。另外一点与我对过失致人死亡量刑的看法有关,我觉得对普通过失致人死亡的案件,只应判处 3 年以下有期徒刑。另外,我通常不太主张将公法益犯罪和私法益犯罪理解为一种法条竞合的关系,把对公法益的犯罪说成是特别法条,这与我的法益观有冲突。因为我是主张所有的公法益的最终目的都是保护个人法益,如果将对公法益的犯罪理解为特别法条,就会产生矛盾。按照现在的司法解释和法定刑,就是可能会导致在很多人死亡的情况下,反而还适用特别法条,这与我的观念不符合。所以我不太主张它是特别法条。

第五,关于交警部门的认定与司法人员的判断问题。

以前我一直主张司法人员要审查、判断交警部门关于责任的认定,意思是谁负主要责任谁负次要责任,不能仅由交警部门来决定,需要司法人员自己的判断。例如,我经常讲的案件:被告人甲将卡车停在路边,然后走到路下面小便,而且尾灯打着双闪,被害人乙开着小轿车,因为没有注意而追尾,当场死亡。甲回到道路上,发现有人追尾死亡,就立即逃走,而且在逃走的过程中报警,声称自己发现了一起交通事故。后来交警部门认定被告人甲负全责,就是因为被告人“逃逸”。对于这样的案件,我以前总是鼓励司法机关推翻交警部门的认定,但除了少数案件外,效果并不理想。因为很多司法人员都不敢推翻交警部门的认定。现在我想改变策略,提出交警部门的认定与司法人员的判断是两种性质不同的判断,虽然不需要推翻交警部门的认定,但司法人员同时需要另外的判断。这是什么意思呢?交警部门其实只是分析谁违章多谁违章少，因而判断谁承担的行政责任大、谁承担的行政责任少。司法人员的判断其实主要是结果归属的判断，即死亡结果要归属于谁的行为。所以，这两个判断结论当然可以是不一样的。例如，在上面这个案例中，即使交警部门认定被告人负全责，司法人员也应当认为，被害人的死亡结果不能归属于被告人的行为，故被告人不对死亡结果负责。死亡结果在前，逃走行为在后，怎么可能将结果归属于此后的行为呢？司法人员关于结果归属的这个判断，并不以推翻交警部门的认定为前提。

第六，最后讲一下“二次碰撞”类案件的认定，主要是对报告人讲的几个案例发表一下看法。

“二次碰撞”类案件主要是结果归属问题。前行为人导致被害人倒地、受伤等，当然与被害人的死亡之间具有条件关系，但不能因此就将死亡结果归属于前行为人。对此，要按照刑法总论所讲的结果归属的规则进行判断，主要应考虑以下几个因素：一是前行为人导致被害人受伤的程度，如是极为轻微的伤害还是严重的重伤，被害人是否丧失意识等，这其实是判断如果没有后面的介入行为，前行为人的行为在多大程度上会造成被害人死亡；二是后行为介入的异常程度，一般来说，在高速路上，后行为介入就不异常，但在前行为人或第三者采取了有效措施的情形下，介入行为就是比较异常的；三是后介入行为对死亡结果所起的作用大小。这三个方面要综合判断，大体而言，以下几个结论是成立的：(1)前行为人导致被害人受伤后就逃走或者不采取任何措施的，不管死亡结果是不是后行为人的二次碰撞造成的，前行为人都要对死亡结果负责。当然，这并不意味着后行为人就对死亡结果不负责。也就是说，后行为人对死亡负责是另行判断的问题，也可能前行为人与后行为人都要对死亡结果负责。(2)前行为人导致被害人受伤后立即采取有效措施的，比如通过各种标志让后面的车辆绕行等，后行为人二次碰撞造成死亡结果的，前行为人不对死亡结果负责。(3)前行为人导致被害人受伤后，在来不及采取措施时，后行为人的二次碰撞导致死亡结果发生的，前行为人要对死亡结果负责，因为这种场合的介入也不异常，尤其是在高速公路上。(4)前行为人的驾驶行为虽然导致被害人受伤倒地，行为人也没有采取救助措施，但如果行为地是宾馆前、学校前等路人较多、光线较好的场合，后行为人并不是由于来不及刹车等客观原因而是由于明显的过失行为导致被害人死亡的，死亡结果不应当归属于前行为人。下面我对报告人提到的几个案例发表一点结论性的看法。

在彭某武、黄某昌案中，彭某武的第一次行为是过失，第二次行为是故意，彭某武明知被害人躺在前后车轮中间，仍在黄某昌的指挥下驾驶车辆加速行驶，左后轮再次从马某上半身碾轧后逃离现场。这个行为不是单纯的逃逸行为，我觉得可以评价为故意杀人行为。只是不能认定被害人的死亡是由该行为造成的，因此应当认定为故意杀人未遂。在彭某武逃走后，钟某和同事两人立即到公路上拦车，属于第三者采取措施防止结果发生。胡某驾驶车辆避让不及时，致使其车左侧车轮刮碰到马某头部并拖带其身体偏移，后马某因抢救无效死亡。根据鉴定结论，是胡某的行为直接导致死亡结果。胡某是否构成交通肇事罪，根据《刑法》第133条的规定进行判断即可。

在邵某平交通肇事案中，邵某平晚上10点多驾车在国道上行驶，在汽车站路段撞到被害人，致使被害人受伤倒地。被害人在原地呼叫路人帮忙，邵某平却驾车离开现场。可以肯定的是，邵某平需要救助被害人，而邵某平没有救助，就属于交通肇事后逃逸。2分钟后，后行为人张某帅驾车行驶至这一路段，碰撞躺在快车道上的被害人，造成被害人死亡。如果死亡结果能够归属于邵某平，则邵某平的行为属于逃逸致人死亡。被害人受伤后不能离开，仍然躺在快车道上，表明其伤势较重；由于是躺在路上，而且是晚上，后行为人的介入导致被害人死亡就不异常。即使介入行为所起的作用很大，也应当将死亡结果归属于邵某平，所以邵某平的行为属于逃逸致人死亡。当然，得出这一结论的前提是，只要交通肇事行为造成了一个重伤的结果，就成立交通肇事罪的结果加重犯。

在杨某锋交通肇事案中，杨某锋无证驾驶车辆撞倒被害人后驾车逃走，被害人被撞倒后呼救时，又被肖某某所驾驶的车辆从头部碾轧而过，致穆某当场死亡。该案发生在聚缘宾馆门前的公路上，被害人被撞倒后呼救时，被公路边行人发现并打电话报警，后行为人是过了几分钟后，碾轧被害人头部致其当场死亡，而不是由于来不及刹车等原因而碾轧被害人。我倾向于认为杨某锋不成立逃逸致人死亡，只是成立交通肇事后逃逸。

在樊某过失致人死亡案中，樊某驾驶车辆于晚上 9 点行驶至某县大桥附近时，与路人司某发生刮擦，致使司某倒在机动车道内，樊某短暂停留后未实施救助驾车驶离现场。2 分钟后，后行为人二次碾轧被害人，导致被害人于当日死亡。法院认为，樊某的行为与被害人的死亡之间具有因果关系，却没有认定为逃逸致人死亡，这是很罕见的。因为时间是晚上，能见度较低，又是主要交通要道，被害人被二次碾轧的可能性很大。既然如此，介入行为就不异常。我觉得可以认定樊某的行为构成逃逸致人死亡。

在李某海故意杀人案中，李某海在其摩托车车头撞击到路边隔离带，导致被害人躺在机动车道内因受伤而无法动弹后，在未采取任何保护措施的情况下，自行驾车逃逸。被害人后被一辆途经该处的大货车碾轧而当场死亡。死亡结果要归属于李某海的行为是没有疑问的，问题是李某海的行为是成立故意杀人罪还是交通肇事逃逸致人死亡。法院是以李某海对被害人死亡持放任心理为根据认定为故意杀人罪的，但能不能说只要逃逸时放任被害人死亡就构成故意杀人罪，还有疑问。在我看来，有救助义务而不救助，并不当然成立故意杀人罪，还需要根据被害人被二次碾轧的紧迫性、二次碾轧对死亡结果的作用等因素判断。我感觉对这个案件认定为逃逸致人死亡比较好一点。

在汪某樟交通肇事案中，基本事实是 2018 年 7 月 5 日 20 时 23 分，汪某樟驾驶二轮电动车碰撞路人陈某根，致使其倒在车道中。事故发生后，汪某樟从地上起来后捡拾自己的东西，未实施报警和救助行为。20 时 26 分，许某洁驾驶小型轿车行驶至事故发生地时，二次碾轧被害人，致使被害人死亡。我赞成将汪某樟的行为认定为因逃逸致人死亡。

第三课

被害人跳车案件的归责问题*

一、学生报告

(一)引言

被害人跳车案件的基本类型是,被告人是司机,作为乘客的被害人从行驶的交通工具上跳下车,造成轻伤、重伤或者死亡的结果。这类案件的特点是,被害人自己选择跳车,可能之前向司机表明“再不停车我就要跳车”,做出准备跳车的举动等,而司机往往出于“没当回事”或“赌气”等原因,继续行驶。最终,被害人从行驶的交通工具上一跃而下,造成重伤或者死亡的结果。大多数法院的观点都认为,司机构成过失致人重伤或者过失致人死亡罪,目前只检索到一例无罪判决和少数检察院未起诉的案件。① 问题在于,在这类被害人跳车案件中,是否考虑被害人自己的举动成立自我答责?如何判断因果关系与结果归属?如何判断开车人有无过失?在这种“乘客—司机”关系型案件中,如何实现风险的合理分配和结果归责?

为了更好地分析被害人跳车案中的归责问题,需要对实践判例进行类型化分析。正如山口厚教授所说,判例的任务是对具体案件的妥当解决,而不是

---

* 本课报告人为周冬青,清华大学 2022 级刑法学硕士。

① 如果行为人有其他犯罪行为,并不影响本报告的讨论,如喝酒驾驶,会认定为危险驾驶罪和过失致人死亡罪的并罚。参见(2019)豫 05 刑终 593 号。

旨在宣示一定的理论立场。[①] 所以，首先需要从一些典型案例入手，明确最近的司法裁判关于被害人跳车判断的框架，在明确基本判断思路的前提下，对当前的具体理论予以检讨。本次报告以是否应当采取被害人答责的视角为主要分析思路，之后思考如何实现在此类案件中的风险分配。

（二）典型案例引入：货拉拉案件[②]

2021年2月6日，货拉拉司机周某春接到车某的搬家订单，之后在运输车某的过程中，车某发现四次偏航后选择跳车，该案引发热议。[③] 该案发生后，舆论场上的声音可谓两极分化。有的人仿佛切身感受到了被害人的慌乱和恐惧，有人则称"女孩是主动跳车，司机哪有什么责任"。这就引出了被害人跳车类案的关键问题：被害人"主动"的跳车行为对被告人的刑事责任的认定有何意义？

1. 案情概述

被害人车某和被告人周某春（货拉拉司机）在搬家过程中发生纠纷。出发后周某春未提醒车某系好安全带，由于车某拒绝周某春卸车付费搬运服务，周某春心中更加不满。周某春驾驶货车未按货拉拉平台推荐路线行驶，而是自行选择了一条较为省时但偏僻的路线，且没有和车某事先说明，而车某通过自己查看导航软件，两次提醒周某春偏航，周某春不予理睬。（被告曾语气很重地对车某大声回复："绕路不会多收费，为了你这三十几块钱，搞了这么久！"）随后，周某春再次偏航左转弯驶上曲苑路，当时曲苑路（双向两车道）行人及车辆稀少、路灯昏暗，车某第三次提示周某春偏航，周某春对其仍不理睬，

---

① 参见［日］山口厚：《从新判例看刑法》（第3版），付立庆、刘隽、陈少青译，中国人民大学出版社2019年版，第4页。

② 参见（2021）湘01刑终1436号刑事裁定书。

③ 参见湖南省长沙市岳麓区人民法院刑事判决书，（2021）湘0104刑初1060号；湖南省长沙市中级人民法院刑事裁定书，（2021）湘01刑终1436号。由于缺少车内录音、录像等客观证据，本案的事实认定较多地依赖被告人供述。

之后车某第四次提醒周某春偏航了,仍未得到周某春的回应,这时车某把头伸出窗外要求周某春停车,周某春仍然置之不理。之后不久,周某春发现车某已经离开座位,双手抓住货车右侧窗户下沿,上身已经探出车外,当时车速约为33公里/小时。见此情形,周某春松开油门,打开双闪灯,仍然继续行驶,后车某从车窗坠落。

2.法院观点

一审法院认定司机构成过失致人死亡罪,判处有期徒刑1年,缓刑1年。司机不服判决,提出上诉。其上诉辩护人观点,系意外事件,不构成犯罪。案发时被告在驾车,时间仅3秒,短促的时间内不可能预见被害人跳车,不存在过失。客观上,不规范的执业行为和不友好的语言行为不属于刑法上的危害行为,与车某的跳车结果之间不存在因果关系。同时,周某春未紧急停车的行为正是出于审慎考虑和保护被害人的目的。并且周某春无罪符合一般公众对刑法的可预测性。长沙市中级人民法院二审维持原判,理由如下:

第一,被告人的行为对被害人车某的人身安全创设了实质危险。周某春的一系列行为使被害人心生恐惧,进而将上身探出车窗外,使被害人车某的人身安全处于现实危险当中。

第二,被告人已经预见到了被害人车某行为的危险性和可能的危害结果。其先前行为对车某的人身安全创设了实质危险,并且其也已经预见到了车某有可能坠车的危害结果,因此其具有消除危险、避免车某从车上坠亡的法律义务。

第三,被告人的过失行为与被害人车某的坠亡结果之间具有刑法上的因果关系。周某春认为车某把身体伸出窗外没事,“她还会把身体再缩回来”,仅打开双闪灯,松开油门,可见,周某春在已经意识到车某心生恐惧以及可能坠车的危险的情况下,一直未及时采取制止或制动等有效措施,并轻信车某会自行返回车内。

由此可见,在该案中,法院重点考虑了被害人车某在车内面临的危险以及其内心的恐惧感,否认被害人自我答责。鉴于此,本报告沿着被害人自我答责的自愿性视角继续分析此问题。

（三）类案分析：基于互动型视角

1. 乘客视角：被害人自我答责中的“自愿性”

我在“威科先行”数据库以“跳车”“过失致人死亡（重伤）”为关键词，以“刑事”为案件类型，检索判决书，并通过筛选、合并，按照司机继续驾驶行为的不法性程度由低到高，提炼出以下案件，将有代表性的案件逐一进行讨论。

第一，因为被告人强行限制乘客不离开车→给被害人造成了压迫感、畏惧感→否认自陷危险的自愿性。

案例1①：某日23时吃完夜宵后，被害人王某月让被告人李某道将其送回员工宿舍。被告人就要求被害人再陪自己玩一下并往其他方向行驶。途中，被告人在被害人买水时强行将被害人拉上车的后排座位。在车上时，王某月多次要求李某道停车让其下车，但李某道仍一直往前行驶。凌晨1时，被害人对被告人说：“停车，不然我自己下去了。”李某道仍置之不理。王某月从车上掉下来摔成重伤。法院认定李某道的行为构成过失致人重伤罪，判处有期徒刑1年3个月。法院认为，不予理睬继续将车开往市外，在凌晨1时夜深人静车内仅有一男一女，被害人自感个人安全存在危险的情形下，不得已而跳车的，责任完全在于被告人。

案例2②：某日22时许，被告人钟某驾驶三轮摩托车搭载黄某如及被害人伍某婷，超过目的地后，伍某婷多次叫钟某停车，但钟某不予理会加速行驶导致伍某婷跳车跌倒造成重度昏迷，之后黄某如要求减速，跳车救助伍某婷。法院认为，被告人的行为导致被害人伍某婷产生恐惧心理，对被害人的认知能力和行动能力产生实质性影响，致使被害人伍某婷认为自己面临现实、具体、紧迫的人身危险，希望通过跳下车的方式躲避自己认为面临的危险，其间存在刑

① 参见（2015）海南二中刑终字第248号。

② 参见（2019）粤0981刑初632号。

法上的因果关系。法院最终认定被告人的行为构成过失致人死亡罪。

案例3①：当朱某（有夫之妇）欲断绝与黄某清的不正当男女关系时，黄某清拒不同意，并扬言“同归于尽”以死相威逼。2019年7月26日晚，两人在大桥处见面后，黄某清又邀请朱某一同去吃夜宵商谈。朱某坐上了黄某清的摩托车，行驶至一分岔路口时，朱某见地势比较偏僻，遂要黄某清停车，以便就此商谈两人的感情问题，黄某清未停车，继续以40～50km/h的速度向前骑行。坐在后面的朱某见状，先后两次加重语气要求黄某清停车并明确表示如不停车就会跳车，但黄某清未停车继续快速行驶。当摩托车行驶至某路段时，朱某从摩托车后座上跳下摔倒在地。法院认定被告人的行为构成过失致人死亡罪。

案例4②：被告人李某与被害人刘某相约晚饭后到被告人李某家中发生性关系。被害人坐上由被告人李某驾驶的三轮摩托车后，中途表示不想去被告人李某家了，被告人李某不断劝说，同时为了不让被害人下车而加快摩托车的行驶速度。之后，被告人李某发现被害人刘某后脑着地仰卧在路边。法院认定被告人的行为构成过失致人死亡罪。

第二，因为司机违章驾驶，被害人在紧要关头跳车，属于在车辆失控关头不得不做的选择，否认行为人自陷风险的自愿性。

案例5③：被告人驾驶核定载重量2吨的载货汽车，拉载10吨化肥在省道由西向东行驶。车内副驾驶座位上乘坐着装卸工被害人刘某某。当车行至省道某处时，车前部横梁与前部横梁上方起支撑作用的方钢型部件之间断裂，引起车辆失控驶入对向沟内，车辆驾驶室严重受损。周某某经救援部门破拆后从驾驶室救出，周某某受轻伤。刘某某在车辆驶入沟内前从副驾驶座位跳车，重伤二级。该案中的行为人周某某被认定为交通肇事罪。

---

① 参见（2020）湘01刑终196号。

② 参见（2020）粤0823刑初193号。

③ 参见七台河市人民检察院：《检察官以案释法：司机超载肇事》，载七台河市人民检察院官网，https://qth.hljjcy.gov.cn/html/655.html，最后访问日期：2018年8月15日。

案例6[①]**:**被告人安全意识淡薄,驾驶载物后超过最高限载的车辆且车尾箱上载人在崎岖狭窄、凹凸潮湿的山路上坡行驶,违反安全注意义务;已经预见危险,但轻信能够避免而继续行驶,最终后车轮碾轧的路面出现坍塌,导致该车侧翻到山下。欧阳某中跳车及时未受伤,而被害人彭某富则随车一起翻下山脚,并被车上的树木砸伤,后死亡。法院认定被告人的行为构成过失致人死亡罪。

案例7[②]**:**梁某波将车辆停放在林地便道下坡路段,未拉手刹进一步固定车辆。在装载务农工具和人员时,车辆发生后溜,覃某、韦某等人跳车避险,覃某跳车过程中导致右下肢损伤;被害人黄某来不及下车随车辆滚下林坡地受伤死亡。法院认定被告人的行为构成过失致人死亡罪。

案例8[③]**:**刘某驾驶报废桑塔纳轿车搭载四人返回村里,赵某坐在副驾驶位置,高某、闫某和郭某坐在后排。车在途中制动装置失效。此时车速越来越快,刘某让赵某帮忙挂挡,赵某挂了两下没挂上,然后赵某、高某开门跳下车,车继续前行。在车继续行驶三四百米后,刘某紧急右打方向,车遇到一土坎停下了,剩余三人安全下车。高某经医院抢救无效死亡。

由上述案例可知,在超载、崎岖山路雨后行车、未拉手刹导致后溜的场合,法院都否认行为人自陷风险的自愿性;但是在案例8制动失效的场合,检察机关认为,赵某、高某两人对于当时的情况明显是判断失误,本案应由跳车人对死亡结果负责,作出了不批准逮捕决定。首先,违章行为与死亡结果没有刑法上的因果关系。高某死亡的直接原因系其擅自跳车,与刘某违章行为无关。其次,在刹车失灵的刹那,刘某正在全力采取措施,目的是避免交通事故的发生,高某在刘某还未发话时就已跳车。车上坐着的其他人并没有跳车。因此,跳车并不是必须要做的选择。但是在当时制动失效的情况下,很难要求行为

① 参见(2021)粤1324刑初318号。

② 参见(2020)桂1402刑初87号。

③ 检察院未批捕。参见李至鑫:《乘客擅自跳车身亡,违章司机是否构罪》,载《检察日报》2013年11月30日,第3版。

人必须理性、冷静地待在车上,等待"遇到土坎"这样的偶然因素发生。因此,检察院的观点是采取事后的视角进行考察,对行为人提出了过高的要求,不太合适。

第三,前行为是犯罪行为的情况,比如非法拘禁、强奸,否认被害人跳车行为的自愿性。

其一,轻微程度:网友没收手机。

案例9[①]**:**鲁某磊要求被害人(网友关系)到其家中被拒绝,随后将被害人置于行驶车辆内,无视被害人要求送至指定地点或停车的请求,加速驾驶车辆,并抢夺被害人手机试图阻止被害人求救,其行为对被害人的人身自由造成了限制,被害人后选择跳车逃离。

本案属于在被告人非法拘禁—被害人害怕被性侵选择跳车被害人轻伤这一因果关系的链条中,介入了被害人的行为。本案中被害人作为年轻女性,在22时左右被开始误认为是熟人后来发现是陌生人的年轻男子非法拘禁于行驶的车辆中,其多次要求离开均被鲁某磊置之不理,试图联系亲友求救亦被制止,此时被害人心里感到极度恐惧、精神高度紧张,不得不采取相应自救行为,其选择打开车门跳车逃离的行为虽然具有高度危险性,但亦具有通常性。车辆由被告人驾驶管控,被害人处于被控制、被管辖的地位,被告人拒绝停车的行为对被害人的跳车行为具有决定性的影响与支配,可以归责。

有法院认为,如果行为人没有非法拘禁的目的,只有求奸等其他非法目的,不能评价为非法拘禁。在另一起相似案件[②]中,法院认为从被害人陈某要求下车到跳车结果的发生十余分钟内,被告人钦某控制被害人人身自由的时间较短,不宜再单独进行评价。原审被告人钦某主要目的是想拖延时间求奸,

① 参见(2019)鲁1122刑初441号;(2020)鲁11刑终65号。二审法院维持了被告人的行为成立非法拘禁罪的判决。

② 参见(2018)苏03刑终357号。

主观上不具有非法拘禁的故意,不应以非法拘禁罪进行评价。

其二,重程度:存在殴打行为。

案例10①:某日22时许,被告人借口亲友被被害人纠缠,持续近两个小时限制被害人人身自由,在两处地方殴打被害人,勒索被害人钱财后,数次拒绝被害人提出自己单独回家的请求,强迫被害人同行,被害人害怕,为摆脱两被告人的持续强暴行为而跳车致摔跌死亡。两被告人带有暴力的持续非法拘禁行为是造成被害人害怕跳车而摔跌死亡的主要因素。法院认定为非法拘禁罪的结果加重犯。

还有类似案例,在讨债殴打、辱骂和威胁被害人中,被告人迟某打开车门,向被害人称,如其从车上跳下去逃走就不再找他。之后被害人坠车死亡。法院认定被告人的行为构成故意杀人罪。②

案例10可能存在的疑问是,行为人只是实施了非法拘禁行为,针对生命法益的部分是否应当由被害人自我答责。对此,若持否定观点,则存在的解释路径应为:①存在高度风险,虽然不是直接关联,但是有惹起、引起被害人跳车的行为,被害人为了逃脱可能必死的危险,而介入了也很危险的被害人行为(并且是认识到危险的情况下),对比日本为了逃脱被告人暴行,撞上了急速行驶在高速公路上的汽车的案件,也要认定行为人对死亡结果负责;②被害人欠缺自愿性,因为被害人陷入了难以冷静判断的状态,不可能在瞬间做出合理判断,不符合被害人自我答责的法理。

第四,熟人吵架赌气类案件,应当承认被害人自陷危险的自愿性。

在实践中,比较多发的是熟人吵架赌气类案件。

案例11③:某日18时许,被告人额某某驾驶小轿车拉载其妻朝某某去看望女儿,额某某驾驶车辆行驶过程中,与坐在后排座右侧位置的妻子朝某

---

① 参见(2018)赣1103刑初159号。

② 参见(2019)辽0802刑初13号。

③ 参见(2021)内2921刑初167号。

某因是否需要去看望女儿问题发生争执（辩护人说吃火锅，法院未认定），当车辆行驶至某路段时，朝某某突然自行打开车辆后车门后跳车，落地后死亡。法院判决被告人因过于自信的过失致一人死亡，判处有期徒刑 2 年、缓刑 3 年。

案例 12[①]**：**被告人宋某伟和被害人刘某因为贺某（共同喜欢的人）的事情发生言语争执。上午 9 时许，刘某扬言跳车并对宋某伟说“我要跳了，你担不起这个责任”，宋某伟对刘某说“你要跳就跳下去，你吹牛，你跳下去，我担得起责任”，宋某驾车继续前行，刘某打开车门跳下该车，后刘某经抢救无效死亡。法院认定被告人的行为构成过失致人死亡罪。

案例 13[②]**：**某日 23 时许，被告人施某、被害人彭某分别受 A 邀约，在社区吃夜宵。次日凌晨许，施某驾驶一辆面包车送彭某回家，途中，A 多次打电话让施某带彭某回去再玩会儿。彭某不愿回去，并明确告知施某，让施某停车她下车回家，如果不停车，她就要跳车。施某不顾彭某的请求，继续行驶，彭某跳车。法院认定被告人的行为构成过失致人死亡罪。

在以上案件中，法院仍然否认乘客跳车的自愿性，我认为并不妥当。因为在这种情况下，不存在前述陌生人之间的畏惧感情况，也不存在司机违章驾驶、强奸拘禁等行为，不会对乘客的人身法益产生现实、紧迫的危险，因而不能否认乘客跳车的自愿性。

在检索过程中，也能发现少数案例认定被害人自我答责。例如，有法院认为，“肖某丰作为正常成年人，明知跳车具有一定的人身危险性而为之，是导致其死亡的主要原因，存在明显过错”。[③]

还有一类案件，就是被害人在实施职务行为的过程中跳车。

---

① 参见（2020）冀 0407 刑初 21 号。

② 参见（2019）黔 0527 刑初 28 号。

③ （2019）吉 0722 刑初 318 号。法院以被告人自首、取得被害人谅解等为由，对被告人免予刑罚处罚。

案例 14[①]**:**交警要处理违章司机的违章行为,就让停车员乙带着甲把车开到违章停车场。但甲为了逃避处理突然加速行驶,坐在车上的乙让甲赶紧停车,但甲不理会。乙就把车门打开,又跟甲说,如果你再不停车,我真的要跳了。甲还是没有理会,乙跳下去导致重伤。

以上情形可以概括为,夫妻吵架或者是熟人间因为朋友想再玩会儿这种理由,对方开车加速的行为不足以产生心理畏惧感,从而应当肯定被害人自我答责。此时被害人坚决跳车,属于被害人自我答责的情形,司机的行为客观上看最多属于剥夺了乘客自由,要进一步结合行为人的主观讨论是否成立非法拘禁,但是根据案件情况,也较难认定。

2. 司机视角:注意义务及承担何种刑事责任

第一,司机尽到注意义务、没有升高风险,司机完全不应该负责。

其一,双方达成合意 + 司机减速停车。

案例 15[②]**:**李某和刘某约好偷鸡,车辆经过桥时,刘某将车速减下来让李某和 A 爬上车。李某和 A 爬上车后从装鸡的笼子里抓鸡放到水箱里,后来在路口时被告人减了车速,李某和 A 用双手拽住车厢后面的栏杆,脚踩着车架子,A 先往下跳,由于当时车速还比较快,A 的头部撞到了地上,李某接着也跳下了车。法院认定被告人的行为构成过失致人死亡罪。

其二,司机语言劝阻 + 当时不好停车。

案例 16[③]**:**被告人赵某与李某系不正当关系,饭后赵某驾驶二轮摩托车载其儿子和李某行驶,准备将李某送回租住屋,行驶至大桥中段处,侧身坐在摩托车后方的李某称其要跳车,赵某语言劝阻,在行驶过程中李某突然跳车摔躺在路面上后死亡。法院认定被告人的行为构成过失致人死亡罪。

除了上例外,还有在"天宁镇西汾桥 134 米处附近高速公路路段"突然跳

---

① 参见张明楷编著:《刑法的私塾》(之三)(上册),北京大学出版社 2022 年版,第 91 ~ 103 页。

② 参见(2020)湘 04 刑终 334 号。

③ 参见(2019)甘 1202 刑初 116 号。

车到高速公路的情况,①以及存在车上其他乘客一起劝阻的情况,②法院都认定为司机应当负责。但我认为,如果在这种情况下,给司机增加“随叫随停”的注意义务,无疑升高了高速公路其他驾驶人员和乘客的风险。

其三,司机对被害人实施劝阻行动。

案例17③:被告人程某通劝正在喝酒的王某回家,并强行将王某拉到其驾驶的机动车上,后被告人程某通驾驶机动车辆行驶至汽车站口时,王某打开左后侧车门摔倒在路面上。后程某通又强行将王某拉入其车内继续驾驶车辆行驶至某处,王某再次打开车门跳到路面上摔伤。辩护人提出,程某通将被害人带离KTV是为了阻止被害人继续饮酒,且程某通采取了握住被害人的手等行为来防止被害人跳车。法院认定被告人的行为构成过失致人死亡罪。

案例18④:某日8时许,被告人钟某锋和被害人张某在房间聊天时,钟某锋发现张某有自杀倾向,并且多次制止张某割脉自杀,遂想送张某回其母亲家中,但张某不答应。同日14时许,钟某锋骑着摩托车搭载张某,摩托车尚未驶上公路时,张某突然跳车,钟某锋立刻停车与张某进行沟通。约5分钟后,钟某锋在沟通无果亦未获得张某本人同意的情况下,强行将张某抱上摩托车,未给张某佩戴头盔,也没有做任何其他保护措施,强行驾驶摩托车搭载张某行驶。在行驶过程中,钟某锋左手向后搂住张某的腰部以防其跳车,张某又有多次欲跳车,皆被钟某锋强行按住而未果。当摩托车行驶至某路段时,钟某锋见张某并无跳车举动后,遂将搂住张某的左手松开。张某乘钟某锋松手之机再

---

① (2019)晋03刑终158号。法院认定被告人的行为构成过失致人死亡罪。

② 参见(2020)晋1102刑初275号:某日23时许,被告人张某驾驶面包车载高某和A从太原回离石,走高速行驶至汾阳附近路段时,高某嫌张某驾车速度过快,二人发生争吵;中途高某两次让张某停车,下车独自离开,均被张某、A找到劝其坐回到车上,遂张某驾车继续行驶,当车辆驶过汾阳高速西口时,高某打开车门跳了出去后死亡。法院认为虽然劝说被害人坐回到车上,继续驾车行驶,疏忽大意未将车门锁闭,致情绪波动的高某打开车门跳车身亡。法院认定被告人的行为构成过失致人死亡罪。

③ 参见(2020)豫02刑终263号。

④ 参见(2019)粤1323刑初682号。

次跳车并倒地致伤。法院认定被告人的行为构成过失致人死亡罪。

其四，行为人有干扰驾驶、拒不支付车费的行为。

案例 19[①]**：**被告人陈某林与被害人谭某因感情问题起口角纠纷。骑行期间，两人继续争吵，被害人谭某多次要求停车将事情讲清楚，威胁不讲清楚就跳车，并在车上扭动导致电瓶车行驶不稳，被告人陈某林停车并要求回家后再说。行驶到某村时，谭某从电瓶车上站起来，陈某林察觉后仍然继续行驶，几秒钟后谭某从电瓶车上跳下，致头部后脑着地身亡。法院认定被告人的行为构成过失致人死亡罪。

案例 20[②]**：**某日凌晨，出租车司机李某来向两位乘客索要车费人民币 51 元，两人质疑车费过高而拒绝支付并下车，李某来下车阻拦并于 2 时 51 分拨打报警电话，两名乘客要求到指定地点，李某来则驾车搭载二人回始发地。途中，乘客邓某要求下车并拉开右后方车门，被另一乘客阻止，邓某再度要求下车，但司机李某来没有理睬继续行驶，当车辆行驶至一个交通灯前约 10 米处，邓某从后方玻璃处跳车，造成重伤二级。法院最终认定司机无罪。法院认为，被告人的言行并未对邓某产生精神上的强制，被害人可以自由选择跳车或者不跳车，故被告人李某来的行为与被害人的重伤结果之间不具有刑法上的因果关系。司机按照乘客的意愿随时停车并不是法定义务，司机的首要义务是关注行车环境和道路车辆行驶状况，而非遵循乘车人的指示。

但我在检索中发现，这并不是同案同判，比如在另一起因为拒不支付车费而引发的案件中，法院认定司机构成过失致人死亡罪，判处有期徒刑 3 年。[③]

---

① 参见(2020)浙 0382 刑初 867 号。

② 参见(2019)粤 01 刑终 346 号。

③ 参见(2020)黔 0222 刑初 246 号：凌晨 2 时 30 分许，被告人谢某驾驶轿车到盘州市“跑黑车”。后谢某与被害人张某谈好价格后送被害人到达某地，其间由于车费问题二人发生争吵，谢某以如果被害人不给车费就将被害人送到派出所并举报其卖淫为要挟，被害人张某出于气愤、害怕，提出“如不停车就跳车”，并三次要求谢某停车，谢某未停车也未采取有效制动，被害人张某跳车并当场死亡。

我认为,在以上案件中,司机已经完全尽到注意义务,并没有任何创设风险的行为,因此不应当承担刑事责任。[①] 但是需要进一步讨论可能违反注意义务的情况。

第二,司机可能违反注意义务、制造风险,应该承担一部分责任。

其一,司机在车门大开的前提下加速、变道行驶。

案例21[②]**:** 被告人张某军突然将车发动并驶离现场,致A在下车时被绊倒(未受伤),被害人未能下车。张某军在继续驾车行驶的过程中,不断用言语威胁被害人,在明知出租车右侧车门未关的情况下,仍继续加速前行。法院认为"被告人张某军在驾驶营运车辆时未尽安全保障义务",进而认定被告人的行为构成过失致人死亡罪。

案例22[③]**:** 郎某打开副驾驶室车门准备下车且未系安全带,袁某见状突然启动车辆并加速至70余码,在行驶180余米后因遇东新路石祥路口公交站台而向左急转,致郎某被甩出车外并因头部着地而当场昏迷。法院认定被告人的行为构成故意伤害罪。

其二,乘客有解开安全带的行为,司机置之不理或继续争吵。

案例23[④]**:** 赵某强驾驶小型客车载李某回家,其间二人因为情感纠纷发生争吵。李某明确表示要跳车(解开安全带),但赵某强未采取任何防范措施还言语刺激并加速行驶。李某随即跳车摔倒后死亡。法院认定被告人的行为构成过失致人死亡罪。

但如果只是继续争吵、推搡/激化被害人情绪的言语、行为,还有待思考。

案例24[⑤]**:** 被告人黄某与妻子被害人文某发生口角,黄某拿起车上放置的两个水杯朝文某扔去,其中一个水杯砸在文某左手手臂上,随后黄某将车停在

---

① 这是报告人的观点。在上述案件中,只有案例20法院认定司机不承担刑事责任。

② 参见(2020)鄂0105刑初522号。

③ 参见(2019)浙刑终319号。

④ 参见(2019)云0114刑初543号。

⑤ 参见(2021)赣03刑终28号。

应急车道上。此时文某解开安全带准备下车，黄某则用右手抓着文某的衣领，将文某拉向驾驶室并朝文某左侧肩部打了两拳。文某被打后便下车，于是黄某也下车将文某强行推回车上。上车后文某大哭，情绪非常激动，黄某不顾文某的激烈情绪，仍未停止与文某争吵，致使文某打开车门扬言要跳车，但黄某仍未减速停车，还继续与文某争吵。之后文某便从正在行驶的油罐车副驾驶位置，转身用右手抓住门把手，左手抓住座椅停留数秒后跳下车。法院认定被告人的行为构成过失致人死亡罪。

与之类似，在另外一起案件中，法院着重考察被害人要求下车但是仍然争吵的情况，认定被告人的行为构成过失致人死亡罪，判处有期徒刑6年。①

3. 判例评价与展望

法院判决大多直接得出结论，一般没有理由或者理由简单，描述完"被告人在被害人扬言跳车后未采取任何预防措施，未立即停车，而是驾车继续行驶，最终被害人跳车后经抢救无效死亡"的事实后，法院即得出行为构成过失致人死亡罪的结论。

行为人制造了某种事态→被害人为应对这一事态采取了可能危及自身安全的行为→被害人因自陷危险而遭受法益损害，展开预见可能性判断之前，需要根据自我答责的原理从客观上为行为人和被害人划定各自承担风险的区间。

第一，在客观构成要件方面，不停车、继续保持一定速度开车是否属于实行行为？

如果认定是作为，即司机的行为引起了法益侵害的现实、紧迫的危险，则属于实行行为。例如，如果有强行性交意图、非法拘禁等行为明显使乘客产生畏惧感进而跳车，从这个意义上，或许可以认为升高了法益风险。

---

① 参见(2020)鲁1726刑初4号：被告人孙某胜在驾驶车辆行驶过程中，乘车人付某某多次提出"不停车就从车上跳下去"，孙某胜却自以为付某某不会跳车，而没有采取任何措施(减速、停车)防止危害结果的发生，法院认为被告人应当承担过失责任。

如果认定是不作为，思考的角度是在乘客想下车的时候，司机没有采取任何预防措施而是继续开车。在此，仍然需要重点讨论司机是否具有作为义务。

其一，司机和乘客基于运输合同的关系，具有保障乘客安全的义务。

根据《货拉拉司机用户行为规范和服务承诺》第2章第5条第6项规定："（司机应当）按照导航规定路线行驶。"《货拉拉平台安全规则》第3条规定，"平台不建议跟车，如确需跟车，跟车人数不得超过2人"；第30条规定，"司机在接单过程中应遵守《中华人民共和国道路交通安全法》等道路交通安全相关法律法规，做到安全驾驶、文明行车，同时应尽到保障跟车人安全的义务，包括但不限于……提醒跟车人系安全带、确保安全带可用……开车不分心、不疲劳驾驶"。

《民法典》第822条规定的义务是："承运人在运输过程中，应当尽力救助患有急病、分娩、遇险的旅客。"司机的行为违反了运输合同中应当保证安全运输与尽力救助的义务，存在法律不允许的风险。

我的疑问在于，如果司机按照运输合同正常驾驶，可能连实行行为都不构成。对驾驶员而言，司法实践赋予极高的注意义务，要求按照乘客的指示驾驶，充分保障其安全。司机的首要义务是关注行车环境和道路车辆行驶状况，而按乘客意愿随时停车更不属于司机的法定义务，司机的行为是在遵守《道路交通安全法》，在乘客有民事行为能力的情况下，不应该苛求司机在安全驾驶的同时，还要做到随时关注乘客的行为，并保障其安全。这种司法认定范式与常识严重背离，难以符合公众的情感。

其二，对一定空间的支配。

司机是机动车这一特定领域的临时管理者，他对于该特定领域因高速行驶而产生的危险有排他性的支配作用，司机与乘客形成了一种实质上的依赖关系。

2004年4月5日，犯罪嫌疑人平某驾车在巩义市免费搭载陌生女青年李某、张某二人由高速公路去郑州。车辆行驶中，平某对二人进行语言挑逗，并抚摸坐在副驾驶座位的张某的手和大腿，遭到张某和坐在后排的李某的呵斥，两位女青年要求平某停车,否则即跳车。平某不予理睬,继续对张某搂抱,李某随即从高速行驶的车上跳下,造成重伤。① 在平某支配的空间,平某有义务保障乘客的安全。

第二,假定司机实施了实行行为,具有条件说的因果关系(无 p 则 q),需要考虑客观归责问题。一个可能的思路是讨论被害人自我答责。

我国的司法实践一般将考察重点放在行为人对被害人行为的预见可能性上,一定程度上忽视了被害人自我答责的因素而直接认定行为人答责。被害人自我答责仅在量刑中考虑,并且倾向于设立较为严格的标准(酌定量刑情节考虑、举证),归责判断具有单向性,从行为人角度出发分析问题的思路一度占据主导地位。并且,如果被害人死亡了,司法机关总是想追究行为人的刑事责任。②

被害人自我答责的条件是:(1)自愿陷入风险;(2)被害人能够支配风险。按照自我答责的原理,在这种"利己自危"的情况下,需要重点考量自愿性,甘愿还是被迫,这是法秩序是否值得继续保护被害人法益的问题,即需要结合案发背景充分考量被害人的自愿意志是否充分以及自危行为的手段是否合理。自愿性是指被害人在行为当时其意识是否被强制,而对结果无从作出负责任的自由决定。如果被害人是被迫的且原本无法轻而易举避开危险的时候,法律也不会要求他自己担负起保护自身法益安全的责任。③

比如,在前述货拉拉案件中,时间是晚上九十点,道路上行人及车辆稀少、路灯昏暗;司机与女乘客是陌生人关系;之前四次表示仍遭拒绝;洽商费用生龃龉、缺乏信赖感。因此,跳车行为是为了躲避司机进一步可能的侵害行为(有风险),进而否定自愿性。这里的危险不是采用事后、纯客观的视角,而是

---

① 参见郑志军、常玉峰:《从一个案例谈不纯正不作为犯罪问题》,载谢望原、赫兴旺主编:《中国刑法案例评论》(第 2 辑),中国法制出版社 2008 年版,第 25～26 页。

② 参见张明楷:《论缓和的结果归属》,载《中国法学》2019 年第 3 期。

③ 参见陈璇:《标准人的心素与注意义务的边界——与"杨存贵交通肇事案"二审裁定书展开的学术对话》,载《清华法学》2020 年第 6 期。

从行为人视角看，结合一般人的视角，判断是否存在危险以及是否需要通过跳车来降低风险，因此不适用自我答责的原理。

在司机正常行驶的其他案件中，虽然有条件关系，但是缺乏结果归属的条件。行为人开车的行为并未制造致人死亡的危险，也不存在危险的现实化。

如果说行为人违章驾驶或者在车门大开时加速，导致被害人摔下去，则认为可以归责。

第三，对司机“过失”的认定缺少清晰的标准。

在案例检索中，我发现有案件是被害人完全无征兆下车，司机和乘客都没发现的情况，最后认定违反驾驶员的注意义务，认定为过失致人死亡罪，判处5年有期徒刑。① 然而，这些都存在讨论的空间。

被害人自我答责和客观归责理论密切相关。在此，我想探讨是否存在更缓和的结果归责成立的可能性。传统理论都是单一型视角，认为要么由行为人承担责任，要么由被害人自我答责，并未跳出行为人与被害人二元对立的框架。这是一种典型的非此即彼的概念式思维，只有“有或无”的判断，而没有“多或少”的判断。但是归责要注意归责是否有效、公正，还需要进一步构建归责标准。比如，法律不鼓励在管辖领域创设风险，因此即使被害人自我答责地接受了风险，如果行为人违反了注意义务，也要让行为人承担相应后果。由此，似乎和司法实践中即使认定了被害人自我答责，但是99%都对司机仍然认定过失轻罪的现状不谋而合，可以在此基础上进一步研究。

二、课堂交流

同　学：针对货拉拉这个案子，因为判决中第二点提到了“先前行为对车某的

① 参见（2020）川3430刑初3号：被告人罗某杰作为驾驶员应当有保证车上人员安全的注意义务。在行车过程中，乘车人毛某叫停车而不停，致使乘车人毛某从副驾驶位跌出车外而死亡；被告人罗某杰主观上没有伤害故意或杀人故意，但其违反了驾驶员的职业注意义务，致毛某死亡，符合过失致人死亡罪的构成要件，其行为已构成过失致人死亡罪。

人身安全创设了一个实质危险”，我其实蛮好奇这里的“先前行为”指的是什么，因为最后写的这些让司机有救助义务的先前行为都是类似发生性关系的要求，包括一些强迫的表达，但是如果说司机只是自行选择一条路线，是否真的可以构成一个对被害人有人身安全的实质危险呢？关于这一点我也想听一下你对法院这个判决的观点。

报告人：我觉得法院判决所说的这个先前行为跟我们刑法上说的这个先前行为还不太一样，判决考虑的思路可能是在这个案件中，周某春没有事先说明，然后绕路、大声回答乘客、好几次偏航，并且不理睬被害人，这样一系列的行为统一称为先前行为，给车某创造了对人身的实质危险。但是我对这一点不太同意，我觉得对这些行为可以从道德上谴责，这些行为并没有创造这样一个风险；如果当时的被害人已经有一个准备跳车的举动，这个司机仍然往前继续开，那就应该符合创设风险的判断条件了。但是这个案件比较特殊，背景是在夜晚，然后也是一个年轻的女性与一个强壮的司机的力量对比，所以我在想判决的意思是强调在这样的力量对比下，可能给被害人造成一定风险。我把这块放在了报告后面“被害人自我答责中的‘自愿性’”中去讨论，所以就没有在这里讨论。

同　学：我对你所说的关系型视角或者主体间性很感兴趣，就是想问一下“单一型视角”转变为“关系型视角”的思考位阶是什么？前面是从被害人自我答责到司机的义务，所以似乎是先从被害人的视角，然后再转到行为人。那么，这个关系型视角的逻辑是你讲述的逻辑，还是整体思考的框架？

报告人：应该是讲述逻辑，主要是为了串起来，这个问题本身是有争议的。

同　学：还有就是刚才你总结的目前司法实践的考察重点对于行为人强调预见可能性。那么，在过失犯罪中，如果对于预见可能性的判断和结果避免可能性的强调（比如驾驶员在高速公路上的情况下）会不会影响结果的归属？

报告人:我觉得会影响的。我的思路是首先判断司机的注意义务,结果避免可能性是之后的事情,但是在讨论预见可能性问题本身时会发现可以排除,比如司机应该也预见不到一个正常人在高速公路上会跳车。

同　学:作为义务的一个类型是基于司机和乘客的运输合同关系。我想到之前看刑事审判参考的案例,有一个被害人和行为人吵架,行为人开车后,被害人挂在车上不走,行为人驾驶的速度是 10 迈,理论上大多数情况下可能被害人抓住车门不会掉下去。这种非基于运输合同的车主和“乘客”是否有可能按照你的逻辑(先看被害人自我答责,再看司机的义务)去判断?以及这种非运输合同关系该基于何种权利来源来认定?

报告人:先从后面的问题入手,如果运输合同有问题,不能从这一方面来认定司机的义务,那么可以考虑对空间的支配,挂在车门上的话我觉得是比较紧密的共同体。司机明显看到乘客挂在车门上,对人身有一定的危险性,可以用实质的义务说来认定司机的义务。

同　学:但是这个案件是被害人自己挂在车上,司机本身没有任何过错。因为司机开得很慢,判决也说基于一般人的认识,被害人应当知道行驶中的汽车严禁攀爬以及掉下来的后果,被害人主动违反交通法规,自己遭受的伤害应当自己承担。你认为司机还需要对此负责吗?

报告人:这个就是关系型视角,如果只是认为被害人自陷风险,那么司机不用承担责任。但是我内心有个声音,毕竟是司机在驾驶这个危险源,并且清楚地知道乘客在门上挂着,却仍然没有停车而是继续开车。我认为在承担责任的天平上,不一定是被害人承担 100%,司机 0%,而是可以考虑司机承担 20% 的责任。

同　学:其实这样的话,你更多赋予司机的注意义务,去保障乘客的安全。

报告人:不是,我认为这个乘客扒在车门上,司机此时不能正常行驶,如果乘客坐在车里面,在车门关闭的情况下,司机只需要注意外面的交通即可;但是在你说的案例的情况下,明显看到司机的驾驶受到影响,可以从司机注意驾驶的义务这种角度来论证。

同　学:围绕你最后提到的单一型视角转向关系型视角这方面,即刑事责任不是全有或全无的承担方式,而是在行为人和被害人之间去分配这个风险,然后如果两个人都有这样的一个违反义务的行为,我感觉像侵权法上面,被害人和行为人在内部分担损害。那你认为这样的话,是不是类似于转向侵权法的归属判断?侵权法主要是损害填补,而我们的刑事责任应该与之不同,此时能否靠拢呢?

报告人:这个问题很好,我当时想到了侵权法,但是没有进一步思考二者的关系。因为刑事责任还不是针对损害的填平,刑法的归责认定会更加谨慎,不是说只要发生风险,就让另外一方承担责任。具体怎么承担还需要再研究。

同　学:司法实践的做法主要是把自我答责放在量刑中考虑,你认为是从犯罪论(犯罪是否成立)的角度去考虑,这两者有什么区别?因为我感觉最终是判断成立犯罪,即使因为被害人的原因情节较轻,最终也是体现在量刑上。

报告人:从犯罪论层面,是从定罪的层面去考虑,这是更好的;如果只是放在量刑上,那就是定罪中完全让司机承担责任,我认为失之偏颇。现在司法实践有一种倾向,考虑到被害人过错等种种情节,但只是放在量刑中去考虑,其实已经有一定进步,我感觉可以再努力一步,提前到前面定罪的环节去考虑。这样即使是结果差不多的情况,也还是不一样,即对个人违法性的评价不一样,所以我觉得还是从定罪的角度来看更好。

同　学:关于被害人的自愿性,我看到这是你考虑的主要条件。像这种自己跳车、司机没有减速,可能是完全自愿的,被害人承担了风险。通常这类案件经过一个拉锯的过程,是否可以说被害人并没有支配这样的风险,主要是司机没有减速、仍然开车,被害人才会选择跳车,所以是司机支配了风险?这和你讨论的单一型视角转向关系型视角这种转向有什么区别?

报告人:我在后面视角讨论的时候发现了这个问题,需要讨论谁支配风险,所以为了让报告串起来,我从自愿性入手,这样不影响讨论。现在要具体讨论的话,对于一般的案件,争吵后被害人自己选择跳下车,是完全支配风险,所以需要考察是否自愿,是否被迫无奈去选择了更危险的境地,就类似于日本的一个案例,为了逃避别人的暴行撞上高速公路上的车,虽然也是自己选择上高速公路,但此时这个风险是由前一个风险引起的,我觉得这和我们讨论的案件有点像。案件中的争执可能达不到暴行那么严重,所以不会在司机支配性上去讨论,可是从自愿性上看,就是乘客自愿跳车的举动支配了风险。

同　学:如果只是单纯从自愿性讨论,就需要在成立自我答责的时候,对自愿性的程度划定界限,这个比较模糊,就是看自愿性被影响到哪种程度,然后比较难把握。

报告人:我觉得可以看影响程度,比如在夜深人静的时候女被害人选择跳车,司机给被害人的心理压力过大,就是被害人的内心有压力,做出的举动会受影响。这样能否清晰化,但没想好支配的程度如何更加明确。

同　学:我有个问题,是关于不作为。判断司机是否具有不作为行为,是否和前面构成自我答责有点重合?因为如果说前面行为人需要自我答责,司机这方面的救助义务也会受影响,可能会作出否定的结论。

报告人:我觉得这是两个问题。比如,司机没有违反任何义务,即使被害人跳车司机也不具备作为义务;从被害人角度看,被害人出于自愿去支配风险跳车。我感觉这是两个视角。至于司机不救助的作为义务,是后面从司机的角度看,观察视角不同,并且这是两个行为。

同　学:如果切割来看,前面跳车时司机继续开车是一个行为,后面的不作为又是一个行为,从罪数上如何处理?

报告人:这也是本报告没有涉及的问题,比如第一个行为能否被刑法评价还有待商榷。如果前行为已经违反了司机的注意义务,比如在车门大开的时候加速，已经符合了刑法的评价，后面又不救助，如何处理罪数。我觉得因为是同一个法益，似乎不能数罪并罚，可能成立吸收犯。当然，如果存在司机把乘客单独拉到一个无人救助的丛林里，可以考虑同时构成不作为的故意杀人罪，然后数罪并罚。

同　学：像司机和乘客之间有继续争吵、推搡的行为，进而诱发被害人跳车，这种和劝人跳楼的案件一样吗？

报告人：关于自杀理论上有争议：从纯粹的客观归责看，被害人自杀和行为人的劝说没有因果关系和可归责性，司法实践也不予以处理。这涉及自杀是否违法和教唆自杀能否归责两个问题。第一个问题自杀是否违法，我个人认为不违法，个人有决定自己生命的权利。如果教唆自杀，作为狭义共犯，也不违法。当然，这个问题有争议。

至于二者的区别，自杀有明确想放弃的意愿，被害人跳车虽然支配风险，可能是被害人以为是轻伤，并不是想去死，但是跳下去以后无法控制危险，进而发展为重伤或死亡。所以，二者的出发点是不一样的。

同　学：劝人跳楼的时候，似乎更多的是参与被害人主导的过程；跳车的时候，是考察司机前行为的激化、语言或者没关车门，以及最终导致被害人死亡的因果性。

报告人：是的，其实被害人自我答责的理论构建本身，有共同犯罪的理论和因果性理论。根据最近的研究我觉得这二者都不太合适。共同犯罪的理论就认为，被害人和行为人存在正犯和共犯的关系视角，所以这样看的确具备相似性。

同　学：我还想问一下，在拒不支付车费案中，法院的说法是司机有安全行驶义务，并没有随叫随停的义务，但是民法典规定了司机对乘客有安全运输的义务，那么是否存在义务冲突的情况？

报告人：安全保障义务本身和安全驾驶的义务不冲突。安全驾驶义务是指不要超速、违章驾驶、超载、在危险路上行驶等。民法典中的安全保障义务还需要解释。拒不支付车费案的关键点是安全驾驶义务，如果是乘客自己要打破状态，司机没有随叫随停的义务。如果是正常行驶的道路上，司机符合了安全驾驶义务，这也是主要考虑的点，接下来可以考虑安全保障义务。

张老师：实务中是否有被害人跳车死亡而被认定为结果加重犯的判决？

报告人：有，就是前述非法拘禁的案例，其他的基本都是过失致人死亡。

张老师：除了非法拘禁之外，还有其他的吗？

报告人：没有检索到。

张老师：比如说开车的人想对女性实施强奸行为，然后女性跳车，司机是否构成强奸致人死亡？

报告人：没有，司法实践一般不会评价前面想要性交的行为，直接在跳车这一步认定过失致人重伤或者死亡。

同　学：我还有一个小问题，比如司机在车里对被害人的要求不予理睬，或者有强奸的请求，那这些情节在证据层面是怎么认定的？比如，车里就他们两个人，如果被害人后来跳车死亡了，那难道就是被告人一个人说了算？

报告人：这个是程序问题，一般有两种：第一种是车内有录音录像的记录仪；第二种是若车上有第三个证人的话，可以依靠第三个证人的证言。

同　学：我想问一下，解开安全带加速行驶和拒不支付车费的案情区别是什么？

报告人：首先，纠纷的原因不一样，一个是拒不支付车费，另一个是情感纠纷。其次，赵某强没有采取任何安全措施，加速行驶；在拒不支付车费案中，邓某想下车时被另一名乘客阻止，司机把车门锁了，邓某只能从车窗跳出。

同　学：也就是说在拒不支付车费案中，司机有一定的防范行为。

报告人：对，而且法院判决理由中有比较重要的点是，另外的乘客都没有意识到拉这个人，那么对比而言，司机也不会意识到这个问题。

同　学：我想问一下，在违章驾驶那几个案例中，能否认定交通肇事罪？

报告人：之前因为时间问题没有讨论定罪，因为是放在自愿性这一章节这一块来否认乘客跳车的自愿性。若定罪的话，第一个超载定的就是交通肇事罪，因为符合司法解释的第三个规定"明知是安全装置不全或者安全机件失灵的机动车辆而驾驶"。后面两个案例都定的是过失致人死亡罪；最后一个制动失效的案例（案例8）比较特殊，是检察机关做出了不予批捕的决定，因为车里的另外两个人没有选择跳车，有两个被害人跳车了，所以认定赵某、高某二人跳车是其判断失误，司机当时已经在全力采取措施，避免交通肇事的事故发生，不应该由司机的违章行为负责。但我认为这是事后考察，从事后都平安落地的视角考察，这是我说的标准问题，如果在案例中，在那种制动装置失效的情况下，可以作为紧要关头来认定，所以被害人跳车不是出于自愿的。

同　学：被害人自我答责的背面是客观的风险，为什么自愿性在其中的判断这么重要？因为自愿性是一种主观上的感受。

报告人：自我答责的法理本身是法律能期待保护的利益是什么，如果被害人自己都不愿意保护自己，法律也不会保护的。我是受陈璇老师那篇关于自危行为的论文启发，关键是自愿性的认定问题决定法秩序是否被保护，法律对被害人的期待低于行为人的期待，如果在这样的情况下，被害人还是自愿放弃权利，那么刑法也没有必要保护。

同　学：对被害人的自愿性的评价，是以被害人的视角为标准，还是以一般人为标准判断？

报告人：我觉得是以被害人的视角为主，结合一般人，不能从纯粹客观理性的视角认为完全没有风险。比如，在货拉拉案件中，很多人会不理解女性跳车的行为，但其实需要结合社会上的隐形压力。因为之前出现了一些女性被司机先奸后杀的案例，那么在这样的舆论背景下，一个年轻女性在面对强壮司机的时候难免会有心理压制，所以如果让她完全承担风险是不合适的。

同　学：当时很多人不满货拉拉的判决，是因为他们认为司机不具备帮人搬家的义务，只是一个好意施惠行为。

报告人：这个案例的判决书明确写了，是乘客下单的时候指定司机帮忙运输，而且司机生气是因为想要额外的费用被拒绝，并不是因为司机不具备义务。

同　学：我想问一下，货运的货车可以运人吗？我之前用过小程序，下单的时候可以选择载人的。一般来说，卸货搬货的费用都会增加，就是因为女乘客自己搬，司机赚不到钱所以生气。而且民法典的好意同乘是指在交通肇事后的交通责任分配，并不是针对被害人自己生命（保护）责任被降低时驾驶员的义务。我刚才在网上查到，货拉拉的合同不包含客运合同，所以乘客只是对行李的陪同。所以，这个义务来源是安全保障义务，还是一个空间的支配义务，抑或先前行为的义务，是存在疑问的。

报告人：的确存在疑问。当时我主要是从乘客跳车的自愿性来讨论，对于司机确实没有太多的讨论。

同　学：二审判决上列举了App上的条款，基于两点认为其构成犯罪：一是先前行为；二是职责要求。先前行为是因为前面吼人，后面骗人，偏离航线，造成乘客的恐慌。在乘客把身子探出车外的情况下，司机仍然不作为。我个人的理解是，此时不作为才导致了实质危险的现实化过程。此外，我还想问一下自我答责的法理。根据王钢老师的解释，刑法保护的是每个人的自治空间，对每个人有一个自由界限，如果说你是自我答责，就相当于你是一个个人自我的选择，那你此时自愿冒风险导致的行为就不能去归责给其他的人。你最后所提到的"单一视角"转向"关系型视角"，如果要去做这样的一个转变，是不是意味着背后所涉及的法律可能也要做相应的调整？

报告人：我个人感觉从你负责的空间拉到我负责的空间，这还是一种单一视角。类似两个圆圈，现在更多不是分开的关系，而是交叉的关系，在中间的区域可能是你我共同负责的区域。所以,这两个空间并不是不相干的,而是有相互影响和交叉的关系,未来还是要探讨一下。

三、张明楷评述

今天讨论的主要是总则问题。我们现在喜欢说客观归责,认为客观归责理论源于德国。我手上拿的这本书是 20 世纪 80 年代初高铭暄教授主编的《刑法学》教材,我念的是西北政法大学周柏森教授写的“如何认定因果关系”部分。因果关系的认定必须有以下三点:第一点是“某种原因行为具有危害结果发生的实在可能性”,这句话其实就是指行为人制造发生结果的现实危险。这与客观归责理论的第一点没有明显区别吧。第二点是某种行为具有危险结果发生的实在可能性,还不够,“只有当具有结果发生的实在可能性的某一现象已经合乎规律地引起了某一结果的发生,才能确定某一现象与所发生的结果之间有因果关系”。这就是客观归责理论所说的“实现了不被允许的危险”或者日本学者所说的“危险现实化”吧。第三点是因果关系指的是一定条件下的因果关系。只不过这个一定条件下的因果关系和客观归责的第三点即“规范保护目的”不太一样。周柏森老师不是留德的,在 20 世纪 80 年代初,德国的学说也没有被介绍到中国来。这说明客观归责的前两点对于我们来说并不是很新鲜。最关键的问题是说出来容易,但如何具体判断并没有那么容易。

第一,客观归责理论的第一个条件是行为制造了不被允许的风险。但这一条件的问题不少。探究是否“允许”有什么意义?要求行为制造了不被允许的风险,是想突出行为无价值,言下之意,如果行为制造的是被允许的风险,则即使现实化了也不成立犯罪。但我对这个说法存在疑问。风险或者危险被允许,不等于实害被允许。在高速公路上驾驶机动车是有风险的,这个风险是被允许的,但不意味着风险现实化也是被允许的。建核电站是被允许的,但不意味着可以发生核泄漏事故。所以,不能因为允许危险就得出也允许实害的结论。反过来说，即使危险不被允许，如果行为人防止了危险的现实化，通常也不会构成犯罪。接下来要问的是，如果不联系行为是否造成了实害，怎么去判断这个行为制造的危险是否被允许？或许只能根据所谓的行为规则进行判断。但规则是笨手笨脚的指导，如果人类能制定出在任何时候都不需要随机应变，只需要完全按规则行事的规则，那确实是十分理想的，但根本不可能。任何规则都有例外。危险被允许与没有危险是否存在区别？在高速公路上驾驶机动车究竟是没有危险还是危险被允许？罗克辛教授也承认，允许的风险与没有风险是难以区分的。有一年我去德国开会，主题发言就是否认被容许的风险的法理，得到了德国的评论人的认可。其实被允许的风险在德国也没有什么定论。

我觉得，重点不在于危险是否被允许，而是危险的程度。如果某种行为导致实害的危险极高，几乎只要实施就造成实害，这种行为肯定是不能实施的。如果某种行为导致实害的危险极低，几乎不会造成实害，这种行为就是可以实施的。剩下的是介于中间的情形，中间的情形也可能比较多。可以说，危险越大就越不应当实施，危险越小则越可以实施。当然，如果危险很大但能够采取有效手段控制危险的现实化，就可以在采取控制手段的同时实施这种行为。在道路上可以驾驶机动车，是因为只要车辆正常，驾驶者遵守交通规则，就可以说没有危险。同样，只要采取有效措施，就可以防止核泄漏，因而可以建核电站。如果危险不是特别大，但根本没有控制危险的任何措施，那也不允许实施，除非实施这种行为通常能带来特别大的利益。

如果说客观归责的第一个条件是行为制造了不被允许的危险，那么，这一点就是需要证据来证明的。但是，德国的客观归责理论在这一点上，都是从反面来说什么情况下没有制造不被允许的危险。也就是说，它是从排除了制造不被允许的危险的角度来说的。一是如果行为减少了不被允许的危险，就排除客观归责；二是如果行为没有以法律上的重要方式提高法益损害的危险，就排除客观归责；三是在假定的因果关系的场合，通常排除客观归责；四是行为制造了危险，但如果危险被允许则排除客观归责。这些都是从否定的角度来说的，并没有正面说明如何判断行为制造了不被允许的危险。那么问题来了，只要排除了或者否定了制造不被允许的危险的上面四种情形，行为就制造了不被允许的危险吗？显然不能这样认定犯罪。换句话说，客观归责理论是一种出罪的规则，而不是认定犯罪的规则。

对于这些出罪的具体规则，我国的刑法理论并不是不懂，而是大多觉得没有讨论价值，所以基本上不讨论。例如，甲劝人跑步，被劝者跑步时摔倒身亡。这怎么可能纳入刑法理论讨论？但德国学者讨论得很红火。又如，石头掉下来将要砸到被害人的头部，行为人推了被害人一下，导致石头砸到被害人的肩膀。如果行为人对被害人没有保护义务，在我国也不可能作为刑事案件讨论。

此外，由于我国大量使用实行行为的概念，因此行为制造了不被允许的危险这一内容，在我国应当属于实行行为的内容。因为实行行为并不是一个形式的概念，还要求具有造成实害的紧迫危险。德国的客观归责理论显示出综合判断的特点，也就是说，行为的内容、结果的内容、因果关系等都在客观归责里讨论。但我国的司法实践原本就习惯于综合判断，尤其是在入罪时习惯于综合判断，认为社会危害性大就构成犯罪。所以，我还是主张采用实行行为的概念，主张司法机关在适用刑法时重视各种具体的构成要件要素的认定与判断，从而贯彻罪刑法定原则，保障国民的自由。

第二，客观归责理论的第二个条件是实现不被允许的危险，或者说危险的现实化。这很大程度上和制造的危险是什么类型的危险有关系，事实上也很难判断危险是否现实化了。

德国的客观归责理论同样是从反面来说明哪些情形没有实现不被允许的危险。一是结果的发生不是由该行为制造的危险所致，而是偶然与危险发生时，排除客观归责；二是没有实现不被允许的危险时，不能客观归责；三是行为没有引起注意规范的保护目的所包含的结果，排除客观归责。但排除了这三点就自然地进行客观归责吗？恐怕也不能这么说吧。如果说危险现实化是构成要件的一个要素，是需要正面肯定的，而不是从反面否认了几点就直接肯定危险现实化。

典型的案件我们都清楚。例如,甲向被害人头部开枪,被害人头部中枪后死亡,危险实现了;即使没有打中头部而打中心脏,危险也实现了。但是,如果甲没有打中被害人,被害人是听到枪声后心脏病发作死亡的,是否实现了不被允许的危险?心脏病发作是枪声诱发的,这是条件关系而已,还是符合了客观归责的第二个条件?在这种情形下,需要判断开枪行为究竟制造了哪些类型的危险。又如,前几年司法考试考过的一个案例,行为人在悬崖边把被害人打昏迷了,被害人醒后翻身掉下悬崖导致死亡。答案是行为人要对被害人的死亡负责,或者说结果要归属于行为人的暴力行为。但暴力致人昏迷的危险究竟是什么?这显然要联系环境来判断,导致被害人在悬崖边昏迷,当然就产生了被害人会摔下悬崖的危险,摔下悬崖的危险现实化就是死亡。所以,这是可以将死亡结果归属于行为人的行为的。我觉得,只有弄清楚了危险的类型或具体内容,才能判断危险是否实现了。你们不要只对德国刑法教材上举的几个例子感兴趣,要收集中国的案例,并合理判断结果归属问题。

第三,客观归责理论的第三个条件是结果没有超出构成要件的保护范围。从标题来看,这显然是结果要素的问题,而不是因果关系与结果归属本身的问题。但其中有一些具体规则也不是单纯的结论认定的问题。只是提醒你们注意的是,由于德国刑法不处罚教唆、帮助自杀的行为,所以其中的部分具体规则是由此而引申出来的,你们不可以照搬。

虽然客观归责理论是德国刑法理论的通说,但德国的判例没有使用客观归责的概念。我们国家有一个法院的判决是完全按照客观归责理论来写的,很多学者很欣赏,认为这个判决写得很好,甚至说是全国最好的判决。但是我对此持反对意见,我认为不能这样写判决。判决不是写给学者看的,而是写给被告人、被害人和一般人看的。只有被告人、被害人看得懂,且能说服被告人、被害人的判决,才可能是好判决。这或许是德国的判决从来不使用客观归责概念的一个重要原因。我见到德国的不少判决,都是从第三者行为的介入、被害人行为的介入是否正常的角度来判断是否实行结果归责的,因为这样的说理被告人与被害人是容易理解的。我曾问一位信访局局长,有没有原本应当向法院上诉或者申诉的案件,当事人却来上访的,对方回答说,这样的情形很多,告知上访人说这是法律问题应当向法院上诉或者申诉时,上访人都说,一是判决书看不懂,二是时间等不起,三是钱出不起,所以要来上访。一份让被告人与被害人看不懂的刑事判决书,不能称为好的判决书。此外,我觉得"自我答责"这个词不太好。被害人答什么责?自我答责是否定被告人的行为没有制造危险,还是否定被告人的行为没有实现危险的现实化,抑或结果不处于构成要件的保护范围内?① 所谓的被害人自我答责,并不是被害人要承担什么法律责任,而是否认行为人的行为对结果的责任。

报告人提供了许多案例,不同类型的案例存在明显区别。在跳车的案件中,我们先从作为的角度来判断,看结果能否归属于司机的作为。由于跳车是被害人自己选择的举动,所以,如果要将伤亡结果归属于司机,就属于危险的间接现实化。也就是说,不是司机的行为直接造成了伤亡结果,而是间接造成了伤亡结果。危险的间接现实化中最基本的类型,就是司机的行为诱发了被害人的跳车行为。但我们又要考虑到,将结果归属于司机的行为是为了以后防止类似结果发生,所以,只有司机的某种行为通常会诱发被害人的跳车行为时,我们将结果归属于这种行为,进而对这种行为追究刑事责任,一般司机才知道不能实施这样的行为,从而防止结果的发生。所谓司机的某种行为通常会诱发被害人的跳车行为,也就是说被害人的跳车行为并不异常。如果将被害人的异常跳车行为造成的结果都归属于司机的行为,司机就无所适从了。所以,关键在于如何判断被害人的跳车行为是否异常,我觉得很重要的是考虑以下几个方面。

第一,要考虑司机已经做了什么。如果司机的先前行为使被害人不堪忍

① 报告人回答:自我答责的体系定位有两种,一种是直接创设风险,另一种是阻却因果关系,也就是阻却了危险的现实化。张老师提问:德国的被害人自我答责是否认客观归责的哪一条呢?同学回答:王钢老师说过,这个也不是特别绝对的,只是通常会放在创设不被允许的风险里。张老师回答:也可能否认危险现实化吧。比如,行为人制造了一个风险但是没有现实化,而是由被害人自己现实化的。

受继续待在车内，而司机又不让被害人下车，被害人跳车的，应当将伤亡结果归属于司机的行为。例如，报告人讲的案例10，两名被告人持续近两个小时限制被害人人身自由，在两处地方殴打被害人，勒索被害人钱财后，数次拒绝被害人提出自己单独回家的请求，强迫被害人同行，被害人很害怕，为摆脱两被告人的持续暴行而跳车身亡。在这种场合，被害人的跳车很正常，而不异常。又如，报告人讲的案例24，我觉得这个案件认定黄某构成过失致人死亡罪，也是合适的。

反之，如果司机的先前行为并没有制造什么危险，被害人突然跳车的，就不能将伤亡结果归属于司机的行为。例如，报告人讲的案例11，夫妻俩在车内发生争吵，争吵的内容只是是否去看望女儿，妻子却突然自行打开后车门后跳车身亡。我觉得认定丈夫的行为构成过失致人死亡罪并不妥当。因为丈夫没有实施任何可能致人死亡的行为，不能说争吵就是致人死亡的行为，也不是说争吵就大概率诱发对方跳车。

第二，要考虑司机将要做什么。也就是说，对被害人而言，如果不跳车将要受到什么样的侵害，遭受侵害的危险性的大小程度如何。例如，司机已经开始实施侵害行为，或者明确表示将要对被害人实施侵害行为，或者虽然没有明确表示，但其客观行为明显异常的，就表明被害人将要遭受法益侵害。又如，司机已经着手实施强奸行为或者强制猥亵行为，司机表示到某地方后发生性关系，司机没收被害人的手机防止被害人报警等，都表明被害人将要遭受更严重的侵害。在这种情形下，被害人跳车就是正常的，应当将伤亡结果归属于司机的行为。

反过来说，如果二人是熟人乃至恋人关系、夫妻关系，司机不会对被害人实施侵害行为，但被害人跳车的，就不能从作为的角度讨论，只能从不作为的角度判断是否构成过失致人死亡罪。

第三，要考察被害人的主观判断的合理性。如果被害人对将来危险的判断越合理，就意味着他跳车的行为越不异常；反之，如果被害人对将来危险的判断越不合理，就意味着他跳车的行为越异常。被害人主观判断的合理性，需要综合案发当时所有判断资料来判断,如时间、地点、两个人的关系、双方的人数比较、司机是否持有凶器等,都是需要考虑的因素。在报告人提到的案例8中,我感觉赵某与高某跳车行为并不异常,因为他们认为如果不跳车会遭受更大的危险,这个判断还是合理的。

第四,要考虑跳车行为本身危险性的大小。虽然我们现在讨论的是被害人跳车的案件,但在不同的案件中,跳车行为的危险性是不一样的。例如,从摩托车上跳下来与从卡车上跳下来,危险就明显不一样;车速的快慢也明显影响跳车行为的危险性。按理说,跳车致人死亡的危险越大,被害人就越不应当跳车。在通常情形下,被害人都是以为自己跳车不会死亡才跳车的。要将被害人在车内面临的危险大小与跳车本身的危险大小进行比较。总的来说,如果被害人不跳车会遭受更大的法益侵害,就可以肯定跳车的合理性,可以把结果归属于司机行为。

以上是从作为的角度来说的。从报告人提供的案例来看,大部分案件中的司机既没有实施什么先前行为,也没有表明将要对被害人实施侵害行为,只是由于某种原因被害人要求停车但司机并不停车,被害人跳车导致伤亡。对于这类案件,从不作为的角度来考虑可能更合适。

例如,报告人提到的案例12,被告人宋某伟和被害人刘某因为贺某(共同喜欢的人)的事情发生言语争执。刘某扬言要跳车并对宋某伟说"我要跳了,你担不起这个责任",宋某伟对刘某说"你要跳就跳下去,你吹牛,你跳下去,我担得起责任",宋某伟驾车继续前行,刘某打开车门跳下该车,经抢救无效死亡。在类似案件中,首先要判断司机有无停车的义务。我认为是有的。

一方面,按照我的观点,对于发生在行为人支配领域的危险,行为人是有防止义务的。比如,《刑法》第286条之一第1款规定:"网络服务提供者不履行法律、行政法规规定的信息网络安全管理义务,经监管部门责令采取改正措施而拒不改正,有下列情形之一的,处三年以下有期徒刑、拘役或者管制,并处或者单处罚金:(一)致使违法信息大量传播的;(二)致使用户信息泄露,造成严重后果的;(三)致使刑事案件证据灭失,情节严重的;(四)有其他严重情节的。”这一条款实际上肯定了行为人对自己支配领域发生的危险具有防止义务。被害人身处司机支配的机动车内，司机有义务保障被害人的人身安全。此外，相关的交通运输方面的法规，也有司机确保乘客安全的规定。

另一方面，在被害人要求下车时，在通常情形下，司机有义务停车让被害人下车，当然，高速公路等情形除外。但即使是高速公路上，如果可以在休息区停车的，司机也必须在休息区停车，让被害人下车。如果不让被害人下车，原本就属于非法拘禁行为，但由于我国的司法解释对非法拘禁规定的定罪起点过高，通常要 24 小时才构成犯罪，部分情形下需要 12 小时才构成犯罪，所以，对于被害人要求司机停车而司机不停车导致被害人跳车身亡的案件，可以考虑是否成立过失致人死亡罪。

在肯定了司机具有作为义务后，要判断司机有无作为可能性。一般来说，司机是有作为可能性的，但部分情形除外。比如前面提到过的，在高速公路上不可能说停就停，只能到了休息区才能停车。

第五，当然要判断行为人是否具有预见可能性，即行为人能否预见到被害人可能跳车身亡。一般来说，只要能够预见被害人可能跳车，就能预见被害人可能死亡。

货拉拉这个案件不认定犯罪是可以的，但认定为犯罪也并非特别离谱。如果要认定为过失致人死亡罪，也只能从不作为的角度来考虑。被害人车某和被告人周某春在搬家过程中发生纠纷，有一些争吵，周某春说话的语气很重，偏航左转弯驶到行人及车辆稀少、路灯昏暗的道路上，但这些行为都不是使车某的法益处于危险状态的行为。换言之，这些行为既不是拘禁行为，也不是其他不法侵害行为。但在车某把头伸出窗外要求周某春停车时，周某春应当停车。在周某春没有理会车某，车某已经离开座位，双手抓住货车右侧窗户下沿，上身已经探出车外时，周某春有义务防止车某跳车。因为车某先要求周某春停车，后来的举动显然是要跳车。在这种情形下，周某春打开双闪灯仍然继续行驶，车某从车窗坠落也罢，跳车也罢，都可以认为周某春没有防止结果的发生。

辩护人的观点是:一方面,周某春没有过失,案发时周某春在驾车,时间仅3秒,短促的时间内不可能预见被害人跳车,不存在过失。另一方面,周某春不规范的执业行为和不友好的语言行为不属于刑法上的危害行为,与车某的跳车结果之间不存在因果关系。其实,在我看来,前一点似乎是讲没有结果回避可能性,而不是有没有预见可能性的问题。但车某要求周某春停车而周某春没有停车,从这个角度来说,还是有结果回避可能性的。后一点理由也难以成立。因为认定周某春的行为构成过失致人死亡罪,并不是因为周某春不规范的执业行为和不友好的语言行为,而是后面的不作为。但二审判决似乎是从作为的角度来论证的,即周某春的行为对被害人车某的人身安全创设了实质危险。具体而言,周某春的一系列行为使被害人心生恐惧,进而将上身探出车窗外,使自身的人身安全处于现实危险当中。但我认为,周某春先前的行为既不是符合构成要件的行为,也不是引起作为义务的先前行为,周某春的作为义务不是基于先前行为,而是基于对自己支配领域的危险的防止义务。从预见可能性的角度来说,周某春认为车某把身体伸出窗外没事,“她还会把身体再缩回来”。这既可能说明周某春是疏忽大意的过失,也可能说明周某春是过于自信的过失。要认定周某春主观上有过失,是相对容易的。

当然,我也并不认为周某春的行为是典型的过失犯或者典型的不作为犯,凡是介入了被害人的自主行为的案例,都是比较复杂的。如果对周某春不认定为犯罪,我也是赞成的。

接下来要讲的一个问题是,对于被害人要求停车而司机不停车,被害人跳车身亡的案件,能否认定为非法拘禁致人死亡。比如,报告人讲的案例10,两名被告人伴有暴力行为的持续的非法拘禁行为,使被害人很害怕而跳车身亡,法院认定为非法拘禁致人死亡。但我认为,这样的案件不宜认定为结果加重犯。结果加重犯的结果归属更为严格,要求行为本身具有产生加重结果的高度危险,这种危险直接现实化为加重结果。非法拘禁行为本身通常并没有致人死亡的高度危险,而且被害人跳车死亡也不是拘禁行为本身的危险的现实化,所以我认为,这种行为可以认定为非法拘禁罪与过失致人死亡罪的想象竞合。

顺便讲一下，在结果加重犯的认定方面，我们不能向日本的判例看齐。比如，行为人将被害人置于轿车的后备箱里，将车停在马路边时，一辆车的司机因为过失而追尾，导致被害人身亡。日本的判例认定行为人的行为构成非法拘禁致人死亡，也有不少学者肯定这一判例结论。在我看来，行为人将轿车停在马路中间或者行车道上，被害人被其他车辆撞死的，都可以认定为结果加重犯。但行为人是将车停在马路边，其他车辆不是在马路边行驶的，如果没有其他车辆的异常行驶，被害人就不会死亡。不能因为行为人的拘禁行为本身是违反法规范的，就认定行为人的行为构成非法拘禁致人死亡。日本判例对于结果加重犯的认定较为宽松，没有像德国刑法理论那样限定结果加重犯，一个重要原因是，日本法官在量刑时首选最低刑，而且结果加重犯的法定刑与基本犯的法定刑相交叉，或者说有重叠，所以，即使认定为结果加重犯，也不会导致量刑很重。但我国不同：一方面，结果加重犯的法定刑很重，而且结果加重犯的法定刑与基本犯的法定刑是阶梯式的；另一方面，法官量刑一般都是在中间刑之上，在这样的立法例与量刑行情下，我们就应当限制结果加重犯的成立范围。

报告人收集的案例很齐全，但还需要围绕核心或者焦点进行一些归纳整理，从而提炼出处理这类案件的具体规则。

第四课

与醉酒妇女发生性行为的强奸罪认定*

一、学生报告

(一)引言

晚近以来,在女性人权运动的影响之下,世界各国通说都对“性”采取权利属性的保护进路:将性与财产分离、与生育分离,肯认了婚内强奸的成立可能性;另外出于实用主义的考量,由于“大量的性越轨层出不穷,让刑法来维护这种性的道德,既不现实,也会浪费有限的司法资源”,①故将性与道德分离。

我国刑法也采取了将本罪放在“侵犯公民人身权利、民主权利罪”一章,而非在“妨害社会管理秩序罪”章节中的立法编排思路,体现出我国刑法摒弃了过去将强奸罪理解为对“性贞洁”“性风尚”法益之侵害的传统观点,将本罪的保护法益修正为性自主权的思路。

法益直接关涉到对于构成要件的解释,性犯罪的本质在于违背被害人的“意志”,进而侵犯被害人对于性的自我决定权,因此在认定强奸罪是否成立时,判断重心就转移为相关行为是否违背了被害妇女的意志。对于“意志”的准确界定为司法实务带来了新的挑战,由于现实中的性行为多发生于私密场

---

* 本课报告人为席雨奇,清华大学2022级刑法学硕士。

① 罗翔:《刑法中的同意制度——从性侵犯罪谈起》,云南人民出版社2021年版,第25页。

所,故审判机关需要结合双方事前的关系、事中的反应、事后的态度等多重参考资料,对表现于内的“意志”因素进行综合判断。诚然,此处的“意志”不仅是心理学意义上的纯粹内在的反映。如果缺乏外在表现的话,很难为侵犯的人所认识,也就很难证明行为人具有故意。这就对被害人提出了表明违背自己意志的“外观要求”。

由于强奸罪所涉内容庞杂,横跨程序法与实体法,为避免行文失焦,本报告选择与醉酒妇女发生性行为这一特殊场景,以双方关系为标准,针对酒后妇女的同意表现与同意能力之疑难问题进行类型化提炼,有助于丰富总论中有关被害人同意的理论。

(二)酒后性行为的类型化关系归纳

本部分根据被害人与行为人分别系熟人、生人、特殊关系的三种不同类型归纳目前的司法实务判决,并提炼出各种类型下的疑难问题。

1. 熟人关系:与妇女先前有其他接触

案例1[①]:被告人A男与被害人C女系此前熟识的异性朋友关系,某晚,A男、B男、C女与几名朋友相约喝酒,C女在酒局上初次结识了A男的朋友B男。被告人A男和B男将醉酒的C女带至某酒店房内,A男待B男离开房间后,趁C女酒醉熟睡、不知反抗之机,与C女发生了性关系。随后,A男唆使B男趁机与C女发生性关系,其间C女惊醒,B男匆忙离开房间。

法院认为,A男与C女发生性关系是否成立强奸是本案的核心问题,解构为两个方面的问题:其一,关于A男与C女发生性关系时C女的意识状态问题;其二,关于A男在C女醉酒、意识不清醒状态下与其发生性关系是否会违背其意愿的问题。针对“意识状态”:证人证言与监控视频相互印证,反映出C女在该晚醉酒后由A男、B男搀扶进酒店房间、第二天C女从酒店房间离开时身体尚处于摇晃状态;且C女对于强奸过程的陈述内容合乎情理和逻

① 参见(2019)川0108刑初647号。

辑,对细节内容的描述亦符合一般人在醉酒后意识模糊情形下的实际感知状态和能力;因此,在案证据证明C女在发生性关系时处于意识不清醒的状态。针对“是否违背意愿”:首先,从A男与C女的关系来看,二人之间虽然是较好的朋友,但并非男女朋友关系,同时从A男在C女醉酒状态之下与其发生性关系,又唆使B男趁机与C女发生性关系的事实以及正常伦理观念来看,A男与C女并没有良好的感情基础;其次,A男在C女离开房间后与C女的聊天中表示“我俩啥都没发生过”,证实A男前期否认与C女发生性关系的事实,这表明A男对其与C女发生性关系时C女主观是否自愿,其内心其实是不确定的;最后,酒店工作人员证言表明C女在到酒店查看监控和案发房间时曾向酒店工作人员称自己是被带其到酒店的两名男子所强奸。因此,在案证据可以证实A男与C女发生性关系系违背C女主观意愿的。

法院认定,A男、B男违背妇女意志,利用C女醉酒、不知反抗之机,与其发生性关系,其行为均已构成强奸罪。A男在强奸C女后,又唆使B男对C女实施奸淫,并向B男提供避孕套,具有轮奸情节。A男犯强奸罪,判处有期徒刑10年;B男犯强奸罪,判处有期徒刑2年2个月。

上述案例反映出来的核心问题可总结为:(1)“醉酒状态”是否能与“违背妇女意志”建立联系?(2)“熟人关系”结合“醉酒状态的无反抗”是否能与“违背妇女意识”和“行为人对此产生的认识错误”建立联系?

2. 生人关系:与妇女在酒局之中相识

案例2[①]:被告人D男与被害人E女系此前不认识的网友,相约吃饭。D男喝了六七瓶啤酒,E女喝了五六瓶啤酒后,二人来到D男家中并发生性关系。

法院认为,发生性行为时被害人是否“醉酒”是本案的核心问题。结合事件发生的时间、地点、环境和受害人前后表现及告发情况和其他证据综合分析,由于E女对于在D男家中的记忆呈片段性,并在报案中明确表示没有发生性行为的意愿;可见发生性行为时,E女呈现了酒后反应迟缓、判断能力减

① 参见(2012)靖刑初字第53号。

弱、神志不清、记忆模糊的醉酒状态,其性防卫能力明显削弱。

法院认定,D男在E女处于醉酒状态,性防卫能力削弱的情况下,将E女奸淫,其行为已构成强奸罪,判处有期徒刑10个月。

上述案例反映出来的核心问题可总结为:(1)当对“意志”的问题双方各执一词时,如何处理“口供对口供”的局面?(2)酒后男女双方均处于意志模糊的情况下,如何进行合理的风险归责?

3. 特殊关系:与陪侍妇女有钱色约定

案例3[①]:被告人F男趁被害人G女醉酒之际,将G女从KTV小包厢带至宾馆房间。在G女醉酒无法反抗的情况下,违背其意愿,强行与其发生性关系。

法院认为,根据G女的陈述,多方证人证言及监控视频等证据证实,G女被F男带至宾馆时已呈醉酒状态,且F男供述自己趁G女醉酒时与她发生了性关系,在案证言相互印证。

法院认定,F男趁G女醉酒不能反抗之际,强行与其发生性关系的事实清楚、证据确实充分,其行为符合强奸罪的犯罪构成。F男构成强奸罪,判处有期徒刑3年6个月。

案例4[②]:被害人I男向被告人H女打电话要求H女到其家中提供性服务,后双方因嫖资发生争执,H女以控告I男强奸,损害I男名誉相威胁,向I男索要现金5000元。

法院认为,I男陈述与多名证人的证言相吻合,均证实H女有在楼道喊强奸、打“110”之类的话,且有微信转账记录予以印证,可以证实H女喊强奸,以损害被害人名誉相威胁,实施敲诈的事实。而H女供述前后不一致,相互矛盾,且无其他证据相印证,故对该辩解、辩护意见不予采纳。

法院认定,H女以非法占有为目的,采用威胁手段敲诈他人财物,数额较

① 参见(2019)浙0603刑初861号。

② 参见(2021)豫0902刑初149号。

大，其行为侵犯了他人的财产权利，已构成敲诈勒索罪。判处拘役4个月，并处罚金人民币2000元。

上述案例反映出来的核心问题可总结为：(1)“特殊职业群体”是否会影响对于强奸罪中“违背意志”的判断？(2)如何认定酒后的“金钱交易”性质，包括自行协商的赔偿款、嫖资、敲诈勒索的不合理索偿款？

(三)特殊场景下强奸罪的认定难题

通过上述以双方关系为视角作出的类型化案例归纳，发现一般强奸罪涉及的判断难题，因为混入了“酒后场景”这一特殊变量，就更为错综复杂，因此下面将通过梳理传统强奸罪面对的认定难题，过渡到酒后场景额外叠加的挑战。

1. 一般场景下强奸罪的共性认定难题

(1)如何理解“强制性”？

从文本来看，强奸罪暗含“强制性”，故以“被告人通过暴力手段压制(因)+被害人表达不同意(果)”为中心而形塑的强奸罪行为构造符合人们的传统印象；同时，这种借助因果关系来认定强奸行为的解释路径，也符合在单一法条(《刑法》第236条)的语境下解释法律的通常习惯，即同一个构成要件中的诸行为要素具有同构性。故传统刑法理论要求强奸罪中的手段行为，须达到足以压制女性使其难以反抗的程度；而“其他手段”也必须具备“与暴力、胁迫相同的强制性质”——作为实施奸淫的前提。但是理论上的共识却与司法实践产生了偏差，目前实务界对于强奸罪的认定范围，早已超出了“令被害人难以反抗的暴力压制”的理论边界。利用被害人醉酒等状态而实施的奸淫行为，也被定为强奸罪。

张明楷老师从事实层面归纳，认为强奸罪的强制性表现在行为人压制被害人并造成其“不能反抗、难以反抗、不敢反抗或不知反抗”这几种状态。① 问

① 参见张明楷：《刑法学(下)》(第6版)，法律出版社2021年版，第1135页。

题在于,即便把造成被害人醉酒、熟睡情形描述为“不知反抗”的类型从而与“被暴力压制”的前三种“反抗不能”相提并论,也仅仅是一种现象层面的罗列汇总,却无法在法理层面说明两个问题:其一,为什么下迷药、灌酒等手段行为统一被理解为“具有与暴力、胁迫相同的强制性质”,进而被装在同一个强奸罪的“口袋”中;其二,如果行为人甚至没有采取主动的任何“造成型”手段行为,而仅仅是“利用”了被害人的某种“不知反抗”的状态,如被害人独自饮酒并自陷昏迷状态,那么如何理解此时行为人的“手段行为”。另外,在我看来,本罪与强制猥亵罪是一种法条竞合的关系,即本罪是强制猥亵的特别法,那么对于“其他手段”的解释标准就要保持一致性,如果将“强制性”进行扩张解释,将“其他手段”完全变成兜底性表述,甚至为了实现处罚的严密性,直接抹去对“手段行为”的要求,那么将导致对强制猥亵罪的认定出现很多新问题。

由于我国对强奸罪采取了单一的立法模式,缺乏内部对不同行为类型的体系性建构,因此这也就造成了对于强奸罪之行为结构的理解发生了混淆。我认为,手段的非法性并非本罪的核心行为,只是用来外在彰显“违背被害人意志”的构成要件要素。但是,为避免处罚漏洞,手段行为的非法性本身也需要被法律评价。因此,强奸罪既有单一行为的一面,又有类似抢劫的复行为结构。如果否定前者,就会导致对于单纯“利用”而非“造成”被害人“不能反抗、难以反抗、不敢反抗或不知反抗”这几种状态的强制性行为无法规制的局面;如果否定后者,会导致对于本罪的结果加重犯有不当缩小处罚范围的局面。因此,应当考虑根据不同的先前行为构建更细致的量刑规则。

(2)如何判断“违背意志”?

我国对于强奸罪的认知,与世界范围女性主义的发展有着非常高的同步性。承接上一部分有关“强制性”的论述,我国经历了从强调“手段行为的暴力性”来认定强制的存在,转向关注“对于被害妇女意志之违背”来确证奸淫行为强制性的理论流变。因此,强奸罪的认定核心逻辑在于如何理解“意志”,然而意志往往是内在的感受,很难表现于外。检索到目前我国涉及性犯罪的案例普遍体现出法院更加倾向于愿意相信被害妇女一方,[1]即使被害妇女的陈述证言极不稳定,依然有极高的概率被采信,而如果是被告人的供述前后颠倒,则显然是另一种"对待态度"。

但是作为辩护方,则显然对于"意志违背"的判断有着更高的证明标准,要求被害人必须通过"反抗"来证明"不愿意",如有辩护意见指出,"第三,事发时没有呼救、呼叫的情节……第四,没有因为任何激烈反抗留下的痕迹……第五,只有报警电话,没有报警记录。一个真实的报警,不会是只打通而不说话,而且是三次打通不说话,所以这种报警只是一种为实现敲诈钱财的手段。第六,本案没有留存任何性行为的物证,说明了被害人根本没有指证被强奸的意愿,否则会留下一些物证。第七,被害人没有告知任何人包括其闺密,其与被告人发生过性关系";[2]但法院在说理部分则采取不同标准,如"被害人邱某拒绝被告人谢某贤到其出租屋、在被告人谢某贤强行对其实施奸淫时向公安机关报警求助、案发后情绪不稳定及向朋友王某某哭诉案发经过后再次报警的情况,上述情况足以体现被害人邱某不同意与被告人谢某贤发生性关系的主观心态"。[3]

因此,当我们将"性自主权"作为强奸罪的保护法益,将"违背被害妇女意志"作为强奸罪的认定核心时,"意志"的证明难题在司法实践中可以总结出三个认定难点。

---

① 例如,被害妇女在第一次陈述时称,和被告人在酒店见面,吃饭后去歌厅唱歌,喝了两瓶啤酒。从歌厅出来后,被告人在车内将被害人压在副驾驶位置上开始亲嘴和脸,双方发生激烈的撕扯。被害妇女在第二次陈述时称,和被告人发生性关系时,感觉头晕,有些迷糊,但是没有丧失行动能力,而且也反抗了,用力推但是没推开,最后强行发生了性关系。被害妇女在第三次陈述时称,因为糖尿病的原因,血糖忽高忽低,记忆很不好,当时被告人没有打被害人,也没有胁迫或威胁的语言。因为酒精的原因,其与糖尿病结合,使被害人的脑袋十分难受,被害人处于半昏迷状态,没有反抗能力,但主观上是不同意发生关系的。法院认为被告人构成强奸罪,判处有期徒刑 4 年。参见(2019)吉 0721 刑初 203 号。

② (2020)新 2301 刑初 62 号。

③ (2019)粤 0507 刑初 868 号。

首先,判断重心是放在行为人一侧,还是被害人一侧。“暴力、胁迫”等强制性手段仅能用以作为判断女性不同意的一种判断资料,不能直接转化成对于“意志违背之有无”这一问题的回答,否则:一方面,对于“利用型”强奸行为无法规制;另一方面,如果基于双方合意的带有一定暴力的性行为也入罪处理,显然过分干涉公民自由。然而,若将考察重心放在被害人的表现、反抗程度等内容上,可能会使强奸罪的审判对被害人造成二次伤害。

其次,反抗标准是偏重被害人一侧,还是一般人一侧。面对相同的情境,被害人作出不同反应的法律意义是否会做出不同或相同的解释?譬如有的被害人当即会表现出反抗,而有的被害人则在当时不会有明显的反抗举动,但事后明显会表现出懊悔、羞耻等。那么,是以被害人自身的主观心态,还是以一般人的反应态度来判断其对于性行为的同意(对这一问题的回答关涉对下一问题的相对方的认识判断)也构成一个不得不面对的争议性问题。

最后,认识标准是放在行为人一侧,还是一般人一侧。将违背妇女意志理解为本罪的客观构成要件,就需要行为人主观上认识到其内容,这样才不违背刑法在认定犯罪时需要满足的“主客观相一致”的原则。如果行为人存在“认识错误”,即没有辨认出对方不同意的情况(如半推半就场合下以为的“No is Yes”),由于“同意”本身就是构成要件层面成立的必备条件,那么缺乏相应的认识将阻却行为人犯罪主观构成要件的成立。

(3)如何协调“存疑有利于被告”之原则?

性犯罪是一种独特的犯罪,其常常肩负着回应“性别议题”的重担,也反映着一国对于性的态度。目前,我国仍然延续传统单一性别主义的立法方式,将被害人限于女性群体,这就导致本罪有着更重的“性别意识形态”色彩。然而,法律在保护作为弱势方妇女群体权益的同时,也不能忽视刑事审判中对于被告人人权的总体原则性保护,无论如何保护被害人在性方面的权利,都不能突破“无罪推定”这一基本原则。

根据无罪推定原则,控方须承担被告人有罪的证明责任,即不仅需要对构成要件的该当性负有提出和说服责任,同时,如果由该当性推定成立违法性和有责性存在疑问时,也应作出有利于被告方的判决。从法律对强奸罪的规定以及当前理论界的多数说来看,被害方的“不同意”是构成要件层面的核心要素,属于待证明的“本体要件”,而非辩护理由。据此,除非存在有关举证责任倒置的例外规定,否则检控机关首先应该提供“排除合理怀疑的证据”以证明如下事项:第一,性行为确已发生,①即强奸罪的成立与否、强奸罪与强制猥亵罪的区分、相关犯罪既遂与未遂的判断;第二,性行为确为被告人实施,②通常无争议,但对于陌生人强奸案,有可能在被害人指控辨认环节存在问题;第三,性行为未经被害人的同意,③通常的流程为控方举出被害人陈述→辩方提出被害人未反抗→控方认为行为人产生的该误解在一般人的视角看来缺乏合理性。

由上述分析可知,对于第三点的认定,因为意志的模糊性,属于司法自由裁量权的范围,尚可接受,也可以体现国家对于女性的“倾斜性保护”;对于前两点的认定,则相对有明确的判断标准。但是,聚焦到强奸犯罪的具体语境中,会发现对于前两点的认定如果采取严格的证明标准,会导致实质上对被害人的不利结果。

我认为,体现在强奸案中被害人承担巨大舆论压力的现实是一个社会问题,既不应当被放在个体层面寄希望于“勇敢的被害人”去解决,也不应当通过打破“存疑有利于被告”这一基本原则来化解;否则只会造成问题的叠加。针对这一困境,更应当注重的是加强社会文化氛围的宣传教育。另外,证明标

① 针对性行为确已发生这一事实,辩护意见指出,“不能证明双方实际发生了性关系,直接证据仅有被害人陈述,系孤证。现有证据能证实被害人是自愿与被告人开房过夜”“虽然被告人有奸淫的意图,也实施了强行亲吻等动作,但无法证实被告人已将生殖器插入被害人体内,故该指控证据系孤证,不能与其他证据形成锁链”。(2017)浙11刑终252号、(2020)浙0327刑初531号、(2020)川1527刑初31号。

② 针对性行为是被告人实施的,被害人陈述提到“睁不开眼,感觉有人脱裤子,根据声音觉得是……”(2019)苏0722刑初349号。

③ 针对性行为未经被害人的同意,法院在说理部分提到“趁其醉酒,无力反抗时强行与其发生了性关系”。(2019)浙0603刑初861号。

准也应当注意与保护法益相协调，如果肯定本罪保护的是妇女的性自主权，而且社会所关注的也不仅仅是实施奸淫行为的行为人是否“射精”，而是对女性“清白”的玷污，那么是否在立法上考虑降低既遂的证明标准，即将“射精说”转向“插入说”。另外，在审理中的举证环节，司法工作人员也应当更加周延地关注被害人的心理情况和隐私保护，尽可能减少被害人的“后顾之忧”才是以长期渐进式的方式解决这一针对性行为“污名化”问题所应采取的更为公平有效的措施。

(4)如何协调“事后索赔”与“敲诈勒索”，事后的金钱赔偿是否影响强奸行为的认定？

由于性犯罪的证据有较强主观性，故问题在于如何将本罪核心构成要件外化为可感知、可判断的资料。当前司法实践的通常认定规则有：将“手段非法性”外化为对暴力、胁迫等被告人行为的认定；将“被害人主观上的否定”外化为对抵抗、报案等被害人行为的认定；而将“行为人的主观认知”外化为结合被告人和被害人的关系、被告人对被害人行为的反应等因素进行综合考量。因此，引入了许多周边变量，尤以事后的互动关系为最。

即使我们应当肯认“事后”因素对于认定“事中”被害人同意的重要性，譬如事后的报案时间、方式、双方的微信聊天记录、索要钱财的金额数量及用途都是对于判断“事中”有无违背意志的重要补充资料，但也不应当“一揽子”认为所有“事后索财”行为都意味着被害人在“滥用权利敲诈勒索”，抑或只要是被害人接受了被告人的钱财，即认定被害人与被告人之间达成“交易”。

以这一问题作为基点，其实还会引发其他关联的判断难题：被害方基于一定认识错误（如事前承诺未兑现、嫖资未谈妥、事后关系破裂）时，涉及强奸与“互利”性行为、与通奸行为的罪与非罪之区分。涉及如何理解“违背意志”，以及法律应在何等程度上保护“意志瑕疵”。

上述这些难以回答而又不得不做出回答的问题，就构成了强奸罪的认定困境。

2. 特殊场景下强奸罪的个性认定难题

聚焦到酒后的场景之下，手段行为的暴力程度普遍更低，以及涉及对于被害、被告双方关系的认定，会使得认定逻辑的挑战性升级。譬如，有法院在判决中根据“醉酒”就当然推定出被害人处于没有办法行使性自主权的状态，进而将发生的性行为一律作强奸罪的入罪处理。这种思路自然能够对酒后妇女的保护提高到极为周密的程度，也有助于减轻对于“意志”的认定负担，但是也因为直接否定了女性在酒后的性自主权而显得过于武断。为此，本部分将首先从“醉酒态”是否能够直接导出性行为的“强制性”前提展开论述，由于本报告对这一问题的回答是否定的，但是又同时需要与一般强奸案中的标准保持一致，因此进一步讨论的问题，即“醉酒”的状态下，妇女何种行为视为被害人作出了有效同意可以阻却“违背被害妇女意志”这一构成要件。

1984 年《关于当前办理强奸案件中具体应用法律的若干问题的解答》(2013 年被废止)明确“其他手段”指“犯罪分子用暴力、胁迫以外的手段，使被害妇女无法抗拒。例如：利用妇女患重病、熟睡之机，进行奸淫；以醉酒、药物麻醉，以及利用或者假冒治病等等方法对妇女进行奸淫”。抛开这一司法解释的效力问题，“醉酒”是否作全部入罪化处理，无论在当时还是现在都会引发争议。

如果将“醉酒状态”理解为强奸罪必备的手段行为，会造成两个难以自圆其说的说理困难：其一，就将被害人置于“醉酒”的状态而言，很难直接给出其行为之强制性“全有或全无”的判断；即使是根据双方当事人的关系来分类，也很难给出相对明晰的确定性标准。譬如，认为陌生人之间的“劝酒”行为就一概具有极强的强制性在现实中也并不具有合理性；尤其在我国酒桌文化难以很快得到纠正的当下，将“劝酒”与“下迷药”的行为等同视之，难以为一般公众所接受。而且在这种扩张理解“强制性”的思路之下，着手的判断也会提前。其二，如果将被害人置于“醉酒”的状态解读为一种“行为”，那么对于频发的酒吧门外“捡尸”行为，即被告人由于在路边偶然发现正处于醉酒后意识不清的被害人，便出于“关心”将其带至酒店，趁昏睡之机，与之发生性关系，[①]也就可能因为前一手段行为之缺失，而排除强奸罪的成立。这种无罪结论，无论是从应罚性还是需罚性上看都难以成立。

承接上文有关一般强奸行为中对于“强制性”的论述，我认为，“强制性”的核心与本罪的保护法益，即性自主权是协调一致的，并不一定彰显于手段行为的“外在压制性”，而判断的要点在于，性行为发生时是否没有得到任何一方性自主权的充分行使。由此可以回避对于“使被害人醉酒”一概认定为强奸罪的前手段行为这一问题作出“全是或皆非”的判断。所以，此时的问题也就不再是，是否所有酒后发生的性行为都因为具有强制性而违背了被害人的意志；而是将问题转化为，酒后发生性行为时如何认定被害人意志违背之有无。这一问题在规范层面可以进一步归纳为，从归责机制的合理性、有效性角度出发，“酒后乱性”的风险应该如何分配？

具体而言，“醉酒”状态下发生性行为包括两种类型：其一，行为人以实施奸淫的目的，故意灌醉妇女；其二，行为人发现并利用妇女醉酒状态后与妇女发生性关系。对于第一种行为，无疑可以作为强奸处理；关键在于第二种行为的场合下，缺乏行为人的“手段”“方法”，而是被害人自行醉酒的情形，是否应由被害人全部“风险自负”？

被害人仅仅开创了“酒后”（喝醉意识模糊）的风险，但并没有开创“乱性”的风险，从被害人同意的理论来看，也即没有任何对结果的“同意”；从政策效果来看，这种“风险自负”的判决立场势必将造成女性不敢独自喝酒的社会效果。我认为，判断是否侵犯性自主权不应仅关注先前“喝酒行为”是谁开启的，否则还是落入了既往对于手段行为强制性判断的窠臼，更应该关注的是发生性行为时的状态：是否违背了妇女意志。若妇女饮酒后较为清醒地同意甚至主动要求发生性关系，认定为强奸不妥；若妇女饮酒后意识模糊，但事前双方已经作出了对于发生性行为的有效承诺，认定为强奸也不妥；但若双方事

① 参见(2020)川0104刑初353号。

前没有就发生性行为进行沟通,妇女醉酒后,行为人也认识到女方的意识不清,仍然与之发生性关系——无论是生人还是熟人抑或针对特殊行业女性的场合,将行为人认定为强奸则并无不妥。换言之,由于醉酒情形下妇女的自我保护能力减损,赋予男性"不与之发生性关系"的义务,相较于将"乱性"后造成的损害由妇女自我答责而言,更加公平有效。额外的问题在于,如何认定(规范上需要受到保护的)醉酒状态以及同意之有效性。

在强奸罪的认定中,"醉酒状态"本身并不是证明目的,而是作为辅助"意志"的判断手段,那么仍然应当注意个案的具体化判断,也应当保障排除合理怀疑原则的适用。如果在个案中的被害妇女确实酒量较一般女性更好,且综合全案证据都可以印证,其在醉酒的场合之下依然具有"同意"的意志基础,也并没有因为其他原因而"不敢反抗、不知反抗",此时并不能仅仅根据事后妇女主张的"当时违背了意志"而对被告人进行定罪。

讨论至此,也引入了一个新的争议问题:酒后的妇女虽然没有陷入完全"意识模糊"的状态,但是是否仍可能存在"不敢反抗、不知反抗"的场景呢?尤其在熟人关系的场合之下,往往会根据妇女没有完全醉酒,意识仍保持一定清醒,进而认为随之发生的性行为没有违背其意志;但是,这一逻辑存在问题,所谓的"意志清醒"仅仅是证明妇女具备"同意"的其中一个必要不充分条件,因为即使是处于没有醉酒的情况下,也有可能妇女因为恐惧心理,如担心更大的恶害而"不敢反抗",或者因为对于发生性行为对象的误认而"不知反抗"。但是,罗翔老师在书中提到了当前的社会现实,即对于发生在熟人之间的性侵犯行为,司法机关往往表现得极为冷淡,[①]似乎认为熟人之间这种"不敢反抗、不知反抗"的情形不可能发生,因而排除了被害人的"不能反抗"就可以直接得出行为人无罪的结论。事实上,这也与我们的刻板印象有密切联系。我们通常对强奸罪发生的固有想象仍停留在"月黑风高的夜晚,在一个昏暗的街道角落,冲出一陌生的彪形大汉"作为犯罪背景,但事实上,已经有越来越多

① 参见罗翔:《刑法中的同意制度——从性侵犯罪谈起》,云南人民出版社 2021 年版,第 21 页。

的实证经验表明,绝大多数性侵往往发生在熟人之间(包括熟人约会、网友见面、娱乐场所陪酒等类型)。[①]

在这些案件中,两人因为约会而见面,甚至也发生了较为亲密的肢体接触,被告人没有使用暴力或言语威胁,且往往伴随醉酒因素,被害人也较少有(或没有)身体上的反抗,性行为甚至是在一方家中卧室发生的。对于这类案件应如何定性,面对一对一的证据对峙状态,如何界定"违背被害人意志"存在很大分歧。实践中有辩护意见指出,"被害人与他们是朋友关系,被害人没有呼救",[②]故认为"没有违背被害人的意志",从而阻却强奸罪的成立。

而且,熟人关系也往往更容易引发"认识错误"的问题,被告人常常作出如下供述与辩解:"彼此聊天存有好感,吃饭期间被害人提出喝酒,二人动作亲昵,到家中后也是被害人先与其拥吻,故其认为被害人是自愿与之发生性关系的。"[③]有辩护意见指出,"现有证据无法排除被害人酒后自愿、主动要求被告人与其发生性交的合理怀疑,女方酒后行为责任自负,不应由男方承担"。[④]

但问题在于,单纯依据双方的人际关系这一"极其间接"的证据,是否能当然地辅助推理被害人的"意志"这一认定强奸罪的核心问题。正如一直强调的一样,"意志"的界定问题直接关涉行为人的罪与非罪,进而关涉未来的案件走向。因此,虽然对于"意志"的认定很困难,但是困难的存在并不是司法实践引入过多辅助证据,然后进行不负责任肆意推理的理由。

对于这一类辩护,有判决认为,本案中,确实存在被害人的一些先行行为

---

① 参见刘守芬、申柳华:《强奸案件的加害与被害——71个强奸案例的法律实证分析》,载《犯罪研究》2004年第4期;刘淑莲:《法律视角下的约会强奸》,载《法律适用》2005年第7期;平菁:《亲密关系中的暴力——解读熟人强奸》,载《西南农业大学学报(社会科学版)》2006年第4期;倪晓峰:《熟人强奸——犯罪类型与人际关系的实证研究》,载《犯罪研究》2012年第2期;陈童鑫:《关于熟人强奸被害人的被害性研究——基于A省H市五年案件数据的分析》,载《犯罪研究》2015年第4期。

② (2020)湘0822刑初91号。

③ (2019)浙1121刑初167号。

④ (2020)浙0327刑初531号。

导致被告人对于被害人意思误判的因素，如被害人与被告人一同前往宾馆开房等，此外，被害人报警时间不及时以及案发后的一些行为也足以让人产生合理质疑，但这些均不能否定在被告人欲强行与被害人发生性关系的当时，违背了被害人不愿与之发生性关系的意思的事实。①

我也并不赞成为了保护被害人而直接冲垮刑法“主客观一致”的定罪规则，但是也无法接受只要被告人提出了“没有认识到违背意愿”的借口就径直否认本罪成立。因此，判断重点应放在考察“认识错误”的合理性上。具体而言，从“事前、事中、事后”三阶段进行分别审查：事前，考察双方关系，被害人对发生性关系的态度是否曾有过明确而具体的反对，双方前往酒店的过程是否自然，是否存在性交易或其他共识；事中，结合双方性行为发生的时间、地点、周围环境、强制手段、姿势等细节，双方陈述是否稳定、符合常理抑或存在矛盾；事后，综合被害人报案的时间、方式及动机，双方是否展开商议等。

在实践中，就一般的强奸案中也有多起案件涉及对于款项定性的讨论；但是关注到酒后强奸案则更为普遍，因为在酒后的场景下，行为人考虑到被认定为强奸的可能性更高，进而会有想要借助钱来“封口”的冲动，进而也就会涉及金钱的纠纷；酒后强奸案中涉及特殊行业的女性被害人比例更高，而有关从事“情色行业”的人员接受男方的资金会有一种天然的社会认知，即定性为“嫖资”，进而阻却强奸行为的成立。

但是，是否所有从事情色行业的女性都被排除出了强奸罪的被害人保护圈。答案显然是否定的。如果作出肯定的回答，显然与既有的“完美被害人”思维惯性有着密不可分的联系。“许多人都有那么一种感觉，即性犯罪的受害者有可能是‘自找的’。她通过衣着、举止或体态语言，正想把自己变成受害者。应该给她们以鼓励，使她（或他）相信，对所发生的事情，她（或他）是不负任何责任的。对所发生的事情她们没有任何过错，她们有不受性攻击的人

① 参见(2020)川1527刑初31号。

身权利。”[①]

强奸罪是一个涉及行为人与被害人之间高度互动性的案件。然而，如果将审判的重点从行为人的行为完全转移到对被害人行为、品行甚至性史的审判，使得女性在法庭中受到无穷无尽的刁难，她们在遭受不幸之后又受到第二次伤害——除被害人心理上对于自我的厌恶与怀疑以外，还会在审判中继续受到诘问：“为什么是你”。

司法官员对于被害人存在普遍的怀疑，会考虑被害人的品性、行为以及与被告人的交往状况等。这在很大程度上导致受到性侵犯的被害人不愿意报案，以及性侵犯案的低逮捕率、低起诉率以及低有罪判决率。因此，性侵犯是一种很容易逃避处罚的犯罪。为了改变法律对女性的歧视与偏见，真正保护女性的性自主权，鼓励更多的妇女报案，法律必须变革并抛弃传统的贞洁观念。

因此，首先，应当弱化强调“反抗”的固有观念；其次，可以通过肯定性同意模式的确认，引入举证责任倒置，即赋予男性以更高的注意义务；再次，应当避免过多对被害人人格、职业、性史等隐私的评判；最后，在性犯罪的法院裁判结论中也应当淡化有关“被害人有无过错”的论述。

案例5[②]：被告人J男、被害人K女与一众人饮酒，K女喝了多瓶啤酒，醉酒后J男将除K女以外的其他人支出宾馆房间后，趁K女醉酒，二人发生性关系。K女称，当晚迷迷糊糊到一张床上，睁不开眼，被强行发生性关系。朋友曾提出让要补偿把案件撤了，但是K女没有同意。J男辩称，K女当时没有醉酒，是自愿发生性关系，并非强行，这是有人设计的“仙人跳”阴谋。

案例6[③]：被告人L男在酒吧结识被害人M女后，将酒后意识不清的M女带至家中，趁M女处于醉酒不知反抗之机，与之发生性关系。L男辩称，L

① [美]霍姆斯：《性犯罪及刑事审判体系》，张继宗、刘钢、方芳译，群众出版社1989年版，第169页。

② 参见(2019)苏0722刑初349号。

③ 参见(2020)浙0327刑初343号。

男与M女系男女朋友，由于M女向L男索要8000元作为医院检查和后续打胎等费用，被拒绝后，M女才报案。

除了涉及已经给出钱款的定义问题，实践中还面临很多被告人抗辩由于“没有满足妇女的要求进而提起强奸”等被害人的“报案动机”不纯来否定强奸罪中“违背意志”的成立。这一抗辩思路的依据在于被害人同意错误的理论中，有关动机的错误认识并不能阻却同意的有效性。与之类似的典型情况不仅仅发生在索要赔偿的争议中，还有譬如“卖淫女”因事先谈好的嫖资被“砍价”或对方没有及时支付而控告强奸的案件中。

尽管不能一概认为“卖淫女”或经常“泡吧”的女性因为大众对其道德上的偏见而将之排除在本罪的保护对象以外，但真实的报案动机又往往很难分辨。私以为，事后的报案“动机”确非法律关心的问题，即不能因为被害方主张索要赔偿款——即使超过了被告人的心理预期，如主张到私立医院检查身体和打胎，就理解为是一种权利滥用的敲诈勒索；但是，如果事后的报案动机关系到此前的“同意”有效性，则需要具体判断。仍以上述“卖淫女”的情况为例，如果仅是因为“被害人想要通过赔偿息事宁人，避免扩大舆论影响”的请求被拒绝后不得已而报案，在不构成敲诈勒索的情况下，不应该受到法律评价，只要在性行为发生时违背了被害人意志，符合本罪的构成要件，即成立本罪；但是，如果对原先的性行为已经表示“同意”，只是因为认识错误，如相对方未履行相应事前谈好的约定，故反过来认为事前的“同意有瑕疵”而提起强奸的控告，则不得按照本罪处理。

目前，学界对敲诈勒索的判断存在基准单一（以民事权利为着力点）、标准失衡（拷问主观心理）等问题，故对于“权利行使”与“敲诈勒索”存在非常不明晰的界限。我认为，如果妇女有一定的正当权利主张起点，此时对当事人施加某种压力——使用不温和的胁迫手段，是法律所允许的或法律不加评价的属于行为人的一项正当权利，对方也因此有容忍的义务，不能一概称为不法行为，将强奸案中的受害人变为敲诈勒索中的行为人。

(四)特殊场景下强奸罪的认定规则

《刑法》第236条强奸罪的认定难题既有理论性的一面,又有实践性的一面;既有个体性的问题,也有社会性的问题。所谓理论困难,是指为了适应时代发展,本罪将法益的表述修正为“性自主权”,但是对于概念的具体内涵与外延始终未给出清晰的解释抑或判断标准;所谓实践困难,是指在实体标准不明确的情况下,要求刑事审判从表现为客观的证据材料中提炼出反映双方主观意志的精神性证明支撑,又因为性行为本身具有高度的场景私密性,时常面临“口供对口供”的局面,需要依赖于法官的自由裁量权,进一步增加了本罪认定的不确定性。所谓个体困难,是指行为人与被害人的视角不同,进而导致对于相同行为会产生不同解读,需要聚焦到个案场景进行具体判断,否则将颠覆主客观相一致的责任认定原则;所谓社会困难,是指放大到宏观的性别结构语境下,不合理的个体化偏见思维不需要也不应当受到刑法的特殊保护,而需要进行“纠偏”。这些问题共同导致了对强奸罪的认定规则很难划出一条清晰的规范边界。

对于酒后强奸案例,都涉及“同意”的认定难题。陪酒女因为醉酒,并没有作出肯定性同意,如果采取默示同意的标准,会因为此时没有明确说出拒绝,且结合其特殊身份认为男性的“认识错误”具有一定合理性,进而作出不利于被害人的判决。[①] 我认为,采取“Yes is Yes”的肯定性同意模型,能更好地协助法院论证说理,避免无关变量对于认定“违背被害人意志”的错误影响。因此,我支持肯定性同意的模式,尤其在酒后案件中,其可以发挥重大作用:第一,证明被害妇女具有意志,没有达到醉酒状态;第二,更加直接、明确地表达妇女内心意志,不会被对方错误地解读为“不等于是”的象征性拒绝;第三,更加彰显男女双方在性行为方面拥有完整决定权的平等地位;第四,更加明晰地划分合法与非法的界限;第五,保护被害人免受过度拷问,以实体法标

① 参见(2019)浙0603刑初861号。

准的改变对证明过程施加巧妙影响,即此时被告需要积极辩护如何获得了女性的同意,受到交叉盘问的一方主体不再是被害人,而是被告人。

我认为,在“反抗”与“强制”、被害人与行为人之间形成了一种“一体两面”的关系。所谓“一体”,即证明目标共同指向“违反意志”的判断;所谓“两面”,即将证明视角分别基于被害人和行为人。因此,我分别以被害人、行为人作为判断主体视角总结出的判断标准详见表 1。其中每列的四种模式都可以与相邻列的四种模式任意组合,形成新的判断标准。从上到下分别是从最有利于被告人到最有利于被害人。

表 1 不同认定标准下对于被害人的保护程度

判断被害人反抗的客观标准	判断行为人认识到强制的主观标准	对被害人的保护程度
不考虑被害人的任何因素,只限于行为人采取强制手段	故意	☹
合理性反抗 + No is No	至少是轻率(间接故意)	☺
肯定性同意/Yes is Yes	至少是疏忽大意(过失)	☺☺
采取被害人的主观标准	严格责任	☺☺☺

目前我倾向的方案,系在被害人的判断上采取肯定性同意模式;在行为人的判断上采取至少是疏忽大意(过失),但是也考虑引入严格责任例外地适用于幼女的场合。

通过对刑法中涉及“同意”制度的研究,其实能够很好地勾画刑法在社会控制与自由保障之间的平衡与互动关系。一方面,对“同意”采取一种严格、父权式的界定思路,有助于填补处罚漏洞,但是也侵蚀了行为人之间的商谈自由;另一方面,如果对“同意”采取一种粗放、自由的规制思路,则可能无法保障因“不平等”社会地位等形成的受迫性同意。规制思路的路径选择本身就有一定障碍,具体到判断方法上更是困难重重。

第一,同意与不同意的界限往往非常难以界定。在具体案件中,由于人类心理活动的复杂性,交流的含糊性和可认识性都可能使得同意问题复杂万分,尤其明显地体现在熟人酒后发生性行为的案件中。

第二,由于性别以及社会地位的巨大差异,男女两性对同意与否可能存在不同理解。1983 年,女权主义理论家麦金依(Catharine A. Mackinnon)曾指出,异性间的性交就是强奸。虽然强奸与正常的性交不同,但是对于女性而言,在男性处于支配性地位的当下社会,两者很难区分。考虑到女性地位变化,这种言论可能过于激进,但无论如何,同意问题关乎如何有效地平衡两性的利益之争,并非易事。

第三,性侵犯罪中的同意是被害人的一种反应,而这种反应却可能决定行为人行为的性质,这似乎与刑法的基本理论相悖。刑法中决定行为性质的通常是行为人的行为本身,但性犯罪中的同意却对这种习惯思维提出了挑战。

(五)酒后性行为的类型化回应方案

前文梳理了强奸案件中的一般与特殊之问题与规则,这一部分重新回到具体的现实语境中,结合酒后性行为的类型化关系归纳的三种不同关系类型进行分析与回应。

1. 熟人关系:排斥"真诚相信"的抗辩

在案例 1 中,核心问题表现为"熟人关系"的场合下,如何处理被害人醉酒状态造成的行为人"误认同意"。布莱登(David P. Bryden)教授将民法中的信任关系(confidential relationship)理论应用在强奸的研究之中,即根据民法要求处于优势地位的当事人负有按照对方的利益来行为的积极义务,主张在强奸罪中要考虑男女双方的信任关系。[①]

一般来说,酒后男女之间存在的这种信任关系,会使得女性放松警惕。也正是由于这份信任关系的存在,男性更应该按照女性的利益来行为。在交往

① See David P. Bryden, *Forum on the Law of Rape: Redefining Rape Buff*, New Criminal Law Review, 2000, p. 389.

过程中,法律应赋予更多的注意义务,让"他们"对女性是否同意加以准确地判断。因此,对于"同意"的认识错误,无论真诚与否、合理与否,在酒后场景(尤其是熟人的场合)都不能作为辩护理由,应该采取严格责任。

2. 生人关系:以"肯定性同意"为原则

在案例2中,核心问题表现为"陌生人关系"在"酒后乱性"的场合下应当如何进行合理的风险归责,以及如何在各执一词的情况下,维持对被害人的合理保护界限与不容反驳的存疑有利于被告原则之平衡。

对此,我认为应将"肯定性同意"模式作为判断标准,即着力于考察:(1)醉酒前处于清醒状态下的妇女是否作出了针对发生性行为的肯定性同意,如果行为人获得了该项同意,则陷入醉酒状态并不能当然成立行为人的强奸罪责;(2)如果醉酒前妇女没有作出相应的肯定性同意,须进一步考察在醉酒状态中,妇女有无对即将发生性行为的清醒意识前提,以及有无肯定性同意,同时需要注意,妇女有没有撤回同意的表达。

如果行为人没有在事前和事中获得有效的来自被害妇女的肯定性同意,则应当认为酒后与陌生妇女发生性行为构成强奸的违背妇女意志,即使是一般的"利用醉酒状态",也被认为因为对性自主权的侵害,而满足强奸罪的"强制性"要求。

案例7[①]**:**被告人U男与工友住宿于8410房、8411房。住在该公寓8406房的被害人V女,因醉酒走出门外忘记带房卡和手机,进不了门而在走廊徘徊。这时,工友与V女搭话,V女未理睬后昏昏沉沉走到8410房门口,工友拉了V女衣服,V女进入8410房,后躺在U男睡觉的床上。U男发现后趁V女醉酒后尚未清醒无力反抗,与其发生性关系,后离开现场。

案例7中,较一般"酒吧奸尸案"更为特别的是,被害人V女因为自己的原因,误躺在了U男的床上。无论是从社会一般观念来看,还是从积极的价值引导效果来看,如果肯定被告人表示存在"默示同意"的主张,显然难以接

① 参见(2019)粤2071刑初2876号。

受。因此，在陌生人酒后的场合下，应当认为男性有获得同意的义务；如果发生了案例7中的类似情况，男性对酒后妇女也应有“推开义务”。

3. 特殊关系：区分“同意”的具体内容

在案例3和案例4中，应该是实践中争议较大的一类案件，核心问题表现在对于从事特殊情色服务行业的女性群体，且涉及金钱的交易，应当如何认定“同意”的有效性，以及如何剥离影响被害人同意有效性的“法益关系错误”和不影响被害人同意有效性的“动机错误”。我认为，首先，需要肯定的是，不应根据职业或钱财往来直接作出倾向性判断，否则涉嫌对被害人的道德拷问；需要明确无论被告人先前有无支付财物，无论被害人是否系提供性服务的工作者，与具体的行为是否构成强奸都没有直接的关系。其次，规范上需要完善的是同意的有效性判断步骤，尤其是同意的内涵与外延，即使是“性服务工作者”也享有对性行为对象、时间、地点等与性行为发生场景密切相关的全部事项的自主选择权，[①]享有与一般女性一样受到同等保护力度的权利。另外，涉及“赔偿”的定性问题，有法院在判决中指出，“被害人的权利被侵犯后，被害人与被告人协商私下处理或者报警处理都是其选择处理问题的方式”。[②] 我十分赞同，并认为这一问题涉及有关权利行使与敲诈勒索的界分问题，也值得讨论。

二、课堂交流

同　学：关于强奸罪的法益理解为“性自主权”，那么，是不是这个概念有些过于宽泛？我记得按照张老师的观点，似乎任何——哪怕细小到避孕套的牌子这种问题，只要妇女不同意，都会被理解为违背“性自主权”？

报告人：按照我对于“性自主权”的解读框架，我也赞同张老师的观点，即任何

① 参见(2020)黔2625刑初84号。

② (2020)黔2322刑初488号。

与性行为发生场景相关的内容，包括避孕套的牌子、厚度、性行为开灯或者关灯都落入性自主权的权利行使范畴之中。一旦违背了妇女——或者我们按照性别中立的观点——违背“被害人”在性行为发生场域的自由意志，就可以理解为对其性自主权这一积极自由行使的权利的干预与妨碍，那么就构成本罪。

同　学：关于你仿照的财产立法模式，我个人也觉得很有意思。那么，你对于手段行为的界定是仅仅放在量刑环节进行评价，还是认定为一个单独的手段行为呢？

报告人：我目前区分了强奸罪的行为类型，具体包括两种：对于“抢劫”和“敲诈勒索”，包括“诈骗型”性侵犯行为，我认为是一种复合行为结构，也就是手段行为本身是强奸罪的构成部分，当然也是需要在量刑过程中对其不法进行单独评价，且要求手段行为与目的行为之间的直接性、因果性；但是对于“盗窃型”性侵犯，其实它更加像是一个单一行为结构，因为它是一种“利用”先前状态，而并不是主动地“造成”先前状态，这个时候很难说行为人的“手段行为”在哪里。而这也关涉到“Yes is Yes”这个模型，即违背意愿的性行为——即使缺乏手段行为，本身也可以被评价为一种“暴力”。但是因为相较于前一种“造成”的行为结构，可能不法程度就偏低。而且作出这个区分还有一个意义，体现在对于结果加重犯的认定之上，因为对于后一种“利用型”性侵犯，只有一个行为的话，如果要构成结果加重犯，如判断重伤或死亡结果应否归责给行为人，那就只能判断是否系因奸淫行为所导致的。

同　学：你开始提到的判断重心要放在行为人一侧还是被害人一侧，我觉得这个有点像是你说的“一体两面”的问题，很难说重心要放在谁那里吧？

报告人：抱歉，是我的用词不妥。我非常赞同你所说的“一体两面”，这也是我在前面报告中提倡的判断方法。那我使用“重心”这个概念，其实希望表达的是我们在性犯罪的审判过程中，应当将关注的目光更加聚焦在哪一边，以及按照英美法的理论，我们在口供对峙的情况下，“自由心证”更加偏向于哪一方。当然，如你所说，我们在判断“意志”的问题上，一定要从两方的视角出发考察，但是我们在有关性犯罪的审判过程中，面对这种“口供对口供”，我们必须要有所取舍，有所“偏心”。那我觉得在折中和综合全案事实的情况下，考虑到目前更普遍的情况依然是社会对于女性的规制更强，所以我个人观点，尤其在认定“有没有违背意志”的问题上，希望更加倾向于保护女性的陈述。那么未来，如果说立法又纳入了男性这一主体，可能这个问题还有待新的讨论。

同　学：我比较感兴趣你说的“法律不问动机”这个观点，因为面对行为人的强壮体格，我为了避免自己受伤而“同意”与他发生性行为，这个时候的动机如果不被考虑，会不会认为“没有违背被害人意志”呢？

报告人：这可能也是我当时解释得不太清楚。我所说的“不被法律评价的动机”是指法律不应干涉一个“道德上可能受到谴责”的动机，譬如被害人出于“性与权”的交易而与对方发生性行为，那么这个时候法律不需要去干涉被害人“理性”之下作出的判断，比如说去区分是“同意”还是“屈服”，然后从“规范上”的判断出发，认为此时的“自由意志”被侵害了。不然我觉得对于性自主与行为自由的干涉可能就有“强父权”之嫌。那么回到你刚刚提到的这个情形，你出于害怕受到伤害而同意发生性行为，这本身就构成一种“胁迫”的情形，是行为人相对方以一种体格优势，压制了你的意志自由。我们可以体会一下这两种相似但又不完全相同的情形，即你说的这种体格强弱对比和“权色交易”中的社会地位优势对比。那么对于前一种情况，它是对于弱势方意志自由的压制，而后一种情况只是弱势方自愿选择了接受这种对强势方的从属。而强奸罪所要保护的是“性自主权能否被完整行使”。举个例子，任何一个合同的签订过程，甲、乙双方必然有议价权的高低之分，所以自然也会有不利于议价权较弱一方的条款，但是只要弱势方自愿与之订立这种外人看起来的"不平等",那么法律不需要评价;然而我们看民法典中也会有"显失公平""趁人之危"这种规定,那如果属于这种情形,法律就要出面干预。不知道有没有回答清楚你的问题。

同　学:如果我们利用某一个状态实施奸淫行为就构成强奸的话,那么"利用状态"可以推及何种场合类型呢?比如,士兵利用战争状态对女性的性行为,为什么都会认为是强奸呢?

报告人:这其实也是一开始困扰我的一个问题,也就是回到这一专题的问题,我们是否要把所有酒后与妇女性交的情形都认定为强奸罪。像是我们刚刚看到的案例也有提到说,要将"醉酒状态"的认定作为强奸罪的核心,但是这一事实状态本身只是"归纳"出来的,它代表着女性此时辨认控制能力以及表达反抗的防卫能力降低了。因此,我很同意你所说的"利用战争状态"会构成强奸罪。因为这也很可能符合这两个能力降低的标准,那么包括未来如果有其他"利用型"犯罪,我觉得也可以结合这两个标准来进行甄别判断。因为我个人认为,就像是法益指导我们如何解释构成要件一样,我们更多地应该抓住判断标准的核心,在我们目前可能设想不到的场景中去具体判断,然后不断丰富这些认定场景。

同　学:我还想补充再提问一下,对于这种"利用"了某种压制的权力关系地位,是否或多或少都会影响到被害人的意志行使,那似乎还是没有解决程度的判断问题?

报告人:我想确认一下,你想要厘清的是不是在构成某种权力压制的情况下,如何判断对于被害人意志的减损?(是)好的,那我们回到你最开始提到的"动机"如何判断的问题上。法律不评价动机,是说法律不去过多地干涉被害人处分自己"性自主权"的自由,如果被害人愿意通过自己的身体以换取某种利益和好处,刑法不能这个时候直接干预,认为行为人违背了被害人经过刑法拟制出来的一种"意志"。就像是对于嫖娼问题的规制，它也并非现在就需要刑法去打击。刑法始终处于一个保障法的地位。那么，我们可以对比看一下为什么我们规定了负有照护职责人员性侵罪。这个时候为什么我们不说我们保护这个少女行使性行为自主权的“意志”，认定其构成同意可以阻却犯罪的成立呢？是因为在这种情况下，法律特殊地拟制了这时的少女可能基于一种特殊的照护关系，没有形成健全的意志；或者因为必须要接受照顾，而不得不同意——更多地体现为一种“胁迫”。所以，我理解还是回到罪刑法定的基本原则之上，法无明文规定不为罪吧。

同　学：关于你说的“不要设置完美被害人”，那你觉得我们对于案件的被害人应该以怎样的标准去形塑其身份角色呢？

报告人：我觉得应该考虑以下几个因素：当时情况的紧迫性、被害人自身的社会阅历、行为人与被害人之间的体格差异以及当时的环境情况。这其实也是我为什么主张“Yes is Yes”模型的另一个考量，因为判断的过程总是繁杂的，不如设立更清晰的实体标准。

同　学：你觉得“敲诈型”性侵犯会比“盗窃型”性侵犯量刑更重吗？

报告人：我认为还是要基于对前手段行为的不法评价上所作出的设置来进行判断。尽管有些观点会认为手段行为可能仅仅是彰显目的行为的违法性，但是我认为只有将前行为纳入判断的视域，才可以说充分评价了行为人的不法程度。

同　学：我刚刚想到一个问题，就是关于强奸罪的“着手”，那么，你这样区分界定了两种不同的行为结构，是否意味着对于着手的判断时点也会有所区别呢？

报告人：是的，确实不太一样。这其实是本次报告想回避的一个问题，因为这个问题具体而言会比较复杂，还是会落到个案具体判断之中。如果说聚焦在我们今天讨论的酒后情形，我认为就是当行为人将被害人拉到一个相对孤立、求助或获救可能性较低的空间内的时候，当对于被害人的性行为自主权有具体紧迫危险的时候就构成着手。因为我看到的一些案例，譬如行为人带酒醉的被害人到酒店，其实都会受到酒店前台的盘问，包括可能会有第三人帮忙送到房间，那我认为其实在这种有其他人在场的场合下，即使被害人陷入昏睡，可能还是没有达到那种完全“紧迫危险”的程度，但是如果说二人共处一室了，我觉得几乎就可以认定为着手了。

同　学：关于结果加重犯的情形，对于强奸后被害人出于羞愤自杀，你认为需要归责给行为人吗？

报告人：一般情况下，如果只是羞愤导致的被害人自杀，那么可以说这个后续的风险还是被害人自行——且是在有较完整意志的情况下制造的风险，那么很难说溯及前一个行为。当然，也要一分为二地去看这个问题，如果事前的强奸行为造成了对被害人精神上的难以抵抗的痛苦，譬如流出了很多裸照等造成被害人在自己的家庭圈、朋友圈、职场都难以立足，或者在之前的奸淫行为中用了很多造成被害人精神和肉体痛苦的手段，如果一般人在这种情况下作出迫不得已自杀的举动是“不异常”的，那我认为也是可以归责的。

同　学：对于男女相约深夜喝酒，女方半推半就，男方误以为同意，然后女方事后后悔的情况，我们应该怎么处理呢？

报告人：首先，如果双方你情我愿，仅仅是因为性行为发生在酒后就要受到规制，那显然是不合理的，因此这种情况无疑是不会作为犯罪处理。其次，如果一方在事中没有表示，或半推半就，或只是轻微反抗，但是事后报案，称当时不愿意，但是被另一方误解了，则需要具体考察：(1)被害人当时到底对于性行为(与谁发生、在哪里发生、以何种方式发生)有无真实的同意；(2)行为人在当时认为同意的理由是否合理(如因为对方酒后没有反抗，就采取默示同意，显然会被理解为是不合理的认识错误)。最后，如果一方当时非常“积极主动配合”，但是事后因为各种原因表示“反悔”，则也不应当认定为强奸，因为这个时候如果让男方还要去主动识别，可能会有些过度苛责。我目前是这样对酒后情形进行归纳的。

同　学：那如果以基于迷信的同意与对方发生性行为呢？

报告人：关于迷信作为"同意"的问题，我觉得如果是行为人有意地利用了某种"迷信"的情形，应当属于欺骗手段下的奸淫行为吧，有点像"诈骗型"性侵犯。

三、张明楷评述

德国大部分刑法学教授在课堂上不讲性犯罪，可能是担心听课的人会产生不好的情绪，少部分教授会提前通知：下周讲性犯罪，不愿意来的可以不来。日本的刑法学教授通常是会在课堂上讲性犯罪的，中国的老师也会在课堂上讲授性犯罪。

我先就强奸罪本身讲几个问题，然后针对本次报告的具体内容再谈一些看法。

第一，如何解释《刑法》第236条规定的构成要件？

强奸罪的行为对象只能是妇女，这一点是没有其他解释空间的，不可能说《刑法》第236条规定的妇女包含男性在内。当然，从立法论上来说，将第236条中的"妇女"修改为"他人"是可以的。但在行为对象这一点上，我国的现实案件没有显示出修改的紧迫性。如果扩大了强奸行为的范围，则必须同时将男性纳入强奸罪的被害人，否则就明显不当。比如，倘若说肛交是强奸行为，却将男性排除在行为对象之外就明显不当。除行为对象之外，构成要件中有两点是可以进一步研究的。

其一，强奸究竟是什么含义？是只限于狭义的性交，还是包括口交、肛交等进入式的性行为？这个问题取决于如何解释，而如何解释取决于一般人的观念。换言之，将进入式的性行为解释为强奸，在字面含义上没有障碍，只是在一般观念上存在障碍。但解释者不可能不考虑社会的一般观念。从事实上看，并不是狭义的性行为对法益的侵害更严重。我20多年前在北京市西城区检察院挂职时遇到一个案件,在工地打工的两个人夜间拦截了一名女性,其中的成年人强行与被害人性交,在 16 岁的未成年人要与被害人性交时,成年人予以禁止,只允许他实施狭义性交以外的行为。被害人陈述时讲到,对她伤害最大的是这名未成年人的行为。一般观念认为狭义的性交行为对被害人的伤害最大,其实只是基于传统的道德观念。但性犯罪不是违反伦理道德的犯罪,而是侵害法益的犯罪。《最高人民法院、最高人民检察院关于办理强奸、猥亵未成年人刑事案件适用法律若干问题的解释》第 8 条规定,对于以生殖器侵入肛门、口腔或者以生殖器以外的身体部位、物品侵入被害人生殖器、肛门等方式实施猥亵的,要认定为“猥亵手段恶劣或者有其他恶劣情节”,适用“五年以上有期徒刑”的法定刑,这比奸淫幼女型的强奸罪还要重。合适与否是另一回事,但说明进入式的性行为具有严重的法益侵害性。如果说《刑法》第 236 条中的强奸包括所有进入式的性行为,则妇女可以成为强奸罪的直接正犯,而不是只能成立间接正犯。所以,解释者首先要明确这一点,也就是说要知道进入式的性行为与狭义的性交行为对妇女的性自主权的侵害是没有区别的,然后在适当时机提出强奸包括所有进入式的性行为。我现在就能接受将进入式的性行为认定为强奸。前不久见到一个案件,两个被告人使用暴力对妇女实施性行为,他们计划以及实际实施的行为是,甲男与妇女实施狭义的性交行为,乙男在此时让妇女为自己口交。如果说进入式的性行为都是强奸,则对二人要认定为轮奸。如果说强奸只限于狭义的性交行为,则本案不能认定为轮奸。

我国《刑法》后来增加了第 236 条之一,用了“发生性关系”这个表述。但是,问题在于“性关系”应该如何理解。虽然我们目前仍然解释为狭义的性行为,但立法机关为什么用“发生性关系”这个普通用语,而没有用规范用语?这没有办法考证。是不是考虑到将来修改《刑法》第 236 条时,不需要修改第 236 条之一?还是说“性交”这个词出现在刑法中不合适?但可以肯定地说,即使将第 236 条之一中的“发生性关系”解释为进入式的性行为,我也是能够接受的。

当然,能够修改《刑法》第 236 条是最合适的。只有修改了《刑法》,一般人才会认为强奸罪的构成要件发生了变化。如果没有修改《刑法》,这个法条一直就是这样理解的,怎么突然一下内容就变化那么大呢?学者与一般人都会提出疑问。重大观念的普遍改变,靠宣传来得慢,改法律来得快。

其二,怎么理解"暴力、胁迫或者其他手段"?"暴力、胁迫或者其他手段"是构成要件的要素,还是只是为了征表性行为违背被害人意志,或者说只是为了证明被害人没有同意的一个要素呢?这涉及强奸罪是二元模式还是一元模式的问题。如果说暴力、胁迫或者其他手段与奸淫行为是手段行为与目的行为的关系,就属于二元模式。二元模式是传统的强奸罪的模式,但现在许多国家刑法都采取一元模式。一元模式不要求行为人实施暴力、胁迫等强制手段,只要性行为违反被害人意志或者只要被害人不同意,就构成强奸罪。

一元模式中存在 NO 模式与 YES 模式。德国刑法采取了 NO 模式,只要性行为违反他人可能被认识的意志,或者说被害人不同意性行为,行为人对之实施性行为的,就构成强奸罪。国外有学者认为,NO 模式以被害人具有刚强的性格为前提,其整体观念没有考虑胆小懦弱的被害人。瑞典刑法对强奸罪采取了 YES 模式。瑞典刑法以前将强奸罪规定为对道德的犯罪,1984 年修改了性刑法,将性犯罪修改为对个人法益的犯罪,强奸行为也不限于狭义的性行为。2005 年瑞典又修改了性刑法,性行为的范围进一步扩大,强奸手段的范围进一步扩大。2013 年瑞典再次扩大了强奸手段行为,2018 年瑞典大幅度修改性刑法,而且将过失强奸纳入处罚范围。根据瑞典现行刑法关于强奸罪的规定,认定强奸罪采取以下几个步骤:(1)行为人是否与被害人实施了广义的性行为,如果没有就不构成强奸罪;如果有就进行下一步判断。(2)行为人是否采用了强制手段?如果没有就进入下面的第三步,如果有就进入下面的第四步。(3)如果行为人没有采用强制手段,就判断被害人是否同意或自愿,如果同意,就不构成强奸罪;如果没有同意,就构成强奸罪。(4)如果行为人采用了强制手段,或者虽然没有采取强制手段但被害人没有同意,就判断行为人有无故意,亦即,判断行为人是否认识到了被害人不同意。如果认识到了就构成强奸罪,如果没有认识到就进入下一步判断。(5)行为人是否认识到被害人可能不同意？如果认识到了，就构成强奸罪；如果没有认识到，就进行下一步判断。(6)行为人能否认识到对方不同意，如果能认识到，则是过失强奸罪。

一般认为，我国《刑法》第236条规定的强奸罪是二元模式，即作为既遂的强奸罪，行为人必须实施了强制行为与奸淫行为，但从解释论上来说，还是有可能将我国的强奸罪理解为一元模式的。也就是说，暴力、胁迫与其他手段只是征表被害人的不同意的手段，核心要求还是违背妇女意志，即采取NO模式。凡是被害人不同意的，都构成强奸罪。事实上，在我国司法实践中，明知妇女醉酒而与之性交的，只要妇女报案都会认定为强奸罪，但这种强奸罪其实就是一元模式，而非二元模式。例如，明知是精神病妇女而与之性交的，也会认定为强奸罪，这也是一元模式。没有人认为对这两种情形认定为强奸罪违反了罪刑法定原则。就像《刑法》第292条对聚众斗殴罪的表述那样，表面上看，聚众是一种手段行为，斗殴是目的行为，其实不应当这样理解，只要理解为以聚众的方式斗殴就可以，而不是说必须在斗殴前有一个聚众行为。《刑法》第236条也可以这样理解，只要违反妇女的意志实施性交就可以构成强奸罪，而不是说在此之前必须实施一个强制行为。当然，我只是讲可以这样理解，但一般人不会赞成这样的理解。

我想说一下，为什么境外频繁修改强奸罪，而我国刑法对强奸罪没有修改呢？可能是以下原因：一是将男性作为强奸罪的对象缺乏紧迫性，主要是因为男性被强奸的案件特别少；二是强制猥亵罪的法定刑也不低，将狭义的性交行为以外的进入式性行为认定为强制猥亵罪，也不会导致处罚过轻；三是妇女及时报案的一般都会认定为强奸罪，即使行为人否认实施了暴力、胁迫等强制行为，也基本上以妇女的陈述为根据进行判断。这样一来，就会发现刑法关于强奸罪的规定不存在处罚漏洞与处罚不均衡的问题，所以，对强奸罪的修改显得没有必要或者必要性不大。

第二，如何理解强奸罪的保护法益？

我国刑法中的强奸罪包括普通强奸罪和奸淫幼女型强奸罪。关于普通强奸罪的保护法益，国内外刑法理论一般认为是他人的性行为自主权或性的自主权。普通强奸罪与强制猥亵罪的保护法益都是性行为自主权,似乎完全一样,但其实不一样,因为其中的"性行为"的内容不一样,只不过一般没有表达出来。但现在刑法理论上出现了不同的观点。比如,日本有学者认为,强奸罪的保护法益是他人的尊严。但这样的表述过于抽象,其实也只是为了说明强奸罪的法益侵害的严重性。还有学者认为,强奸罪的保护法益是他人对侵犯自己身体的私密领域的防御权。奥地利有学者认为,强奸罪的保护法益是他人的"性的完全性"或者"完整性"。当然,要理解其含义可能有些困难,这个只能意会不能言传。

按理说,这些不同的表述是为了解决究竟对强奸罪的认定采取何种模式,但我们还难以看出不同表述对构成要件的解释究竟会产生什么具体影响。其实,"No is No"还是"Yes is Yes"虽然与保护的法益有点关联,但关联不是特别大。这两者并不对立。在"Yes is Yes"模式下,被害人没有表示同意的,行为人的性行为就构成强奸罪。倘若行为人在被害人明确说"不"时实施性行为,当然也构成强奸罪。在美国和德国都发生过这样的案件:意识很清醒的妇女同意与对方发生性关系,但是在发生关系的过程中突然提出来不可以继续发生关系,然而对方没有停下来,最后也定了强奸罪。因为前面虽然是同意的,但是后面明确表示不同意,那么就不可以再继续了。有的学生讨论这究竟是作为还是不作为,但这个讨论似乎意义也不是特别大。从保护法益的角度来说,性自主权说既可以与"No is No"模式融洽,也可以与"Yes is Yes"模式融洽。在我国刑法理论中,违背妇女意志这个表述,同样既可以与"No is No"模式融洽,也可以与"Yes is Yes"模式融洽。只要在具体解释时说清楚就可以。所以,我觉得,在我国还是可以继续采用性行为自主权说。

奸淫幼女虽然不是独立罪名,但奸淫幼女型强奸罪(以下表述为奸淫幼女罪)与普通强奸罪的保护法益是否完全相同?日本刑法理论的通说认为,强奸罪的保护法益是他人的性行为自主权或性的自由,由于奸淫幼女(儿童)行为成立强奸罪,故奸淫幼女(儿童)罪的保护法益也是幼女(儿童)的性行为自主权或性的自由,只是由于幼女(儿童)对性的事项缺乏充分的判断能力,故即使基于幼女(儿童)的同意而与之性交也成立奸淫幼女(儿童)罪。但国外刑法理论上也有观点认为,强奸罪与奸淫幼女罪的保护法益并不相同。例如,奥地利刑法理论的通说认为,强奸罪的保护法益是被害人的性的自主决定权;奸淫儿童罪的保护法益是儿童的性的完全性或完整无损性(sexuelle Integrität),意思决定自由并不是奸淫儿童罪的保护对象。因为儿童的精神未成熟,对性的意义缺乏理解与判断能力,为了尽可能使儿童的性的、精神的发达与成长不受妨害,故一律禁止任何人对儿童实施性行为。又如,瑞士刑法理论的通说认为,强奸罪的保护法益是性的自己决定的自由;奸淫儿童罪的保护法益则是儿童的性的发育不受妨害,但不要求行为现实地妨害了儿童的性的发育,也不要求行为产生了现实的危险,故奸淫儿童罪属于抽象危险犯。日本也有学者认为,普通强奸罪的保护法益是性的自己决定权,但对儿童的强奸罪的保护法益则是性的不可侵犯性。我国刑法理论的多数说事实上也区分了普通强奸罪与奸淫幼女罪的保护法益,认为强奸罪的客体是妇女的性交自由权利和幼女的身心健康,或者是女性的性自由权利和幼女的身心健康权利,明显旨在分别表述普通强奸罪与奸淫幼女罪的保护法益。但“身心健康”这一概念并不能使奸淫幼女罪与其他侵犯儿童权益的犯罪(如雇用童工从事危重劳动罪)相区别,因而存在缺陷。

在我看来,一方面肯定幼女享有性行为自主权,另一方面又不允许或者不同意幼女行使性行为自主权,这多少有些自相矛盾。事实上,幼女的性的自由原本就受到了严格限制,倘若只是由于幼女缺乏自己决定能力而阻却同意效力,似乎意味着可以由家长、监护人代行决定,但法律并不允许。应当认为,奸淫幼女罪的保护法益不同于普通强奸罪的保护法益。幼女由于身心发育不成熟,对性行为的意义缺乏理解与判断能力,因此,为了使幼女健康成长不受性行为的妨碍,必须一律禁止对幼女实施性交行为。在此意义上说,奸淫幼女罪的保护法益,是幼女的性的不可侵犯权或者性的完整无损性。

与此有密切关系的是负有照护职责人员性侵罪的保护法益。有的学者认为,负有照护职责人员性侵罪的保护法益是“低龄未成年女性的性自主权”,

性自主权的内容包含拒绝权、自卫权、选择权、承诺权等。如果是这样的话，本罪的保护法益就与强奸罪相同。可是，负有照护职责人员性侵罪的构成要件内容，只是负有照护职责的人员与未成年女性发生性关系，强制手段不是本罪的构成要件要素，即使未成年女性完全同意与负有照护职责的人员发生性关系，也不影响本罪的成立。这就表明，没有侵犯未成年女性的性自主权的行为也能成立本罪，故不能将性自主权作为本罪的保护法益。还有学者为了维护性自主权说，主张即使未成年女性同意，也拟制为侵害了性自主权。但是，这种观点不能说明为什么未成年女性对与其他人员发生性关系的同意却是有效的。换言之，刑法实际上承认已满 14 周岁的未成年女性具有同意能力，否则就会提高奸淫幼女犯罪的同意年龄，但事实上并非如此。在上述同意无效的情形下，显然不能将性自主权作为保护法益。另有学者为了维护性自主权说，通过援引对基于照护职责而产生的优势地位的滥用或者隐性强制等因素，来说明行为人的行为实质上违背了未成年女性的意志。但这实际上是自行添加了构成要件要素，而且添加这一要素不具有合理性。大家知道，《日本刑法》第 180 条规定的监护者性交等罪与强制性交等罪的法定刑相同，之所以如此，是因为监护者性交等罪要求现实监护的人乘有影响力之机与不满 18 周岁的人性交。在这种情形下，未满 18 周岁的人如果反抗监护人的行为，就会担心自己丧失监护人的物质上、心理上的保护，故不得不顺从监护人的意志。在这一点上，监护人性交等罪与强制性交等罪便没有实质区别。但我国《刑法》第 236 条之一规定的行为主体并不限于现实的监护人，而且法定刑明显轻于强奸罪，既然如此，就不能在构成要件中添加强制要素，因为添加“强制”这一构成要件要素，不能说明为什么本罪的法定刑明显轻于强奸罪的法定刑；更不应通过添加强制要素论证本罪的保护法益是未成年女性的性自主权。反之，将本罪的保护法益界定为少女免受具有保护责任者性侵扰的性健全发展权，才能说明本罪是抽象危险犯，即成立本罪既不需要具体判断行为是否违反少女的意志，也不要求行为人利用其身份优势，这同时能说明本罪与强奸罪的法定刑的差别。

第三,对报告人讨论的问题的看法。

日本 2017 年修改了强奸罪的规定,2023 年 6 月又进行了修改,其中一个内容是,扩大了强奸罪与强制猥亵罪的范围,尤其是对强制手段的限制更加缓和,凡是和醉酒的人实施性行为的都构成强制猥亵罪(不同意猥亵罪)。《日本刑法》第 176 条规定的是强制猥亵罪(不同意猥亵罪),第 177 条规定的是强奸罪或者是不同意性交等罪。强制猥亵是普通法条,不同意性交等罪是特别法条。其中,第 176 条拟修改为:"1. 通过以下所列行为或事由,或者任何其他类似行为或事由,使他人陷入难以形成、表达或实现不同意之意向的状态,或者利用此等状态而实施猥亵行为的,不论是否存在婚姻关系,处 6 个月以上 10 年以下之拘禁刑:(1)对他人使用暴行或胁迫,或者其已遭受暴行或胁迫。(2)造成他人身心障碍或身心伤害,或者其已处身心障碍或身心伤害之状态。(3)引诱他人摄取酒精或药物,或者其已处受酒精或药物之影响的状态。(4)使得他人入睡或陷入类似的意识不明之状态,或者其已处于此状态。(5)使得他人无暇形成、表达或实现不同意之意向。(6)使得他人直面预料之外的事态而感到恐惧或惊愕,抑或其正因直面此等状况而感到恐惧或惊愕。(7)造成他人因虐待而产生心理反应,或他人正处于此心理反应的状态。(8)导致他人会对因其经济或社会关系地位的影响力而蒙受不利益抱有忧虑,或他人正处于此忧虑状态。2. 误使他人相信某行为并非淫猥类行为,或者使得他人对实施行为之人有所误认,或者利用此等误信或误认,而实施猥亵行为者,亦同。3. 对未满 16 岁之人实施猥亵行为者(若所述未满 16 岁之人系 13 岁以上,则仅限于在其出生日期前 5 年或更早出生之人),与第 1 款同。"第 177 条拟规定:"1. 基于前条第 1 款各项所列行为或事由或任何其他类似行为或事由,使他人陷入难以形成、表达或实现不同意之意向的状态,或者利用此等状态,而进行性交、肛交、口交或将身体部位(阴茎除外)或物品插入阴道或肛门的行为(以下,本条和第 179 条第 2 款简称'性交等'),不论是否存在婚姻关系,处 5 年以上有期拘禁刑。2. 误使他人相信某行为并非淫猥类行为,或者使得他人对实施行为之人有所误认,或者利用此等误信或误认,而实施性交等行为者,亦同。3. 对未满 16 岁之人实施性交等行为者(若所述未满 16 岁之人系 13 岁以上,则仅限于在其出生日期前 5 年或更早出生之人),与第 1 款同。"①从上述规定可以看出,只要被害人已经处于受酒精或药物之影响的状态,行为人与之实施进入式性行为的,无论是否存在婚姻关系,也无论是否实施了其他强制行为,一律构成不同意性交等罪。从字面含义看,如果配偶的一方喝酒了或者晚上睡着了,另一方摸了对方的隐私部位的,也构成不同意猥亵罪。而且,不同意猥亵罪与不同意性交等罪都不是告诉才处理的犯罪,而是公诉罪。如何评价日本刑法的这两个条文是另一回事,我想说的是,与醉酒妇女性交,构成强奸罪的可能性明显增加。

在我国,学者们没有就此写论著充分研究,但在日常讨论中,明显出现了两种立场。一种立场认为,由于酒后乱性,因此对于与醉酒妇女性交的案件,不要轻易认定为强奸罪。另一种立场则认为,由于醉酒妇女不能表达自己的意思,即使先前同意性交,但在妇女醉酒后也不能与之性交,否则就构成强奸罪。两种立场都可能过于绝对,我觉得采取一种中间立场可能比较合适。其中,要区分不同的类型,还要分别从客观与主观两个方面进行判断。

报告人将行为人与醉酒妇女性交的案件分为三种类型,我先就这三种类型谈一点看法。

第一种类型就是与醉酒的卖淫女性交的案件。之所以先说这类案件,是因为我发现这类案件较多,而且争议最大。可以肯定的是,卖淫女也有性行为自主权,违反卖淫女的意志实施的性交行为也构成强奸罪。例如,卖淫女要求行为人戴安全套,但行为人不戴安全套而强行性交的,肯定构成强奸罪。又如,卖淫女收了钱之后不同意性交,行为人强行与之性交的,也构成强奸罪。至于卖淫女是否构成诈骗罪,则是另外的问题。而且,在上述情形下,不能认为行为人没有强奸的故意,因为行为人清楚地知道对方不同意性交。

以下几种情形都应当认定为强奸罪:(1)卖淫女在醉酒前约定与一人性

① 2023 年 9 月,日本国会已通过了性刑法的修改方案。

交,但在卖淫女醉酒后,数人与之性交的,构成强奸罪;(2)卖淫女在醉酒前约定与甲性交,在卖淫女醉酒,甲一人与之性交后,乙得知对方是卖淫女而与之性交的,乙的行为构成强奸罪;(3)卖淫女醉酒前约定了与对方性交的时间、方式(如必须戴安全套、不得有第三者在场)等,但在卖淫女醉酒后,行为人违反卖淫女约定的时间、方式等与之性交的(如未戴安全套、有第三人在场),构成强奸罪;(4)卖淫女已经醉酒后与之约定性交的,也构成强奸罪;(5)将卖淫女灌醉后与之约定性交的,要认定为强奸罪。以上几种情形都可以认定为违反了卖淫女的意志。

认定与醉酒的卖淫女性交的行为构成强奸罪时,要特别防止一类案件被认定为强奸罪,即有的犯罪团伙乃至集团,有男有女,让女的做卖淫女,并且让卖淫女在性交前喝酒,也不一定喝醉,性交后卖淫女不是要嫖资费用,而是以被强奸为由漫天要价,据我所知,有的要价数千万元。如果男方不给,就告发男方强奸。如果男方给了巨额费用,就不告发。在这类案件中,卖淫女一般只从事一次性交易,否则就容易被发现。这类案件应当认定卖淫女一方的行为构成敲诈勒索罪。但这类案件如何识破真相,有一定难度。

第二种类型是熟人之间的性行为。我先讲一个案件。甲、乙、丙三名男性与一名女性是同事,关系都挺好,下班后一起出去喝酒。女性喝醉,于是乙、丙就让没喝酒的同事甲开车送她回家。在车上,这名女性反复要求与甲发生性关系。前面几次都被甲拒绝了,后来因为女性再次要求,二人就在车上发生了性关系。甲将女性送回家以后就回自己家了,第二天早上,女性发现身体异常,就打电话问甲,甲将真相告诉女性,女性就告发甲构成强奸罪,法院也认定甲构成强奸罪。理由是,甲明知女性醉酒了,其想性交的意思不是真实意思,却仍然与之性交。按照前面我介绍的《日本刑法》第177条的规定,甲的行为构成强奸罪也没有任何疑问。但我对这个案件的处理存在疑问。女性确实是醉酒了,甲也知道这一点。问题是,甲怎么知道女性是酒后吐真情,还是心口不一?我之所以先讲这个案例,是想说,与熟悉的醉酒妇女性交的案件中,主要是行为人有无强奸罪的故意的问题。两个人的关系越密切,男方越容易认为妇女是真实自愿与自己性交,尤其是妇女主动且反复提出来的场合,难以认定男方有强奸的故意。

反过来说,如果虽然是朋友或者同事,但明知妇女已经醉酒而提出与妇女性交的,则能够认定为强奸罪。因为在这样的场合,妇女已经醉酒,男性主动提出实施性交时,妇女的辨认控制能力明显减弱,容易同意男性的要求,而男性正是利用了这一点。所以,认定男性的行为构成强奸罪问题不大。

还有一类案件,数名熟人一起喝酒,随意聊天,女性甚至主动说一些黄色笑话,但没有提出发生性关系。在妇女醉酒后,男性与妇女实施了性行为,实施性行为时妇女也没有反抗,妇女清醒后报警。这类案件也要认定为强奸罪。有的被告人为自己辩解说,妇女故意挑逗自己,以为妇女是同意的。但只要妇女没有提出实施性行为,在妇女醉酒后,行为人就不能与之性交,因为根本不能确定妇女是同意性交的。

第三种类型就是陌生人之间的情形。即行为人事前并不认识妇女,妇女醉酒后行为人与之性交。这种情形认定为强奸罪一般没有疑问。因为凭什么就可以与不认识的醉酒女性发生性关系呢?但是有一种情况就是,醉酒女性拉了个陌生人就挑逗要求发生性关系。那么在何种条件下,要赋予男性以拒绝的义务呢?当然,这里不是说要认定不作为的强奸,而是把问题归结于,能不能说凡是认定与醉酒后女性发生性关系的行为,都构成强奸罪。

总的来说,与醉酒妇女性交的案件,不构成强奸罪的情形较少。但不能认为,凡是与醉酒妇女性交的都构成强奸罪。报告人提供了几个案例,其中有一个宣告不构成强奸罪的案例,我觉得是可以接受的。当然,有些案件涉及证据采信问题,是按妇女陈述的事实认定还是按行为人辩解的事实认定,结论肯定是不一样的。特别是妇女究竟是醉酒了还是没有醉酒,主要是一个证据问题,不能因为是强奸罪,就采取事实存疑时不利于被告的做法。

第五课

性侵儿童犯罪之传统问题概述与新型问题初探*

一、学生报告

从规范层面来看,性侵儿童的犯罪类型,在我国主要包括强奸罪(奸淫幼女)和猥亵儿童罪,其被分别规定于我国《刑法》第236条和第237条中。由于本罪需要考虑社会观念、文化习俗、性别差异等多重维度和视角,从而呈现出一种交错的复杂性,从保护法益到行为方式等诸多方面均存在许多问题。不仅如此,随着科技的发展、互联网的兴起,社会出现了通过网络方式实施猥亵行为这一新型行为,对于这类行为的认定也存在各种各样的问题。因此,本次报告拟从本罪保护法益、行为类型、网络视频上的行为与现实空间的行为差异性以及奸淫行为与猥亵行为的区别四个方面展开讨论。

(一)保护法益

在我国,本类犯罪保护法益存在不同的观点,主要包括儿童身心健康说、儿童性自由说、儿童性的不可侵犯说。

* 本课报告人为龚子翔,清华大学2022级法律硕士。

1. 儿童身心健康说

目前我国通说认为,性侵儿童犯罪的保护法益是儿童的身心健康。[①] 但是这种观点具有不足之处。首先,法益能够体现犯罪的特征,具有对犯罪进行分类的功能。然而,若将本罪的保护法益认定为抽象的儿童身心健康,则不能体现出本罪所具有的"性犯罪"的特征,难以与其他犯罪相区分。例如,我国刑法规定的拐卖儿童罪、雇用童工从事危重劳动罪等犯罪都侵犯了儿童的身心健康。其次,若将身心健康具体化为身体健康与心理健康,会导致在某些场合中无法给予合理解释。例如,在公共场所针对不具有性意识或者是熟睡中的儿童实施不造成生理健康伤害的猥亵行为可能难以被认定为猥亵儿童罪,但这明显与我国《刑法》第 237 条第 3 款的规定相矛盾。在司法实务中,对可能不具有性意识的未成年人实施不造成生理健康伤害的性侵行为反而要从重处罚。

案例 1[②]**:**2017 年 8 月 18 日下午,被告人在自己家里将被害人甄某某(女)的裤子脱到大腿处,对甄某某猥亵后将甄某某的裤子穿好让其离开回家。晚上吃饭时甄某某将被告人的猥亵行为告诉了其母亲马某 1。8 月 24 日甄某某父亲甄某 1 向阳城县公安局报案。报案当日,甄某某在其家长的陪同下就医,经医院检查诊断,甄某某外阴正常,小阴唇发育良好,处女膜完整无损伤。另查明:甄某某为视力智力(低)残疾人。案发时患精神发育迟滞(轻度),无性防卫能力。一审法院与二审法院均认为,被告人的行为构成猥亵儿童罪。被告人猥亵视力智力(低)残疾且案发时患有精神发育迟滞(轻度)的未成年人,应从重处罚。

从本案可以发现,对精神发育迟滞的残疾儿童实施猥亵行为,即便未造成生理损害结果,法院仍然认定为猥亵儿童罪,甚至从重处罚。《最高人民法

① 参见高铭暄、马克昌主编:《刑法学》(第 10 版),北京大学出版社、高等教育出版社 2022 年版,第 472 ~ 473 页。

② 参见(2018)晋 05 刑终 361 号。

院、最高人民检察院关于办理强奸、猥亵未成年人刑事案件适用法律若干问题的解释》第1条第1款第4项明确规定了对于精神发育迟滞的被害人实施奸淫行为的要从重处罚。但是对于智力残疾的儿童实施这种行为并不必然会侵害其心理健康,因此身心健康说难以成立。

2. 儿童性自由说

儿童性自由说是日本通说。[①] 但该观点与我国立法体例不同,难以在我国适用。首先,在日本,对于猥亵儿童的行为并未独立成罪,而是一并适用强制猥亵罪。因此,实际上该说在日本更多的是作为针对成年人的强制猥亵罪的保护法益,而非仅适用于性侵未成年人犯罪的保护法益。其次,我国对于儿童的性自由进行了严格的限制,即便是儿童同意的性行为也为刑法所禁止,至多只能说有拒绝同他人实施性行为的消极自由。因此,该说也难以被我国接纳。

3. 儿童性的不可侵犯说

儿童性的不可侵犯说认为,刑法关于性侵儿童犯罪的规定是为了保护儿童的健康成长不受性行为的妨害。[②] 该观点相对而言较为周延,能够避免上述两种观点的缺陷,给予儿童较为周全的保护,防止漏洞的出现,同时符合我国对于儿童严密周全保护的刑事政策。

(二)行为类型归纳

从规范的角度来看,在我国,性侵儿童的实行行为类型主要包括奸淫行为和(狭义)猥亵行为,分别由强奸罪和猥亵儿童罪进行规制。

1. 奸淫行为

奸淫行为的对象只能是未满14周岁的幼女。奸淫幼女的行为,只要客观上与幼女发生性交即可,至于是否使用暴力、胁迫等强制手段在所不问;行为

---

① 参见[日]西田典之著,[日]桥爪隆补订:《日本刑法各论》(第7版),王昭武、刘明祥译,法律出版社2020年版,第103页。

② 参见张明楷:《刑法学(下)》(第6版),法律出版社2021年版,第1133页。

人主观上有奸淫幼女的故意,故意的内容包括奸淫对象是不满14周岁的幼女以及奸淫行为所具有的社会意义与结果。如果行为人不知道对方是幼女,则不构成本罪。① 值得一提的是,奸淫幼女型的强奸罪在既遂标准上,我国通说采取接触说,只要行为人和被害人的性器官发生接触,即构成本罪的既遂。当然,接触须为双方性器官实际的接触,如果隔着衣物接触,司法实践中认定为强奸罪(未遂)。② 但是,对于该标准,学界不乏反对的意见。首先,该观点是将较轻犯罪(猥亵儿童罪)的构成要件行为作为较重犯罪的既遂标准,这种做法并不可取。其不仅使既遂的认定过于提前,不利于行为人中止的认定,还会导致二罪难以区分。③ 其次,在奸淫不满10周岁幼女的场合,接触说存在违反罪责刑相适应原则的可能。④ 最后,与性侵男童行为相比,二者的量刑差距悬殊,使用了双重标准,不利于对男性儿童的保护。

案例2⑤:2021年8月9日上午,被害人于某(2013年10月10日出生)到被告人于某某家中玩耍,被告人见于某在其家中东屋床上躺着便产生性冲动,欲与于某发生性关系,因其生殖器未勃起而放弃。被告人外出回来后,见于某还躺在床上,后生殖器勃起,遂趴到于某身上,采用亲吻、舌舔于某嘴及面部,并用生殖器蹭于某的生殖器。当其准备将生殖器插入时,因担心于某的生殖器出血,于是放弃插入,并持续用其生殖器去蹭于某的生殖器,持续2分钟左右,后被告人将精液射到地面上。法院认为,被告人奸淫不满10周岁的幼女,其行为侵害了幼女的人身权利和身心健康,构成强奸罪。经审判委员会讨论决定,判决被告人犯强奸罪,判处有期徒刑10年2个月。

在本案中,如果采取插入说,行为人的行为应认定为犯罪中止。但依照接

---

① 参见张明楷:《刑法学(下)》(第6版),法律出版社2021年版,第1138页。

② 参见(2019)川1502刑初26号。

③ 参见张明楷:《刑法学(下)》(第6版),法律出版社2021年版,第1142页。

④ 参见林需需:《性侵未成年人新修订若干争议条款的理解与适用》,载《预防青少年犯罪研究》2022年第1期。

⑤ 参见(2021)辽0281刑初623号。

触说,最终不仅构成强奸既遂,还适用加重法定刑。

2. 猥亵行为

由于"猥亵"属于规范性构成要件要素,因此难以给出一个明确的定义,只能通过归纳的方式进行总结。但是,可以明确的一点是,"猥亵行为"应是具有性的意义的行为。① 明确这一点有利于确定猥亵行为的内涵和外延。是否具有性的意义应以具体社会中一般人的观念进行判断。如果仅仅在行为人或者被害人看来具有性的意义的行为不能归属于此类行为。就具体的猥亵行为来看,可以根据不同的标准对其加以区分。根据行为人与被害人是否直接接触,可以分为接触型和非接触型。接触型又可分为性进入行为与性接触行为。性进入行为可以进一步分为自然型性交和非自然型性交。对于非接触型又可根据行为人与被害人是否处于同一空间范围内,将其分为在场型和不在场型。

(1)性进入行为

性进入行为包括自然型性交和非自然型性交的行为。

所谓自然型性交指的是男女双方性器官的交合。猥亵行为具有相对性,由于刑法另行规定了强奸罪,在不同的猥亵罪中,猥亵行为的范围显得不完全相同。② 尽管自然型性交这一行为类型应属于广义上的猥亵行为,但是从我国立法架构的意义上而言,猥亵儿童罪所规制的行为范围实际上包含自然型性交这一行为类型,但受到严格的性别限制,即仅限于女性对于男童所实施。如若是男性对于女童实施,在我国刑法意义上,便不属于(猥亵儿童罪意义上的)猥亵行为的范畴。非自然型性交指的是将性器官或者异物插入被害人的肛门、口腔内等。之所以要区分为自然型性交和非自然型性交,是因为在我国也有学者主张应将该种类型的猥亵行为定性为奸淫行为,从而以强奸罪论处。③ 其

---

① 参见张明楷:《刑法学(下)》(第6版),法律出版社2021年版,第1145页。

② 参见张明楷:《刑法学(下)》(第6版),法律出版社2021年版,第1147页。

③ 参见马寅翔、邹宏建:《非自然型性侵幼女的定性反思》,载《青少年犯罪问题》2020年第4期。

理由在于,此种行为对于幼女的伤害或者对于法益的侵害较大,而以猥亵儿童罪论处量刑畸轻,既不利于保护幼女,也与民众的朴素情感相背离。从比较法的角度来看,在日本此种行为属于强制性交罪而非强制猥亵罪。[①] 此观点具有一定的合理性,但是问题在于对于非自然型性交的对象既可以是女童也可以是男童,而我国强奸罪的对象只能是女性,如果将该类行为以强奸罪论处,明显与我国立法规定不符。除非删除强奸罪在行为对象上的限制。而日本之所以这样规定是因为日本的强制性交罪的对象既可以是女性也可以是男性,从而不存在矛盾。并且,从最高人民法院和最高人民检察院最新颁布的《关于办理强奸、猥亵未成年人刑事案件适用法律若干问题的解释》的规定来看,其第 8 条第 1 款第 1 项明确将非自然型性交的方式归入《刑法》第 237 条第 3 款第 4 项规定的"猥亵手段恶劣或者有其他恶劣情节",适用 5 年以上有期徒刑。可见,该规定仍然将非自然型性交的性进入行为认定为猥亵行为。

(2)性接触行为

性接触行为是指性进入行为以外的,行为人与被害人具有直接身体接触的行为。比如,行为人触摸被害人一些隐私部位或者是要求被害人触摸自己的一些隐私部位,以及强行接吻等。此种类型在司法实务中最为常见。

非接触型的行为可以分为在场型和不在场型。不在场型主要指的是通过网络实施的猥亵行为。在场但不接触的猥亵行为,包括但不限于:①行为人要求被害人自行实施猥亵行为或者是多个被害人互相实施猥亵行为。②行为人故意在被害人面前裸露身体或者自行实施淫秽行为。③行为人对被害人说一些污言秽语,以言语的方式实施猥亵行为。④行为人在被害人面前播放淫秽影音、视频等,让儿童和自己或其他人一起观看。通过网络实施的猥亵行为,从行为外观上来看,与上述行为相同,只是行为人和被害人处于不同的空间

① 参见[日]西田典之著,[日]桥爪隆补订:《日本刑法各论》(第 7 版),王昭武、刘明祥译,法律出版社 2020 年版,第 107 页。

中，通过互联网这一媒介实施。比如，行为人以欺骗、胁迫、利诱等方式，要求被害人通过网络视频自行实施猥亵行为等。

对于上述归纳的猥亵行为，存在以下几点问题：在司法实务中，除了性进入行为，其余各类猥亵行为，尤其是非接触类型的猥亵行为，均涉及罪与非罪的问题。如果不存在其他猥亵行为或者加重情节，仅仅实施了该类行为，并不会直接被认定为猥亵儿童罪。这样一来，法益侵害程度便成为判断罪与非罪的标准。

①情节较轻的接触行为

案例3①：被告人刘某于2019年4月2日至8日，四次在某小学附近路段，故意迎面走向上下学途中的小学生，用手抓摸女生胸部或者用拳头触碰女生胸部，然后离开（其中两次触摸到女生胸部，两次因女生及时躲避而未得逞）。

检察院提出了判处6年有期徒刑的量刑建议，一审法院认为，被告人刘某多次在公共场所当众猥亵不满12周岁的儿童，构成猥亵儿童罪，判处5年有期徒刑。被告人上诉后，二审法院认为，“上诉人虽有多次猥亵行为，但其中两次未遂，实施猥亵的时间极短，猥亵手段轻微，危害程度并非十分严重，其行为本属于应依照《治安管理处罚法》处罚的违法行为。但结合本案猥亵行为系在公共场所当众实施的情节，上诉人的主观恶性、行为的社会危害性则已达到应予刑罚的程度，应依法追究刑事责任。但该‘在公共场所当众猥亵’作为入罪情节认定后，不应再作为量刑情节重复评判对上诉人加重处罚。综合考虑本案的犯罪情节，原审对上诉人量刑过重，应予以纠正”。于是，撤销原判，改判为2年有期徒刑。

在本案中，法院认为行为人所实施的行为本身应属于治安管理处罚法上而非刑法上的猥亵行为，只是由于存在其他加重情节，因此应追究其刑事

---

① 参见（2020）粤0305刑初字第470号；张明楷：《加重情节的作用变更》，载《清华法学》2021年第1期。

责任。

②在被害人面前实施露阴、手淫的猥亵行为

从检索到的案例来看，行为人因裸露身体而被认定为猥亵儿童罪的通常是伴随着其他加重情节，比如多次实施或者同时实施了其他猥亵行为。目前并未检索到仅因行为人在被害人面前实施露阴、手淫的猥亵行为而被认定为猥亵儿童罪的案例。

案例4①：(1)2016年7月的一天，被告人顾某在本区漕泾镇金星示范场汽车站，以手摸下体的方式对被害人殷某某(2003年11月7日出生)实施猥亵。(2)2017年3月的一天，被告人顾某在本区漕泾镇新民路中心西街拐角处，以露阴的方式对被害人李某实施猥亵。(3)2017年3月中旬的一天早上，被告人顾某在本区漕泾镇新民路中心西街拐角处，以露阴的方式对被害人李某2、李某3、刘某1实施猥亵。(4)2017年4月6日6时50分许，被告人顾某在本区漕泾镇新民路中心西街拐角处，以露阴的方式对被害人杨某某、段某某实施猥亵。(5)2017年5月4日，被告人顾某在本区漕泾镇中一西路致富路东侧亮亮百货门口处，以露阴的方式对被害人康某某、刘某2实施猥亵。(6)2017年9月7日7时许，被告人顾某在本区漕泾镇中一西路×××号西侧路口附近，以问路的方式先后与被害人赵某某、沈某某、徐某1搭讪，在搭讪过程中，以露阴的方式对赵某某实施猥亵，以手摸沈某某下体、徐某1乳房(未遂)的方式实施猥亵。

法院认为，被告人顾某多次猥亵不满14周岁的儿童，其行为已构成猥亵儿童罪，并且除露阴行为之外，被告人还实施了其他猥亵行为。

③以言语方式实施猥亵行为

司法实务中，对于此类行为，同前述类型的猥亵行为一致，即只有通常伴随着其他加重情节，才有可能被认定为猥亵儿童罪。

---

① 参见(2018)沪0116刑初409号。类似案件参见(2017)闽01刑终30号、(2019)川01刑终679号等。

案例5①:2018年6月至7月,被告人周某达利用担任北京市××小学英语教师身份的职责便利,以QQ聊天方式多次向被害人范某1(女,11岁)发送淫秽语言,引诱范某1多次在教室内、教室外的楼道内当众用脚踢踩、用膝盖顶等方式触碰其生殖器官,并与范某1多次交流被触碰后的感受,以获取性满足。同年7月10日,周某达被公安机关抓获。

法院认为,被告人周某达无视国法,为满足性刺激,利用教师职责地位形成的便利条件,用性交以外的方法,在教室内外之公共场所多次对女童当众实施猥亵行为,其行为侵犯了儿童的身心健康,触犯了国家刑律,已构成猥亵儿童罪,依法应在5年以上有期徒刑之档从重处罚。

④以播放淫秽视频方式实施猥亵行为

案例6②:行为1:2017年三四月的一天中午,被告人林某路过莆田市某小学旁的东方红苹果手机店门口时,见被害人郭某1(女,7周岁)、林某2(女,6周岁)在路边,便上前将手机里面的淫秽视频拿出来骗郭某1、林某2观看。

行为2:2017年五六月的一天下午,被告人林某路过上述手机店门口时,见被害人郭某1在路边,便上前将手机里面的淫秽视频拿出来骗郭某1观看。

行为3:2018年1月16日16时许,被告人林某路过西社小区,见被害人郭某1放学后进入楼道内,便上前跟进楼道内,并将手机里的淫秽视频拿出来骗郭某1观看,后又当着郭某1的面脱下裤子裸露生殖器,对着郭某1进行手淫直至当场射精。

法院认为,被告人林某对不满14周岁的女童进行猥亵,其行为已构成猥亵儿童罪,依法从重惩处。被告人实施的前二起行为,尚不足以构成犯罪,但应作为量刑情节予以评价。

向儿童播放淫秽视频的行为是否构成猥亵儿童罪,涉及刑法中猥亵行为

---

① 参见(2018)京0101刑初550号。类似案件参见(2021)沪01刑终95号、(2019)闽0103刑初417号等。

② 参见(2018)闽0304刑初271号。

和《治安管理处罚法》中猥亵行为的区分问题。我国《治安管理处罚法》第44条规定，猥亵他人的，或者在公共场所故意裸露身体，情节恶劣的，处5日以上10日以下拘留；猥亵智力残疾人、精神病人、不满14周岁的人或者有其他严重情节的，处10日以上15日以下拘留。《治安管理处罚法》中的猥亵行为的外延较刑法中的猥亵行为更为广泛，包括十分轻微的猥亵行为。但是，刑法中的猥亵行为和行政法上的猥亵行为应具有同质性，都应当是具有“性的意义”的行为，其主要差异在于不法程度的不同。从上述实务案例来看，接触型的猥亵行为，应当根据实施方式、部位、持续的时间、周遭环境等情况综合认定。对于非接触型的猥亵行为而言，由于其本身的不法程度较低，对法益侵害性相对而言较小，在一些场合无法单独评价为刑法中的猥亵行为。因此，对于此类行为只有当其具有“多次实施”“强制”等加重情节时，才可被评价为刑法中的猥亵行为。由于猥亵行为属于性行为，需要根据性行为的部位、行为方式、时间长短等要素进行判断。如果所接触的部位是最为隐私的部位，则应当属于刑法中的猥亵行为。如果隔着衣服短暂碰撞女性乳房、臀部的，只能认定为《治安管理处罚法》上的猥亵行为。此外，如果行为本身属于《治安管理处罚法》范畴的猥亵行为，但是可以通过行为人多次实施或者针对多人实施，即具有恶劣情节从而评价为刑法上的猥亵行为，作为强制猥亵罪或者猥亵儿童罪的基本犯处罚。①

(3)不作为方式实施的猥亵行为

应当肯定以不作为方式实施的猥亵行为。儿童主动对行为人实施猥亵行为，行为人具有阻止义务。行为人不阻止的成立猥亵儿童罪。② 在司法实务中目前没能检索到相关案例，但是在陈某勤强奸案中，法院在说理部分对不作为式实施猥亵行为予以认可，认为即便是被害人主动帮助被告人手淫，被告人亦应对发生在自己身体上的危险行为负有阻止义务。

---

① 参见张明楷：《加重情节的作用变更》，载《清华法学》2021年第1期。

② 参见张明楷：《刑法学(下)》(第6版)，法律出版社2021年版，第1151页。

案例7[①]:2019年6月26日下午,被告人陈某勤在明知被害人潘某(女,2007年2月11日出生)未满14周岁的情况下,仍在苍南县某小区负二楼至负一楼位置抱住潘某,用手抚摸潘某的隐私部位,并让潘某为其手淫。

辩护人意见认为,被告人未对潘某实施具体的猥亵行为,是潘某为被告人手淫,因此不构成猥亵儿童罪。法院认为,被告人在明知潘某未满14周岁的情况下,为追求性刺激,意图抚摸其下体未果,故而要求被害人帮助自己手淫。其行为符合猥亵儿童罪的构成要件。即便是潘某主动帮助被告人手淫,被告人亦应对发生在自己身体上的危险行为负有阻止义务,更何况本案被害人潘某是在被告人的要求之下不得已而为之。辩护人相关意见,于法不符,不予支持。

(三)网络视频上的行为与现实空间的行为的差异性

随着科技的发展,猥亵儿童罪也发生了演变,出现了许多通过互联网对未成年人性侵害的行为。起初此类行为游离于法律规制之外,但随着最高人民检察院颁布指导性案例——骆某猥亵儿童案,将此类行为归于猥亵儿童罪已逐渐成为共识。并且,《最高人民法院、最高人民检察院关于办理强奸、猥亵未成年人刑事案件适用法律若干问题的解释》对此类行为进行了明确的定性。

案例8[②]:2017年1月,被告人骆某使用化名,通过QQ软件将13岁女童小羽加为好友。聊天中得知小羽系初二学生后,骆某仍通过言语恐吓,向其索要裸照。在被害人拒绝并在QQ好友中将其删除后,骆某又通过小羽的校友周某对其施加压力,再次将小羽加为好友。同时骆某还虚构"李某"的身份,注册另一QQ号并添加小羽为好友。之后,骆某利用"李某"的身份在QQ聊天中对小羽进行威胁恐吓,同时利用周某继续施压。小羽被迫按照要求自拍

① 参见(2019)浙0327刑初1301号。

② 参见"骆某猥亵儿童案",载《最高人民检察院公报》2019年第1期。

裸照10张，通过QQ软件传送给骆某观看。后骆某又以在网络上公布小羽裸照相威胁，要求与其见面并在宾馆开房，企图实施猥亵行为。因小羽向公安机关报案，骆某在依约前往宾馆途中被抓获。

法院经审理认为，被告人骆某以寻求性刺激为目的，通过网络聊天对不满14周岁的女童进行言语威胁，强迫被害人按照要求自拍裸照供其观看，已构成猥亵儿童罪（既遂），依法应当从重处罚。

从相关案例的总结归纳来看，对于网络视频上的行为和现实空间的行为，我认为应从实质和形式两个层面进行论述。从形式层面来看，网络视频中的行为构造相比于现实空间中的行为而言，具有下述特点：（1）基于网络空间特性的限制，行为人无法直接对被害人实施猥亵行为，须被害人自行实行；（2）通过网络视频实施的行为，行为人对于被害人现实控制力较弱，被害人相对而言具有较大自主性，在一定程度上能够决定是否中止此行为；（3）通过网络视频实施的行为须保持在线状态，因此被害人处于一种有意识的状态。

通过这些特点以及司法解释的表述来看，可以总结出，通过网络行为实施猥亵行为通常均表现为一种交互形式：行为人行为+被害人行为。一方面，存在行为人先前的行为，比如欺骗、胁迫、利诱等。另一方面，被害人基于行为人的前行为实施相应的行为，该行为既可以是被害人自行实施，也可以是找第三人对自己实施。尽管现实空间中也存在此种行为模式，但不同在于现实空间中由于行为人可直接对被害人实施猥亵行为，其行为模式类型更多。而网络视频中通常只能以这种方式进行猥亵行为。

案例9①：被告人刘某于2016年4月开始，为了寻求刺激，在网上陆续申请注册了5个QQ号码，并在其家中或办公室使用上述号码，与其在网络上搜索到的一些未成年女性聊天，冒称是对方的班主任或老师，以学校安排健康调查为由，对未成年在校女学生实施猥亵。2017年7月31日，被告人刘某在QQ上冒称肖某的英语老师，以测试沟通能力为由，要求肖某找一个40岁以

① 参见（2020）湘04刑再12号。

上的叔叔或者爷爷,后肖某按要求找来邻居卢某,刘某便指令卢某揉捏肖某的腰部,并让肖某将衣服揭起到胸部,肖某和卢某按其要求做了上述动作,而后刘某又要肖某往下拉裙子,肖某感觉不对遂挂断视频。

就实质层面而言,网络视频上的行为对于法益的侵害要小于现实空间中的行为。理由在于:一是网络视频中的行为对于被害人的控制程度较小,被害人能够自主决定范围更大。二是对被害人身体造成伤害的可能性和严重程度要小于现实中的行为。因此,对于此类型的猥亵行为仍应当注意罪与非罪的界定。对于仅存在行为人一方的猥亵行为,比如行为人直接在网络视频中通过语音文字、主动露阴方式实施的猥亵行为,如前所述,由于这种类型的行为本身不法程度相对较低,而在网络空间中这种行为的不法程度进一步降低,因此如果不存在其他行为或者加重情节,不应对此类行为通过刑法加以规制。

(四)奸淫行为与猥亵行为的区别①

我国刑法理论的通说认为,奸淫行为和猥亵行为在以下方面存在区别:(1)行为主体和行为对象不同。奸淫行为须是男性对女性实施,而猥亵行为并无特别限制。(2)主观故意内容不同。通说认为,根据行为人在主观上是否有强制性交的故意对二者进行区分,在猥亵的场合行为人主观并无奸淫的故意。(3)从行为客观方面来看,奸淫行为须发生双方性器官的接触或者插入,猥亵行为须为性交以外的淫秽行为。在司法实践中,在没有发生性交的场合,无法认定行为人究竟实施的是猥亵行为还是奸淫行为,法院的通常做法如下。

1. 按照存疑有利于被告的原则,认定为猥亵犯罪。

案例10②:2017年11月12日9时左右,被告人程某用手机QQ以女性身

---

① 由于本部分讨论的是两种行为之间的区别,因此讨论的范围和案例的检索也不仅限于针对儿童的性侵犯罪。

② 参见(2018)陕0422刑初23号。

份添加被害人孔某玉(女,出生于2004年12月11日)的QQ并通过聊天获取被害人信息后,又以威胁的方法骗取被害人的裸体视频。当日下午被告人以在网上公开被害人裸体视频相要挟,要求与被害人见面。当日下午5时许,被告人将被害人约至一荒地,以删除被害人裸体视频为诱饵,骗被害人脱光衣服,其用手摸被害人胸部,并用手指插入被害人阴部。后又强迫被害人用嘴舔自己的阴茎,完事后其当着被害人的面删掉被害人的裸体视频。此后,被告人又通过QQ以在网上发布其预留的被害人裸体视频胁迫被害人与其继续发生关系到过春节,其要求被被害人拒绝。

法院认为,被告人程某以公开被害人裸体视频相要挟,胁迫被害人与其见面,并强制猥亵被害人,其行为已构成猥亵儿童罪。经查,被害人孔某玉陈述称,到了事发地点后被告人先将自己的衣服脱掉铺在地上,并让自己将衣服脱掉躺在地上,被告人趴在自己的身上用他的阴茎在自己的阴道口蹭了几下,后用手插入自己的阴道,后又让自己用嘴舔他的阴茎。而被告人供述称,他在亲被害人的时候,是跪在地上的,自己的下体并未与被害人的阴部接触,且一直未用自己的阴茎接触被害人的阴部,并承认自己用手插入被害人的阴道,同时强迫被害人用嘴舔他的阴茎。以上二人对事实的陈述不一致。除被告人供述与被害人陈述之外,并无其他证据证明被告人的阴茎接触过被害人的阴部。本着有利于被告人的原则,应当认定被告人的阴茎未接触被害人的阴部,被告人猥亵不满14周岁的儿童,依法应从重处罚。被告人作案手段卑鄙,应当予以严惩。

本案中,由于无法查明行为人究竟有无用性器官接触被害人性器官,法院依据存疑有利于被告的原则,认定行为人构成猥亵儿童罪。

2.根据行为人主客观方面表现推定。法院在大多数案例中,会综合行为人主观方面的目的、客观行为、事发情形等因素加以认定。

案例11①:2019年9月26日下午,被告人臧某民约被害人潘某到其位于

① 参见(2020)吉04刑终66号。类似案例参见(2018)内0123刑初54号、(2018)鲁0191刑初53号等。

本市某小区的家中喝酒。酒后，臧某民欲与潘某发生性关系，将潘某按倒在其家中北侧卧室床上，强行亲吻潘某，摸潘某乳房，并强行扒潘某上衣和裤子，因遭到潘某极力反抗而未得逞。案发后，臧某民赔偿潘某 18 000 元并取得谅解。

一审法院认为，被告人臧某民违背妇女意志，使用暴力手段强奸妇女，其行为已构成强奸罪。二审法院认为，强制猥亵罪与强奸罪(未遂)都是侵犯妇女身心健康的犯罪，在客观上都使用了暴力、胁迫或者其他方法，在具体表现上往往存在相同或类似之处。如何区分二者的标准，应当根据其各自的主客观要件和特点，贯彻我国刑法的主客观相统一原则，即主观上要看行为人是否有违背妇女意志强行与之性交的故意和目的，客观上要看行为人是否具备以暴力、胁迫等手段强行与妇女性交的行为。强奸罪无论是既遂还是未遂，其犯罪构成都是主观强奸故意和客观强奸行为的统一。而强制猥亵罪，在主观上具有寻求精神刺激和感官刺激的动机和目的，某些情况下也具有奸淫妇女的目的，但决不具有违背妇女意志强行与之性交的故意和目的；其客观上具有强制地猥亵妇女行为，甚至也具有奸淫或企图奸淫妇女的行为，但是决不具有违背妇女意志强行奸淫的行为。二者客观行为表现虽然类似，但绝不是相同，是由不同的故意和目的所决定与支配的。具体到本案中看，臧某民主观上以“交友”为目的，并没有强行奸淫动机；客观上在其实施强行猥亵的过程中，也表示出欲与被害人进一步发生性关系的要求，但绝不是强行发生性关系的决意，而是被害人坚决不同意发生性关系就罢休。因臧某民并无进一步强行发生性关系的行为，就应以其强制猥亵行为完毕为完成，结合其实施的手段和危害后果，依法认定其构成强制猥亵罪。

在本案中，法院认为奸淫行为和猥亵行为的客观行为表现虽然类似，但绝不是相同的，是由不同的故意和目的所决定与支配的。尽管如此，法院在说理部分却并未对这种差异明确化。退一步来说，尽管二者之间确实存在细微的差异，但在现实司法实践中，此种差异是否能够区分并查证仍存在疑问。

在司法实务中，之所以要对二者加以区分，主要是基于强奸罪和猥亵犯罪属于对立关系。但这样的对立观念会在事实难以查明的场合,使对行为的定性变得困难,尤其是需要对强奸未遂和猥亵犯罪进行界分的场合。因此,若将二者认定为竞合关系,而非对立关系,则在很大程度上能够缓解实践中的难题。认定为竞合关系的优势在于:首先,在事实不清的场合,可以缓解对行为定性困难的问题。其次,可以避免处罚不均的情形。比如,在公共场合奸淫妇女,若认为二者属于对立关系,从而只认定为强奸罪,可能会导致处罚不均现象出现。最后,从行为外观的角度来看,奸淫行为本身必然会包含着狭义的猥亵行为,在此种场合认定为竞合关系并无不妥。劳东燕老师就认为应当取消二行为之间的对立性,将强制性交也纳入猥亵的范围,才既符合功能性的考量,又合乎融贯性的要求。如此一来,强奸罪与强制猥亵罪之间便构成法条竞合。① 张明楷老师也认为,两罪既可以认定为想象竞合,也可以认定为法条竞合,只不过在认定为法条竞合,适用特别法优于一般法的规则时,适用加重法条时,所判处的刑罚不得轻于普通法条的最低刑。②

二、课堂交流

同　学:在于某革强奸案中,如果按照插入说,行为人放弃插入行为被认定为中止,那么其之后的行为要如何评价呢?因为犯罪中止要求放弃犯罪,但是在本案中行为人只是放弃了插入行为,这能够被评价为中止吗?

报告人:如果按照中止说,之后的行为就要另行评价。在本案中,就应当认定为强奸罪中止和猥亵儿童罪数罪并罚。

同　学:那这样就将一个自然的犯罪过程拆成了两个罪,这样是否合适呢?换言之,在前后既存在奸淫又存在猥亵的性侵儿童的犯罪中,犯罪中止

① 参见劳东燕:《功能主义刑法解释的体系性控制》,载《清华法学》2020 年第 2 期。
② 参见张明楷:《侵犯人身罪与侵犯财产罪》,北京大学出版社 2021 年版,第 110 页。

所要求的放弃犯罪是仅放弃奸淫行为即可认定为放弃犯罪，还是要一并放弃之后的猥亵行为才可以呢?

张老师：如果采取中止说，确实触犯强奸罪中止和猥亵儿童罪两个罪名，因为放弃犯罪并不要求放弃所有的犯罪，所以在本案中只要放弃了奸淫行为即可认定为强奸罪中止。只是这两个罪名的关系不一定是并罚。如果两个行为中间间隔时间不长，在自然意义上属于一个行为，那就要考虑是包括的一罪还是想象竞合。

同　学：我想问下关于本罪的保护法益。你所主张的儿童性的不可侵犯说与儿童身心健康说的主要区别在哪儿? 如果我们将儿童性的不可侵犯作为本罪保护的法益，这种不可侵犯究竟所保护的是什么呢?

报告人：我觉得这两种学说的主要区别在于，身心健康说限制得太过具体。有没有可能在性侵儿童的场合，除了儿童的身心健康还会侵犯到其他的法益呢? 比如，儿童的性隐私或者儿童得以拒绝他人性侵犯而保护自己的权利等。性的不可侵犯说所能保护的范围要远超身心健康说。

同　学：你觉得本罪保护的法益是一种纯个人法益，还是一种在一定程度上包含了性道德、性风尚的社会性的法益呢?

报告人：我个人认为，刑法所保护的法益不应将道德、风尚等内容包含在内，否则可能会导致“法律道德主义”。所以，我认为本罪所保护的法益更偏向于一种个人法益。

同　学：可是，我认为性道德和性风尚本身就与我们的性权利息息相关。我们对于性侵害程度的大小往往都是以性道德和性风尚这种观念性的内容为评判标准。从这个角度来看，如果仍然将本罪保护法益认定为一种个人法益会不会存在问题?

报告人：我认为这个就涉及法律与道德关系这一古老的法理学问题。诚然，在一定程度上本罪确实会涉及道德与风尚的内容，但这并不是本罪才有的现象，而是自然犯所共有的现象。因此，我认为对于性侵害程度的判断并非完全以道德和风尚为评判标准，它只是与这些观念性的内容相关。实际上，我们对此类性侵害行为进行处罚并不完全来自道德和风尚的要求，而是来自法律的要求，只是在这个判断行为是否属于猥亵行为的过程当中，这种观念起到了一定的作用。最后，道德观念本身就不应属于法益的内容，它不符合成为法益所需的条件。所以，我仍然认为，本类罪行所保护的法益不应包括道德和风尚在内。

同　学：我发现你所检索的案例中，法院在判决中都会写到“行为人出于追求性刺激的目的”等偏动机性的陈述。那在你看来，这种动机或者目的类的因素是否属于本罪的构成要件之一呢？

报告人：目前我国法院在判决中都会明确表示行为人主观上具有性意图，但是我个人认为不应当将此类目的和动机作为本罪的主观构成要件。因为可能会出现行为人并不抱有此种目的和动机实施性侵行为的情形。如果将其作为构成要件之一，那么在这种情况下行为人就无法被定罪，这是不太合理的。从比较法的角度来看，日本最高裁判所的判例在这一问题上也发生过观点的转变。原先在日本对于此罪也是以主观上的性意图作为本罪的构成要件之一，但是之后便出现过行为人不具有性意图而实施猥亵行为的情况，被告人猥亵儿童并留影，按照被告人的辩解，其当时并不抱有性意图，只是为了将该影像传给第三方以获利才实施的该行为。因此，2017 年日本最高裁判所便转变了观点，对于此类行为一般情况下不再要求主观上具有性意图。我认为这种做法是更加合理的。

同　学：你认为猥亵行为的认定会因为性别存在差异而有所不同吗？比如同样的一个行为，是否会因为行为人与被害人是同性，从而在入罪标准上存在差别呢？

报告人：我觉得在入罪标准上不应有差别。但是可能在具体行为是否会被认定为猥亵行为上存在差异。比如，同样是触摸胸部，可能就会因为性别的差异而导致认定结果的不同。

同　学：我觉得猥亵行为在认定上存在很大的模糊性，那你认为需要如何去缓解这种模糊，从而使认定的标准更加清晰明确呢？

报告人：我觉得对于猥亵行为的认定本身需要结合社会一般观念进行判断，所以这种模糊性是必然会有的，很难达到一种精确的程度。同时，在我看来，完全地消除这种模糊性并不必然就是好事，可能会导致法律无法及时有效地对法益进行保护。

三、张明楷评述

报告人对性侵儿童案件的问题进行了比较清晰的梳理，我下面围绕这个问题讲一些看法。

第一，性侵犯罪的保护法益。

上一次课我已经讲了这个问题，现在我联系报告人的报告内容再讲一下。从全世界范围来看，针对性侵儿童犯罪的规定呈现出具体化和严密化的趋势。但是我们国家的规定总体来看相对较为粗略。关于本罪所保护的法益，应当与针对成年人的性犯罪联系起来讨论，但又要注意针对成年人与针对儿童的性行为的区别。

日本在过去有少数学者主张“性羞耻心说”，但目前已基本上没有学者主张“性羞耻心”是本罪的保护法益。侵犯性羞耻心的行为也有可能并不属于犯罪。例如，妇女在医院妇产科做检查时，就完全有可能产生羞耻心，尤其当医生为男性时，显然医生的行为并不构成犯罪。而没有产生羞耻心的场合反而有可能构成犯罪。例如，行为人强行脱光脱衣舞女的衣服时，被害人可能不会产生羞耻心，但此时行为人的行为仍然可以构成强制猥亵罪。对于儿童来讲，尤其是完全没有性意识的儿童，也不会产生羞耻心。但对于猥亵儿童的行为，不可能因为儿童没有产生性羞耻心而宣告无罪。

确定具体犯罪保护法益的时候，一定不能有任何的例外，必须是百分之百覆盖具体犯罪。换言之，只有当刑法所规定的所有构成犯罪的行为均侵犯此内容时，该内容才能够成为法益，不可以有任何的例外情况出现。也就是说，犯罪构成要件与保护法益必须是完全的对应关系。尽管强制猥亵罪与猥亵儿童罪在绝大多数情形下侵害了被害人的性羞耻心,但是只要有例外的情况出现,即只要存在没有侵害性羞耻心的行为也能成立强制猥亵罪与猥亵儿童罪的案件,就不能将性羞耻心作为保护法益。

“身心健康说”可谓我的刑法理论的传统观点。刚才报告人说,身心健康说限制得太过具体,因为性侵儿童的行为除了侵害儿童的身心健康外,还会侵犯到其他法益,如儿童的性隐私,儿童得以拒绝他人性侵犯而保护自己的权利等。我倒是觉得,“身心健康”过于抽象。因为身心健康说并没有确定的范围,其实报告人前面也说过了,雇用未成年人从事危重劳动,组织未成年人乞讨,乃至拐骗儿童罪,都侵犯了儿童的身心健康。所以,身心健康说未能使性侵儿童的犯罪的保护法益具有特定性或专属性。

“性自由说”或性自主权说,在日本得到很多学者的赞成,但我在上一次课中讲过了,我觉得这种观点太过勉强。我们都知道未成年人的很多权益都可以由监护人代为行使,那么,为什么此项权益不能够由监护人代为行使呢?因此,日本学者提出了“性的不可侵犯性说”,也可以称之为“性的完整性说”。我之前有提过,所谓“不可侵犯”就是不可以触碰。比如,暴行罪所侵犯的就是身体的完整性,意思就是你不可以用暴力针对人的身体。那所谓的“性的不可侵犯”就是不可以触碰儿童性方面的一切。所以在瑞士和奥地利对于强奸罪和性侵儿童犯罪的保护法益是区分开的,前者是性的自由,后者是儿童性的不可侵犯。在德国,其通常被表述为“儿童的性的健康成长”或者“儿童综合性的成长不受性的妨害”。我很喜欢这个表述。如果采用这个表述,其实也可以体现出该罪是一种抽象危险犯,无须具体判断行为是否侵害了这一法益。但是如果用“性的不可侵犯性”这一表述,实际上本罪就是一种实害犯。如果要追问为什么不可以对儿童实施性行为,答案显然是对儿童的性行为会妨害儿童的综合性成长。当然,我们也可以在同等意义上理解“儿童的性的不可侵犯性”、“儿童的性的健康成长”与“儿童综合性的成长不受性的妨害”这些表述。不过,关于性侵儿童犯罪的保护法益,没有必要去考虑是不是一种社会法益,尽管有一些内容是我们根据社会一般观念进行判断,但这并不意味着本罪保护法益包含社会法益在内。“根据社会一般观念判断某种行为是不是猥亵”与“猥亵儿童罪是不是侵犯社会法益的犯罪”是两个不同的问题。不要一听到根据社会的一般观念判断,就试图将社会法益作为该罪的保护法益。

有的同学在提问时,主张性侵儿童犯罪的保护法益要将性道德、性风尚等内容包含在内,因为性道德和性风尚本身就与我们的性权利息息相关,对于性侵害程度的大小往往都是以性道德和性风尚这种观念性的内容为评判标准。我觉得没有必要将性道德、性风尚作为猥亵儿童等罪的保护法益内容。一方面,由于道德没有清晰的边界与范围,刑法不可能将所有违反道德的行为都规定为犯罪,刑法只能将其中一部分行为规定为犯罪。而将其中的哪一部分规定为犯罪,不可能从道德本身的重要性方面来判断,只能从是否侵犯了法益的角度来判断。倘若退一步说能够从道德本身的重要性角度来判断,那也一定是看违反哪种道德的行为更严重地侵犯了法益。另一方面,什么行为是猥亵以及猥亵程度的轻重,的确会根据社会的一般观念判断,这种观念中会包含道德观念,但如前所述,这与犯罪的保护法益是两个问题。例如,在西方许多国家,如果男性强行对妇女进行肛交与强行对妇女实施自然性交,构成相同的犯罪,处罚也不会因此有所不同。但在我国,如果一名男性对妇女进行肛交,被害妇女恐怕都不一定赞成将男性的行为认定为强奸既遂。这就是观念问题,但这不直接影响强奸罪的保护法益内容。

第二,性侵犯的行为方式。

行为是否具有性的意义很显然要通过社会一般观念进行判断。这种一般观念和身体科学的判断是不同的。人最核心、最重要、最基础的性器官是大脑,根本不是人们通常所想象的那些部位。因此,人和动物在这方面存在差别。人看到某个人可能就会联想到性方面的内容,但是动物需要相对方对其发送信息。这一观点并不是我瞎说的,而是我在相关文献中看到的。是否具有性的意义还是要联系一般人的观念进行判断。不能说一般人判断是否具有“性的意义”的观念太模糊了,不符合科学,因此认为是错误的。

尽管按照科学的观点人最核心、最重要、最基础的性器官是大脑，但按照一般人的观念，也不可能将大脑认定为性器官，我们不可能说强行摸一个人的头是强制猥亵罪，也不可能说摸一下儿童的头就是猥亵儿童罪。我再强调一下，尽管行为是否具有性行为的意义须按照一般人的观念进行判断，但是这并不意味着本罪保护法益就应当把性道德、性风尚等内容纳入其中，这是不同的问题。

性侵儿童犯罪的行为方式主要就是猥亵和奸淫。关于奸淫幼女的既遂标准，我没有见到和我们国家一样采用“接触说”的。我感觉现在最高人民法院开始意识到这是个问题。这个问题有两个层面：一个层面是当行为人主观上想要插入，但在接触时就结束了，应当认定为既遂还是未遂；另一个层面是若行为人没有想要插入，只是想要接触时，应当如何认定。至多只能是针对前一种情形时，将既遂的标准提前。对于后一种情形，我觉得肯定不能认定为奸淫幼女，否则就不可能区分奸淫幼女与猥亵幼女，而且会导致明显的不协调。例如，甲的想法是将手指插入幼女下体，而乙的想法只是想用自己的生殖器接触幼女的外阴，二者也都是这么做的。如果说前者是猥亵儿童，后者却被认定为奸淫幼女既遂，就明显不协调。[①]

报告人提到的于某革强奸案，有同学也追问过。被告人先前实施了猥亵儿童的行为，后来的确想插入，因担心被害人的生殖器出血，于是放弃插入，然后持续用其生殖器去蹭被害人的生殖器，持续两分钟左右。如果将这种行为认定为奸淫幼女的既遂，那就意味着行为人主动放弃插入的、行为人被迫停止

① 此处有同学提问：那此时证据问题如何解决呢？张老师回答：证据问题那就按照存疑有利于被告原则解决。而且如果采用插入说为标准，取证的难度要小得多。我在读研究生时曾做过调研，强奸已婚妇女的基本不存在难以判断是否插入的问题。反而如果采取接触说，证据才会成为一个问题。此外，奸淫和猥亵不应被理解为一种对立的关系。将“猥亵”定义为性交以外的行为实际上是很麻烦的。比如女性与男童性交场合，若按照这个定义，则无法被认定为猥亵儿童罪。若按照字面意思，猥亵是一种淫秽的、下流的行为，那性交难道不是最淫秽的吗？怎么就不能被包含在内呢？

插入的（如因为被发现而逃走）、行为人已经插入的这三种情形都是奸淫幼女的既遂，这不合适吧。这三者存在明显的区别，不能都认定为奸淫幼女的既遂。于某革这个案件涉及罪数问题，严格地说，前面的行为是奸淫幼女的中止，但该中止行为属于造成了损害的中止，同时构成猥亵儿童罪的既遂犯，后面的行为也是猥亵儿童。在此意义上说，作为包括的一罪按猥亵儿童罪处罚就可以了。

相对于奸淫行为和强奸行为，猥亵行为的范围很宽泛。而且最困难的事情在于，在一般人的观念中，猥亵行为的范围从最轻微的情形到最严重的情形差距很大。在国外，对于这个范围有进一步的划分，凡是严重一点的行为都会将其独立成为一个特别法条。但我们国家并没有实行这种做法。因此，如果将某些行为认定为猥亵行为，那么当这种行为在公共场所实施，可能会导致处罚过重；在对儿童实施的场合，也是如此。一般来说，对于成年人所实施的猥亵行为的范围相对而言更清晰一些。但是对于儿童所实施的猥亵行为的范围还有许多需要研究的地方。我举几个例子。

第一个是之前在某地发生过的一个案子。一名男子很喜欢一个小女孩，在操场上将这个小女孩抱起来亲脸，亲额头，这属于猥亵吗？这个时候分歧就出来了。有的人说，男子的行为构成猥亵儿童罪。有的人说，要看行为人有没有满足性刺激的内心倾向。但我觉得这种观点都有疑问。亲一下儿童的脸与额头，不应当被评价为猥亵儿童的行为。在熟人之间习以为常的行为（请你们注意，我说的是熟人之间不是指配偶之间与恋人之间），在陌生人之间就成为刑法规定的猥亵行为，有点难以被人接受。而且，一般人是否认为亲脸和额头是猥亵行为，也不无疑问。

第二个是隔着衣服摸女童的胸部，尤其是女童还未发育的时候，此时和男童还没有区别，对这种行为是否应当认定为猥亵儿童罪。许多家长对此意见很大，强烈主张定罪。你们怎么看待这个问题？我觉得如果已经有女性特征了，无疑肯定属于猥亵儿童。但关键此时还没有性特征，应如何处理呢？我认为即便要处罚,在通常情形下按照《治安管理处罚法》进行处罚就可以了吧。①

第三个就是隔着衣物用脚踢儿童裆部或者用头顶儿童裆部的行为,这种行为一般会被认定为猥亵儿童。

第四个是向儿童发送淫秽图片、视频等,这种行为如何认定?这属于猥亵儿童吗?如果属于猥亵儿童,那么《刑法》第364条第4款规定的"向不满十八周岁的未成年人传播淫秽物品的,从重处罚"应如何解释呢?如果竞合的话,规定这一款的意义就很有限了。我觉得猥亵儿童不同于强制猥亵成年人,两罪的保护法益是不一样的。"向不满十八周岁的未成年人传播淫秽物品"其实可以分为两类:一类是向不满14周岁的儿童传播淫秽物品,这类行为妨害了儿童的性的健康成长,我主张按猥亵儿童罪处罚;另一类是向已满14周岁不满18周岁的人传播淫秽物品,如果不具有强制性,就只认定传播淫秽物品罪。

第五个是行为人让女性(无论成年与否)自拍裸照之后发给行为人且无第三人在场,这是否属于猥亵呢?我下面要分开说明。就以胁迫方式要求成年妇女自拍裸照之后发给行为人的行为而言,我不主张将其认定为强制猥亵罪。因为妇女在自拍裸照时,并没有第三者在场,妇女自拍裸照的行为,并没有侵害妇女的性行为自主权。行为人迫使妇女将照片发给行为人的行为,我感觉也不是强制猥亵行为。比如,妇女手机里原本就有自己的裸照,行为人强迫妇女将该裸照发给行为人的,也不构成强制猥亵罪。从立法论上来说,主要是因为我国刑法没有规定强制罪,导致这类行为要么无罪,要么被司法机关认定为强制猥亵罪。我也见到过相关报道,即司法机关将强迫妇女自拍裸照后将照片发给行为人的行为认定为强制猥亵罪。我难以赞成这样的判决。但使用胁迫方式强制让妇女与行为人在网上裸聊的,我主张将其认定为强制猥亵罪。可能有人认为,这两种情形是一样的,但我感觉二者的区别较大。如果让

① 此处有同学提问:这样一来,岂不是摸男童的胸部也可以进行处罚?张老师回答:这就是社会一般观念在认定此类案件上存在的区别。一般不会认为摸男童的胸部属于猥亵儿童。即便是女性摸男童的胸部,也不会认定为猥亵儿童。

儿童自拍裸照、自拍隐私部位后将照片发给行为人，我则认为成立猥亵儿童罪。在这类案件中，行为人实际上让儿童做了两个行为：拍自己的裸照和发送给对方。分别来看，后一个行为不一定侵犯了儿童的性的健康权。如果认为后一种行为造成了侵害，那么，假如一个女孩和他人聊天时告知他人自己先前拍过裸照，此时如果对方提出观看的请求则是否构成猥亵儿童罪呢？是不是会得出不构成猥亵儿童罪的结论？如果这种情形不构成猥亵儿童罪，为什么能够认为后一个发送照片的行为对儿童造成了侵害呢？但前一个让儿童拍摄裸照的行为，是会对儿童造成侵害的。不过，对于这样的案件，可以一体性评价，即行为人实施了一个行为，这个行为就是让儿童拍摄裸照发送给行为人。总的来说，隔空猥亵儿童的，应当认定为猥亵儿童罪。

此外，关于性侵行为类型，我还想说明几点。

其一，在某些场合，要注意将加重情节变更评价为基本犯罪事实，也可以认为是一种综合的评价。比方说在一个房间里，穿着衣服强行拥抱妇女，一般并不会认定为强制猥亵罪。但在公共场所实施此类行为，如果判处 5 年以上有期徒刑则又会导致量刑过重。所以，这时候就应该进行综合性的评价，将一个加重情节变更评价为基本构成要件事实进行评价。

其二，总的来说，对于猥亵行为的评判是一个随着社会观念变化而变化的问题。比如，在 20 世纪初，如果搂一名女性的腰部，也会认定为猥亵行为。在西方也是如此，早期女性如果穿着比基尼泳衣游泳，也会被认为是一种公然猥亵行为。对于猥亵行为的认定，我们不能按照西方国家的标准进行判断。因为我们的观念相对而言更为保守一些，所以在我国对于猥亵行为的认定范围较国外而言要宽泛许多。有些行为原本不是猥亵行为，但随着社会观念的变化，也可能被评价为猥亵行为。例如，男性强行舔妇女脚趾的行为，也未必不能被评价为强制猥亵行为。

其三，猥亵行为会不会因为性别不同而存在区别。报告人认为在入罪标准上不应有差别，同时又认为在具体行为是否会被认定为猥亵行为上存在差异。既然具体行为是不是猥亵行为会存在差异，就表明定罪标准上会有差异。

比如,男性触摸男童胸部与臀部的行为,不会被认定为猥亵儿童罪,但男性触摸女童胸部与臀部的行为,会被认定为猥亵儿童罪。此外,不仅是被害人的性别不同会影响猥亵的判断,而且行为人的性别不同也可能影响猥亵行为的判断。这是因为猥亵行为是根据社会的一般观念判断的。

其四,刚才有同学说,猥亵行为在认定上存在很大的模糊性,应当如何缓解这种模糊性,从而使认定的标准更加清晰明确。但大家要知道,猥亵行为是一个规范的构成要件要素,是根据社会一般观念判断的要素,要想提供详细具体的认定标准,使猥亵行为的认定十分精确,是不大可能的。

第三,猥亵行为的主观内心倾向问题。

关于猥亵行为是否须具有主观内心倾向的问题,从我的归纳来看,主要有三种观点。第一种观点是德国的多数说,即认为猥亵儿童罪的行为人主观上应当具有满足性欲的内心倾向。我反对这种观点,因为即使行为人主观上没有满足性欲的内心倾向,但对儿童实施的猥亵行为,也侵害了儿童的性的健康成长。第二种观点是内心倾向不要说,认为成立猥亵儿童罪不需要行为人主观上抱有满足性欲的内心倾向。我是一直主张这种观点的。第三种观点就是日本 2017 年判例变更时的观点,即在某些情况下,当猥亵行为的认定存在争议时,将是否具有满足性欲的内心倾向作为一种辅助手段来帮助我们判断是否属于猥亵行为。但是,这种观点会导致一个问题,当两个行为人分别实施了完全相同的行为时,其中具有满足性欲的内心倾向的行为人可能就会被认定为猥亵犯罪,没有这种内心倾向的行为人则不构成猥亵犯罪,这并不具有合理性。在 2019 年的中日刑事法研究会上,佐伯仁志老师和我的主题发言都是性犯罪的问题。在互问环节中,佐伯老师举了一个例子问我,如果一个有恋童癖的行为人亲吻儿童的额头,这种行为实际上能满足行为人的内心倾向,能否认定为猥亵儿童罪?我回答说不构成猥亵儿童罪,佐伯老师也说不应构成猥亵儿童罪。因为如果主张这种行为构成犯罪,客观构成要件的内容就会随着行为人主观内心倾向的不同而发生变化,或者说原本不是猥亵行为的,只是因为行为人的内心不同就构成犯罪,这明显不合适。尤其是在刑讯逼供比较多的时候,就会存在更大的问题。

报告人提到,也有同学问道,法院在认定被告人的行为构成猥亵儿童罪时,都会有行为人"为了满足性欲""为追求性刺激的目的"之类的表述。对此怎么看?我觉得仅此还不能说明我国的司法实践将刺激或者满足性欲的内心倾向作为强制猥亵罪与猥亵儿童罪的主观要素。因为法院在判决中这么表述,只是意味着行为人主观上有这样的内心倾向,这只是对案件事实的描述与归纳,而不意味着将这种内心倾向作为主观要素。只有当某个案件行为人确实没有刺激或者满足性欲的内心倾向,而司法实践对此不认定为强制猥亵罪或者猥亵儿童罪时,才能说明司法实践将刺激或者满足性欲的内心倾向作为猥亵犯罪的主观要素。

第四,猥亵犯罪和强奸罪的关系。

关于这两个罪竞合的问题,究竟什么情况是想象竞合,什么情况是法条竞合,什么情况又是包括的一罪,是值得讨论的问题。

首先,不应把这两个罪理解为对立关系。对立的关系是不可能竞合的。所以,不要将猥亵行为限定为性交以外的行为,否则,成年女性与男童性交的案件就没有办法处理了。在现行刑法之下,对于这种行为应当认定为猥亵儿童罪,对此不要有疑问。

其次,需要承认的是,在通常情形下,奸淫幼女与猥亵儿童是特别关系,即前者适用特别法条,后者适用普通法条。所有的奸淫幼女行为都同时构成猥亵儿童,按特别法条优于普通法条的原则,认定为奸淫幼女罪。

再次,在特殊情形下,奸淫幼女与猥亵儿童也可能成立想象竞合。比如,在奸淫幼女之前,行为人通常会伴随着实施一系列情节恶劣的猥亵行为。一方面,按照法条的规定,如果是情节恶劣的猥亵行为要处 5 年以上有期徒刑。但是,另一方面,既然是特别法条,就要按照特别法条优于普通法条的原则来处理,仅认定为强奸罪,适用 3 年以上 10 年以下有期徒刑。这样一来就会产生矛盾,明显不合适。也就是说,某种行为认定为奸淫幼女不属于情节恶劣,认定为猥亵儿童属于情节恶劣时,要以猥亵儿童罪处理。之所以要认定为想象竞合,是因为如果只认定猥亵儿童罪的话,就没有对奸淫幼女的主客观事实进行评价,若只认定为奸淫幼女罪,则导致处罚过轻。而且,即便是奸淫幼女未遂,也应认定为想象竞合。因为奸淫未遂这一事实也需要进行评价。因此,不要笼统地说奸淫幼女和猥亵儿童就是一种特别法条和普通法条的关系。我在相关论文与教材中都提到过,两罪之间的关系究竟是法条竞合还是想象竞合,不是固定不变的,而是会随着事实的变化而变化。例如,行为人原本想奸淫幼女,在奸淫前实施了猥亵行为,但由于意志以外的原因没有奸淫幼女。对这种案件最好评价为奸淫幼女的未遂犯与猥亵儿童罪的既遂犯的想象竞合。

最后,如果奸淫儿童既遂,其实也有通常的猥亵行为,只会认定为一个奸淫幼女罪。原因在于,若要实施奸淫行为,就必然会有在前的猥亵行为,比如脱光衣服。因此,凡是在实施一个罪的过程中必然会触犯另一个罪的,都不可能进行并罚,也不可能被认定为科刑的一罪。这就是之前所讲的,当实施一个行为触犯另一个罪名的可能性越大时,就越会以一罪处理,而不会并罚。因此,我认为,如果前面只是一个一般的猥亵行为,之后的奸淫行为或者强奸行为无论情节恶劣与否,都只定一个罪。即便是认定为包括的一罪,也只定一个罪。

第五,猥亵犯罪的立法问题。

接下来谈一谈猥亵犯罪的立法问题。《刑法》第 237 条第 2 款规定,聚众或者在公共场所当众犯前款罪的,或者有其他恶劣情节的,处 5 年以上有期徒刑。而第 3 款第 2 项规定,聚众猥亵儿童的,或者在公共场所当众猥亵儿童,情节恶劣的,处 5 年以上有期徒刑。也就是说,在猥亵成年人的情形下,只要是在公共场所当众实施强制猥亵的就处 5 年以上有期徒刑。而在猥亵儿童的情形下,在公共场所当众猥亵儿童的,只有同时满足“情节恶劣”这一条件才适用升格法定刑。为什么会这么规定?有学者认为这一规定存在问题,主张凡是在公共场所当众猥亵儿童的,就要处 5 年以上有期徒刑,情节恶劣只是同位语,是不起作用的。但这样解释可能不符合文理解释的原理。我觉得没有必要认为这个法条有问题。因为在猥亵儿童的场合,对于猥亵行为的认定有可能更加宽泛，而针对成年人的猥亵行为的认定相对会窄一些。此外，如前所述，猥亵行为从最轻微的类型到最严重的类型相差过大，如果仅仅是在公共场所实施了最轻微的猥亵行为就直接适用升格的法定刑，明显不合适。至少可以分为两类情形来说明：一类是在公共场所猥亵儿童，猥亵行为属于猥亵中比较严重的情形，这就可以认定在公共场所当众猥亵儿童且情节恶劣；另一类是在公共场所猥亵儿童，但猥亵行为属于猥亵中的轻微情形，如果是这样的话，就需要另具备其他恶劣情节，才能适用升格的法定刑。前面讲过加重情节的作用变更，如果行为人在公共场所当场猥亵成年人，但猥亵行为情节轻微（如隔着衣服摸女性胸部），就要将加重情节变更为基本犯的情节，使原本不成立强制猥亵罪的行为成立强制猥亵罪的基本犯。这样来看的话，《刑法》第 237 条第 2 款与第 3 款的规定也是协调的，没有什么问题。

刚刚有同学问为什么《刑法修正案（十一）》对猥亵儿童进行了较多修改，但奸淫幼女仍仅有一个从重处罚，刑法没有修改。这是因为奸淫幼女可以同时适用《刑法》第 236 条第 3 款，不会有什么明显的问题。

第六课

政府工作人员行为触犯侵犯公民个人信息罪的案件*

一、学生报告

（一）案例介绍

政府工作人员侵犯公民个人信息的实行行为比较相似，都是政府工作人员将在履行职责中获得的公民个人信息出售或者提供给他人，具体行为手段一般表现为通过职务身份权限进入政府内部系统，从中批量获取或者查询特定的公民个人信息，出售或者提供给他人，符合《刑法》第253条之一第2款，构成侵犯公民个人信息罪，依照第253条之一第1款的规定从重处罚。下面给大家介绍三个案例。

1. 王某琼等侵犯公民个人信息案（“出售工商登记信息案”）①

被告人王某琼利用曾供职于沈阳市工商管理部门，能够通过二级密码登录进入辽宁省工商行政管理一体化办公系统的职务便利，使用抓取软件，从该系统中批量获取企业相关工商登记信息共计219 124条，扣除重复信息及无

---

* 本课报告人为吴楚雁，清华大学2022级刑法学硕士。

① 参见（2018）辽0191刑初418号。本案的被告人王某琼在做出行为时不属于政府工作人员，但是由于被告人的行为手段与典型的政府工作人员触犯侵犯公民个人信息罪相近，同时本案涉及几个值得讨论的问题点，因此也在这里列出。

电话信息后约为 206 701 条。王某琼将其中 10 万余条信息处理后通过 QQ、微信等网络形式贩卖给被告人张某,获利人民币 16 300 元。张某将从王某琼处购得的工商登记信息除用作个人房地产销售联系使用外,又将其中的 131 732 条通过 QQ 网络平台贩卖给被告人孙某桓,张某从中获利人民币 12 270 元。孙某桓将从张某处购买的上述信息除用作自己 POS 机销售联系使用外,两次将上述信息中的两万余条卖给于某,获利 600 元。法院认定王某琼、张某、孙某桓三名被告人构成侵犯公民个人信息罪。

2. 聂某轩等侵犯公民个人信息案("查询犯罪记录案")①

被告人董某以某管理顾问有限公司名义,伙同北京市公安局西城分局某派出所民警聂某轩、辅警郭某等人,由被告人聂某轩通过公安系统内部网络查询犯罪记录,某管理顾问有限公司向其支付相应费用,先后共查询个人犯罪记录 54 618 条,聂某轩因此获利人民币 328 160.45 元,先后支付郭某人民币 95 537 元。公诉机关对董某、聂某轩、郭某均以侵犯公民个人信息罪起诉。

法院认为本案不宜认定为侵犯公民个人信息罪,整体上属于职务犯罪。被告人聂某轩身为国家工作人员,利用职务便利非法收受他人财物,为他人谋利,数额巨大,其行为构成受贿罪。被告人郭某协助聂某轩从事上述行为,获取违法所得数额较大,其行为构成受贿罪的共犯。被告人董某作为某管理顾问有限公司的法定代表人,在中国境内行使单位最高管理者的职责,其作出的通过行贿手段来开展业务的决定符合单位的决策程序,并且由其直接实施,其目的在于为单位谋取经济利益,故应认定为单位犯罪。某管理顾问有限公司是依法成立的法人组织,为谋取不正当利益而向国家工作人员行贿,数额超过追诉标准,构成单位行贿罪。在公诉机关未按照单位犯罪起诉的情况下,法院按照相关司法解释的规定,对被告人董某以单位行贿罪追究刑事责任。②

---

① 参见(2018)京 0105 刑初 79 号。

② 参见 2001 年 1 月 21 日发布的《全国法院审理金融犯罪案件工作座谈会纪要》。

3. 曹某等侵犯公民个人信息案（“出售车辆信息案”）[①]

被告人曹某多次违法使用九江市公安局交通管理处第一大队民警严某等人的数字证书登录“交通综合应用平台”查询公民车辆信息，共查询车辆信息数千条，然后将含有车牌号、车主姓名、车辆抵押信息等内容的车辆信息通过微信方式出售给被告人徐某峰和被告人林某，共出售公民车辆信息 600 余条，从中获利 4 万元左右，还向余某提供含有车牌号、车主姓名、车辆抵押信息等内容的车辆信息 1000 余条。一审法院认为被告人曹某违反国家有关规定，将在履行职责过程中获得的公民个人信息，出售或者提供给他人，情节特别严重的，依法应从重处罚，判决被告人曹某犯侵犯公民个人信息罪。被告人提出上诉，理由之一是其在履行职务过程中，帮助他人查询车辆信息，从中收取他人钱财 4 万余元，构成受贿罪，不应以侵犯公民个人信息罪追究其刑事责任。二审法院认定，上诉人曹某、原审被告人徐某峰、林某的供述，均证实上诉人曹某将他人车辆信息提供给原审被告人徐某峰、林某，按信息条数计价，双方系买卖关系，故其行为不符合受贿罪的构成要件，依法不应以受贿罪论处，因此该上诉理由与事实和相关法律规定不符，法院不予采纳。最终二审法院维持原判。

（二）问题研讨

1. 保护法益

（1）学界观点

关于本罪的保护法益，学界主要有两种立场，一种为个人法益说，另一种为超个人法益说。每一种立场下有不同的具体观点。个人法益说具体分为隐私权说、个人生活安宁说、财产权说（占有权说）和个人信息权说（信息自决权说）四种。隐私权说强调公民的隐私权，只有体现隐私权的个人信息才是本罪保护的对象，这是学界之前的通说。个人生活安宁说强调个人信息事实上

① 参见(2021)赣 11 刑终 86 号。

不被非法获悉的平稳状态和个人生活不因个人信息泄露而受打扰的安宁状态。财产权说认为个人信息具有财产属性,因此本罪保护的是公民对自身个人信息享有的占有、使用、收益、处分的权利。个人信息权说强调公民自主决定支配和使用自身个人信息的权利。超个人法益说分为公共信息安全说和社会管理秩序说。公共信息安全说认为本罪保护的是国家安全、信息主权等社会公共利益,只有对公共信息安全法益造成了损害的侵犯公民个人信息行为,才能构成本罪。社会管理秩序说认为本罪保护的是社会信息管理秩序,具有规模性、整体性的侵犯公民个人信息的行为,才能构成本罪。当前学者大多数支持个人信息权说(信息自决权说)和超个人法益说。也有学者主张双重法益,如周光权教授主张本罪的保护法益具有多重性,除了公民个人的信息自决权,与个人信息相关联的(狭义的)社会管理秩序也是本罪的保护法益。①

(2)报告人观点

首先,本罪的保护法益是个人法益,而不是超个人法益。超个人法益说会不当限制本罪的处罚范围,只有对公共信息安全法益造成了损害或者规模性、整体性的侵犯公民个人信息的行为才能构成本罪,不利于对公民个人信息的保护。尤其是侵犯个别或者少量公民个人信息,被他人用于犯罪,或者导致其他严重后果,如被网暴后自杀,对于这样的情形,超个人法益说会将其排除出犯罪成立范围。其次,在个人法益说中,隐私权说将个人信息的范围限制为体现隐私权的个人信息,但是从《民法典》、《个人信息保护法》和司法解释来看,公民个人信息的范围并不限于包含个人隐私的信息。个人生活安宁过于抽象,不够具体、可视化。财产权说不符合《刑法》将本罪规定在"侵犯公民人身权利、民主权利罪"一章的安排。

因此,我赞同个人信息权说。张明楷教授主张本罪的保护法益是公民的个人信息权,包括个人信息不被不正当收集、采集的权利,不被不正当扩散的

① 参见周光权:《刑法各论》(第4版),中国人民大学出版社2021年版,第78页。

权利以及不被滥用的权利。[①] 在本罪的保护法益为公民的个人信息权的前提下，判断罪刑严重程度的标准是被不正当收集、不正当扩散和滥用的公民个人信息的数量，以及公民个人信息被不正当扩散和滥用产生后果的严重程度，包括由此产生的下游犯罪的后果。因此，2017 年施行的《最高人民法院、最高人民检察院关于办理侵犯公民个人信息刑事案件适用法律若干问题的解释》（以下简称《个人信息案件解释》）第 5 条第 1 款第 7 项、第 9 项，即违法所得数额和特殊预防情形，作为判断入罪标准的“情节严重”的情形，值得商榷。一方面，本罪是侵犯公民人身犯罪，违法所得数额不应该决定入罪与否，最多影响量刑的判断；另一方面，行为人曾因侵犯公民个人信息受过刑事处罚或者 2 年内受过行政处罚，只是表明行为人有较强的特殊预防必要性，应当影响预防刑而不是决定行为人是否构成犯罪。

2. 个人信息的范围

（1）相关法律和司法解释规定

2013 年发布的《最高人民法院、最高人民检察院、公安部关于依法惩处侵害公民个人信息犯罪活动的通知》（公通字〔2013〕12 号）规定，公民个人信息包括公民的姓名、年龄、有效证件号码、婚姻状况、工作单位、学历、履历、家庭住址、电话号码等能够识别公民个人身份或者涉及公民个人隐私的信息、数据资料。

2017 年《个人信息案件解释》第 1 条规定，《刑法》第 253 条之一规定的“公民个人信息”，是指以电子或者其他方式记录的能够单独或者与其他信息结合识别特定自然人身份或者反映特定自然人活动情况的各种信息，包括姓名、身份证件号码、通信联系方式、住址、账号密码、财产状况、行踪轨迹等。

2017 年《网络安全法》第 76 条第 5 项规定，个人信息，是指以电子或者其他方式记录的能够单独或者与其他信息结合识别自然人个人身份的各种信息，包括但不限于自然人的姓名、出生日期、身份证件号码、个人生物识别信

---

① 参见张明楷：《刑法学（下）》（第 6 版），法律出版社 2021 年版，第 1199 页。

息、住址、电话号码等。

《民法典》第1034条第2款规定,个人信息是以电子或者其他方式记录的能够单独或者与其他信息结合识别特定自然人的各种信息,包括自然人的姓名、出生日期、身份证件号码、生物识别信息、住址、电话号码、电子邮箱、健康信息、行踪信息等。

2021年《个人信息保护法》第4条第1款规定,个人信息是以电子或者其他方式记录的与已识别或者可识别的自然人有关的各种信息,不包括匿名化处理后的信息。

从法益保护的角度来说,凡是与自然人有关的各种信息,均属于公民个人信息,①没有必要将个人信息的范围限定为个人隐私、个人身份。公民个人信息的关键属性应该是可识别性,即能单独或者与其他信息结合识别特定自然人。

(2)变易性与相对稳定性

个人信息的范围具有变易性与相对稳定性。一方面,随着社会生活的变化,公民个人信息的范围必然会发生变化,如个人的行踪轨迹,在以前是很难确定的,但是在手机定位便捷的当代,个人行踪轨迹必然属于个人信息的范围,可以归为反映特定自然人活动情况的信息,或者说涉及公民个人隐私。类似的还有人脸识别图像这样的个人生物识别信息,这样的信息甚至可以说是能单独识别特定自然人的,必然属于个人信息的范围。另一方面,个人信息的范围具有相对稳定性,由于个人信息具有的关键属性是"可识别性",②只要是符合"可识别性"的与自然人有关的信息,都是个人信息,这一点是不会随着时间变化而变化的。例如,在"出售车辆信息案"中,涉及的个人信息为车牌号、车主姓名、车辆抵押信息等车辆信息,在"姓名+车牌号+车辆抵押"信息的组合下,不仅能识别特定自然人,而且能反映特定自然人的机动车状况,因

① 参见张明楷:《刑法学(下)》(第6版),法律出版社2021年版,第1200页。

② 参见周光权:《刑法各论》(第4版),中国人民大学出版社2021年版,第81页。

此这些信息虽然不在以上法律和司法解释明示的列举范围之内,但是毫无疑问属于个人信息。

(3)公开性与私密性

一种情况是个人信息已在一定范围内公开,但对于公开范围以外的人是无权获知的,即具有相对的公开性或者说相对的私密性。例如,"姓名+手机号""姓名+身份证号""姓名+住址"等在信息主体的亲朋好友或工作单位等范围内是公开的,但是对于其他人,则是私密的,如果被不正当收集、扩散、滥用,则会侵害信息主体的个人信息权。因此,对于这些信息,不能以其在一定范围内公开为由而认为其不属于刑法规制的个人信息的范围。对于与自然人有关的信息,要求其具有绝对私密性,反而是比较困难的,至少通常所说的个人信息,一般都不具有绝对的私密性。

在"查询犯罪记录案"中,涉及犯罪记录是否属于个人信息的问题。除了已经封存的未成年人犯罪记录,大多数犯罪记录在一定范围内是公开的,但这并不影响信息主体不希望已公开范围之外的人知晓这一信息。在这一点上,犯罪记录与姓名、身份证号、手机号、住址、财产状况等个人信息无异。

另一种情况是个人资料已经完全公开,任何人都有权查看。对于获取已公开的个人信息并向他人出售或者提供的行为是否构成侵犯公民个人信息罪,理论与实务中都存在争议。

①有罪说。有罪说认为已经完全公开的与自然人有关的信息,依然符合个人信息对特定自然人的"可识别性"的特征,向他人出售、提供后,用于向信息主体打骚扰电话、发送垃圾短信,甚至是诈骗等,同样会对信息主体造成法益侵害。[①] 获取公开的个人信息向他人出售或者提供的行为,属于不正当收集、扩散、滥用公民个人信息的行为,侵害了公民的个人信息权,应当构成本罪。所以,已完全公开的与自然人有关的信息属于本罪的个人信息范围。

有罪说是司法实务的多数说。从市场主体信息中剥离出的自然人信息属

① 参见周光权:《刑法各论》(第4版),中国人民大学出版社2021年版,第83页。

于公民个人信息，因为法人信息中的重要组成部分——法定代表人的姓名及身份证件号码、家庭住址、通信方式均具有十分明显的公民个人信息属性。[①] 在“出售工商登记信息案”中，被告人王某琼的辩护人提出被告人出售的市场主体信息属于依法应当公开的信息，不属于公民个人信息的范畴，因此主张被告人无罪。但最后法院审理认定王某琼通过辽宁省工商行政管理一体化办公系统非法获取的信息中虽然大部分属于企业信息，依法应当公开，但所有公示的信息均不包含自然人的身份信息、联系电话等，也不包括市场主体的联系电话，且根据其同时窃取的法定代表人姓名与注册电话（移动电话号码）能够相匹配，具备识别特定自然人身份的效能，因此王某琼非法获取的信息系公民个人信息。

②无罪说。无罪说认为，根据有关法律法规必须公开的与自然人有关的信息不属于本罪的犯罪对象。例如，随着政务公开的推进，国家机关工作人员依法公示的个人资料，如家庭住宅、电话号码、子女工作情况、家庭财产等，就不是本罪的保护对象。有人将上述资料收集之后整理出售的，也不构成本罪。[②] 此时行为人的行为不符合侵犯公民个人信息罪的“违反国家有关规定”或“非法获取”的构成要件，因此在这种情况下，完全公开的个人资料不属于本罪的个人信息的范围。

实务中，少数判决认同无罪说。[③] 例如，在“查询犯罪记录案”中，一审法院认为本案属于信息主体自愿公开甚至主动公开个人信息，或者可以合理推断出信息主体并不排斥公开的个人信息，因此在行为人获取后提供、传播、出售给他人的，不宜以侵犯公民个人信息罪论处。

③限定说。限定说认为，获取、提供已公开的个人信息但改变信息公开的目的或者用途的可能成立本罪。对于已公开的个人信息的处理（获取、提供、

---

① 参见蔡云：《公民个人信息的司法内涵》，载《人民司法》2020年第2期。

② 参见黎宏：《刑法学各论》（第2版），法律出版社2016年版，第270页。

③ 参见周光权：《侵犯公民个人信息罪的行为对象》，载《清华法学》2021年第3期。

交换、出售等),在与该信息公开的目的没有根本抵触的,无论被处理的信息数量达到何种程度,都不宜定罪,该已公开的个人信息并非本罪行为对象。但是,处理已公开的个人信息侵害了被害人的法益处分自由,有以下情形之一的,应当成立本罪:a. 明显违背已公开个人信息的公开目的的;b. 明显改变已公开个人信息的用途的;c. 利用已公开个人信息实施可能危及公民人身或财产安全的违法犯罪行为的。① 在"出售工商登记信息案"中,被告人孙某桓从被告人张某处非法购买涉案信息 131 732 条用于销售 POS 机业务,法院认定其为合法经营活动而非法购买的公民个人信息未达到《个人信息案件解释》第 6 条规定的"情节严重"标准,所以对孙某桓购买涉案信息的行为不予认定,仅评价其后续出售个人信息的行为。如果从限定说的进路进行解释,市场主体在公示系统公开企业信息,其目的应当包含展示企业信用、推广业务、增加交易机会等,因此孙某桓获取已在公示系统中公开的部分涉案信息,用于销售 POS 机业务,可以理解为与该信息公开的目的没有根本抵触。而张某将从王某琼处购得的工商登记信息用作个人房地产销售联系使用,则明显违背已公开信息的公开目的,因此成立侵犯公民个人信息罪。

3. 违法阻却事由的类型

(1)被害人承诺

被害人承诺是否能阻却违法,与本罪的保护法益的认定有关。如果认为本罪的保护法益为超个人法益,那么特定被害人是否同意,不影响本罪的认定。② 我赞同个人法益说,因此认为被害人承诺是违法阻却事由。

在"查询犯罪记录案"中,被提供的公民个人信息是应客户委托,用于对其应聘人员进行背景调查,内容主要包括身份证信息是否真实、学历学位是否属实、有无犯罪记录等。应聘人员在应聘过程中通常会自愿向招聘单位提供姓名、身份证号、是否有犯罪记录等个人信息。如果应聘人员事先同意招聘

① 参见周光权:《侵犯公民个人信息罪的行为对象》,载《清华法学》2021 年第 3 期。

② 参见周光权编:《刑法判例百选》,中国人民大学出版社 2022 年版,第 351 页。

单位对自己提供的个人信息进行核实，那么可以认为本案由于存在被害人承诺而阻却违法。如果应聘人员事先没有同意，那么招聘单位将应聘人员提供的个人信息交给其他公司、部门核实的行为，属于违反国家有关规定，将在提供服务过程中获得的公民个人信息提供给他人的行为，因此构成侵犯公民个人信息罪。民警聂某轩、咨询公司的董某自然也构成侵犯公民个人信息罪。

本案一审法院的观点是侵犯公民个人信息罪的犯罪构成要件中包含一个不成文的构成要件要素，即“违背信息主体个人意愿”，经过填充这一要素，本罪的成立范围实现了合理的限缩，即对于信息主体自愿公开、主动公开，或者可以合理推断出信息主体并不排斥公开的个人信息，行为人获取后提供、传播、出售给他人的，不宜以侵犯公民个人信息罪论处。① 此时，行为人没有违背信息主体的个人意愿，因此阻却了构成要件。

(2)法令行为

为履行法定职责或者法定义务所必需而向他人提供公民个人信息的行为，是基于法益衡量阻却违法的法令行为，这是对此种行为进行出罪的其中一条解释进路。例如，向司法机关提供公民个人信息以便查处犯罪的，就属于违法阻却事由。② 实践中常见的银行根据司法机关办案需要，提供公民的银行账户、开户信息及账户流水的行为，就是法令行为。另一条解释进路是履行法定职责或者法定义务所必需的行为是阻却构成要件，因为不符合《刑法》第253条之一的“违反国家有关规定”。

(3)优越利益保护

为应对突发公共卫生事件，或者紧急情况下为保护自然人的生命健康和财产安全所必需，而向他人提供公民个人信息的行为，应当认定为基于优越利

① 参见最高人民法院中国应用法学研究所编：《人民法院案例选》(2020年第6辑)(总第148辑)，人民法院出版社2020年版，第67页。

② 参见张明楷：《刑法学(下)》(第6版)，法律出版社2021年版，第1201页。

益保护而阻却违法。例如,在新冠疫情防控期间,街道工作人员出于疫情防控需要,将涉疫情公民个人信息提供给有关部门的情形。但是,如果不是出于保护自然人生命健康和财产安全所必需,就不能认为是违法阻却事由。例如,在公安部公布的侵犯公民个人信息违法犯罪典型案件——杨某侵犯涉疫情公民个人信息违法案件中,安顺市天柱县某街道社区工作人员杨某在工作中获取了社区疫情防控人员信息后向好友发送,造成相关信息在微信中迅速扩散,造成恶劣影响。[①] 杨某非出于疫情防控所必需,将履行疫情防控职责过程中获得的社区疫情防控人员信息提供给他人,就不能阻却违法。

(4)本罪特有:合理处理已公开的个人信息

以《民法典》《个人信息保护法》中规定的"合理处理"作为阻却擅自处理已公开的个人信息行为的刑事违法性之正当化事由,发挥前置法对刑法定罪的限制功能。[②] 否则,一个在民法和行政法上不违法的行为,在刑法上被评价为具有违法性的话,违背法秩序统一性原理,也会损害一般人的预测可能性。

除基于法秩序统一性原理之外,对于合理处理已公开的个人信息的行为,仍然需要在违法阻却事由上进行类型化,即归类为总论中通用的几项违法阻却事由之一。对此可以区分信息主体主动公开和被动公开两种。在信息主体主动向社会公开个人信息的情况下,如在网上"水滴筹"公开自己的姓名、身份证号、手机号、家庭住址等,或者在婚恋平台上公开个人信息等,合理处理已公开的个人信息,应当类型化为推定被害人默示同意。我认为这里是被害人承诺而不是推定的承诺,因为推定的承诺要求无法取得被害人现实同意。因此,对于信息主体主动公开的情形,"合理处理"要求符合信息主体的合理预

① 参见《公安部公布十起侵犯公民个人信息违法犯罪典型案件》,载中国政府网,https://www.gov.cn/xinwen/2020-04/16/content_5502912.htm。

② 参见刘双阳:《"合理处理"与侵犯公民个人信息罪的出罪机制》,载《华东政法大学学报》2021年第6期。

期，不得侵害信息主体的重大利益。[①] 在信息主体按照法律法规的要求强制性公开个人信息的情况下，如卫生行政部门向社会发布的传染病感染者行踪轨迹信息、市场主体在国家企业信用信息公示系统上公开信息等，“合理处理”应当类型化为优越利益保护阻却违法。因此，对于信息主体被动公开的情形，“合理处理”应当符合个人信息被公开时的用途。[②] 例如，对于卫生行政部门向社会公布的传染病感染者行踪轨迹信息，合理处理应当符合传染病防控的用途。

4. 政府工作人员出售公民个人信息是否构成受贿罪

最后要讨论的是政府工作人员将在履行职责中获得的公民个人信息出售给他人时，是否与受贿罪构成竞合的问题。

(1) 构成受贿罪的观点

有一种观点认为构成受贿罪，并根据是否存在信息主体的同意来认定是否同时构成侵犯公民个人信息罪。之所以认为构成受贿罪，是因为职务行为既包括完全属于职务范围的合法行为，也包括与职务有关的超越或者滥用职务的行为。换言之，只要是与职务有关的行为即可。与职务有关的行为主要包括两种情况：一是与国家工作人员的一般的、抽象的职务权限有关的行为，不要求与国家工作人员的具体的职务权限有关；二是与职务有密切关联的行为。[③] 政府工作人员利用数字登录证书等进入政府内部系统是一般的职务权限，从中批量获取或者查询特定的公民个人信息的行为属于滥用职务的行为，因此也属于职务行为。将从内部系统获得的公民个人信息出售给他人，同样违背了职务行为的不可收买性，成立受贿罪。

此时，如果存在信息主体同意的情形，基于被害人承诺阻却违法，或者没

---

① 参见刘双阳：《“合理处理”与侵犯公民个人信息罪的出罪机制》，载《华东政法大学学报》2021 年第 6 期。

② 参见刘双阳：《“合理处理”与侵犯公民个人信息罪的出罪机制》，载《华东政法大学学报》2021 年第 6 期。

③ 参见张明楷：《刑法学（下）》（第 6 版），法律出版社 2021 年版，第 1587 页。

有违背信息主体个人意愿,从而阻却构成要件,该行为不成立侵犯公民个人信息罪,仅成立受贿罪。如果不存在信息主体同意,则同时构成侵犯公民个人信息罪,与受贿罪构成想象竞合。

在"查询犯罪记录案"中,一审法院认为此时没有"违背信息主体个人意愿",阻却构成要件,因此不构成侵犯公民个人信息罪,而将本案整体上认定为职务犯罪。可以看出,本案就是采用这一种观点的。

(2)不构成受贿罪的观点

在我检索到的实务案例中,大部分判决对政府工作人员将在履行职责中获得的公民个人信息出售给他人的行为,直接认定为侵犯公民个人信息罪,没有具体阐述为什么不构成受贿罪。在"出售车辆信息案"中,曹某的上诉理由是其构成受贿罪,不应以侵犯公民个人信息罪追究其刑事责任。二审法院认为根据上诉人曹某、原审被告人徐某峰、原审被告人林某的供述,均证实上诉人曹某将他人车辆信息提供给原审被告人徐某峰、林某,按信息条数计价,双方系买卖关系,故其行为不符合受贿罪的构成要件,最终维持原判。与本案的说理方法类似的还有王某明、杨某松侵犯公民个人信息案。在本案中,交警将交通事故的报警人员的电话和事故信息出售给与车辆维修有关的其他人。①对于辩护人发表的被告人构成受贿罪的辩护意见,法院认为被告人主要是将其在履行辅警工作职责过程中接触到的涉案报警人员电话及事故信息,以对外出售的方式获取非法利益,具有明显的买卖特征,且该交通事故信息能够识别并反映出特定自然人的个人信息情况,故被告人主观上具有出售、非法提供公民个人信息的故意,客观上通过该种手段谋取了个人利益,符合侵犯公民个人信息罪的构成要件。

(3)报告人观点

我支持直接认定为侵犯公民个人信息罪,而不认定为受贿罪。受贿罪中的"为他人谋取利益",应该限制在与职务行为直接相关的利益,将公民个人

① 参见(2019)津0114刑初538号。

信息提供给以此牟利的第三人并不属于这种情况。政府工作人员出售公民个人信息的行为所侵犯的法益还是在于个人信息权,而不是职务行为的不可收买性。受贿罪中的职务行为,不包括用数字证书登录系统这样的行为。所以,在“查询犯罪记录案”中,一审法院将被告人聂某轩定为受贿罪,我是不太赞同的。而在“出售车辆信息案”中,二审法院认为双方系买卖关系,所以行为不符合受贿罪的构成要件。二审法院的说理值得商榷。受贿罪侵犯职务行为的不可收买性,权钱交易的行为本质上也是一种买卖关系,只不过本案的收买行为或买卖关系针对的不是曹某交通管理的职务行为,而是曹某登录内部系统查看车辆信息的便利,因此不应该构成受贿罪和行贿罪,而是构成侵犯公民个人信息罪的共同犯罪。

还有一个问题,即在存在信息主体同意的情形下,基于被害人承诺而阻却违法,此时不认定受贿罪,是否只能定无罪。就像“查询犯罪记录案”,我认为要看应聘人员是否事先同意招聘单位对自己提供的个人信息进行核实,如果已经获得被害人承诺,民警出售个人信息的范围没有超过被害人承诺的范围,那么应当无罪,此时可以在其他部门法或者党内法规的范围内对该政府工作人员进行处理。

二、课堂交流

同　学:《刑法》第 253 条之一第 2 款的表述是,“将在履行职责或者提供服务过程中获得的公民个人信息,出售或者提供给他人的,依照前款的规定从重处罚”。如果将保护法益理解为个人信息权,为什么政府工作人员在履行职责过程中,出售正常途径获取的信息比第 3 款以其他方法非法获取的个人信息反而要判得更重?

报告人:我的理解是因为有预防必要性上的考虑,因为无论是政府工作人员通过登录政府内网,还是像本罪修改前强调金融、电信等单位的工作人员,将在履行职责或者提供服务过程中获得的公民个人信息出售给他人的行为，其实很容易发生，并且基于职务便利很容易获得很多人的信息。所以基于预防必要性的考虑规定从重处罚。

同　学：在曹某等侵犯公民个人信息案中，法院最后认定双方系买卖关系，有一个论述是他们之间出售的信息按信息条数计价，认为是合理对价。法院如何认定出售个人信息是合理对价，还是有额外的利益输送，比如像权钱交易？

报告人：因为判决对这一点没有具体说明，我觉得可能是与其他不是基于政府工作人员的身份，就是一般的侵犯公民个人信息的案件比较，对一条个人信息给出的价格大致是相同的，而不是出了更高的价格，这样来认定是合理对价，而不是有利益输送，或者说类似于职务行为的收买。

同　学：关于法益这个问题，超个人法益说并不是会限缩本罪的处罚范围，相反它可能是扩大了本罪的处罚范围。因为像账号密码、短信验证码，可能它并不具有一般《民法典》或者《个人信息保护法》所指的可识别性，但是因为对于个人的人身安全和财产安全有极大的伤害的可能性，所以把这个东西也纳入本罪的考量范围之内。

报告人：我是这样理解超个人法益说限缩处罚范围的，如果把侵犯公民个人信息罪认定为公共法益，比如将别人的隐私视频或者照片发到网上，因为只是一个人或者是少量人的个人信息，可能就无法认定为本罪了。但是我觉得这种情况其实对信息主体的法益侵害是巨大的。所以，我还是赞同将侵犯公民个人信息罪的保护法益理解为个人法益。

同　学：你刚刚把个人信息权直接等于个人信息自决权，但是我认为这个确实还是有细微的差别的。我觉得有两个不太能妥善解决的问题：一个是如果我们过度地强调个人信息自决权，是否只要这个人同意了，那么很多后续的行为都是可以拿之前得到的同意，当作一个阻却违法或者阻却构成要件成立的一个抗辩；另一个是如果我们这么强调自决权，那么按照这个逻辑，你先得到了我的同意，获得了我的个人信息，然后你给了另一个人，另一个人需要再问一下我是否同意他使用，那是不是有可能违背我们在社会交往中信息利用上的一些正常效率需求。

报告人：我觉得这里可以参考《个人信息保护法》或者《民法典》对这个“合理处理”的界定。对于第一个问题，就是我已经同意了对自己个人信息的使用，之后是不是可以一直用的情况。我的理解还是应该符合信息主体的合理预期，不得损害信息主体的重大利益。“合理处理”其实还是对用途目的有一个限制吧，不是说获得了一次同意，他后面就可以为所欲为了，我觉得还是不可以这样。对于第二个问题，如果再给第三个人，是否需要每次都获得一次同意这个问题，我觉得基于个人信息保护，就应该是每次都获得同意。比较常见的像我们原来买房子或者看房子，只要在一家房屋中介机构看过一次房源，被登记过一次信息，后面可能两三年都一直会有不同的中介给你打电话，问你要不要买房，甚至过了几年还问你要不要卖房。我觉得即使说都围绕着买房和卖房，甚至只是围绕着买房，它可能也是属于我的合理预期范围内，或者信息用途没有改变。但是他卖给第三方，后面再卖给第四方、第五方的话，我觉得还是应该每次都获得我的同意，而不是为了社会生活交往方便而允许这种行为。

同　学：你主张本罪的保护法益是个人信息权，我之前其实也是赞同这个路径的，但是面临的一个质疑就是《民法典》的表述是隐私权和个人信息保护，所以实际上我们在前置法中并没有找到一个明确的个人信息权，而更多的还是被理解为一种权益。那么，刑法上这样积极地创造出一个权利，该怎么去论述比较妥当？

报告人：我之前没有想过这个问题，我的理解不一定准确。我感觉也未必一定要《民法典》或《个人信息保护法》明确规定了个人信息权或信息自决权，然后刑法才能够用。刑法最后一道防线的作用，不一定是基于权利的方面，更多的是刑法的谦抑性。对于一些轻微违法，刑法不认定为犯罪，也就是前置法认定的违法范围更大，刑法认定的违法范围更小，这是从保障犯罪嫌疑人权利的角度去理解的，而不是从个人信息权这种正面权利方面去讲的。

同　学：我明白了，你的思路就是个人信息权并不是一种独立的权利，刑法要对这种类型以一种独立的方式去保护，而不是说去创造一个权利。

同　学：对于限定说讨论的“出售工商登记信息案”而言，孙某桓将个人信息用于销售 POS 机业务，张某将个人信息用作个人房地产销售，你说孙某桓的涉案信息并没有违背已公开信息的使用目的，而用作个人房地产销售就违背了使用目的，二者有什么不同呢，不都是用于推销吗？

报告人：比如说一个饭店，可能就要用到 POS 机给顾客结账，孙某桓销售 POS 机就是属于跟这个企业正常业务相关的。相对而言，张某的个人房地产销售和企业公开信息的目的，也就是扩大业务经营，二者的距离比起刚才的 POS 机销售更加遥远，可以理解为明显违背信息主体公开信息的目的。

同　学：关于杨某侵犯涉疫情公民个人信息违法案件，也就是那个行政处罚的案例，看起来只处罚了这个泄露信息的源头，但是你看这个新闻的表述，他只是发给他的好友，是这个好友将信息在微信群中扩散的，那为什么我们只处罚源头呢？包括司法解释也是说造成了被害人重伤死亡的结果认定为情节特别严重，但是有没有可能最开始这个源头的人，他其实并不知道这个信息会用到哪里，那如果直接根据最后的结果，倒回来去追究前面这个人的源头性责任，会不会处罚得太随意呢？

报告人：首先我认为虽然源头的人可能不知道这些个人信息后续会被人用到哪里，但是其实他转到微信里面应该就能预见到后面会被人肆意转发，因为他转给别人，其实也就是想给别人看，你看这个人身上可能有病毒什么的，让大家注意躲着点，所以他应该能预计到。再加上近十年来侵犯公民个人信息的情况特别严重，基于法益保护，用比较严厉的措施来处罚信息泄露的源头，我觉得应该可以这样理解。

同　学：我有一个疑问是关于义务冲突的，你在法令行为部分说有两条解释进路，一条解释进路是基于法益衡量进行出罪，另一条解释进路是违反国家有关规定,就是阻却了构成要件。《个人信息案件解释》第 2 条规定,违反法律、行政法规、部门规章有关公民个人信息保护的规定的,应当认定为《刑法》第 253 条之一规定的“违反国家有关规定”,也就是“国家有关规定”最低要求是部门规章。然而有一些不属于部门规章的其他规范性文件,要求相关的部门或者机构履行收集、筛选、处理信息的义务,但是规范性文件又不属于构成要件里面的“国家有关规定”,这个时候会存在一个义务冲突。这种情况下能不能认为把义务冲突分为了两种类型,一种是属于阻却构成要件的,直接从没有“违反国家有关规定”来考虑不入罪;另一种是从法益衡量上来进行出罪?因为有的是在部门规章里明确,有的是在其他规范性文件里有细化的规定。在法官和学者中间有很大的争论,有的法官提出将《个人信息案件解释》第 2 条的“国家有关规定”的范围从部门规章扩充到其他规范性文件。在实践中,比如网信办关于未成年人的一个具体规定,要求 App 必须去收集相关个人信息,来防止未成年人接触到不应该接触的视频。

报告人:你刚才是说有些规范性文件根据司法解释不能被解释为国家规定,所以只能归为基于法定职责或者法定义务这种法令行为,是吧?我觉得这个思路挺好的。刑法典里其他条文也有“违反国家有关规定”类似的表述,我觉得这里需要进行统一的解释,如果规范性文件不能被认定为国家规定,那么将它解释为法令行为是一种很好的办法。

同　学:我有一个关于侵犯公民个人信息和共同犯罪的问题,《个人信息案件解释》第 5 条第 1 款第 2 项规定“知道或者应当知道他人利用公民个人信息实施犯罪,向其出售或者提供的”,到底是认定作为侵犯公民个人信息罪的入罪标准,还是作为共同犯罪的标准,这在实务中也会存在一定的疑问,这里应当如何区分?

报告人:我的想法是看行为人是否知道他人利用公民个人信息实施犯罪,有点像传授犯罪方法罪和对应犯罪的教唆犯之间的区分,看行为人是不是知道他人利用个人信息实施具体的犯罪行为。如果知道具体的犯罪行为，比如行为人明知他人要利用张三的个人信息去诈骗张三，这种情况下向他提供个人信息，那就是共同犯罪；如果只是概括地知道他人利用个人信息实施犯罪行为，而向他提供个人信息，就不太适合认定为共同犯罪，应该将其认定为侵犯公民个人信息罪。

同　学：我想从职务犯罪的角度探讨。你提的这几个案例，你觉得没有利用职务上的便利，是吧？那是利用职务行为形成的便利条件吗？我觉得每个人根据自己的岗位有不同的登录查询权限，能查询到不同范围的信息，这些信息也在他的管理和负责的范围之内，他有义务保护这些当事人的个人信息，这也是他的职责范围，当然这个职责可能不是他的主业。你把它解释成只是因为职务形成的一种影响或者是便利条件，是不是有点不太合适？

报告人：我认为需要具体分析，看这个政府工作人员的岗位和职责。例如，交警的职务行为是维持交通秩序或者处理交通违章，而不是他能登录系统能看见车辆信息，如果说有人给他送钱，请求不要开罚单，我觉得和找他要车辆信息有明显的不同。

同　学：确实要具体分析。比如，在上一个案子当中，是协警利用了其他民警的账号去得知这些个人信息，那我觉得可能是因为职务形成的便利条件，而不一定是职务便利。但如果是民警的话，他如果有这个职权查看这些个人信息，是在他的职权范围之内，虽然可能不是他的主业，但他的职权是覆盖到这些内容的，也可以考虑是有这个职务便利的。

同　学：假设一个政府工作人员对于他能查询到的公民个人信息就是有职务上的便利，如有数据管理职责的政府工作人员，将管理的公民个人信息出售，我们知道侵犯公民个人信息罪有情节、条数和违法所得这几个入罪门槛，如果这个政府工作人员已经满足条数的入罪门槛，这时候他就构罪了，那么，他将个人信息出售这一点是不是也可以评价为用职权换取金钱，从而构成侵犯公民个人信息罪和受贿罪数罪并罚？

报告人：如果这个政府工作人员具体的职责就是管理这些公民个人信息，我认为是可以成立受贿罪的。

同　学：我还有一个想法，如果将个人信息作为财产性利益来评价，能不能构成职务侵占？因为我觉得他是否利用自己职务上的便利，其实是看他是否有查询信息的权限，这就有点像管保险箱的人与公司实际的财务人员之间的区别。

同　学：那刚才你不是说双重法益，有秩序法益在里面吗？你现在就完全把它当成财产了。

同　学：我说的是这个结构是类似的。在考虑是否利用职务上的便利的时候，考虑的就是有没有处理信息的权限。

同　学：公民个人信息可以交换财产，但是说它本身就是财产性利益，直接作为财产犯罪的对象，我感觉还是不可以的。

报告人：对，我觉得将公民个人信息直接评价为财产性利益不合适，这走得太远了。就刚才讨论的受贿罪和侵犯公民个人信息罪是数罪并罚还是想象竞合的问题，我觉得如果确实构成受贿的话，还是应当想象竞合，毕竟只有一个行为。

同　学：收了钱承诺要办事就可以认定为受贿罪，然后还将个人信息实际出售给对方，我觉得只定一个罪没有充分评价。这只是一个思考，是我看到你这个案例联想到的。

同　学：因为政府工作人员在卖个人信息的过程中，也是一种滥用职权，而滥用职权罪和受贿罪本身是可以数罪并罚的，所以这里就是考虑侵犯公民个人信息罪和受贿罪是否可以数罪并罚的问题。

同　学：如果一个行为人知道某个明星的电话号码，就这一条信息卖了50万元，是否构成侵犯公民个人信息罪？我看到你举的案例更多的是有条数的限制。

报告人：《个人信息案件解释》规定的"情节严重"的标准不只是信息条数，还有出售或者提供行踪轨迹信息被他人用于犯罪，知道或者应当知道他人利用公民个人信息实施犯罪，还有违法所得标准，并不限于以条数作为入罪门槛。所以，我觉得按照现在的司法解释规定，卖一条或者卖少量的个人信息，如果被他人用于犯罪或者有其他情节严重的情形，一样可以入罪。现在很多类似的情形，包括网暴，都没有按照侵犯公民个人信息罪来追究刑事责任，其实是不太合理的。

同　学： 侵犯公民的隐私，实际上可以归入侵犯公民个人信息罪，是吧？

报告人： 个人隐私属于个人信息的一部分。

同　学： 什么情况下算是有其他情节严重的情形？

报告人： 我的理解是像网暴造成被害人自杀后果的就属于其他情节严重的情形。

张老师： 我问一下，侵犯公民个人信息罪第 3 款“窃取或者以其他方法非法获取公民个人信息”中的“获取”怎么理解？比如，我拿着别人的手机，看他的微信聊天和通话记录，只是看，是不是“获取”？

报告人： 我觉得这个不能理解为获取。

张老师： 那我因为记忆力很好，我都记下来了，就可以说给别人听。

报告人： 我觉得这里就是要看后续的情况。比如，我记忆力很差，我看一眼别人的手机，出了门我就忘了，那么我光看了一眼他的手机就不能被评价为“获取”。如果我记忆力特别好，回去就把它写下来卖给别人，再符合情节或者条数的话，就可以理解为“获取”。

张老师： 那这是取决于记忆力，还是只要你看了就是获取？

报告人： 我觉得不是看了就是获取，还是要看后续做了什么事。

张老师： 我就记在脑子里了。

报告人： 但是这个不能算入罪的标准吧。

张老师： 非法获取行踪轨迹信息、通信内容、征信信息、财产信息 50 条以上就构成犯罪了，我看了别人手机微信里 50 个朋友的信息，不就是够了吗？

同　学： 那取证就只能问你有没有记下来？

张老师：如果是看一页就用自己的手机拍照一页，最后看完了自己的手机坏了，那这个是不是“获取”？

报告人：我觉得这个是获取。

同　学：那用手机拍下来和只是看有什么区别？

同　学：这里涉及对个人信息的一种独占。

张老师：我们对信息的这种保护，其实也是看信息的具体内容，是吧？其实越是属于隐私的信息，对这个数量的要求肯定越少，对吧？手机内的信息一般是涉及隐私的，那为什么一定要是拍下来这种的？我只是看，为什么就不可以呢？这是要考虑的。我再问一下，把分散在不同地方的信息收集之后，把它整理出来，这个是不是“获取”？比如，把 3000多个检察院的所有检察长的姓名、检察院的地址全部汇集起来，但还没有卖，这个是不是“获取”？

报告人：这些信息都是公开的。

张老师：那再拿去卖呢？

报告人：就是像刚才讨论的那样。看后面对信息的利用有没有明显违背本来公开的用途、目的，有没有侵害信息主体的利益。

张老师：那怎么去判断啊？

报告人：比如，把检察长的信息卖给专门找领导敲诈的犯罪团伙。

张老师：你不能什么行为构不构成犯罪都取决于后来的，乃至取决于别人的行为，否则是否构成犯罪就太偶然了，对吧？这就没有标准了。

同　学：刚才那个偷看微信聊天记录，如果里面涉及商业秘密，那是不是其实我看了都是“获取”？

张老师：侵犯商业秘密罪就有“其他不正当手段获取”。

同　学：所以，如果商业秘密看一眼就算获取，为什么个人信息这里就不可以，就一定要有有形的物理载体的转移？

同　学：商业秘密看一眼也不算获取，侵犯商业秘密罪还要求有后果的，还有除非你使用不正当手段。

张老师：现在也不要求有后果了。《刑法修正案（十一）》将“给商业秘密的权利人造成重大损失”修改为“情节严重”了。

同　学：为什么要限制偷看不是获取呢？

同　学：我觉得限制偷看没有什么意义，现在感觉纯粹是拿结果再倒回去看前面构不构成犯罪，包括他对个人信息主体有没有造成损害的时候，再去考虑构不构成这个罪，这个保护不就反而晚了吗？因为个人有时候就不知道自己的信息被谁获取，被谁利用，本来侵犯公民个人信息罪就是想提前去处罚，但是反而更加侧重于结果。

张老师：《刑法》规定侵犯商业秘密罪的第 219 条第 1 款第 1 项也是获取。

同　学：那是用不正当手段。

张老师：你先讨论这是不是叫获取，然后才讨论是不是不正当。你从人家手机里面看个人信息，肯定是不正当的，是吧？侵犯商业秘密罪只要情节严重就构成犯罪，商业秘密这里的获取，应当是看一眼就可能构成获取了。商业秘密有时候是一个配方，有个化学公式之类的，尤其是学化学的人，看一眼他就记住了，那是叫获取商业秘密了。

报告人：但是个人信息如果就这么解释的话，可能处罚范围就太大了吧。

张老师：那是另外一个问题，比如是不是属于情节严重。我们现在只是讨论什么是“获取”，看一眼是不是要记住了才是“获取”，没记住的不是“获取”。这又有麻烦了。

报告人：对，明明记住了就说自己没记住，也没法验证他有没有记住。

同　学：因为侵犯商业秘密罪要求后续要有可以给别人使用或者复制的可能性的，其实还是要有后果，只是说后果不以你实际获利来定义，那个叫许可使用费。

张老师：那涉及另外一个问题。《刑法》第 219 条第 1 款第 1 项规定的行为能不能独立构成犯罪，单纯获取行为能不能定罪；第 1 款第 2 项、第 3 项以及第 2 款，其实就是讲有人使用或者允许他人使用。但是侵犯公民个人信息罪，由于涉及隐私，我不想让他人知道。我不想让他人知道的时候，我并不是关心你记住了没有，我就是不让你看，但是你看了。所以，它跟侵犯商业秘密罪还不完全一样，你单纯看了人家的商业秘密，你不去用它，人家基本上没有什么损失。但是个人信息涉及隐私，我就是不想让人看，你看了之后忘了也不行，因为你看了。

报告人：所以看了也属于获取，这个行为本身就是获取。后续的被用于犯罪或者造成严重后果只是判断是否属于"情节严重"的问题。

同　学：你觉得侵犯公民个人信息罪和非法获取国家秘密罪，它们有没有同类的关系呢？就是个体的大小不一样，个人信息在一定程度上相当于个人秘密。这两个罪有什么相似之处吗？

报告人：出售、获取的行为是可以类比的，就是刚才张老师说的看一眼国家秘密算不算获取的问题，两个罪是有相似之处的。

张老师：《刑法》第 334 条之一规定了非法采集人类遗传资源、走私人类遗传资源材料罪，这个行为是不是一般都会触犯侵犯公民个人信息罪？

报告人：看看这个遗传资源有没有可识别性，如果是匿名的话，也就不算公民个人信息了。如果抽了我一点血，没有办法识别到是谁的血，就不算个人信息了。

同　学：但是，可识别性不是可以间接识别吗？就是你刚才提到结合其他的信息能判断，那我拿你的血再结合 DNA 就肯定可以识别到你。

报告人：我觉得结合其他信息还是要有限制的，否则这个范围太大了。

同　学：像现在司法解释所说的行踪轨迹信息肯定要结合其他信息，比如你的面容，才可以定位到你这个人，而不是依据单纯的轨迹信息就可以识别到。又如手机号和验证码，也是需要构成一个账号才可以识别到你。

报告人：如果是获取了遗传资源，那里面直接就有我的 DNA，这个肯定就属于公民个人信息。如果需要和其他信息结合才具有可识别性，这个范围还是应当有限制的。例如，我今天穿的这件衣服跟我的面容结合在一起，可以识别到我本人，这样就认为这件衣服属于个人信息，我觉得就不合理了。

三、张明楷评述

现在,刑法学界与实务界对侵犯公民个人信息罪讨论得很多,但许多讨论显得没有“章法”。其实,我原本是希望报告人围绕政府工作人员的相关行为进行讨论,而不是一般性的讨论。比如,政府工作人员通常实施的行为中,有哪些是侵犯公民个人信息的行为,原本构成犯罪却没有当犯罪处理的,有哪些行为原本是合理利用公民个人信息,却当作犯罪处理的,但报告人基本上没有涉及这方面的问题。下面我讲几点看法。

第一,关于侵犯公民个人信息罪的保护法益。

关于侵犯公民个人信息罪的保护法益,按理说不应当采取超个人法益说。这个罪被规定在刑法分则第四章,很多人觉得规定在哪一章并不绝对决定这个罪的保护法益。我也知道不绝对,但是我最近研究得出的结论是,尽量不要把刑法规定的对个人法益的犯罪改变为对公共法益的犯罪,反过来是可以的,对刑法规定为侵犯公共利益的犯罪,有可能把它变更为对个人法益的犯罪。

如果有被害人同意或者承诺就不构成犯罪了,这个罪就不可能是对公共法益的犯罪,只能是对个人法益的犯罪。比如,强迫卖淫罪明显不可能是对公共法益的犯罪,因为如果卖淫的人是自愿的,行为人就不可能成立强迫卖淫罪。金融诈骗、合同诈骗,这都是对个人法益的犯罪。为什么?因为这些罪如果有被害人真实的同意,就不成立犯罪了。在这样的场合,你不可能说行为还侵犯了公共法益,所以要认定为犯罪。例如,如果保险公司的负责人即具有处分权限的人与投保人串通,让投保人虚构保险事故,然后决定对投保人进行理赔,使投保人非法获利 100 万元。你能以保险制度或者保险秩序遭受了破坏为由,认定投保人的行为构成保险诈骗罪吗?当然不能,只能认定他们构成贪污罪或者职务侵占罪的共同犯罪。又如,侵犯知识产权的犯罪,都是未经权利人同意而实施的犯罪,如果经过了权利人的同意,行为就不可能构成侵犯知识产权罪。所以,侵犯知识产权罪属于对个人法益的犯罪。有人认为,知识产权制度不只是保护个人的知识产权，而且还保护国家、社会、他人对知识产权的合理利益。但我认为，不能据此主张侵犯知识产权罪是对公共法益的犯罪，因为刑法规定的侵犯知识产权罪，都不包括妨碍对知识产权合理利用的行为，只是保护权利人的知识产权。既然如此，就不能将知识产权的合理利益作为侵犯知识产权罪的保护法益。

刑法分则第四章规定的犯罪，充其量只有重婚罪和破坏军婚罪是侵犯公共法益的犯罪，而且，破坏军婚罪都有可能理解为对个人法益的犯罪，就是侵犯了军人自己的婚姻关系，但是说重婚罪是对个人法益的犯罪就不合适。除此之外，刑法分则第四章、第五章的犯罪都不应当解释成对公共法益的犯罪。

现在主张侵犯公民个人信息罪是公共法益的观点，主要有四个理由，但这些理由都难以成立。

第一个理由是司法解释关于情节严重的规定。亦即，司法解释关于情节严重的规定，并不限于侵犯个人法益情节严重，而且包括了对公共法益的间接侵犯。但这一理由不成立。我国司法解释关于情节严重的规定，主要是为了限制处罚范围，于是想方设法从各个方面进行限制，因而是特别综合性的规定。换言之，司法解释关于侵犯公民个人信息罪的情节严重的规定，不是单纯从不法层面讲的，所以不能根据司法解释关于情节严重的规定内容来确定本罪的保护法益。否则，侵犯公民个人信息罪的保护法益就无边无际了。我前面讲过，比如《个人信息案件解释》第 5 条第 1 款第 1 项是“出售或者提供行踪轨迹信息，被他人用于犯罪的”，这里的犯罪没有任何限定，难道可以认为其他犯罪的保护法益都是本罪的保护法益吗？显然不能。司法解释关于情节严重的规定产生了一个重要问题，亦即，只要是具有条件关系的事实都要评价进来。比如，甲将个人信息出售给乙，乙却用甲提供的信息实施了侵犯财产罪。但如果甲与乙没有通谋，甲的行为就只是乙侵犯财产的一个条件。我们刑法学的老一辈反复讲的观点是条件不等于原因，但司法解释关于情节严重的规定要求司法机关重视条件，而且只要有条件关系就可以归责。于是，下级司法机关在认定因果关系时，也只是重视有无条件关系。这样的规定间接引发的扩大犯罪处罚范围的后果，值得高度重视。再者，保护法益的确定需要以刑法规定为依据，在刑法将侵犯公民个人信息罪规定在“侵犯公民人身权利、民主权利”这一章的立法例下，司法解释怎么会挑战立法机关关于这个罪的体系安排呢？所以，以司法解释关于本罪的情节严重的规定为根据，认为本罪的法益是超个人法益的观点，难以成立。

第二个理由是现在的侵犯公民个人信息的行为所侵犯的都是海量的信息。也就是说，凡是侵犯公民个人信息的案件，都不是侵犯某个公民的个人信息，而是侵犯了成千上万公民的个人信息，所以本罪是对公共法益的犯罪。这种观点的逻辑大致是，侵犯众人或者多数人的法益的犯罪就不是对个人法益的犯罪。这一观点源于传统理论。例如，传统理论认为，杀一人的构成故意杀人罪，但如果杀害三人以上的就是以危险方法危害公共安全罪。于是，在公共场所开车撞人的，或者在幼儿园门口拿着刀随意捅儿童的，都被认定为以危险方法危害公共安全罪。但不能这样区分对公共法益的犯罪与对个人法益的犯罪，判断法益的主体是个人还是国家与社会，要看个人对法益有没有处分权限，要看被害人的同意或承诺是否影响犯罪的成立。虽然个人对生命的承诺无效，但生命法益的主体是个人，公民个人信息的权利主体当然是个人，而不是国家与社会，所以侵犯再多公民个人信息的行为，也是对个人法益的犯罪。况且，即使是对少数公民的个人信息的侵犯，也完全可能构成侵犯公民个人信息罪。所以，所谓“海量的信息”并不是否认本罪是对个人法益犯罪的理由。

第三个理由是司法机关在认定本罪的时候根本不会调查公民是否同意了，所以公民的同意也不影响本罪的成立，故本罪不是个人法益的犯罪。但在我看来，这个理由过于绝对。一般来说，侵犯公民个人信息的行为都是违反公民意志的，所以司法机关不需要正面去判断获取的公民个人信息是否经过权利人同意，只需要反面去判断。亦即，如果确实得到了公民个人的同意，那就不能构成侵犯公民个人信息罪。比如，我见过一个案件，某小贷公司为了确保借款人身份的真实性，要求借款人持身份证拍照，并向借款人说明身份证信息及照片用于验证身份的真实性，不做其他用途。小贷公司将借款人的照片与身份证提供给A公司,A公司将这些信息提供给与公安部门关联的提供信息验证服务的B公司,B公司向A公司反馈借款人的姓名与身份证号是否匹配的结论,在匹配的情形下,同时提供该身份证号对应的身份证上的照片,这个照片经过B公司打网格等特殊处理,然后由A公司将该照片与借款人提供的照片进行比对,确认是否为同一人。在上述过程中,A公司将核验结果为匹配的数据所对应的肖像照片私自加以存储,形成数据库。在其他小贷公司就相同借款人再次要求A公司验证身份的真实性时,A公司直接从自己的数据库中调取数据进行核验比对,确定借款人身份的真实性。除此之外,小贷公司与A公司不利用借款人的个人信息从事任何事项。由于单纯凭经过打网格等特殊处理的身份证照片不能识别公民个人的身份,故该照片并非"公民个人信息"。至于借款人提供的其他身份信息,虽然属于公民的个人信息,但由于对该信息的用途得到了借款人的同意,A公司也没有超出借款人所同意的用途予以使用,故A公司的行为不可能构成侵犯公民个人信息罪。即使A公司获取的借款人信息达到几十万条,也不可能因为侵犯了所谓的管理秩序而将其行为认定为犯罪。这个案件表明被害人同意是阻却犯罪成立的事由。只不过由于99%的案件都是没有经过同意的,就给人一种印象,即侵犯公民个人信息罪根本不管被害人是否同意。其实不是这样的,还是要考虑被害人是否同意。

第四个理由是公民个人信息具有公共性,国家、社会、企业都要用公民个人信息。一方面要保护公民的个人信息,另一方面要保证政府与企业等合理利用公民个人信息,所以侵犯公民个人信息罪不是对个人法益的犯罪。我前面讲了这一点。政府与企业确实要利用公民个人信息,但是,一个罪的保护法益要与这个罪的构成要件相融洽,而且保护法益要根据刑法规定的构成要件予以确定。《刑法》第253条之一规定的是侵犯公民个人信息的犯罪,而没有规定妨害政府、企业合理利用公民个人信息的犯罪。有学者认为,公民个人信息不仅直接关系个人信息安全与生活安宁,而且关系社会公共利益、国家安全乃至信息主权;所以"公民"一词表明公民个人信息不仅是一种个人法益,而且具有超个人法益属性，还需要从社会、国家的角度进行解释。但我难以赞成这一观点。公民的生命、身体、自由、名誉、财产都关系社会公共利益，但不可能认为这些法益是公共法益。例如，选举权与社会公共利益、国家利益密切相关，但不能认为破坏选举罪是对公共法益的犯罪。在判断一个犯罪的保护法益是个人法益还是公共法益时，不能仅以行为对象为依据，还必须以构成要件行为与结果为依据。所以，第四个理由也不能成立。

现在的刑法理论动不动就说某种犯罪的保护法益是双重法益或者多重法益，或者复杂客体。当一种观点认为某个犯罪是单一法益时，一些人会觉得再找出一个法益就是创新，但我觉得不是这样的。如果说一个犯罪的保护法益是双重法益，那么，只有当一个行为同时侵犯了双重法益时，才能成立犯罪。而且，双重法益是不是受到了侵犯，是需要司法机关判断的。如果某个行为侵犯了一个法益，另一个法益就百分之百地也受到侵犯，或者另一个法益根本没办法判断是否受到侵犯，只是想当然地认为那个法益也受到了侵害或者基于一种推定，那么后一个法益其实是没有表述出来的必要，或者说后一法益根本不是此罪的保护法益。就像金融诈骗罪，只要对个人实施了金融诈骗的行为，百分之百也侵犯了金融管理秩序，后一个法益是没有意义的，并不需要判断这个法益是否受到了侵犯。从各国立法例来看，有几个国家的刑法规定了金融诈骗呢？德国刑法规定的几个金融方面的诈骗罪，也是规定在诈骗与背信一章中，即规定在对个人法益的犯罪一章中。如知识产权，一般都说侵犯了两个法益，一是个人的著作权、专利权、商品权之类；二是国家对知识产权的管理等。后一个完全是多余的，只要侵犯了著作权，都可以说侵犯了国家对著作权的管理，确定为双重法益是没有必要的。按照上述双重法益说的逻辑，故意杀人罪也都同时侵犯了国家对生命的保护秩序，也是双重法益；盗窃罪也都同时侵犯了国家对财产的保护秩序，也是双重法益。法律确定各种秩序与制度，本来就是用来保护公民法益的，将公民个人法益确定为某个罪的保护法益之后，就没有必要将保护这种法益的秩序与制度再作为保护法益。

总之，侵犯公民个人信息罪是对个人法益的犯罪，至于如何具体表述是另一回事，我目前倾向于表述为个人信息权。这个信息权不是财产权，即使个人信息可以卖钱，也不等于个人信息就是财产性利益。

第二，公民个人信息的范围。

个人信息具有变易性、相对性，而且通常具有非公开性，讲这些特征其实旨在说明，事前对公民个人信息的范围不大可能划一个绝对确定的界线。不可以绝对地说性别与职业不是个人信息，也不能绝对地说邮箱地址就是个人信息。当然，我们可以定义个人信息，让它有一个相对确定的内涵与外延。但是，如果你接触的案件越多，就会发现公民本人也想不到自己有那么多信息。你们也无法想象自己有多少信息在被人收集。有人告诉我，公民被收集的个人信息有3000多种。你自己都不明白，我怎么可能有3000多种信息呢？其实，你的一举一动都是个人信息，只是你没有意识到。比如手机充电，你通常什么时候充电，是完全没电时才充电，还是有60%、70%时就开始充电？为什么要收集这个信息？在小贷公司看来，等到手机没有电了才想到充电，与贷款后等到还款期限最后一天才想到还款是一样的。前一种人是没有电了才开始充电的人，这表明他在还款到期日之前根本不想到还款这回事，小贷公司就不会给你贷款。后一种人小贷公司会给你贷款的，因为后一种人没到还款时间就很着急要还款，小贷公司不会担心他不还贷款。同样，是否随身携带手机充电宝，出差时是否自带毛巾等，也是公民个人信息。你走路的快慢，是否喜欢跑步，全都是个人信息，我们自己都想象不出来。

如行踪轨迹，首先，究竟什么范围内的行踪轨迹才是个人信息？我们现在理解得比较窄，或者说要求得比较具体。当然，不可否认的是，越是具体的行踪就越不愿意被人知道。我在手机的某个地图上查一下某个餐馆的位置，接下来就收到有关代驾的短信，于是我去餐饮店的行踪轨迹就被人知道了，这当然是行踪轨迹。但我认为，行踪轨迹不需要那么具体，一个人长期在国外或者长期在国内某个城市等，都是行踪轨迹。比如，一些法国女士要身上晒得黑黑的，身上越黑就表明这个人越有钱、越健康。经济富有的人才有时间不上班，有钱去海边度假晒得全身黑。有些人没有钱专门去晒太阳，就用类似于中草药的东西把自己熏黑，但是会跟亲戚朋友宣布，下一个星期要在外面休假一周，其实是将自己关在家里，一个星期不接座机电话，接手机也声音特别小，这样就让邻居和亲朋好友都以为她去旅游了，这不叫行踪轨迹吗？你要是公布了她的行踪，说她一个星期就在家里，哪里都没去，是不是侵犯了她的隐私呢？所以，公民个人信息一定是随着社会生活事实的变化而变化的，不可能认为只有固定电话、手机号、住址、账号这几种才是个人信息，个人信息内容一定是不断增加的，当然也可能在某些场合是减少的。其次，如何计算行踪轨迹的数量？提出这个问题是因为司法解释规定了数量要求。例如，我早晨5点起床，吃完早餐后6点半到了明理楼的办公室，工作2小时后，到一楼门卫拿了一个快递，在回办公室的过程中去了一趟卫生间，9点半我开始准备来这个教室，到了教室后前两节课我坐在第一排听学生发言和讨论，第三节课我开始讲课。这一共算几条行踪轨迹？算1条、2条、3条还是8条？我主张行踪的任何一次变化都算一条，当然你们不一定赞成。

可以肯定的是，能够识别公民个人身份，以及涉及公民个人隐私的信息，属于公民个人信息。因为侵犯公民个人信息罪是保护个人法益的犯罪，所以一定要跟某个人联系起来。单纯一个姓名，其他什么都没有，不可能说这个就是公民个人信息。但是姓名和哪些信息加在一起算公民个人信息？这个难以绝对化。就姓名而言，只要姓名加一个别的信息都是个人信息。比如，姓名张三，每天走路18 000步，这就是一个信息。这个信息一旦被公布出去，立马就有人给你推销鞋子、护膝之类的。再如，姓名李四，清华大学法学院四年级学生，这也是一条信息。这个信息公布出去后，就会有人向他推销法考培训之类的。我前几年还多次收到一个法科大学培训部给我的短信，邀请我参加他们的法考培训，不是让我去讲课，是让我去当学员。还有大学研究生部给我发短信，让我当他们研究生班的学员。估计是信息收集得不完整，以为我是清华大学法学院的学生。至于姓名再加上手机号、座机号、邮箱地址等，当然都是公民个人信息。

刑法理论争议的一个问题是，已经对外公开过的信息能否成为侵犯公民个人信息罪中的公民个人信息。但现在的讨论显得有点形式化，其实这个问题的答案也是相对的。首先,我们要考虑的是,究竟什么叫对外公开了,或者说如何判断个人信息已经公开。其实,公开也是相对的。比如,老师们给司法机关讲课后,司法机关会让老师们提供银行账号,但不能说这个银行账号是公开过的信息。又如,清华大学网络学堂上公开了我的邮箱,清华选课学生知道我的邮箱我是同意的,我也希望他们通过邮箱和我交流,但我并不希望这个邮箱让全社会知道。所以,不能说凡是公开过的个人信息就不是公民个人信息。上面这样的例子可以说明,有限公开过的个人信息,仍然是公民个人信息。也可以说,明显违反公开个人信息的公开目的与用途的,依然可能构成侵犯公民个人信息罪。比如,有的销售员就是希望别人知道他的电话,他把电话公开后还希望人们广而告之,这种情形就不可能会侵犯他的个人信息权。就一般人的个人信息而言,并不是说只有具备隐私性质的个人信息,才能成为侵犯公民个人信息罪中的个人信息,因为即使与隐私无关的信息,也不希望被他人滥用,包括对他人滥用与对信息主体滥用。比如,一个人的手机号与隐私没有什么关系,也难以认为手机号就是隐私,但他人获得手机号后会滥用这个手机号,导致公民被骚扰电话困扰。所以,不能说我们对外公开过手机号,手机号就不是公民个人信息。其次,对在不同场合公开的个别信息进行综合再出售的,也成立本罪。比如,公民在不同场合会同意公开相关的个人信息,但不会在任何场合同意公开不相干的个人信息。将公民在不同场所公布的有限的个人信息综合起来,就侵犯了公民的个人信息权。最后,我不赞成利用已公开个人信息实施可能危及公民人身或财产安全的违法犯罪行为的,构成侵犯公民个人信息罪的观点。因为如何利用公民个人信息,并不能决定先前获取公民个人信息的行为是否构成犯罪。

第三,侵犯公民个人信息的行为与情节。

《刑法》第253条之一第1款使用了“出售或者提供”的表述,“出售”只是列举,出售就是提供的一种,所以没有必要特别说“出售”就是有偿提供,“提供”就是无偿提供,否则当查不清是有偿还是无偿的时候,就没有办法认定是出售还是提供,就变成既不是出售也不是提供了,这是在给司法机关添麻烦,在给刑法增设漏洞。

《刑法》第253条之一第3款规定的是“窃取或者以其他方法非法获取”，“窃取”也只是一个列举。什么叫“获取”？我还是觉得通过看手机知道一些个人信息也叫“获取”，构不构成犯罪那是另外一回事。比如，有的人见到人家手机就打开看，如果情节严重，是不是也有可能构成侵犯公民个人信息罪？当然，如果征得他人的同意而看他人的手机，就不属于非法获取了。现在许多夫妻之间都不看对方的手机，谈恋爱的就更不能看对方手机了。夫妻之间都有隐私，怎么可能一般人之间就可以随便看手机？所以，我觉得“看”就可能是“获取”，不一定要证明行为人记在大脑里了，要求记在大脑里会挺麻烦的，而且会导致行为人记忆力的好坏决定其行为是否构成犯罪，好像不合适。

我刚才讲情节严重的时候提到司法解释，司法解释规定的造成某种后果，都不可能按客观归责理论进行判断，通常只要具备条件关系就可能适用司法解释。比如，《个人信息案件解释》第5条第1款第1项规定的“出售或者提供行踪轨迹信息，被他人用于犯罪的”只是一种条件关系；第5条第2款规定的“情节特别严重”的两种情形，即造成被害人死亡、重伤、精神失常或者被绑架等严重后果，以及造成重大经济损失或者恶劣社会影响的，都只能是一种条件关系。但是，有些严重情节则可能触犯其他罪名，需要注意罪数关系。例如，《个人信息案件解释》第5条第1款第2项规定的“知道或者应当知道他人利用公民个人信息实施犯罪，向其出售或者提供的”，就完全可能同时触犯其他罪名。例如，知道他人利用公民个人信息实施诈骗犯罪，而向其出售或者提供公民个人信息，他人确实利用该信息实施了诈骗犯罪的，提供信息的行为当然同时成立诈骗罪的共犯。

行为必须违反国家有关规定，反过来说，国家有关规定允许的行为，就不是符合侵犯公民个人信息罪的构成要件的行为。这方面需要注意相关法律的规定，如《民法典》、《网络安全法》以及《个人信息保护法》都规定了不需要经过公民同意而利用个人信息的情形。即使违反了个人的意志，也会成为阻却构成要件符合性的事由。此外，即使违反了国家有关规定，也可能存在违法阻却事由。违法阻却事由是经过利益衡量得出的结论,涉及利益衡量的时候优越利益的范围就没有限定了,只要是保护了优越的利益就可以。

第四,侵犯公民个人信息罪与受贿罪的关系。

认为政府工作人员向他人提供公民个人信息,因而获得了财产上的对价,却 概不构成受贿罪,可能是有问题的。至于什么时候构成受贿罪,什么时候不构成受贿罪,只能根据受贿罪的构成要件进行判断。我觉得,如果国家工作人员利用了职务上的便利,而且存在请托关系,就容易认定为受贿罪。比如,有人请托民警,利用职务上的便利给他提供公民个人信息。请托可能存在不同情形,有的是提供个人信息之后请托人再给钱,有的是在提供信息之前就先给钱。像这种有请托人的,我觉得是最容易认定为受贿罪的,不是说不构成侵犯公民个人信息罪,可以认定为两个罪的想象竞合。而在没有请托的时候,认定政府工作人员的行为构成受贿罪可能困难一些。例如,某政府工作人员即行为人知道甲专门通过各种手段给交通违章消分,甲没有去请托行为人,行为人自己利用职权进入公安的系统里,把违章的信息主动拿出来之后,跟消分的甲联系,问甲是否要买这个信息,要的话就按信息的条数卖给甲,甲购买了这些信息。这种情况是否还构成受贿罪,也只能按受贿罪的构成要件去判断。有的人会认为,甲没有行贿的意思,所以行为人不构成受贿罪。但我不赞成这样分析案件,因为行贿与受贿虽然是对向犯,但并非要求给予财物的人具有行贿的意思,只要受贿罪的成立以对方提供的财物为前提,就属于对向犯。在我看来,否认上例的行为人构成受贿罪是相当困难的。

报告人讲的“出售车辆信息案”,二审法院认为双方系买卖关系,所以行为不符合受贿罪的构成要件。这个说法是有疑问的,受贿罪本来就侵犯了职务行为的不可收买性,换言之,受贿与行贿本身就是在买卖职务或者职务行为。那么,政府工作人员将利用职权所获取的信息出卖给对方时,是只出卖了个人信息吗?我觉得同时也出卖了职务行为,因为如果没有职务就根本不可能获取那些公民个人信息。所以,出卖个人信息与出卖职务行为并不是对立的。

需要注意的是,政府工作人员出卖信息的行为本身,并非利用职务上的便利,所谓利用职务上的便利,是指前面的获取公民个人信息的行为。政府工作人员利用职务上的便利获取公民个人信息后,将这一信息出卖给他人,就是在为他人谋取不正当利益,为他人谋取利益的对价,就是对方给付的财物。所以,在通常情形下,都能认定政府工作人员将利用职权之便获取的公民个人信息出卖给他人的行为,同时触犯受贿罪与侵犯公民个人信息罪。至于是否并罚,则是另一回事。这就是我反复跟你们讲过的,不要将两个罪对立起来,不要总是讲此罪与彼罪的区别何在,当然也不要说凡是构成侵犯公民个人信息罪的,就不可能构成受贿罪;也不能说凡是构成受贿罪的,就不可能构成侵犯公民个人信息罪。在我看来,把任何两个罪说成是对立的,都很不明智。比如,上一次课提到过,但没有详细讲。有的学者说《刑法》第 236 条之一规定的负有照护职责人员性侵罪和强奸罪是对立关系。但这个观点会带来难以解决的问题。我在教科书中提到,如果负有照护职责的人如医生给女孩看病的时候,看病前先报年龄,女孩本来不满 14 周岁,却说自己 15 周岁,反复到医生那里看病,后来自愿发生了性关系。女孩事实上不满 14 周岁,但是医生确实不知道她不满 14 周岁,就定不了奸淫幼女罪;如果说负有照护职责人员性侵罪和强奸罪是对立关系,要求被害人必须已满 14 周岁,那也不能定负有照护职责人员性侵罪。必须肯定的是,对医生的行为是能够且应当认定为负有照护职责人员性侵罪的。法条中的"已满十四周岁"是表面的构成要件要素。性侵已满 14 周岁的少女能够成立负有照护职责人员性侵罪,性侵不满 14 周岁幼女的,更能成立负有照护职责人员性侵罪。刑法分则条文中,有时候"未满……"是表面的构成要件要素,有时候"已满……"是表面的构成要件要素。非法种植毒品原植物罪的"不满三千株"是一个表面的要素,满了 3000 株表明违法更重。《刑法》第 236 条之一的"已满十四周岁"是表面的构成要件要素,因为与"不满"14 周岁的人发生性关系的行为,不法程度更严重,所以"已满"不是表明不法增加,就不是真正的构成要件要素。这个条文其实是为了和奸淫幼女相区别才这么表述的,它应该表述为"对不满十六周岁的人……"就可以了,但担心这样表述把奸淫幼女包括进来,所以只好加一个"已满十四周岁”。因为“已满十四周岁”是一个表面的构成要件要素,所以负有照护职责人员性侵罪与奸淫幼女犯罪不是对立关系。只要不试图将两个犯罪对立起来,两个犯罪形成想象竞合就是完全可能的。

总之,国家工作人员索取、收受他人财物为他人提供公民个人信息的行为,完全可能同时触犯受贿罪与侵犯公民个人信息罪。至于这两种行为是否需要并罚,在理论上争议很大。在我们国家,行为触犯数罪时是否并罚,这个问题是难以形成具体规则的,因为有时候并罚会导致处罚重,有时候并罚会导致处罚轻,结局只能是牢记和贯彻罪刑相适应原则,于是对很多案件进行灵活处理。但最基本的规则还要遵守。比如,只有一个行为,就无论如何不能并罚。又如,虽然有两个行为,但两个行为的主要部分是重合的,就不要数罪并罚。至于两个行为只有部分重合的能否并罚,在德国与日本处理不一样。在德国只要有一点重合的部分,就认定为想象竞合,不实行并罚。但日本的通说是主要部分重合时,才能认定为想象竞合。另一个问题是,国家工作人员收受他人财物,将利用职务之便获取的公民个人信息提供给他人时,如果说后一行为就是受贿罪中的“为他人谋取利益”的行为,那么,国家工作人员就只有一个受贿行为,不能实行数罪并罚。如果说受贿罪中的“为他人谋取利益”只要求是一种许诺就够了,不要求有为他人谋取利益的行为与结果,则国家工作人员向他人提供公民个人信息的行为超出了受贿罪的构成要件,另成立侵犯公民个人信息罪,因而可以实行数罪并罚。

有很多媒体上披露的案件,一看明显构成侵犯公民个人信息罪的,但是没有处理。这一类案件可以从两个方面去思考。一方面,案件中确实有违法阻却事由,其实就侵犯公民个人信息罪而言,单纯的个人实施侵犯公民个人信息的行为要有违法阻却事由是很罕见的,主要是国家机关实施相关行为的时候,阻却违法的可能性更大。另一方面,如果没有违法阻却事由,为什么不追究刑事责任,是没有严格执法,还是认识上出了问题?我提出将政府工作人员的行为作为类案来讨论,主要是为了讨论这方面的问题,但很遗憾,可能是因为缺乏相应的文献材料,所以未能就此展开进一步的讨论。

第七课

高速公路逃费行为的定性*

一、学生报告

（一）引言

近年来，随着我国高速公路的不断发展，如何保证高速收费安全成为一项新课题。在收费管理过程中，司机通过倒换通行卡、利用ETC漏洞、跑长买短、做假证、倒卖通行卡、冲卡、开口子驶出等种种作弊手段以逃避缴纳通行费的现象层出不穷，呈现出愈演愈烈的态势。我在中国裁判文书网上以“高速”“逃费”作为关键词，对2010年至2022年的案例进行检索，发现2017年达到顶峰，刑事案件高达275件，近两年来虽然案件数量有所下降，但仍然不少，还不包括很多未发现，发现未立案或者按民事、行政违法处理的案件，可见高速公路逃费现象的规制需求日益迫切。目前，我国对于高速公路逃费行为尚未出台统一的成文立法加以规制，主要依靠行政法规、行政管理条例以及各省市的决定、通告等行政依据。[①] 如《四川省公安厅关于严

* 本课报告人为陈楚楚，清华大学2022级法律硕士。

① 《收费公路管理条例》第8条规定：“任何单位或者个人不得以任何形式非法干预收费公路的经营管理，挤占、挪用收费公路经营管理者依法收取的车辆通行费。”

厅打击公路收费站冲关逃费违法犯罪行为的通告》[①]中规定,“构成犯罪的,公安机关将依照《中华人民共和国刑法》相关规定追究刑事责任”,但对于什么样的逃费行为构成犯罪,又构成什么罪,最终还是要依赖刑法评价。由于各地规定不一致,缺乏专门统一的法律条款,各地对于同样的逃费手段出现同案不同判的处理结果,而公安机关在接到报案后多是以行政处罚的方式制裁,以刑法入罪的比例很低。

(二)高速公路逃费行为性质的司法实践状况

我检索了近几年来的数百份判决书,高速公路逃费行为在司法实务中认定混乱,不仅同一种行为方式在不同的地方法院定罪不一,并且地方法院还呈现出路径依赖,即只要是逃费行为,不管什么行为方式都定同样的罪。例如,在袁某诈骗案中,被告人袁某长期以跟车冲卡、从施工便道下高速等方式偷逃高速费,而在法院的判决书中并未对上述不同方式分开评价,只是笼统地说“被告人袁某以非法占有为目的,偷逃高速通行费……构成诈骗罪”。[②] 在肖某波盗窃案中,被告人“采取从高速公路护网豁口处驾车驶离、超时倒卡、在出口处跟随已交费前车驶出等方法,多次偷逃高速公路通行费,造成吉林省高速公路管理局经济损失 4640.00 元”,法院判决书也只是说到“被告人肖某波

---

① 《四川省公安厅关于严厉打击公路收费站冲关逃费违法犯罪行为的通告》规定:“对以下偷逃收费公路车辆通行费行为,公安机关将依据《中华人民共和国治安管理处罚法》等法律、法规规定予以处罚。对偷逃收费公路车辆通行费或相关行为构成犯罪的,公安机关将依照《中华人民共和国刑法》相关规定追究刑事责任:(一)采取尾随前车、冲撞护栏等方式冲关逃费的;(二)直接或通过中间人相互交换通行卡或车辆号牌少交车辆通行费的;(三)采用欺骗手段减轻车辆实际承载重量少交车辆通行费的;(四)假冒、盗用军警等特种车辆号牌不交车辆通行费的;(五)使用伪造、变造的收费公路通行卡,少交或不交车辆通行费的;(六)通过伪造、变造、贩卖收费公路车辆通行卡或者提供车辆等方式帮助他人偷逃车辆通行费的;(七)为偷逃车辆通行费犯罪人提供帮助的;(八)采取其他办法偷逃车辆通行费的。”

② (2020)川 3401 刑初 154 号。

多次以秘密方法获取公私财物……其行为已构成盗窃罪”。[①] 但我认为,即便最终造成的结果都是使高速公路损失了通行费,但不同犯罪有不同的构成要件行为,不能从结果的同一性就当然地对行为也作同一性评价,只有行为满足了各罪的构成要件时才能说得上成立此罪。在一个案件发生构成要件结果时,并不意味着其行为本身当然符合构成要件。[②]

事实上,不能认为倒换通行卡以缩短实际行驶距离的逃费行为和从高速缺口驶离的逃费行为是完全一样的行为。虽然二者在结局上都使行为人免交或者少交高速费,但前者行为人实际上是隐瞒了真实的行驶距离,从而使收费站工作人员陷入错误认识,以通行卡上显示的距离缴纳通行费以此免除行为人的债务,其间介入了工作人员一定的处分行为;而后者行为人并没有欺骗任何人,中间没有介入工作人员的处分行为,而是在其不知情的情况下偷偷溜走的。我认为,前者行为人成立诈骗罪,因其采用虚构行驶距离、隐瞒真实行驶距离的方法使收费站工作人员陷入对其债权(应收的高速费用金额)的错误认识,并基于这种错误认识免除了行为人的债务,使行为人获利,而高速公司因此受到高速费损失,符合诈骗罪的构造。而后者行为人成立盗窃罪,其是以逃匿的方式逃避债务,使高速公司将原本拥有的对是否实现债权的支配地位转移到行为人手中,[③]而实现债权利益是一种财产性利益,根据财产性利益能作为盗窃罪对象,[④]于是行为人的行为符合盗窃罪构成要件。

要对高速公路逃费行为进行定性,首先要对高速公路逃费行为方式有全面的认识。高速公路逃费行为有很多种类,如典型的利用政策骗免优惠、倒换轻重车通行卡、闯杆逃费、从非正常出口驶出等。因此,需要区分不同类型的行为给予针对性的定性,不能张冠李戴。基于此,我认为高速公路逃费行为依

① (2020)吉0802刑初20号。

② 参见张明楷:《论盗窃财产性利益》,载《中外法学》2016年第6期。

③ 参见王琦:《逃费行为应当构成盗窃罪》,载《法学评论》2020年第2期。

④ 参见张明楷:《论盗窃财产性利益》,载《中外法学》2016年第6期。

据其行为方式可以分为两大类:“骗取型逃费”和“偷逃型逃费”。[①] “骗取型逃费”是指行为人通过骗特定的“人”(收费站工作人员)使其陷入错误认识作出处分从而放行,是一种间接的逃费。“骗取型逃费”典型的行为方式包括:伪造行驶证上的核载座位,假冒属于国家优惠政策的车辆,使用假通行卡,倒换通行卡(跑重买轻、跑长买短)。“偷逃型逃费”是指行为人在外观上采取“溜走”“逃走”等直接的方式,在工作人员不知情的情况下秘密逃离或者在被工作人员发现后不顾阻拦仍然逃离高速的行为。我认为,“骗取型逃费”构成诈骗罪,“偷逃型逃费”构成盗窃罪。本报告仅探讨偷逃型逃费的行为定性。

(三)“偷逃型逃费”行为构成盗窃罪的展开

我姑且先将“偷逃型逃费”定义为行为人在外观上采取“溜走”“逃走”等直接的方式,在工作人员不知情的情况下秘密逃离或者在被工作人员发现后不顾阻拦仍然逃离高速的行为。这分为从非正常出口驶离和强行闯卡逃费两种情形,其中又可以细分子类型。从非正常出口驶离包括利用现存的非正常出口驶出和开口子驶出;强行闯卡逃费包括单纯的强行闯卡和伴随暴力的强行闯卡,前者是指趁收费站人员不注意等尾随前车逃离,后者包括撞坏栏杆逃离、闯卡后为逃离受到收费站人员阻拦造成人身财产损失等其他危害结果的复合行为。我认为“偷逃型逃费”行为构成盗窃罪。

对于盗窃罪而言,适合“窃取”的东西就是盗窃罪对象,不适合窃取的东西就不是盗窃罪对象。所谓“窃取”,是指非法将他人占有的东西转移到自己支配之下。因此,要判断“偷逃型逃费”行为是否构成盗窃罪,一方面,其行为对象必须适合“窃取”;另一方面,行为形态必须属于“窃取”。我的基本观点是,在承认财产性利益能作为盗窃罪对象以及不修改传统盗窃罪定义(转移占有)的基础上,以“对实现债权的支配地位”作为盗窃罪的财产性利益,将行

① 这里的“骗取”和“偷逃”是基于行为外观,是一般意义上而言的,不是刑法规范意义上的骗取与偷逃。

为人逃费的行为评价为对实现债权的支配地位的转移,而这种支配地位的转移是一种利益转移。

1. 逃费行为的行为对象是债权人对实现债权的支配地位

(1)"债权人对实现债权的支配地位"的含义

从民法的角度来看,支配是权利人依照其意思对权利客体的管领或者处置,直接支配更意味着权利人实现权利完全无须他人的意思或行为的介入,权利人的力可以直接作用于权利客体。[①] 是否成立支配的直接标志是支配者对对象进行自由处置而无须请求他人配合。[②] 支配地位更准确来说是"具有支配性的地位",其实质是一种地位。所谓地位,是人或团体在社会关系和社会格局中所处的位置,在社会学意义上地位并非绝对的,而是个人、集体或阶级在整个社会中相对的位置。因此,地位是一个相对性概念,是两方相较谁更优的状态。实现债权的支配地位可以理解为一方对另一方是否实现债权(履行债务)具有支配性,而这种支配性并不需要达到通常的、完全意义上的绝对控制,只要求高度的作用力或控制力即可,即如果对实现债权具有很强的作用力甚至占据绝对优势,就能被评价为对实现债权具有支配地位。

在特殊场合下产生的债权,债权人可以通过对一定空间范围的支配有力促使债务人履行债务,在这种场合中债权人对是否能够实现自己的债权具有确定的预期,债权的实现是非常容易的。例如,在高速公路中,高速公路公司对高速公路的全程具有控制力,只要行为人在高速公路上行驶就在高速公路公司的监视范围内,正常情况下行为人不付费就不能离开高速,同时高速公路公司可以通过阻止其离开、报警等合法方式促使行为人履行债务,因此债权人实现债权和债务人不履行债务相比显然前者占据绝对优势,债权人对实现债权具有支配地位。

---

① 参见王泽鉴:《民法物权》(第2版),北京大学出版社2010年版,第416、424页。

② 参见莫洪宪、尚勇:《作为盗窃罪行为对象的财产性利益分析——可支配标准的提倡》,载《法治论坛》2019年第1期。

(2)交易的匿名性是“债权人对实现债权的支配地位”的核心

根据我的观点,在债权人对实现债权具有支配地位,且债务人的行为导致了这种支配地位转移给债务人的场合下就可以评价为利益转移,有构成盗窃罪的可能。这一标准能否适用于高速公路以外的其他类似场合,如餐馆、大型超市等?换言之,如何判断具有支配地位?本报告认为,交易的匿名性是认定支配地位的核心。

在高速公路的特殊场合下,由于债权人具有对实现债权的支配地位,因此行为人逃避支付的债务不履行行为可以认为发生了利益转移,那么“对实现债权支配地位”的概念能否类型化将其推广至其他债权债务关系,仍值得进一步研究。如果将其类型化适用,首要的问题在于明确支配地位的判断标准,即在什么样的情况下可以认定债权人有对债权实现的支配地位。交易的匿名性是判断支配地位的核心。就一般债权债务关系而言,债权人对债务人应当是有一定了解的,并基于信任产生关系。而在类似高速公路、餐馆、大型超市等场合,由于交易的匿名性,高速公路公司、餐馆老板、超市老板等不需要知道事实上也难以知道对方是谁,而之所以与其发生交易,一方面是基于社会交往惯例中那种一般性、抽象性的信任;另一方面是因为高速公路、餐馆、超市是在其控制范围内,而行为人只要身处其中就处在债权人的目光所及范围内,债务人不付钱原则上是不能离开的,而一旦行为人离开了这些场所逃之夭夭,由于债权人并不知道对方是谁,几乎不大可能再找到对方主张债权了,债权人事实上陷入了难以要求对方支付的状态,其债权就很难实现。之所以评价为“债权利益难以实现”正是在于交易的匿名性,如果说交易并不匿名,债权人知道债务人是谁,那么即便债务人逃走了债权人仍然能够找到他要求支付费用,或者通过民事诉讼的手段获得救济,债权人并不会陷入事实上难以要求其支付的状态。

随着数字化时代的到来,越来越多的餐馆实现了扫码点单,顾客通过小程序等扫描二维码进行点单并支付,在这种场合下,即便顾客没有付钱就离开了餐馆,也不能评价为盗窃,因为顾客并没有取得实现债权的支配地位。由于小程序需要通过手机号或者微信实名绑定,因此即便顾客现在没有付钱,但是商家知道是谁没有付,事后就能找到他要求他付钱。因此,在扫码点餐这种场合下,不能将顾客的逃费行为定罪。

(3)“债权人对实现债权的支配地位”的性质

我认为,债权人对实现债权的支配地位应当属于财产性利益的范畴,因此问题首先在于明确何谓财产性利益。

①财产性利益的界定

一般认为,财产性利益就是指财物以外的一切财产性利益,包括积极财产的增加与消极财产的减少。[①] 前者如取得债权或担保权,后者如免除债务等。财产性利益既可以是永久性的利益,也可以是暂时性的利益,如日本判例将债务的迟延履行也作为一种财产性利益,认为行为人在迟延履行的这段时间取得了利益。

张明楷教授对财产性利益的外延进行了限定:[②]第一,财产性利益的内容必须是财产权本身,即取得他人的财产权或者通过使他人免除债务而使他人丧失财产权时,才可能成立诈骗罪;第二,财产性利益应限于具有管理可能性、转移可能性的情形;第三,财产性利益必须是具有经济价值的利益;第四,取得利益的同时导致他人遭受财产损害时才能认定为财产性利益。[③] 李强博士从财物的有体性说出发,主张财产性利益的三个一般标准:无体性、具有客观的财产价值、确定性和具体性。财产性利益包含所有权及所有权中的其他财产权利、他物权、以请求支付财物为内容的债权。[④] 黎宏教授和陈少青博士认为,上述对财产性利益的界定仍然模糊且难以与财物区分,应当从规范层面限定,即财产性利益的本质是一种债,是人与人的关系,而财物指向的是物本身,

---

① 参见张明楷:《刑法学(下)》(第6版),法律出版社2021年版,第1213页。

② 参见张明楷:《诈骗罪与金融诈骗罪研究》,清华大学出版社2006年版,第34页。

③ 如上所述,张明楷教授对于财产性利益能成为诈骗罪对象以及诈骗罪中财产性利益的内涵的论证可适用于全体财产犯罪。

④ 参见李强:《财产犯中财产性利益的界定》,载《法学》2017年第12期。

是人与物的关系。[①] 前者保护权利人对物的支配权,后者保护债权人对债务人的请求权。[②] 并且,只有原生之债才属于财产性利益,将救济之债排除,保护救济之债的目的在于保护原生之债,救济之债是原生之债的延伸。

我认为,抽象地讨论财产性利益意义不大,某种财产性利益是否能成为某种犯罪对象是与该罪的保护法益和构成要件行为有关。即便不正当地获取了某种财产性利益,但如果不会发生该罪的法益侵害或者不符合该罪的行为类型,那么该利益就无法成为此罪的对象,因此对于财产性利益应当放在具体的罪名中加以讨论。当然也不能将财产性利益界定得无边无际,财产性利益的本质是“财物以外的一切可货币化的事实性利益”,财产性利益必须“可货币化”,即必须具有客观的经济价值。此外,财产性利益只要是事实性利益即可,事实性与法律性(规范性)对应。如盗窃罪中,被害人并未丧失被盗物品的所有权,在法律上被害人仍然可以要求行为人返还,甚至在被盗物品灭失后还可以请求获得与其价值相应的赔偿,因此被害人仍享有法律上的利益,但是仍要认定造成了盗窃罪法益侵害中的财产所有权侵害。如果认为只有法律上的利益才能作为财产性利益,那么在所有人未通过全部法律救济手段恢复自身利益之前,无法承认被害,这显然是不合理的。

②“债权人对实现债权的支配地位”属于财产性利益

第一,对实现债权的支配地位具有经济价值。是否具有实现债权的支配地位直接决定了债权人是否事实上能够实现债权或者债务人是否事实上能够被免除债务,因此该支配地位的价值即债权实现后的利益,债权利益内含于支配地位之中。由于债权而实现的利益当然可以货币化,具备经济价值。第二,对实现债权的支配地位是一种事实性利益。如上所述,“支配”一词的语义决定了支配地位只能是一种事实性的地位,不存在观念上的支配,支配地位的丧失与否直接决定了债权人是否事实上能实现其债权,如果债权人事实上无法

---

① 参见黎宏、陈少青:《论财产犯中的财产性利益》,载《交大法学》2022 年第 5 期。

② 参见王骏:《刑法中的“财物价值”与“财产性利益”》,载《清华法学》2016 年第 3 期。

或很难实现其债权,那么内含于支配地位中的债权利益也就随之丧失了。

2. 债权人对实现债权的支配地位可以作为盗窃罪对象

(1)财产性利益是财产犯罪的对象

关于财产性利益是否能成为财产犯罪的行为对象问题,历来是各国刑法的争议。日本刑法明确区分了财物和财产性利益,并将盗窃罪的行为对象限定于财物,在诈骗罪等其他财产犯罪中将侵犯财产性利益的行为规定在第二项。例如,《日本刑法》第 246 条第 1 项规定:“欺骗他人使其交付财物的,处 10 年以下有期徒刑。”该条第 2 项规定:“以前项的方法得到财产上利益或者使他人得到该利益的,依前项作同等处罚。”可见,《日本刑法》第 246 条第 1 项规定了财物诈骗,第 2 项规定了利益诈骗。因为存在盗窃罪和诈骗罪的区分带来的财物和财产性利益的区分,于是《日本刑法》规定以“财物”为行为对象的犯罪,就不包括侵犯财产性利益的行为。德国刑法也类似,只是不同于日本将二者规定在同一条的不同项,《德国刑法》是放在不同条文中的,如《德国刑法》第 249 条规定了抢劫财物,第 255 条规定了抢劫财产性利益的行为。由上可见,在德日等国的刑法中,如果刑法明文规定某种犯罪的对象是财物,那么侵犯财产性利益的行为就不构成犯罪。观之我国刑法并没有区分财物和财产性利益,那么,侵犯财产性利益的行为是否构成财产犯罪呢?学界有肯定说和否定说之争。例如,支持肯定说的张明楷教授认为,在我国刑法中财物应当包括财产性利益;盗窃罪的对象既可以是财物,也可以是财产性利益。只要与德日刑法相比较就可以看出,如果能够肯定财产性利益作为盗窃罪的对象,那么也就能够肯定财产性利益可以成为其他财产犯罪的对象。①

我完全赞同张明楷教授的观点。从文字可能具有的含义的角度来说,将财物解释为包含财产性利益在内并不违反罪刑法定。从体系解释来看,我国刑法语境中财产和财物应当作同一理解。从实质解释的角度看,财产性利益

① 参见张明楷:《论盗窃财产性利益》,载《中外法学》2016 年第 6 期。

和狭义的财物在满足人的各种需求方面没有实质区别。①

(2)作为盗窃罪对象的财产性利益应是可以占有的利益

①刑法上的占有

刑法上的占有是指人对物事实上的支配和控制状态(事实支配说),与法律支配说相比,事实支配说更符合财产犯罪保护整体财产秩序的理念。②

刑法上的占有相比于民法上的占有更侧重于事实上的支配,只有人对物具有实力的支配才成立占有,当然在判断事实支配力存在与否时要借助于社会一般观念。是否存在占有需要综合考虑占有事实和占有意思,按照社会一般观念来判断。所谓事实支配不是自然意义的、物理上的支配,不需要人实际持有或者监视该物,只要该物处于占有人的支配力所能及范围内即可,那么该物是否处于占有人支配力所能及的范围,只能根据社会一般观念决定。社会一般观念则要结合物的性质、价值、大小以及社会习惯、风俗、社会治安、民众的信赖程度等多个要素来考虑,即"社会一般人都会这样认为"。占有的判断是以社会一般观念为判断标准,以全部事实为判断资料。

②一般的债权难以成为占有的对象

如前所述,盗窃罪客观构造的核心在于转移占有,而刑法上的占有概念核心在于对财产事实上的支配,这决定了盗窃罪的行为对象必须是可以占有(支配)的,在盗窃罪对象扩展到财产性利益后,也必须要求该财产性利益可以被支配。而债权作为最基本的财产性利益,从债权的请求权性质角度来看,债权难以被占有。

从占有是一种事实上对物的支配状态这一观点来看,对于债权这种最基本的财产性利益似乎不能成立占有,所谓占有就是占有人可以有力地随时利用该财物或者有随时利用的可能性。(狭义)财物的占有是毋庸置疑的,因为财物指向的是人与物的支配关系,但是诸如债权这种指向人与人关

① 参见张明楷:《论盗窃财产性利益》,载《中外法学》2016年第6期。

② 参见高巍:《盗窃罪基本问题研究》,中国人民公安大学出版社2011年版,第79页。

系的财产性利益，需要他人为特定行为才能实现，难以说债权人对债权成立占有。例如，甲向乙借款10万元并签下借条，此时乙获得了对甲的债权以及证明债权的借条，而甲则承担了对乙返还10万元的债务。10万元的债权显然是一种财产性利益，但乙并不能随时实现这种财产性利益。占有是在社会一般人看来对某物具有事实上的支配力，乙可以在债权到期后随时向甲请求履行债务，但乙的这种随时请求权与随时利用财物是不一样的，乙虽然可以随时请求，但乙的请求能否得到实现还需要甲的配合，换言之，乙的请求并不必然导致乙获得利益。一般人不会认为乙能够控制该债权的实现，从债权是一种请求权的角度来看，需要对方配合为一定行为才能实现，从乙获得债权到最终实现债权这中间以甲的返还行为为必要，如果甲不返还，乙永远也无法实现其债权，也就无法实现其利益，因此难以说乙事实上控制了该债权的实现。

债权请求权一般情况下确实难以成为占有的对象，针对债权这类财产性利益的占有问题，其与占有概念之间存在无法调和的障碍。对此有学者试图修改传统的以占有为中心的盗窃罪构造，认为我国采取盗窃罪结构的立场事实上是以取得为中心的，在盗窃罪的认定上采取的是取得财产的立场，且取得的标准并非铁板一块的占有转移，财产转移、财产损失等都可能成为盗窃罪中取得财物的认定标准。换言之，我国盗窃罪的认定侧重于取得财产，而非转移财产占有，占有的转移只是判断取得财产的通常标准。① 于是，如果说盗窃是以取得为中心的，那么盗窃财产性利益的窃取行为应当是“一方丧失财产性利益，一方取得财产性利益”的转移行为。只要一方事实上取得财产，一方丧失财产就能评价为盗窃，那么债权这类财产性利益的占有问题就不存在了。还有种观点认为，“就债权与其他财产性利益而言，由于并不存在类似于占有

① 参见梁云宝：《从占有到取得：我国盗窃罪教义学结构的补正》，载《政治与法律》2019年第4期。

与所有之分,只需要使用享有、具有、拥有之类的概念”。[①] 我认为,“享有、具有、拥有”财产性利益实际上就是指取得了该财产性利益,所谓取得就是事实上享有的意思。

我认为,应当坚持以占有为中心的盗窃罪构造,并且成立盗窃财产性利益也要求该财产性利益能够被占有和转移占有。第一,如果说只要一方取得财产,一方丧失财产就能评价为盗窃的话,无疑会丧失盗窃罪的定型性,不当扩大盗窃罪的处罚范围。第二,如果说财产性利益和(狭义)财物都是盗窃罪对象的话,那么财物使用“占有”概念而财产性利益使用“享有、具有”概念这种二分法是不太自然的,没有理由可以区别对待。对于盗窃罪而言,适合“窃取”的东西就是盗窃罪对象,不适合“窃取”的东西就不是盗窃罪对象。所谓“窃取”,是指非法将他人占有的东西转移到自己支配之下,因此无论是财产性利益还是财物都必须能够被占有和转移占有。

综上所述,我的观点是,对一般的债权不能成立占有,因为债权人不具有对债权实现的支配地位,债权人无法现实地享有债权利益。

(3)作为盗窃罪对象的财产性利益应是可以转移的利益

盗窃罪作为一种取得型财产犯罪,其核心在于转移占有,即“打破旧占有+建立新占有”,对于财产性利益而言也不例外,必须是具有转移可能性的财产性利益才能满足上述要件成为盗窃罪对象。能成为其行为对象的财产性利益应限定于“具有转移性的利益”,不可转移的利益不构成盗窃罪的对象。并非所有财产性利益都能具有转移可能性,有些具备转移可能性,有些不具备转移可能性,对于不具备转移可能性的那部分财产性利益不应纳入盗窃罪的行为对象。例如,劳务、信息等不属于具有转移性的利益,不能成立盗窃罪的对象。因为即便一方不正当地获得了劳务,提供劳务方也不会丧失劳务;一方不正当地获取了信息,信息所有者也不会因此而失去该信息。例如,行为人窃取他人商业秘密的行为构成侵犯商业秘密罪而非盗窃罪,这是因为商业秘密

---

① 张明楷:《刑法学(下)》(第5版),法律出版社2016年版,第942页。

属于"不具有转移性的利益",因而不能成为盗窃罪的对象。因此,对于转移的客体之"利益",必须具有与"物"一样的转移性。①

(4)债权人对实现债权的支配地位属于可以占有且可以转移的利益

在高速公路逃费中,债权人是通过实际支配高速公路这一物理空间从而间接地支配债务人履行债务,以阻止其离开等合法方式保全债权。高速收费站的特点是封闭性,行为人从入口站驶入高速公路到出口站驶出的这段路程是全程封闭的,在没有出口收费站人员的指示抬杆行为或者 ETC 的自动抬杆行为的情形下,行为人原则上无法离开高速公路。而只有在行为人交付通行费之后,收费站人员或 ETC 才会放行。可以说,只要行为人仍在高速公路上行驶,收费站对于行为人支付通行费这一债权的实现就是具有控制地位的,行为人是处于收费站的监视之下的,正常来说行为人不付钱就不能离开。因此,高速公路公司对其债权的实现具有事实上的支配地位。而这种支配地位是一种无形的"实力",在语义上和社会一般观念上承认占有和转移都不成问题。

3. 逃费行为发生了利益转移

行为人逃费后,高速公路公司丧失了实现债权的支配地位,而相应的行为人取得了实现债权的支配地位,是否实现债权完全取决于行为人意思,在这个过程中发生了支配地位的转移,而实现债权的支配地位作为一种财产性利益,其本身蕴含着债权实现后的利益,因此支配地位的转移即利益的转移。

(1)债权人的支配地位转移给了债务人

行为人采用从缺口驶出或者开口子驶出等非正常出口驶出高速后,收费站对行为人的这种控制或监视状态随之消失,收费站也就丧失了对支付高速费这一利益的支配地位,而这一利益随之转移到了行为人身上,是否支付高速费完全取决于行为人的意思,因此存在利益的转移。类似地,在餐馆吃完饭后逃餐费的行为也存在对实现利益支配状态的转移。只要顾客仍然处在餐厅之

① 参见[日]山口厚:《刑法各论》(第 2 版),王昭武译,中国人民大学出版社 2011 年版,第 250 页。

内，就在店家的监视和控制之下，店家可以督促顾客支付餐费，当顾客不支付餐费时他是不能离开的，因此，店家在事实上具有对促使债务人履行义务的支配地位。而一旦顾客离开餐馆，店家的这种支配地位也就随之丧失了，顾客是否会回来付钱完全取决于其自己的意思，不受店家控制。此时也能认为存在利益的转移。总之，无论是高速公路逃费还是餐馆逃费，在行为人尚未离开高速公路或离开餐馆时就处于收费站和餐馆的目光所及范围（管理的范围）内，那么债权人就有对实现债权事实上的支配力，其支配力是通过支配高速公路或餐馆这一相对闭塞的空间范围达到的；而一旦行为人离开高速公路或餐馆，债权人这种事实上对债权实现的支配力和影响力就消灭了，行为人随之取得了事实上免除债务履行的地位，发生了支配地位的转移。

（2）支配地位的转移是一种利益转移

①利益转移不需要有处分行为

按否定说的观点，既然债权人依然享有债权，行为人就仍然负有债务。这种情况下，债权既没有被剥夺，也没有发生转移。对此我并不完全赞同。

虽然我也赞同债权人的债权并没有被剥夺这一点，但只是说在规范层面债权人依然享有其债权，只不过是表面上的难以实现的债权而已，即便如此，也不能说拥有难以实现的债权等同于丧失债权。但如果从债权的意义在于实现债权的角度看，债权人事实上丧失了债权利益，只剩下空壳的债权形式而已。因为不能被实现的债权只是纯粹观念上的事物，不能带来任何现实的、可见的利益，而看不见、摸不着又不能转换为货币的东西不是利益。

我认为，债权不等同于债权利益，债权之所以作为财产性利益在于其被实现后债权人能获得利益，因此虽然债权没有被剥夺，但不能认为债权利益没有被转移。

问题在于，要谓之发生了利益的转移，是否必须有被害人的处分行为。如果认为利益转移需要被害人处分（如被害人作出免除其债务的意思表示），那么所有逃避债务的行为都不能构成财产犯罪，因为债权人仍然享有债权，行为人仍然负有债务。但这是不合理的，因为在债权人只是名义上享有债权，实际上无法要求对方支付的场合中,应当说债权人的利益被剥夺了,发生了利益转移。例如,抢劫(财产性利益)罪就体现了财产性利益的转移不以被害人的处分行为为必要。抢劫罪是以足以压制对方反抗的暴力、胁迫手段非法获取他人财物(包括财产性利益)的行为,是一种强制对方给付的行为,在被害人处于强制状态下不能认可其具有自由的处分意思,由于不具有自由的处分意思,因此不是处分行为。因此,如果拿刀威胁出租车司机而逃避支付车费构成抢劫罪,此时如果以"出租车依然享有债权,行为人仍然负有债务"这一理由否定利益转移显然是不合适的。日本判例对利益转移中被害人意思是否为必要的态度发生了转变。判例一度认为,利益转移必须以对方实施财产上的处分行为为必要,但之后在通过实施暴行而逃避支付出租车费的案件中,判例则认为,即便没有让被害人作出不要求支付的意思表示,但只要使对方陷入无法要求支付的状态,从而得以逃避支付即可,不能说总是以被害人的意思表示为必要。① 我国法院多数将高速公路逃费行为认定为财产转移犯罪也体现了这一立场,如在李某明、宋某平抢夺案②中,法院指出"各被告人在主观上自始就无依法或依约缴纳通行费的意愿,而是意图通过强行逃离的方式积极追求避免个人消极财产增加(应当减少的财产不减少)的结果,明显具有非法占有的主观故意","该行为最终导致了他人财产权益减损的客观后果……"其中"最终导致了他人财产权益减损"表明法院认可财产性利益的转移。在高速公路逃费案件中,由于交易的匿名性等特点,一旦行为人离开高速公路逃避支付高速费,高速公路公司就事实上陷入了无法要求支付的状态,在债权证明不存在等情况下,高速公路公司事实上极难行使其债权,或者在相当长时间内不可能迅速行使其债权,足以说明行为人事实上非法获利,发生了利益转移。而对于通常的欠债不还导致债务人暂时逃避了债务,不能认定为盗窃罪,因为债权人事

---

① 参见[日]山口厚:《刑法各论》(第2版),王昭武译,中国人民大学出版社2011年版,第262页。

② 参见(2018)粤0605刑初117号。

实上并没有丧失其债权利益,其行使债权的可能性是比较大的,在迟延履行债务期间只有给债权人造成了实际损失才能肯定行为人的非法获利。对于财产性利益是否丧失,不宜进行事前类型性概括,而应该在具体案件中结合行为人的行为样态、被侵害财产性利益所处的地位、被害人实际取得该利益的可能性等,从经济角度综合分析。

②债权事实上无法实现是一种利益的丧失

盗窃行为必须是一种转移占有行为,就财产性利益而言,必须发生了利益转移,才成立盗窃。与转移占有相应,财产性利益的转移通常伴随权利的丧失。就债权而言,其丧失引发的财产性利益转移涉及两个方面:“规范性丧失和事实性丧失。”①首先,规范性丧失是指权利在法律意义上的丧失,权利人行使权利不再有法律依据了。就债权而言,其包括转移至新债权人和转移至债务人两种情况,前者如债权转让,后者如债务免除。债权人以自己的意思转让债权,原债权人就在规范层面上丧失了其债权,同时新债权人取得了债权,从而引发了债权这一财产性利益的转移。债权人免除了债务人的债务,债权人便失去了向债务人请求履行的规范基础,丧失了对债务人享有的债权,同时债务人取得了不用偿还债务这一财产性利益,从而实现债权的财产性利益由债权人一方转移至债务人一方。例如,本报告所探讨的“骗取型逃费”就属于规范性丧失权利引发的财产性利益转移的情形。当行为人采用了跑长买短、跑重买轻等欺骗行为使收费站人员作出免除其债务或者减少其债务的处分行为时,必然能够承认财产性利益的转移。其次,事实性丧失是指债权事实上无法实现或者债权事实上实现的可能性非常小,当权利人不大可能再向行为人主张该财产性利益时就能认为权利人事实上丧失了该财产性利益,相应地,行为人取得了该财产性利益。例如,窃取了他人不能挂失的权利凭证导致原权利人事实上无法行使权利,这等同于权利的丧失引发的财产性利益转移。对于

① 参见梁云宝:《从占有到取得:我国盗窃罪教义学结构的补正》,载《政治与法律》2019 年第 4 期。

盗窃财产性利益而言，由于财产性利益是一种事实性利益，利益的转移也只要求事实性丧失即可，只要客观上债权人陷入了无法要求债务人支付的状态，在其债权事实上实现的可能性极小的场合，就应当认为发生了利益转移。当然，债权事实性丧失的效果并不及于债权的规范层面，虽然债权人事实上无法实现其债权被评价为债权的事实性丧失，但债权人在规范意义上仍然保留债权，即债权人在民法上当然有向行为人主张债权的请求权基础，如果说债权已经丧失，那么行为人的补缴行为就不存在正当性依据。本报告所探讨的“偷逃型逃费”行为就属于债权事实上无法实现导致的债权利益的事实性丧失。当盗窃或者偷逃行为使被害人已经不大可能向行为人主张该财产性利益，反过来说，行为人已经现实、具体地获得了该财产性利益的时候，就成立盗窃（财产性利益）罪。①

高速通行费和一般的债权债务不同，收费站无法知晓上高速者的基本信息，即使能通过车牌号、行驶证等识别车辆，但车辆实际驾驶人和车辆所有人可以不一样，也就是说在该债权债务关系中，债权人对债务人并不了解，但债权人之所以能信任债务人只是因为债权人在高速公路这个空间中对债务人履行债务具有支配力，利用高速公路的封闭性促使债务人履行债务以保证其债权的实现。那么当行为人离开高速公路逃之夭夭了，高速公路管理者就不大可能再找到他实现债权了。即便可以通过监控识别具体驾驶人，向公安机关报警等救济手段找到行为人，但在行为人已经扔掉通行卡，隐瞒实际车重和行驶距离的情况下，经常会因为证据不足而导致难以计算其实际债权金额。实践中法院在认定逃费数额时也存在一定争议。例如，在辛某某犯故意毁坏财物罪一审刑事判决书中，法院指出：“关于指控被告人辛某某逃缴过路费人民币 38 123 元。公诉机关提交的证据未能证明辛某某每次冲卡逃费的实际入口信息，而是按照广东省物价局、广东省交通厅《关于规范高速公路智能计费卡（IC 卡）丢失或无法识别相关通行凭证入口信息后车辆通行费计费有关问

① 参见黎宏：《论盗窃财产性利益》，载《清华法学》2013 年第 6 期。

题的通知》,以联网收费区域内可达里程最远入口计收通行费,根据有利于被告人的原则,本院不予支持。"①因此,即便说债权人仍然拥有债务请求权,但在债务人难以找到或者债权金额存在争议的情况下,可以认为债权人已经现实地丧失了实现债权的支配力。在行为人逃之夭夭后,被害人对实现债权的支配力转移到行为人手中,属于利益转移,被害人已经产生财产损失,行为人之后补缴的行为只是挽回了被害人损失,并不能否定之前被害人存在财产损失。

③转移的利益内容

"实现债权的支配地位"的利益大小取决于债权金额的多少,即之所以能将支配地位作为一种财产性利益来保护是因为其背后蕴含着的债权价值,拥有这种支配地位的主体实际上就拥有是否取得债权利益的决定权。换言之,谁拥有实现债权的支配地位谁就实际上享有了债权利益。对债权人而言,债权人拥有实现债权的支配地位意味着债权人的这种债权是准现实利益,其债权极易实现,其债权的实现具有高度的期待性,这种极容易实现的债权与普通的债权相比更有现实性,不再是规范意义上的一纸空文。相应地,对债务人而言,债务人拥有实现债权的支配地位意味着债权人是否实现其债权(或者债务人是否履行其债务)完全取决于债务人自身的意思,在债权人民事救济的可能性极低的情况下,债务人非常容易选择不履行债务,因此债务人相当于取得了可以不履行债务的利益,而这部分利益即债权金额。当债务人不履行债务的可能性极高时,债权人实际上丧失了其债权利益,债务人实际上取得了免除债务的利益,而二者最终所体现的价值都是债权的金额。从这个意义上可以说,实现债权支配地位的转移意味着实现债权利益的转移。

(3)支配地位的转移具有同一性

盗窃罪是一种转移犯罪,要求行为人取得的财产和被害人丧失的财产必须具有同一性。否定说指出,行为人取得的利益与被害人丧失的利益必须具有对象同一性。在逃交高速路费的案件中,行为人获得了不用支付高速路费

① (2014)佛顺法刑初字第3881号。

这种财产性利益,对方实际上遭受了相应的损失,但是“不用支付高速路费”这一表述是含糊的。对此,我认为将高速公路逃费定性为盗窃罪并不违反对象同一性的要求。

对于债权人之前的对实现债权的支配地位与行为人之后的对实现债权的支配地位,我认为二者满足对象同一性的要求。如果真要精准量化支配地位的大小,只能说债权人享有的支配地位并非百分之百,因为毕竟最终能否实现债权还是需要有债务人的履行行为,尽管这种履行行为已经高度确定了;但债务人享有的支配地位似乎是百分之百的,因为是否履行债务确实完全取决于债务人自身的意思了。我认为,支配地位是一种无形的“实力”,这种“力量”之所以能成为财产性利益,不过是因为其背后蕴含着的债权利益,债权利益的可货币化导致了支配地位具有经济价值,无论支配地位大小,只要支配地位存在(一方对是否实现债权具有高度盖然性的期待或者高度的控制力),那么该方就能享有支配地位背后的债权利益。因此,从本质上来看,即便认为债权人和债务人享有的支配地位的程度存在一定差异,但这种差异并不是实质的、重要的差异,对背后的利益没有影响,只要承认债权人或债务人享有支配地位,那么二者享有的就是同一种利益。综上所述,支配地位的转移满足对象同一性的要求。

总之,“偷逃型逃费”行为符合盗窃罪的全部构成要件,也具备故意与非法占有目的,故应当认定盗窃罪。

二、课堂交流

同　学:你刚才讲到高速公路具有支配地位,行为人逃费让高速公路公司的支配地位丧失,但我想即使行为人逃费,通过很多信息化的手段(如监控),其实还是能知道是谁逃了,而且高速公路公司依然享有这个债权,我觉得行为人可能还没有实现债权的转移。

报告人:我认为行为人如果是一开始没有逃费,在正常行驶,这个高速公路公司其实对它的债权是具有支配地位的，但是他逃了之后基于交易的匿名性，即便能够通过信息化的手段来知道被告人的信息，但只要他逃离了高速公路，高速公路公司对债权的支配地位就已经丧失了，至于能否追究是后话了。

同　学：你认为“劳务能否作为财产性利益”？像这种偷逃路费的情况，他骗取的行为真正的对象究竟是这个债权呢，还是这个高速公路所提供的服务？你觉得它的对象是哪个更合理？

报告人：第一，我认为劳务是不能够作为盗窃、诈骗对象的，因为劳务不能转移，而盗窃、诈骗对象需要具有可转移性。比如，高速公路公司虽然提供了通行服务，但它并没有因此丧失服务，至于劳务的对价我觉得是可以作为财产性利益的。并且，我国刑法规定其实也不承认劳务作为财产性利益。如果劳务是财产性利益，那强迫劳动行为就构成抢劫罪了。第二，在高速公路逃费的案件中，我认为行为人盗窃、诈骗的对象不是劳务，也不是高速公路债权，而是高速公路公司对债权的支配性地位，这种地位能够作为财产性利益，这是我主要想表达的观点。

同　学：我大概明白你的逻辑是想说转移的是高速公路对债权实现的支配地位。那么譬如有一种案件，行为人偷走了一辆车，但这辆车上有GPS，被害人其实一直都可以追踪到这辆车在哪，那你认为这种情况下被害人是否丧失了支配地位？因为基于你的逻辑，好像被害人对自己的财物保管得越充分，他越难以丧失支配地位，他可能受到的保护范围就越小。

报告人：对于这个问题，我想澄清一点，就是我今天的观点只是针对高速公路逃费或者类似的场合，而对于有形财物并不适用。

同　学：我看你是将债权的可支配性作为一个盗窃罪的财产性利益，然后主要列举了高速公路逃费和餐馆逃费的情况，那我想知道你在列举这两种场合的时候主要考虑了哪些因素，债权实现的支配地位有没有一个衡量标准。

报告人:对于“债权实现的支配地位”的考虑,我是基于以下两点进行的:一是交易的匿名性,比如你来吃饭,或者你在高速公路上行驶,对方都不知道你是谁,也不需要知道你是谁;二是物理空间的支配,就是你只要不离开这个餐馆,或者你不离开高速公路,那么债权人就可以非常有力地促使你还债。

同　学:所以,你所说的支配主要是强调对于人身的支配,就比如防止他离开这样的物理措施吗?

报告人:不仅是物理措施,也要从社会习惯或者社会交往的角度来看,像餐馆吃饭这种场合,在社会习惯上商家确实可以通过不让顾客离开的方式支配债权。

同　学:如果我逃走了,然后延迟履行了债务,可以把这个延迟的债务履行解释为盗窃的财产性利益吗?和你的观点“债权实现的支配地位”相比,你觉得两个方案会有什么差异吗?

报告人:第一,我认为迟延履行债务能否作为一种财产性利益有待商榷。因为如果把迟延履行债务也作为财产性利益,会导致很多情况下普通的一个民事上的迟延履行债务的行为,都能被评价为犯罪,这显然会不当扩大犯罪圈。我认为只有在迟延履行确实造成了被害人实际的财产损失这种情况下,才可以将迟延履行债务的这个利益作为财产性利益来评价。比如,债务人这段时间内没有履行债务,导致债权人原本的计划完不成造成了实际损失。而单纯的延迟还债,我觉得不能作为财产性利益。第二,我没有将债权的转移作为财产性利益,而是将债权实现的支配地位作为转移对象,原因在于我认为对于普通的债权债务关系,确实不能说你不履行债务就构成债权转移。

同　学:将盗窃罪的认定限制在高速公路逃费的场合,会不会造成特殊保护,因为其他逃避债务导致债权无法实现的行为是不能得到刑法的保护的。

报告人:我觉得这并不是特殊的保护而是必要的保护。因为高速公路逃费行为较为普遍，如果不用刑法去保护，单纯地通过民事手段或者行政手段的保护是不充分的，效果也不好，因为交易的匿名性，被害人很难通过民事手段获得救济。

同　学：你认为利益的转移不需要处分意思吗？如何解释抢劫罪中被害人的处分意思？

报告人：你的观点是抢劫罪还是存在被害人的处分意思，但我认为在抢劫罪是以暴力的手段压制其反抗的情况下，即便被害人说同意，这个同意也并非被害人的真实意思。抢劫罪的被害人的同意只是表面上的处分意思，但是这个处分并不能够被评价为他真实的处分意思，所以我觉得在抢劫罪的场合下也不能说介入了被害人的处分行为。因此，我认为抢劫罪的利益转移就是没有被害人处分意思的利益转移。

同　学：你说实现债权支配状态的变动，我感觉有点像盗窃欠条，是不是？你说行为人下了高速公路以后，他把那个卡扔掉，那高速公路公司就很难知道这个人到底应该付多少钱，有点像我去把我的欠条盗窃了。但是，盗窃欠条是否成立盗窃罪也是存在很大争议的。

报告人：我认为这里和盗窃欠条还是不一样的。不一样的地方在于在盗窃欠条的场合，我只是盗窃了欠条这张纸，但对方还是能够通过其他手段来证明他的债权，或者说在一般的债权债务关系中，债权人并没有对这个债权享有事实上的支配地位。而在高速公路逃费中，高速公路公司在之前享有对这个债权实现的支配地位，所以之后才能够被评价为支配地位的转移。

同　学：因为盗窃罪本质上是一个打破旧占有，建立新占有的罪名，那你觉得这个支配地位的解释可不可以对应到“打破一个占有，而建立一个新的占有”这样的类型化的行为上呢？假如这辆车是在高速公路上行驶，债在不断地累积，那么这个时候谁在占有这个债权呢？一般人肯定觉得高速公路的管理者或者支配者享有这个债权，如果行为人中途跑下去了，就说他这个财产性的利益或者债权转移占有了，就这个点我好像不太能够想通。

张老师：我帮她解释一下吧。报告人的观点不是说债权是盗窃罪的对象。在这个问题上实际上涉及三个对象。第一个就是提供的高速服务，报告人不认为这个是盗窃罪的对象。第二个就是高速公路管理者享有的债权，报告人也不认为这个债权是盗窃罪的对象。因为如果说逃走后发生债权转移是不可能的，即使行为人逃走，高速公路管理者依然对行为人享有债权。第三个就是报告人提出的实现债权的支配力，就是这个债权实现取决于谁，这个力量在谁的手中。当司机还在高速公路上行驶的时候，能够实现这个债权的就是高速公路的管理者或者收费站，只要行为人还在这个高速公路上，高速公路公司就能够让行为人交付路费，他们不仅有这个权利，而且有这种支配力。这个支配力的表现就是，如果行为人不交付路费，高速公路管理者就不让行为人离开高速公路。但是，如果行为人逃走之后，高速公路管理者没办法找司机要钱，于是支配地位就转移给了司机，她是在这个意义上讲转移。简单地说，能够支配这个债务履行的原本是高速公路管理者，但司机逃走之后，支配这个债务履行的就是司机了。对债务履行或者说债权实现的支配地位从一方转移到了另一方，所以是盗窃。是这个意思吧？

报告人：是的。

张老师：所以，她不是说债权本身是盗窃的对象，而是说对实现债权的支配力是盗窃的对象。

同　学：但是，老师，我们在餐馆扫码点单的时候，这个债权能不能实现都是掌握在我们自己手里的。你可以直接走，餐馆不会直接审核你有没有去买单，你直接走了，当时他们也不会拦你。

报告人：但有个问题在于，扫码点单其实并不是匿名的，餐馆之所以不会去审核你是否买单成功是因为他能知道你是谁，扫码需要实名绑定的。

同　学：支配的数额怎么算，按照债权的数额吗？

报告人：支配的数额就是债权本身的数额，不需要额外来评价。

同　学：我在进入高速公路的时候就抱着逃避的故意，然后去实施逃费行为，是否还能说是盗窃？

报告人：我认为这两种情况在客观上是一样的，客观上就是一个进入高速公路，然后从缺口驶出的行为。至于说我是在进入高速公路之时就抱着逃费故意，还是说中途突然想要逃费，都只是我的内心事实、内心想法而已，这和最终的行为评价是没有关系的，并不能影响定罪。

同　学：这和你打算去吃霸王餐和你中途才想逃餐费，是不是也能类比？

报告人：我觉得在这里，高速和餐馆还是不太一样。如果你一开始打算吃霸王餐，那你骗的对象就是饭菜食物，在吃饭的时候你就已经构成诈骗有体物既遂；但是当你已经吃完了才产生不想交费的想法，不可能说那个食物是诈骗的对象。

同　学：你在报告中提到了处分意思，那我想知道你认为处分意思到底包含了什么样的内容？

报告人：我认为处分意思肯定是不需要对这个财物有一个完全准确的认识，否则诈骗罪就不可能构成，因为诈骗罪就是一种瑕疵处分行为。至于要达到什么程度，我认为对于财物的性质、种类是必须要有认识的；但是对于财物数量、价格这种量的方面，我觉得不需要达到一个非常准确的认识。

三、张明楷评述

在高速公路逃费问题上，有些案件法院定了寻衅滋事罪、故意毁坏财物罪等，只是解决了边缘性问题，没有解决核心问题或者焦点问题。比如，对司机冲卡冲出去后把卡冲坏了的行为，认定为故意毁坏财物罪，但这个罪不可能评价逃费行为。也有的法院将暴力冲卡行为定为以危险方法危害公共安全罪，我觉得这个不合适。本次课最核心的问题在于，对司机从高速公路缺口逃出或跟车出去的行为本身,应不应该定罪以及应该定什么罪。从直觉上看我感觉还是要定罪的,因为实践中往往不是一个人就逃一次,而是逃几十次几百次,行为人只要知道怎么逃就会逃很多次,因此还是应该定罪,那剩下的就是构成什么罪的问题。

首先涉及行为对象是什么的问题,即财产性利益的范围问题,究竟什么是财产性利益?债权是典型的财产性利益,但除债权之外还有哪些利益是财产性利益,其实并没有确定的界限。我经常讲到日本的两个判例。一个判例是,犯人甲于深夜侵入A女住宅,确定A女熟睡后,在一个房间的提包中发现了装有6000日元现金和数张借记卡的钱包,于是甲以凶器相威胁,迫使A女说出了借记卡的密码。后来,由于账户内的现金较少,甲没有取出现金。地方裁判所认为,对甲迫使A女说出密码的行为,还不能认定为取得了可以与财物等同评价程度的具体且现实的财产性利益,而且作为抢劫罪对象的"财产上的不法利益"仅限于具有"转移性"的利益,甲迫使A女说出借记卡的密码,只是使甲与A女共有了密码这一情报,A女并没有丧失该情报,不能说甲"取得了财产上的不法利益",故甲的行为不成立抢劫罪,仅成立强制罪。[①] 检察官抗诉后,东京高等裁判所撤销了原判,认定甲的行为成立抢劫罪。理由是,"在窃取了他人借记卡的犯人,对被害人实施暴力、胁迫,压制其反抗,逼迫被害人说出了银行卡密码的场合,犯人只需要通过操作自动取款机(ATM),对借记卡与密码进行机械性的本人确认程序,就可迅速且确实地从被害人的账户中取得存款。既然如此,便可以说,同时掌握了借记卡与密码,就可以像正当的存款债权人那样,事实上支配该账户的存款,认为同时掌握了借记卡与密码本身就是财产性利益,是合适的"。迫使被害人说出密码意味着"与已经确立了对银行卡的占有的情形没有任何区别"。"成立抢劫利益罪,并不一定必须将财产性利益从被害人那里原封不动地直接转移给行为人,只要存在行为

① 强制罪是指使用暴力、胁迫等强制方法使他人实施没有义务实施的行为,或者妨碍他人行使权利的行为。

人得到了利益,其反面是被害人遭受了财产上的不利益(损害)这样的关系即可。"[①]在 2007 年发生的相同案件中,日本神户地方裁判所的判决也指出:"同时掌握了银行卡与密码,就可以说,取得了通过操作 ATM,在借记卡的存款余额范围内取出钱款的地位,将这种经济性利益视为与同条(第 2 项)[②]所说的'财产上的不法利益'同样值得保护的、具有充分的具体性、现实性的利益,是合适的。"[③]上述两个判决就是将可以随时从自动取款机中取出存款余额的地位当作一种经济性利益,是一种具体的、确实的、现实的利益,是财产罪中的财产性利益。今天报告人所说的实现债权的支配力或者支配地位,也可以说是财产性利益。

日本的刑法学教科书上经常会讨论"无证乘车"的问题。在日本,一般人住的地方和单位之间相距很远,从家到单位坐一趟地铁可能就要好几百日元,那逃票的人怎么逃呢?主要是买两头各一站的月票,中间路程的车费就能逃掉。对于这种行为的定性一般有三种观点:第一种观点是"无罪说"。比如,曾根威彦老师认为无罪,因为行为人上车是有票的,不能说这个票是作废的,日本有规定出站可以补票,比如坐了 1000 日元的车但只买了 100 日元的车票,那在出口是直接可以补票的,不需要把之前的票退掉再买,因此即便行为人买短乘长,其购买的车票也不是废票,进站的票是有效的,因此不能说欺骗了进站口工作人员。并且,出去的时候行为人也不是溜出去的,是用他买的另外一张票出去的,因此行为人没有欺骗任何人,就不构成诈骗罪。如果是趁机溜出去的,也只是窃取财产性利益,又因为在日本盗窃财产性利益不构成犯罪,于是无罪。在日本持无罪说的不只曾根威彦老师一人,东京高等裁判所也

---

① 东京高等裁判所 2009 年 11 月 16 日判决,《判例時報》第 2103 号(2009 年)158 頁。

② 《日本刑法》第 236 条第 1 项与第 2 项分别规定:"以暴行或者胁迫方法强取他人财物的,是强盗罪,处五年以上有期拘禁刑。""以前项方法,取得财产上的不法利益,或者使他人取得的,与前项同。"

③ 神户地方裁判所 2007 年 8 月 28 日判决(公开刊物未刊登)。转引自西田典之(橋爪隆補訂)『刑法各論(第 7 版)』(弘文堂,2018 年)189 頁。

曾出过一个无罪的判决。第二种观点认为构成诈骗罪，且以上车时为基准。这种观点认为，上车的时候行为人就隐瞒了自己不会缴纳全程费用的想法，导致进站口工作人员让他上车，称为“上车基准说”。大谷实老师赞成该观点。这种观点其实是将劳务作为财产性利益，行为人隐瞒了自己的想法，让地铁公司提供了全程的服务，这种服务就是诈骗的行为对象。第三种观点也认为构成诈骗罪，只不过以下车为基准。像山口厚老师、西田典之老师都是采取“下车基准说”，即行为人在下车的时候欺骗了工作人员，使工作人员免除了行为人的债务。现在多数人主张“下车基准说”。

高速公路逃费和日本的无证乘车还不完全一样，因为进高速的时候是不需要交钱的。但日本的“上车基准说”和“下车基准说”还是可以为我们提供两个思路的。

第一，如果采取高速公路“入口说”，那么对高速公路逃费定盗窃罪是不可能的，在入口的时候行为人盗窃了什么呢？此时还未出现盗窃对象。以“入口说”为基准只能考虑是否成立诈骗，且诈骗对象只能是提供的服务。但是，“入口说”的前提是劳务属于一种财产性利益，而劳务究竟能否成为财产性利益仍然有待商榷。如果说劳务是财产性利益，行为人在进入高速时隐瞒了不想支付高速费的想法，让工作人员作出了一个处分行为给行为人放行，行为人免费享受了高速公路提供的服务，那么“入口说”是可以解决这个问题的，即逃费行为构成诈骗罪。但如果把劳务作为财产性利益就涉及强迫劳动罪、雇用童工从事危重劳动罪等。比如，无偿强迫他人劳动的能否定抢劫罪？恐怕不能认定为抢劫罪。又如，《刑法》第226条规定：“以暴力、威胁手段，实施下列行为之一，情节严重的，处三年以下有期徒刑或者拘役，并处或者单处罚金；情节特别严重的，处三年以上七年以下有期徒刑，并处罚金：……（二）强迫他人提供或者接受服务的……（五）强迫他人参与或者退出特定的经营活动的。”这样的规定似乎也表明，服务与特定经营活动本身并不是财产性利益。所以，我感觉在我国将劳务本身作为财产性利益的可能性不大。德国通说认为劳务是财产性利益，我觉得可能的理由是他们认定诈骗罪的既遂时点是很提前的，只要行为人在之后当然会获得利益的时候就构成既遂。比如，不是博士的人冒充博士让企业录用他，签了劳动合同，即便工资还没领，只要签了合同就认为是诈骗既遂，因为德国认为之后领工资是当然的结果，不需要行为人再实施任何不法行为。德国把劳务认定为财产性利益可能也跟这个思维有关系，因为提供了劳务就当然是要给对价的，如果是这样的话，我国就更难接受了，因为我国司法机关在上述情况下，对仅签了合同的行为是根本不可能定诈骗罪的。此外，“入口说”解决不了的问题是，如果行为人在进入高速的时候没有逃费的想法，中途才有这个想法，那么按照“入口说”他就是无罪的。所以，即使承认劳务是财产性利益，采取“入口说”，也只能解决部分问题。

第二，如果采取高速公路“出口说”，“偷逃型逃费”就不可能是诈骗，因为行为人并没有对高速公路出口的工作人员实施欺骗行为，至于中途从公路缺口逃走的，更没有可能构成诈骗罪。所以，如果要认定为犯罪，只能考虑是不是盗窃行为。今天报告人提出的观点我倒是可以接受，将掌控债权实现或者债务履行的支配地位作为盗窃罪的对象，而不是将债权本身作为财产性利益。在高速公路的出口之前，道路封闭，司机一般只能经过出口，所以高速公路的管理者能够使司机缴费，对实现债权具有支配地位。但如果司机已经经过了出口或者从公路缺口逃走，高速公路管理者就不处于实现债权的支配地位，是否缴费就由司机自己决定，司机就处于缴费的支配地位。将这个支配地位视为财产性利益，我可以接受。我以前一直考虑的是，将债权本身作为财产性利益时，高速公路管理者是一直享有的，这个债权并没有转移，所以不构成盗窃罪。将实现债权的支配地位本身作为财产性利益，确实是一个新的角度，报告人确实动了脑筋。当然，能否被司法机关接受，则是另一个问题了。

不过，将实现债权的支配地位作为财产性利益，要得出高速公路逃费人窃取了这一利益的结论，还需要进一步说明盗窃罪的素材同一性问题。就狭义财物而言，盗窃罪中被害人丧失占有的财物与行为人取得的财物是绝对同一的。比如，如果有同学盗窃了我的这个水杯，我就丧失了对这个水杯的占有，那个同学就占有了我的水杯。这个水杯本身没有任何变化,是完全同一的。要将高速公路逃费的行为认定为盗窃罪,我感觉盗窃罪的对象不是绝对同一的,而是相对同一的。也就是说,原本是高速公路管理者享有实现债权的支配地位或者支配权,这个债权人是高速公路公司。逃费的司机逃出高速公路后,司机处于是否履行债务的支配地位,亦即,他想履行债务就履行债务,他不想履行债务就不履行债务。从客观上来讲,只有他能够履行债务,只有他能够让高速公路公司实现债权。司机对履行债务的支配地位与高速公路公司实现债权的支配地位是对应关系,但肯定不是绝对的同一性。比如,甲的银行卡里存了10万元,乙通过技术手段将甲银行卡里的10万元转入自己的银行卡,我倒是觉得符合素材同一性的要求,因为该10万元原本是甲享有的银行债权,现在成为乙享有的银行债权了,银行债权转移了。但高速公路逃费时,并不是把高速公路公司享有的收费债权转移给了司机,不是司机享有了债权。因此,报告人进了一步,把实现债权的支配地位当作行为对象,原本是高速公路公司享有实现债权的支配地位,司机的行为导致他自己处于实现债权的支配地位。至少可以肯定素材具有相对的同一性,如果说这种相对的同一性也符合盗窃罪的构成要件,确实能认定司机的行为构成盗窃罪。

盗窃罪的素材同一性确实值得我们深入研究。因为传统观点包括德国、日本的刑法理论只将狭义财物作为盗窃罪的对象,所以素材同一性不是问题。刑法理论上也不讨论盗窃罪的素材同一性,因为盗窃的定义就表明行为人所占有财物是被害人丧失占有的财物,这当然是绝对同一的,否则不能认定行为人实施了盗窃行为。当我们现在普遍认为财产性利益是盗窃罪的对象时,就不可能要求财产必须具有绝对的同一性。但是,如果过于缓解同一性的要求,也就会过于缓解转移占有的要求,容易无限扩大盗窃罪的成立范围,导致不履行债务的行为均构成盗窃罪,这是需要防止的。

与德国、日本相比,我国刑法理论与司法实践将财产性利益的范围限定得比较窄,大多数场合只承认债权是财产性利益。所以,在面对高速公路逃费的时候,像跟车驶出或者从缺口驶出这样的案件,习惯于从债权本身的角度去考虑。但不可否认的是,高速公路管理者根本没有丧失债权,债权更不可能转移给行为人,所以认定盗窃罪就存在明显的障碍。但是,司机的行为的确让高速公路管理者丧失了实现债权的可能性,因为一般不知道是谁逃费,但刑法理论与司法实践并没有将实现债权的可能性本身作为财产性利益。说高速公路管理者丧失了债权实现的可能性还是比较好理解和接受的。当然,肯定会有人问,行为人建立了什么新的占有?能否说债权实现的可能性转移给行为人了,还是有疑问的。如果说债权实现的可能性完全取决于行为人,从这个意义上说行为人转移了占有,当然也是可能的。

逃费案件与盗窃欠条不一样,因为欠条一般都是写好谁是借款人、谁是出借人,单独盗窃欠条就是盗窃欠条这个有体物,这没有问题。我觉得现在盗窃欠条应该可以定盗窃罪,通过适用入户盗窃、扒窃、携带凶器盗窃的规定,认定盗窃欠条的行为构成盗窃罪,基本上不存在处罚漏洞,盗窃的对象就是欠条本身,不需要讲行为人的盗窃数额,因为入户盗窃、扒窃等没有数额要求。如果行为人盗窃了欠条后再去假装自己是债权人,谎称债权人把债权转移给自己了,而向债务人主张权利,这种情况定诈骗罪没问题。如果是盗窃了欠条之后让债权人免除自己的债务,也会触犯诈骗罪。在后一种情形下,由于最终只侵犯了一个财产法益,可以作为包括的一罪处理。如果债务人盗窃欠条之后,只是单纯的不还债,被害人没有证据主张自己的债权,这种情况可能跟逃费有相似之处,逃费是债权人不知道跟谁主张债权,盗窃欠条是债权人知道跟谁但没有证据主张债权,从都是丧失了实现债权的可能性这一点上来看,二者有相似之处。但是,要将债务人盗窃欠条之后不还债的行为认定为盗窃罪,障碍就更大了。因为单纯不还债不可能符合盗窃罪的构成要件。

刚才报告人也讲到,一般的情形不履行债务行为不成立盗窃罪。我是一直这么认为的,如果不履行债务就构成盗窃罪,那么,借钱不还的,签订合同后不能履行合同的,都可能构成盗窃罪,这会造成严重的社会问题。因为如果将这种行为作为犯罪处理,就会导致大家都不敢去和别人签合同。一签合同到时候履行不了,自己就会被追究刑事责任,这就不利于经济的发展。所以,一般的场合不履行债务我是不主张定罪的,那么,在什么样的特殊情形下将不履行债务的行为认定为犯罪,实质的理由是什么,还是值得思考的问题。对实现债权的支配力以及交易的匿名性,的确有一定的说服力,但可能还需要把构成犯罪的情形进一步类型化。

司法实践中有将逃费行为认定为抢夺罪的判例。比如,高某和刘某共同出资通过拍卖买到一辆沪C牌小客车。为方便办理相关过户手续,两人将车停入某机场停车场。由于车籍材料不齐,迟迟不能办理过户手续,该车在停车场内停放了三个多月,预估停车费高达上万元。为逃避缴纳高额停车费,高某和刘某一起乘坐一辆白色商务车进入虹桥机场停车场。随后,由高某驾驶沪C牌小客车,跟随刘某乘坐的白色商务车行驶至停车场出口收费闸口,闸机收费工作人员开启栏杆放行,趁白色商务车过卡栏杆尚未放下之际,高某驾驶着沪C牌小客车紧随其后快速闯过闸机后扬长而去,工作人员追赶不及。次日,机场停车场向公安机关报案。通过监控录像查询,警方将嫌疑人锁定在高某和刘某身上。主张将这类行为认定为抢夺罪的观点提出了三个理由:一是跟车逃缴行为具有"公然性"。从车辆与收费员的距离等因素判断,车辆在通过栏杆时有时会被收费员发现,但是,因收费员身处收费室内,且车辆处于行驶状态,收费员无法及时采取有效措施对车辆进行拦截,只能眼看着车辆逃费。二是跟车逃费行为侵犯的是停车场的"财产性利益",属于抢夺罪的犯罪对象。三是停车场存在财产损失。被告人通过公然闯卡的方式,没有缴纳应缴的费用,导致停车场应该正常收的费用没有收到,这种方式表面上看起来并不是从被害人手中强行夺取财物,但收费方难以对被告人所逃避的费用进行追索,从而产生了直接的财产损失。你们发现这些理由的问题了吗?持这种观点的人认为,只要行为具有公然性,对象是财物或者财产性利益,并且导致被害人财产损失,就构成了抢夺罪。但符合这些要件的行为完全可能构成敲诈勒索罪,也可能构成故意毁坏财物罪。这种观点用公然性替代了抢夺罪的实行行为本身,用行为的方式替代了行为的内容,完全没有考察行为人是否以及如何将停车场的财产性利益转移给行为人占有。简言之,这种观点根本没有讨论司机的抢夺行为是什么，你们不能这样分析案件。

还有观点认为逃缴高速公路通行费的行为构成寻衅滋事罪。理由是逃缴高速公路通行费显然破坏了高速公路正常的运行、发展秩序，损害了社会公共秩序；逃缴通行费行为符合《刑法》第293条第1款第3项规定的寻衅滋事罪中的“强拿硬要或者任意损毁、占用公私财物，情节严重”的行为模式。强拿硬要，就是违背被害人的意志强行取得公私财物，行为人应当支付通行费而强行不支付的行为可以认为是强拿硬要。但问题是为什么不支付通行费就属于强拿硬要。强拿硬要，显然是财物或财产性利益原本由他人占有，但行为人强行拿走或者强行要走。可是，逃避通行费的行为怎么拿走、要走了被害人的财物，还是有疑问的。更重要的是，认为逃费行为破坏了社会公共秩序，也不一定符合事实。所以，我不赞成逃费行为认定为寻衅滋事罪。

高速公路逃费还涉及一个利用ETC的行为是否构成诈骗罪的问题。可能有人认为，机器可以被骗，ETC就是机器，司机没有缴费却通过了出口，所以对机器构成了诈骗罪，认定为诈骗罪即可。但是，第一，我难以承认机器可以被骗，没有时间讲这个问题，我是永远不会承认机器可以被骗的。第二，在高速公路逃费案件中，不能认为司机欺骗了机器。因为机器边上就有收费员，机器只是帮助收费员确定应当收费多少，而不是完全由机器决定司机是否可以出去。比如，行为人在超市买东西时偷换价格标签，在收银处买单时骗的是扫码器还是收银员？我们都会认为是骗了收银员，而不是骗了扫码器。与此相同，利用ETC逃费是不是也不是骗机器呢？因为ETC边上就坐了收费员，ETC只是帮助收费员识别是否交钱了，如果是机器自动会抬杆，就没有经过人的处分，如果是人抬杆，就经过了人的处分。总体来说，机器帮助实施处分行为的自然人提供一些数据之类的场合，行为人就不是骗机器，而是骗自然人。第三，如果将利用ETC逃费的行为认定为诈骗罪，仍然处理不了司机从高速公路缺口逃走的案件。于是，导致相同的逃费案件不能得到相同的处理，不符合刑法的公平正义性。

总之，我还是觉得将实现债权的支配地位作为财产性利益，进而认定司机的逃费行为构成盗窃罪的说法是很有见地的,结论还是有可能成立的,也是有一定道理的。但是不能保证所有人都会接受。我最后尤其要强调的是,虽然我们现在认为财产性利益是盗窃罪的对象,但我不主张修改盗窃罪的定义,也就是说,盗窃行为必须以财物的占有转移为前提,如果不以此为前提,就意味着只要行为人获利就成立盗窃罪,那就太危险了。所以,我还是主张维持盗窃罪的定义,只不过要承认对狭义财物的占有与对财产性利益的占有之间存在一定区别,尽管如此,都必须是事实上支配了财物或者财产性利益。

第八课

诈骗罪与盗窃罪的区分*

一、学生报告

(一)引言

诈骗罪与盗窃罪同作为刑法分则第五章“侵犯财产罪”中的犯罪,法定刑相同,且在保护客体、行为客体、构成要件等方面存在诸多相似之处,但二者的违法性仍有差别。因此有必要明确二者区别,本报告将以分析诈骗罪的构成要件为中心,进而揭示诈骗罪与盗窃罪的不同之处。

诈骗罪是被害人主动向行为人转移占有的交付型犯罪,由行为人对被害人进行欺诈后,双方协力制造了行为客体受损的结果;而盗窃罪是完全违背被害人意志转移财产占有的夺取型犯罪。① 二者形式上都是破坏原来的财产占有、重新建立占有,但是对同一行为客体,难以成立诈骗罪与盗窃罪的竞合。反对盗窃罪与诈骗罪互斥的学者提出,在行为人将收购废品的人当作工具利用,使其收买非行为人的废品时,构成盗窃罪与诈骗罪的想象竞合。② 对于这一案例,蔡桂生教授也认为被告人试图利用虚假信息获利,希望购买者在认识错误的条件下支付款项,而被转移财产的合法权利则属于另一人(财产损失

---

* 本课报告人为朱家鑫,清华大学2022级法律硕士。

① 参见周光权:《刑法各论》(第4版),中国人民大学出版社2021年版,第117页以下。

② 参见陈洪兵:《盗窃罪与诈骗罪的关系》,载《湖南大学学报(社会科学版)》2013年第6期。

者），所以认定为想象竞合是合理的。①

虽然盗窃罪与诈骗罪的法定刑相同，但是盗窃罪和诈骗罪的入罪门槛仍有区别。《最高人民法院、最高人民检察院关于办理盗窃刑事案件适用法律若干问题的解释》第 1 条第 1 款规定："盗窃公私财物价值一千元至三千元以上、三万元至十万元以上、三十万元至五十万元以上的，应当分别认定为刑法第二百六十四条规定的'数额较大'、'数额巨大'、'数额特别巨大'。"《最高人民法院、最高人民检察院关于办理诈骗刑事案件具体应用法律若干问题的解释》第 1 条第 1 款规定："诈骗公私财物价值三千元至一万元以上、三万元至十万元以上、五十万元以上的，应当分别认定为刑法第二百六十六条规定的'数额较大'、'数额巨大'、'数额特别巨大'。"可见，诈骗罪的入罪门槛相较于盗窃罪，要求有更高的公私财物价值，侧面说明了盗窃罪与诈骗罪的违法性程度不同。

（二）有无"欺骗行为"是区分诈骗罪与盗窃罪的第一步

诸多文献认为，处分行为与处分意识是二罪区分的关键所在，但是我认为有必要先通过实行行为对二罪进行区分。如果混淆欺诈行为、盗窃行为与受骗人的处分行为，可能会导致具体案件分析思路的混乱。例如，邹兵建教授意识到以"受骗人的处分行为"似乎无法对盗窃与未遂的诈骗进行区分，②但对其所举的"试衣案"③与"账单案"④，仍以"处分行为"为核心区分盗窃罪与诈骗罪。在我看来，这恰恰是没有重视对欺诈行为与盗窃行为进行类型化研究的结果，很显然在"试衣案"中行为人实施的是盗窃行为，"账单案"中行为人

① 参见蔡桂生：《新型支付方式下诈骗与盗窃的界限》，载《法学》2018 年第 1 期。

② 参见邹兵建：《诈骗罪中处分行为的体系位置与内容构成》，载《政治与法律》2022 年第 4 期。

③ 段某在服装店试穿衣服，趁店员不备，将十余件衣服扯掉防盗钉后放入手提袋带走。

④ 李某到蒋某经营的食品商行销售货物时，通过伪造账单、假冒签名、偷换账本的方式，虚构一笔货款为 29 450 元的交易以骗取货款，该货款尚未结算便被蒋某发现。

实施的是欺诈行为，从这一点上便将案件进行了定性。

盗窃罪的实行行为是“以平和的手段转移占有”。[①] 大谷实教授认为，“诈骗罪的实行行为是使一般人陷入错误，做出有关处分财产或者财产性利益的行为。在明知被害人特别容易被骗的场合，虽然该行为是一般人不可能上当的手段，也能成为欺诈行为。另外，利用被害人的不安或者无知也是欺诈行为”。[②] 在通常情况下，如果行为人实施非欺诈行为，便可以基本排除诈骗罪成立的可能性。但是，如果行为人实施了欺诈行为，此时如何辨别是诈骗还是盗窃呢？质言之，欺骗行为与盗窃行为的区别是什么？

首先，“欺骗行为”与受骗人“处分财产”在构成要件中的机能有区别。蔡桂生教授指出，二罪行为手段方面的区分标准之一是，是否介入了受害人的中间行为。[③] 我认为这实际上混淆了实行行为与受骗人因错误认识而实施的处分行为。欺骗行为本身应具有的创设危险的机能，与受骗人做出的反应无关，因此需要严格限制行为的考察范围。

其次，就直接正犯而言，形式上看欺骗行为可以是作为与不作为，而盗窃罪只能由作为方式构成。不作为的诈骗的直接正犯负有不使对方陷入错误认识的义务或告知说明的义务，如行为人违反有关社会福利待遇法律所规定的作为义务（继续）领取社会福利的，成立不作为的诈骗。[④] 但盗窃罪是直接破坏型犯罪，不作为与盗窃的破坏占有特征冲突，因此盗窃罪的直接正犯难以通过不作为构成。

最后，蔡桂生教授认为，欺骗行为是“有沟通”地间接获得财产的行为，盗

---

① 张明楷：《盗窃与抢夺的界限》，载《法学家》2006 年第 2 期。

② ［日］大谷实：《刑法讲义各论》（新版第 2 版），黎宏译，中国人民大学出版社 2008 年版，第 238 ~ 239 页。

③ 参见蔡桂生：《新型支付方式下诈骗与盗窃的界限》，载《法学》2018 年第 1 期。

④ 参见王钢：《德国刑法诈骗罪的客观构成要件——以德国司法判例为中心》，载《政治与法律》2014 年第 10 期。

窃行为是“排除沟通”地直接获得财产的行为。[①] 该观点仅反映出欺骗行为的形式侧面，从实质侧面看，诈骗行为具有使他人产生错误认识并据此做出财产处分的危险，[②]盗窃是完全使对方不存在认识机会而转移了财物的危险。德国有学者认为，行为人通过非法手段获取他人信用卡之后，猜出信用卡密码后通过柜员取钱的行为，并不构成诈骗罪，因为行为人认为卡是真的，密码也是真的，其行为手段并不是诈骗行为。该观点就是没有从实质上把握“欺骗”行为，在该案例中，行为人的行为形式上似乎是合法的，但实质上，该行为通过伪造身份转移了柜员的注意力而制造了处分财物的风险。因而，从形式与实质的侧面相结合理解欺骗行为与盗窃行为，是区分诈骗罪与盗窃罪的第一步。

（三）诈骗罪中的“认识错误”

1. 严格区别“认识错误”与“有瑕疵的处分意识”

有学者在研究诈骗罪的客观构成要件时，混淆了“认识错误”与“有瑕疵的处分意识”，[③]但这两个构成要件具有不同的位置与机能，不能混为一谈。

“认识错误”在诈骗罪的客观构成要件中起到了“承上启下”的作用，其由欺骗行为引起，推动受骗人进行处分，在处分意识下支配的处分行为所引起的后果是受害人的财产损失。[④] 因此，“认识错误”要件考量的是受骗人是否具有受骗“资格”进而具有区分诈骗与盗窃的机能，而“处分意识”要件考量的是其存在的有无是否会导致诈骗与盗窃区分困难的机能。

诈骗罪是受害人“配合”行为人所进行的犯罪，“认识错误程度”的讨论前

---

① 参见蔡桂生：《新型支付方式下诈骗与盗窃的界限》，载《法学》2018 年第 1 期。

② 参见王明辉：《也论盗窃罪与诈骗罪的界限——以欺诈行为对法益的危险状态为分析线索》，载《甘肃政法学院学报》2020 年第 1 期。

③ 参见江淑娟：《机器被骗之否定——围绕“肯德基薅羊毛案”展开》，载《中国检察官》2021 年第 16 期。

④ 参见[日]大塚仁：《刑法概说（各论）》（第 3 版），冯军译，中国人民大学出版社 2003 年版，第 247 页。

提是受骗人“有认识”,如果“压根没有认识”或“有认识但被欺骗到丧失了辨认控制力”,就可以排除诈骗罪的成立,从而考虑是否符合盗窃罪的构成要件即可。明确这一前提后,问题的核心在于如何区分“动机错误”与“事实错误”。我认为,需要从规范的角度来理解“认识错误”。受骗人对于自己即将做出的客观事实产生了认识上的错误,即可以认为受骗人“配合”行为人进行了财产转移的事实,可将此认定为诈骗。但就动机错误来说,一般人认为欺骗的内容具有实现可能性时,便阻却认识错误。因此在导演声称“潜规则”就给“女一号”的情形中,便阻却认识错误;而迷信由于在一般人看来欺骗内容没有实现的可能,因此不能阻却认识错误。

2. 应当坚持机器不能产生认识错误的立场

德国刑法规定盗窃罪的行为客体仅是财物,但随着财产犯罪表现形式日益复杂,德国针对对他人计算机程序作不正确的调整,使他人遭受财产损失的行为规定了计算机诈骗罪。[①] 我国关于“冒用他人信用卡”的司法解释包括以下情形:“(一)拾得他人信用卡并使用的;(二)骗取他人信用卡并使用的;(三)窃取、收买、骗取或者以其他非法方式获取他人信用卡信息资料,并通过互联网、通讯终端等使用的;(四)其他冒用他人信用卡的情形。”[②]简言之,无论是对机器冒用还是对人冒用,都构成信用卡诈骗罪。没有争议的是,当行为人的行为对象是“人”时,其具有发生认识错误的能力与可能性,但问题在于机器能否陷入认识错误。刘明祥教授认为对机器进行诈骗,实际上诈骗了预设该机器程序的人,如在 ATM 上取钱,机器替代了银行工作人员,诈骗的对象实际上是银行工作人员。同时,刘明祥教授认为如果该行为要认定为盗窃罪,那就没有增设信用卡诈骗罪的必要了。[③] 张明楷教授则认为,“行为人不

---

① 参见《德国刑法典》,徐久生译,北京大学出版社 2019 年版,第 186 页。

② 《最高人民法院、最高人民检察院关于办理妨害信用卡管理刑事案件具体应用法律若干问题的解释》第 5 条。

③ 参见刘明祥:《用拾得的信用卡在 ATM 机上取款行为之定性》,载《清华法学》2007 年第 4 期。

可能对机器行骗，不存在机器如果知道真相就不会处分财产的问题”。[①] 在我看来，即使现代社会在各个方面已经体现出“人化”特征，但是背后的人并不能成为具体事件中机器拥有人化意志的理由，因此有必要在当前科技发展水平背景下，坚持机器不能被骗的立场。

首先，要采取“具体的人”的立场。部分学者认为对机器诈骗就是对机器背后的人诈骗。对此，张明楷教授指出，具体是对哪个人的诈骗是该论者无法说明的，[②]所以该观点混淆了诈骗罪中抽象的人与具体的人。即使接受“欺骗机器背后的人”这一观点，也并非有人存在就可以构成诈骗。即使有人存在，如果该人仅履行程序化工作，或仅是对相关事宜进行程序上的审查，也不能认为其存在“认识错误”。而机器在“他人冒用信用卡”的过程中，即使是由人编写的程序，该机器也仅对信用卡是否真实、密码是否正确进行形式上的审查，机器的程序不可能对取款人是不是真实的持卡人或者其是不是持卡人授权的人做出判断，因此其程序本身就已经否定了机器产生“认识错误”的可能性，同样亦否定了编写该程序的人产生“认识错误”的可能性。

其次，就是否有增设信用卡诈骗罪的必要性来看，其并不是肯定机器可以被骗的理由。普通诈骗罪的法定刑低于信用卡诈骗罪，相比于普通的诈骗或者盗窃行为，冒用信用卡在 ATM 上取款，额外侵犯了信用卡管理秩序，具有更大的不法，设立信用卡诈骗罪的意义在于将其作为诈骗罪的特殊法条，处以相对较重的法定刑。因此，信用卡诈骗罪法理上属于特殊法条，优先于一般法条，处以较重法定刑，符合罪刑一致原则。

最后，应将司法解释做部分“法律拟制”的理解。对于上文所提及的司法解释，我认为存在两种理解上的进路：一是原则上将对自然人冒用信用卡，使对方陷入认识错误，符合一般诈骗罪构成要件的行为认定为信用卡诈骗罪的基本构造；而将对机器冒用信用卡的行为认定为信用卡诈骗罪的规定认为是

---

① 张明楷：《刑法学（下）》（第 6 版），法律出版社 2021 年版，第 1305 页。

② 参见张明楷：《刑法学（下）》（第 6 版），法律出版社 2021 年版，第 1306 页。

法律拟制,即为了方便实务人员办理案件,将破坏了信用卡管理秩序同时侵犯他人财产权,原应认定为盗窃罪的行为拟制为信用卡诈骗罪。二是仅仅将对人使用且符合一般诈骗罪构造的行为认定为信用卡诈骗罪,而将对机器使用的行为排除认定为信用卡诈骗罪的可能,坚持机器不能被骗的立场。

在目前的科技发展水平之下,机器几乎不存在被骗的可能,王钢教授指出,"不论是采用符号计算主义还是联结主义的系统,当前的人工智能技术都不能解决语义的理解和生成问题。根据意义的指称理论,人工智能系统因缺乏将语词与世界事物关联起来的意向能力而无法理解语义,根据意义的使用理论,人工智能系统因并未与人类分享共同的生活形式而不具有语言使用者的规范主体身份"。① 但这并不意味着机器未来不可能成为被骗的对象,当机器具有了独立的认识、辨认和控制能力,其便可以成为诈骗罪的受骗对象。

(四)诈骗罪中受骗人的处分行为与处分权限

诸多研究者通过讨论客观的"处分行为"背后主观的"处分意识"来区分诈骗罪与盗窃罪。例如,许浩法官在对盗窃与诈骗交织的案件进行分析时,虽然认识到了处分行为独立于处分意识的机能,但是在研究过程中仍旧将主观处分意识作为了主要篇幅。② 在我看来,这弱化了客观行为的机能与意义,客观处分行为的研究要优先于主观处分意识的判断,客观的处分行为亦可以成为区分诈骗罪与盗窃罪的标准之一,尤其是在"三角诈骗"场合,只有从处分行为角度入手进行研究才能够对具体案例进行正确分析与准确定性。

1. 处分行为应该以处分占有为核心

诈骗罪中的财产处分行为与民法意义上的处分行为并不一致,受骗人的

---

① 王钢:《人工智能刑事责任主体否定论——基于规范与语义的考察》,载《苏州大学学报(法学版)》2022年第4期。

② 参见许浩:《盗窃与诈骗交织类犯罪的定性问题研究》,载《法律适用》2019年第1期。

处分行为是能够使受害人财产受到实际损失的行为,[①]表现形式应该包括法律或者事实意义上的作为、不作为以及容忍。[②]

首先,处分行为的核心是转移占有。山口厚教授认为,交付行为不仅包括作为形式的占有转移,还包括不作为形式的占有转移,即不阻止对方转移占有。[③] 德国实务认为,"财产处分必须是'直接'造成财产减损,也即被害人基于错误认识的作为、容忍或不作为应当无须行为人采取进一步的举动就足以造成财产减损的行为"。[④] 较有争议的是,受骗人放弃占有后,如受骗人被诱骗丢弃某物,行为人又对该物建立占有,该种情形受骗人是否处分了占有,即处分占有是否需要移转占有(下文称"欺骗丢弃案")。我认为,要坚持"处分行为"的核心为转移占有,但对"转移"的时间、空间连续性要求不能太高。处分占有行为可以解构为受骗人抛弃占有与行为人建立占有两部分,抛弃占有行为是行为人欺骗行为危险性的体现,构成诈骗的未遂,而行为人建立占有则是结果要件,两部分在时间、空间上相互连接,显示出受骗人将占有移转给行为人的表象。实际上,受骗人直接转移占有是诈骗罪中的常见情形,而面对"欺骗丢弃案",如果受骗人的抛弃占有行为是因为行为人的欺骗行为陷入认识错误后引起,且行为人在较短的时间、空间间隔中对被抛弃的该财产建立了占有,则该种情形符合诈骗罪"受骗人处分占有"的要件。如果受骗人放弃了占有,无后续重新建立占有,或者说后续建立占有与放弃占有的时间、空间相隔较大,连续性较低,此时需要考虑构成故意毁坏财物罪的可能性;如果没有受骗人的抛弃占有行为,行为人自身采取行为建立占有,则需考虑是否符合盗

---

① 参见[日]大塚仁:《刑法概说(各论)》(第3版),冯军译,中国人民大学出版社2003年版,第247页。

② 参见王钢:《德国刑法诈骗罪的客观构成要件——以德国司法判例为中心》,载《政治与法律》2014年第10期。

③ 参见[日]山口厚:《刑法各论》(第2版),王昭武译,中国人民大学出版社2011年版,第297页。

④ 王钢:《德国刑法诈骗罪的客观构成要件——以德国司法判例为中心》,载《政治与法律》2014年第10期。

窃罪的构成要件。

其次，占有的迟缓并不属于财产处分。占有的迟缓是指处分人没有处分自己对财产的占有，仅仅是对财产的占有事实不够紧密。有研究者提出，在网络发展迅速的当下，在以财产性利益为诈骗对象时，对占有的迟缓能否认定为处分行为提出了新的挑战。[①] 在我看来，时代的发展只是让财产占有的外在形式多样化，而并没有改变财产占有的实质结构。例如，在信息网络中，通过第三方支付或者第四方支付平台，将财物或者财产性利益（如钱款、游戏装备等）交付给中介平台保管，行为人通过不正当手段获取对该财物或财产性利益的占有，仍需要认定为盗窃罪而非诈骗罪。信息网络空间中占有的迟缓，仅仅是换了一个存在的空间，无论是狭义财物还是财产性利益，即使占有的迟缓会对财产的占有状态产生危险，在当下风险社会中，也不能因为风险程度的变化，动摇诈骗罪的处分行为的构造。如果在占有的迟缓情形下，行为人建立了占有，受害人并没有实施放弃占有的处分行为，则考虑构成盗窃罪的可能性。

2. 受骗人处分权限的有无是盗窃罪与诈骗罪的客观区别之一

处分占有行为要求受骗人拥有处分权限。当受骗人（处分人）与受害人相分离，诈骗罪的解构会呈现出行为人、受骗人与受害人三方的分离状态，即“三角诈骗”。“三角诈骗”认定范围过宽或过窄都会导致罪责刑不相适应。如何对“三角诈骗”进行限定成为新的问题。

首先，受骗人是否具有处分权限，是区分“三角诈骗”与盗窃罪间接正犯的关键。张明楷教授列举了“保姆案”[②]来论证“三角诈骗”的成立。[③] 有学者就“保姆案”发表了相反的观点，认为在该案件中，保姆不存在处分权限，因而

---

① 参见姜涛：《网络型诈骗罪的拟制处分行为》，载《中外法学》2019 年第 3 期。

② 丙是乙的家庭保姆，乙不在家时，行为人甲前往乙家欺骗丙说：“乙让我来把他的西服拿到我们公司干洗，我是来取西服的。”丙信以为真，甲从丙手中得到西服后逃走。

③ 参见张明楷：《论三角诈骗》，载《法学研究》2004 年第 2 期。

行为人构成的是盗窃罪的间接正犯，而非“三角诈骗”。[①] 在我看来，如果受骗人本身不具有处分权限，那受骗人仅仅是行为人的工具人。例如，在“保姆案”中，如果保姆仅仅是被指定了特定事务，如“扫地煮饭”工作，那么交付主人衣物虽然有处分行为与处分意识，但不具有处分权限，亦只能认定行为人为盗窃。

其次，区分处分权限与交付义务。在“三角诈骗”中，受骗人如果具有交付义务，不当然存在处分权限。例如，行为人欺骗仓库管理员，说自己是货物物主委托前来提货的，此时仓库管理员对货物物主具有交付义务，但不意味着其存在处分权限，此时如果处分了占有，行为人对货物物主构成盗窃而非“三角诈骗”。

最后，坚持“权限说”立场，要考虑其他因素对受骗人处分地位的确证。张明楷教授指出，如果以“是否存在法律授权”作为唯一标准来认定“三角诈骗”中受骗人的处分权限，势必会缩小“三角诈骗”的成立范围，因而有必要考虑在事实上认定处分权限存在。[②] 车浩教授在这一思路基础上提出了“客观权限＋审核义务”的标准来认定处分权限。[③] 申言之，“权限说”是确定受骗人是否存在处分权限的第一标准，但是有时根据社会一般人的认识，某些没有“明确获得”所有者授权的受骗人，也可能存在社会一般人视角下的处分权限。例如仅是被雇用来做饭的保姆，劳务合同中仅授权其买菜做饭，但当雇主逐渐将家庭内部其他事务交由其处理时，不能盲目地以“没有明确授权”否认其处分权限。换言之，处分授权需要通过其他标准（如主观说、阵营说、预设同意说等）进行印证。

（五）诈骗罪中处分人的“处分意识”

在德国，盗窃罪的行为客体并不包含财产性利益，为了避免处罚漏洞，

---

① 参见秦雪娜：《三角诈骗限定之提倡》，载《中国刑事法杂志》2012 年第 9 期。

② 参见张明楷：《论三角诈骗》，载《法学研究》2004 年第 2 期。

③ 参见车浩：《盗窃罪中的被害人同意》，载《法学研究》2012 年第 2 期。

“处分意识不要说”成为刑法通说。[①] 我国刑法对盗窃罪与诈骗罪的规定并未限定行为对象,因此对处分意识的研究应当结合我国语境展开。

1. 处分意识的必要性

我国学者大多认为处分行为中的处分意识是区分盗窃罪与诈骗罪的关键。[②] 但是,在处分人为未成年人的犯罪中出现了争议。

如果推定未成年人不具有自由意志,排除其具有责任能力,[③]那么因而需要在该类案例中考虑行为人是否构成间接正犯。首先,如果认为被骗人不需要处分意识,则该案件毫无疑问可以构成诈骗罪;但是,诈骗罪作为自我侵害型犯罪,[④]认为不需要被害人的处分意识,无法达成不法逻辑上的证成。其次,被骗人的处分行为必然是在意识支配下进行的,坚持“处分意识不要说”,则会出现部分应为盗窃罪却被认定为诈骗罪的情况。例如,“甲经常出入超市,发现购物者付款后,总是丢弃发票或收据。某日,甲在超市捡起妇女乙的购物收据,要求乙把所购之物交还,乙怒斥,与甲争吵。超市召警,警察无法分辨真相,要求乙交出所购物品给甲,因为甲有购物凭证。事后有人指出,甲曾在其他超市,使用同一手段,多次不法获得财物”。[⑤] 如果认为不需要处分意识,会出现无法区分盗窃罪还是诈骗罪的困难。并且,“被骗人基于错误认识进行财产处分”是主客观统一的构成要件,在这一阶段中剥离处分占有的意识过于机械且缺乏逻辑性。[⑥]

---

① 参见柏浪涛:《论诈骗罪中的“处分意识”》,载《东方法学》2017 年第 2 期。

② 参见周光权:《刑法各论》(第 4 版),中国人民大学出版社 2021 年版,第 143 ~ 144 页;高铭暄、马克昌主编:《刑法学》(第 10 版),北京大学出版社、高等教育出版社 2022 年版,第 509 ~ 511 页。

③ 参见劳东燕:《公共政策与风险社会的刑法》,载《中国社会科学》2007 年第 3 期。

④ 参见周光权:《刑法各论》(第 4 版),中国人民大学出版社 2021 年版,第 143 ~ 144 页。

⑤ 王立志:《认定诈骗罪必需“处分意识”——以“不知情交付”类型的欺诈性取财案件为例》,载《政法论坛》2015 年第 1 期。

⑥ 参见柏浪涛:《论诈骗罪中的“处分意识”》,载《东方法学》2017 年第 2 期。

2. 处分意识的内容

以对行为客体的认识程度不同，“处分意识必要说”内部又存在“严格的处分意识必要说”与“缓和的处分意识必要说”。[①] 前者要求被害人对将某种特定财物转移给对方存在认识；[②]后者认为被害人只要认识到占有的转移就属于存在处分行为中的处分意识，而不要求被害人对自己财物的具体内容、价值存在认识。

在我看来，如果对处分意识的内容提出过多的要求，可能会导致诈骗罪的成立过于严格。因此，我支持“缓和的处分意识必要说”。

第一，仅要求被害人认识到自己概括地占有与处分。成立诈骗罪不要求被害人对财产的真实价格、数量有具体的认识，[③]而被害人对自己处分物的种类是否需要存在认识成为我国的争议焦点。在我看来，被害人仅需要对财物的占有、处分达到缓和的处分意识即可。例如，行为人将可口可乐中的可乐换成百事可乐结账，收银员对瓶中实际上是可口可乐还是百事可乐的具体认识并不重要，只要收银员认识到处分了这瓶可乐，就可以认定行为人构成诈骗而非盗窃。

第二，被害人的处分意识既可以是明示的处分意识，也应该包含默示的、推定的处分意识。处分的行为可以是积极的交付，亦可以是默示不反对。[④]例如，在行为人自己来搬运财物时，并不需要被害人进行积极的行为才能认定处分，此时被害人的“不反对”行为也可以被认定为默示的处分。

第三，被害人的处分意识中应当包含了对转移财产的经济性认识，即要求

---

① 参见周光权：《刑法各论》(第4版)，中国人民大学出版社2021年版，第143～144页。

② 参见[日]西田典之著，[日]桥爪隆补订：《日本刑法各论》(第7版)，王昭武、刘明祥译，法律出版社2020年版，第231页。

③ 参见张明楷：《刑法学(下)》(第6版)，法律出版社2021年版，第1308页；徐光华：《刑法解释视域下的“自愿处分”——以常见疑难盗窃与诈骗案件的区分为视角》，载《政治与法律》2010年第8期。

④ 参见王钢：《德国刑法诈骗罪的客观构成要件——以德国司法判例为中心》，载《政治与法律》2014年第10期。

处分人在处分时具有交换目的。例如,将价值 50 欧元的羊毛裤谎称价值 100 欧元,但仍然以 50 欧元出售,德国判例认为该行为不构成诈骗罪;[①]而如果将价值 50 欧元的棉裤谎称为价值 100 欧元的羊毛裤,以 50 欧元出售,此时德国判例则会认为虽然被害人获得了价值相当的债权,但其交易目的没有实现,仍构成诈骗罪。但处分意识中的特定目的只限于交易目的,否则诈骗罪将从保护财产的犯罪转化为单纯保护被害人财产处分自由的犯罪。[②] 而除交易目的外的特定目的,只应评价为动机错误,不应评价为诈骗犯罪中的财产损失。[③]

第四,被害人要自愿地进行了财物占有的移转。[④] 被害人处分行为的自愿性是区分诈骗罪与间接正犯类型的盗窃罪的关键标准。在欺骗行为完全剥夺了被害人的意志时,被害人就成为了行为人的工具,只有在行为人的欺骗行为仍给被害人留下了处分自由的前提下,被害人此时基于自愿处分自己的财产占有,才能够将后续结果归责于诈骗人;如果欺骗行为使被害人陷入错误极深,则不存在“自愿性”存在的空间,行为人只能构成“间接正犯”的盗窃罪;如果欺骗行为压根没有骗到处分人,或者说处分人没有在陷入欺骗行为所导致的错误下“自愿”处分占有,该情形下不能将财产损失后果归责于诈骗人,至于是否构成诈骗罪以外的其他犯罪,仍需具体案件具体讨论。

第五,采取“缓和的处分意识必要说”可以使对相关财产犯罪的认识错误问题的处理更加方便。所谓缓和的处分意识,概括来说,只要求处分人对财物具有概括的认识,无须与处分人的责任能力相关联。由此,在行为人认识错误场合,如行为人误以为被害人具有处分意识,进而拿走其财物的情形中,如果坚持“严格的处分意识必要说”,那么该种情况可能会陷入客观上不构成诈骗、主观上仅有诈骗故意的主客观不统一的矛盾。但是采取“缓和的处分意识必要说”,只需要认定处分人对处分行为具有社会规范意义上的意识,即可

---

① 参见王钢:《德国判例刑法(分则)》,北京大学出版社 2016 年版,第 223 页。

② 参见王钢:《德国判例刑法(分则)》,北京大学出版社 2016 年版,第 225 页。

③ 参见王钢:《德国判例刑法(分则)》,北京大学出版社 2016 年版,第 225 页。

④ 参见王钢:《德国判例刑法(分则)》,北京大学出版社 2016 年版,第 204 页。

认定客观诈骗行为的成立,进而可以在主客观相一致的范围内认定诈骗罪。

二、课堂交流

同　学:请问在公共机关扣押财物的情形中,你觉得“本权说”能否解决该类问题?

报告人:我认为如果在此处坚持“本权说”的观点,可能会导致对“占有事实”保护得不充分。例如,在占有与所有权相分离的场合,坚持“本权说”无法充分保障有权占有人的利益。

同　学:怎么理解你所说的从“欺骗行为”来区分诈骗与盗窃,怎么理解欺骗行为中蕴含了使他人陷入认识错误进而处分财产的危险?最后不是还得从“财产处分”这一点来区分吗?

报告人:我想表达的是,从判决书类案检索来看,欺骗行为内含了使受害人陷入认识错误进而处分财产的危险,而盗窃行为本身不蕴含这一危险。我的意思不是说不需要“财产处分”来区分诈骗和盗窃,而是提供了另一个先行辅助的视角进行判断,如果一个行为根本谈不上是欺骗,那就没有进一步考虑是否构成诈骗的需要了。如果行为人实施了某一行为(可能是欺骗行为),但受害人还没有做出任何行动就被抓获了,那这个时候就无法通过“处分行为”来区分是诈骗未遂还是盗窃未遂了。

同　学:导演“潜规则”演员,但并非像许诺时说的一样给“女一号”,你认为此时能否阻却认识错误?

报告人:不能。

同　学:能解释一下你在“认识错误”部分所提到的“具体的人”的观点吗?

报告人:以“欺骗机器背后的人”为例,欺骗了机器背后的哪个人,这个人不能是泛泛地说,这种对受害者的理解是抽象的,我们需要去具体地认定哪个人受到了欺骗。

同　学：在当下实务中，有大规模的诈骗，当行为人落网后，无法准确地确定具体有哪些受害人，行为人可能也无法确定自己诈骗了具体的“哪个人”，那怎么办呢？

报告人：行为人只是没有认识到受害人的具体的身份信息，只要行为人知道自己在欺骗某个现实存在的人就可以。

同　学：那为什么欺骗机器背后的人，需要找到机器背后那个具体客观的人是谁呢？只要你所说的抽象的人是一个存在的人就可以了。

报告人：在具体情形中，欺骗机器背后的人欺骗了谁呢？欺骗的是柜员还是程序设定人，抑或是银行的哪位管理者呢？这个没法具体到某个人身上，就是抽象地在讨论这个人。

同　学：那受害人就是银行啊。

报告人：受害人是银行不代表受骗人也是银行啊。

张老师：你得确定下具体的受骗人，不能用“反正有人受骗了”来模糊这个问题。这个人你得找出来，他是要到法庭作证的。

报告人：咱们宿舍楼最近有个洗澡的读卡机坏了，不需要插卡就可以自动出热水，按你这么说，我不插卡洗澡，欺骗了机器背后哪个人呢？

同　学：能不能说机器背后有个权利主体呢？

报告人：有权利主体，但权利主体和受骗人不能等同，不然会扩大诈骗罪的打击范围。

张老师：权利主体只是受害人，受害人不要求是受骗人。

同　学：能否认为受害人在事前预设了同意？

报告人：这种预设的同意属于一种预先设定的程序，如果说我黑掉这些程序都能被认为是程序设定者受到了我的欺骗，那么只要有人去破解计算机程序，是不是都需要去认定程序设定者受到了欺骗？这样的话，诈骗罪的射程就太宽了。

同　学：你把别人设定的底层逻辑打破了，更符合盗窃罪的特征了。

报告人：即使不是程序，就算把机器换成人，在某个预设的流程中，经手人只需要形式上查验材料是否交齐，不需要实质审查材料内容，此时行为人实施欺骗，也不能绝对地说，经手人受到了欺骗，陷入了认识错误。

同 学：你提到的“认识错误”中，法律拟制的逻辑是不是有些怪怪的？

报告人：因为只能做逻辑上不太通畅的理解，所以才叫“拟制”啊。

同 学：我对你所说的“诈骗罪由于被规定在了财产犯罪一章，所以不保护意志自由这一法益”产生了疑问。抢劫罪也是被规定在了财产犯罪一章，但是也是保护人身法益的呀。

报告人：不是说完全排除意志自由，但也不是完全保护意志自由，只是保护了与经济利益相关的交易的意志自由。就像我举的例子，“将价值50欧元的棉裤声称价值100欧元，但是现在便宜卖给你，只卖50欧元”与“将价值50欧元的棉裤声称是羊毛裤出售”，后者才属于交易的意志自由受到了侵犯，属于诈骗罪的保护范围。

同 学：所以你想表达的是，诈骗罪的不法本质是被害人的财产处分自由？

报告人：对，但也不是说所有的交易目的自由都属于保护范围，否则诈骗罪可能会成为一种保护意志自由的犯罪。

同 学：你举的一个例子是，“甲经常出入超市，发现购物者付款后，总是丢弃发票或收据。某日，甲在超市捡起妇女乙的购物收据，要求乙把所购之物交还，乙怒斥，与甲争吵。超市召警，警察无法分辨真相，要求乙交出所购物品给甲，因为甲有购物凭证。事后有人指出，甲曾在其他超市，使用同一手段，多次不法获得财物”。这个案例认定的是盗窃罪的间接正犯，那么，这种情形和民事诉讼诈骗有什么区别吗？

报告人：民事诉讼中法官存在自由心证空间，即使双方希望通过民事虚假诉讼得到有效判决的背书，那法官在认识到这一点后，仍可以自由作出判决，所以该情形可以构成诉讼诈骗。在这一案例中，还是有值得进一步商榷构成诈骗罪的空间的。

同 学：那受害人如果因为警察的存在，基于恐惧交付财物，是否存在敲诈勒索罪的成立空间呢？我还是觉得你过于从被害人的角度尝试区分这两个罪,所以具有较大的模糊性。

张老师:这好像是德国电视台上播出的一个案件,10 年前我给法律硕士上课的时候,他们都一致认为属于诈骗罪。但是在德国的理论上,这种行为一般不会被认定为诈骗罪,因为德国的警察没有这个权限。如果采取“阵营说”,也难以判断警察属于哪个阵营。而且,民众为什么要怕警察呢?从比较法角度来看,德国、日本都没有害怕警察的说法。10 年前给法律硕士讲课的时候,他们也认为警察怎么会没有处分权限呢?警察就是有处分私人财物的权限的。从另一方面来看,对这种情形认定盗窃还是诈骗,反映了一个国家的法治水平、法治现状。

同　学:你对区分盗窃和诈骗大多是从被害人角度来分析的,你能全面总结一下你的观点吗?

报告人:首先是实行行为,然后是被害人认识错误,接着是处分行为和处分权限,其中包含的处分意识,只需要处分人认识到自己在转移占有即可,大致是这样。

同　学:王钢老师认为,一般是把处分行为和处分意识作为区分二罪的要点,因为被害人产生的认识错误可能是盗窃罪的认识错误,也可能是占有的迟缓。如果把认识错误和处分意识同时当作区分盗窃和诈骗的标准,会不会不太完善?

报告人:为什么盗窃罪里会有认识错误?

同　学:比如,我用你的手机打个电话,然后拿手机跑了,你有了认识错误。

报告人:我没有处分手机占有啊。

同　学:你有认识错误,但没有处分意识。也就是说,你站在边上,没有想处分占有,但行为人偷偷溜走了。所以,不能同时将认识错误和处分意识作为区分标准。认识错误这个标准可能需要有更加严格的界定,才能表征诈骗罪的不法。那你认为认识错误和处分行为,与诈骗罪的不法的本质有没有关系?

报告人:我认为还是从因果流程上来看待这个问题,如果没有陷入认识错误,可以直接否定诈骗罪的成立可能了。

同　学：关于机器不能被骗的问题，网络上一些平台的处分行为是存在的，它们只是没有认识错误。有处分行为就阻却了盗窃罪的构成，但此时又没有认识错误，无法成立诈骗罪，你认为怎么协调这个问题呢？

报告人：平台的处分行为和上文中提到的处分行为不是一个意思，平台的处分行为本质上是一种预设的流程的运行，比如在某些购物平台上退款，只需要按流程走完前置流程后，之后的流程都是按照预设的逻辑在运行，这不能被认为是一种财产上的处分行为。这种情况还是处于盗窃罪处理的范围内。

同　学：那你的意思是机器导致了财产的变动，但这既不是处分行为，也不包含处分意识。我大概理解了。从处分权限这一点也可以区分盗窃与“三角诈骗”，因为有部分人认为诈骗属于盗窃的特殊类型。同时，也有人认为盗窃和诈骗属于法条竞合关系，当出现不知道定诈骗还是盗窃的时候，可以定盗窃罪。

张老师：法条竞合？怎么可能是法条竞合呢？

三、张明楷评述

我对诈骗罪和盗窃罪的关系说几点想法吧。

第一，关于“个别财产说”与“整体财产说”之争。

这一点在德国理论界没什么争议，盗窃罪是对个别财产的犯罪，诈骗罪是对整体财产的犯罪。这个问题在日本理论界有一些争议，有人认为诈骗罪是对整体财产的犯罪，有人认为诈骗罪是对个别财产的犯罪。诈骗罪究竟是对整体财产的犯罪还是对个别财产的犯罪，不是从保护法益的角度来说，而是从财产损失的角度来说，日本的通说是“实质的个别财产损失说”。但是，德国判例对整体财产犯罪的认定与日本理论所说的“实质的个别财产损失”的观点基本没什么区别。比如，我在《诈骗犯罪论》那本书中所提到的例子，德国一个老人只吃德国生产的奶酪,不吃西班牙生产的奶酪,西班牙生产的奶酪实际上在德国卖得还贵一些,店主就把西班牙生产的奶酪冒充德国生产的奶酪,但是还是按德国奶酪的价格卖给了老人,老人回去吃了后感觉不对,就去告了店主,法院判决店主的行为构成诈骗罪。从这一点来看,法院考虑的是被害人的交易目的实现与否。交易目的没有实现,在某种意义上,也可谓存在实质的个别财产损失。又如,德国在认定整体财产损失的时候,特别注重被害人是否陷入某种纠纷、诉讼。如果行为人将盗窃所得的赃物冒充为自己合法所有的财物,出卖给第三者,会认定行为人对第三者构成诈骗罪。因为德国对盗窃的赃物不承认善意取得,第三者购买赃物之后就会陷入诉讼,即使经过诉讼后第三者胜诉了,也会认定有整体财产损失。这在日本也会被认定为有实质的个别财产损失。所以,就相同的构成诈骗罪的案件来说,主张诈骗罪是对整体财产犯罪的学者会认为有整体财产损失,而主张个别财产说的学者会认为没有整体财产损失但有实质的个别财产损失。

山口厚老师认为,日本刑法典没有规定诈骗罪要造成财产损失,所以日本不可能采取“整体财产说”,只能采取“个别财产说”。也就是说,欺骗行为使受骗人交付了财产,就构成了诈骗罪,被害人交付了财产,就可以说有个别财产损失。我国刑法也没有规定诈骗罪要造成财产损失,所以对诈骗罪不能采取“整体财产说”,只能采取“个别财产说”。但由于诈骗行为一般发生在交易过程中,因此不能采取形式的“个别财产说”,不能认为凡是受骗人交付了财物的,都有个别财产损失,行为人的行为都成立诈骗罪。我还是主张“实质的个别财产损失说”,在交易目的已经实现的情形下,行为人的行为不能成立诈骗罪;如果交易目的没有实现,或者存在严重瑕疵,则行为人的行为会构成诈骗罪。

一些人认为,虽然被害人的交易目的没有实现,但只要被害人能够顺利或者容易地出卖对方交付的物品,出卖后没有财产损失,对方就不构成诈骗罪;如果出卖后还有财产损失,就按差额计算。我很不赞成这样的观点。比如,在前面说的德国老人购买德国奶酪的案件中,如果老人把西班牙奶酪卖了,可能还挣了钱,没有财产损失。但德国的判例并没有否认店主的行为构成诈骗罪。为什么要求被害人去出卖他所得到的财物?如果说被害人是做生意的,倒是有可能,但一般的被害人都不是做生意的,只是消费者,不能要求他们销售自己所购买的产品。再者,被害人怎么可能顺利、容易地出卖对方交付的财物?你今天购买的一部手机,你怎么可能容易地出卖给他人?如果按差额计算,许多案件就达不到数额较大的要求。

有人说我国司法实践采取的是"整体财产说",也有人说我国司法实践采取的是"个别财产说",持不同观点的人都可能找到相应的判例。但我见到的一些判例明显采取了"个别财产说"。比如,有的人冒充宣传部的工作人员向企业推销价格较贵的工具书,企业原本是不需要购买的,但因为对方声称是宣传部的才购买,法院一般认定这种行为构成诈骗罪。当然,中国这么大,各地法院对类似案件判决不可能完全一样。所以,你们见到一些判决时,还是要善于分析判决结论与判决理由的妥当性,不要一看到某个判决支持了自己的观点,就认为自己的观点是妥当的。

不能采取所谓修正的"整体财产说",也就是说,不能主张在通常情形下采取"整体财产说",而在某些特殊情形下采取"个别财产说"。为什么不可以呢?因为如果你采取了"整体财产说",就意味着造成整体财产损失是构成要件要素;既然是构成要件要素,就意味着在每个案件中都只有具备这个要素才能构成诈骗既遂。如果你说在某些情形下采取"个别财产说",就意味着在某些情形下又不需要具备这个构成要件要素,这当然不行。简单地说,修正的"整体财产说",意味着造成整体财产损失是诈骗罪的构成要件要素,但在某些情形下,可以不具备这一要素,这不符合罪刑法定原则。

需要承认的是,我国刑法分则第三章规定的一些经济犯罪,其实是对整体财产的犯罪。例如,《刑法》第 169 条第 1 款前段规定,"国有公司、企业或者其上级主管部门直接负责的主管人员,徇私舞弊,将国有资产低价折股或者低价出售,致使国家利益遭受重大损失的,处三年以下有期徒刑或者拘役"。这里所说的重大损失,就是整体财产损失。如果相关人员出售了国有资产,但最终没有使国有公司、企业的整体财产减少,相反是增加了,就不能说行为人低价出售了。当然,这里面存在一些比较复杂的判断问题。

如果说诈骗罪与盗窃罪都是对个别财产的犯罪,那么,二者在损失这一方面就没有区别了吗?我感觉还是有区别的。因为诈骗罪一般发生在交易过程中,在多数情形下需要判断交易目的是否实现,但盗窃罪则并非如此,不需要判断交易目的是否实现的问题。

第二,诈骗罪与盗窃罪的对象有无区别。

大家都知道,在德国、日本,盗窃罪的对象只限于有体物,而且诈骗罪的对象是财产,包括财物与财产性利益。这是德国、日本的刑法明文规定的,德国刑法在规定盗窃罪时,将行为对象表述为可移动的物品;在规定诈骗罪时,则将行为对象表述为财产。日本刑法在规定盗窃罪时,将行为对象表述为"物";在规定诈骗罪时,第一项规定的是对"物"的诈骗,第二项规定的是对财产性利益的诈骗。我看了不少国内文献,发现很多人是按德国、日本的规定来确定我国的诈骗罪与盗窃罪的对象的。这很不合适。因为我国刑法对盗窃罪与诈骗罪的行为对象都是使用"财物"这一概念,难以认为盗窃罪中的财物仅指有体物,而诈骗罪中的财物则是指所有财产。同一个概念为什么会在同一章的条文中存在区别,这是需要说明理由的,不能因为德国、日本刑法是这么规定的,就说我国刑法也应当是这样的。所以,在我国,应当承认刑法分则第五章中的财物都包括狭义的有体物与财产性利益,或者说,要将刑法分则第五章中的财物理解为财产。

不过,要承认的是,即使认为诈骗罪与盗窃罪的行为对象都是财产,也不意味着现实中的具体案件中的对象完全相同。这是因为,什么样的财产能成为诈骗罪与盗窃罪的对象,还要受到构成要件行为的制约。比如,诈骗不动产是常见的犯罪,但盗窃不动产无比罕见。又如,一种观点认为劳务本身是财产,或者说是财产性利益。但是,行为人不可能盗窃一个人的劳务,只是欺骗他人为自己提供劳务。再如,诈骗财产性利益的案件较多,盗窃财产性利益的案件相对少一些。但这不是从构成要件上讲的区别,而是从现实案件中讲的区别。二者不能混淆,如果将现实案件中的区别说成构成要件的区别,就属于事实强加于规范,会出现许多问题。

第三,欺骗行为的含义与机能。

诈骗罪的构成要件行为是欺骗行为,盗窃罪的构成要件行为是窃取行为,窃取行为是违反被害人意志将他人占有的财物转移给自己或第三者占有的行为。按理说,两罪的行为是很容易区别的,实践中为什么出现难以区分的情形呢?

一方面,诈骗罪中的欺骗行为究竟是什么样的欺骗行为,需要依赖后面的一些要素来解释和说明。为什么后面要有受骗人产生认识错误,基于认识错误处分财产等要素呢?其实就是限制欺骗行为的范围,或者说要揭示欺骗行为的实质。比如,谎称天上有不明飞行物让被害人看,被害人看天上时,行为人趁机拿走了被害人的财物。为什么谎称天上有不明飞行物不是诈骗罪的欺骗行为呢?因为这个行为不会让被害人将自己的财物交付给行为人。所以,我们说,诈骗罪的欺骗行为是使被害人产生处分财产的认识错误的行为。另一方面,现实中有些盗窃行为得以实施,是因为行为人先前实施了某种欺骗行为。比如,上例中就是行为人撒谎才使被害人的视线脱离自己的财物,从而行为人能够窃取财物。但我们都不会认为行为人撒谎是诈骗罪的欺骗行为。可是,在司法实践中,常常将这种行为作为诈骗罪中的欺骗行为来讨论,于是出现盗骗交织的说法。严格地说,在上例中,只有盗窃行为,没有欺骗行为,当然就不可能有盗骗交织。

所以,如果要区分诈骗罪与盗窃罪,首先要知道诈骗罪中的欺骗行为不是任何撒谎行为,而是能够使他人产生处分财产的认识错误的行为。比如,将树根当作名贵药材出卖给他人,他人信以为真而交付对价,这就是诈骗罪中的欺骗行为。但是,将树根当作名贵药材送给国家工作人员,就不是诈骗罪中的欺骗行为。

对诈骗罪中的欺骗行为作上述限定,既有利于与盗窃罪相区别,也有利于与不构成诈骗罪的行为相区别。例如,所谓的“套路嫖”是否构成诈骗罪,就要判断行为是不是欺骗行为。真实案例是,2017 年,于某、黄某等人注册成立了一家美容有限公司,并开设御府男士 SPA 馆。自 2017 年 11 月 20 日起,于某等人以能够提供色情服务为诱饵,采取打电话等方式对外宣传。在与客户交流时,营销人员暗示客户,让客户误认为有色情服务。客户到店后,由店管家与营销人员、技师相互配合,进行言语与举止误导,暗示店内有色情服务,引诱客户充值办卡。客户交纳费用后,由技师给客户提供普通按摩服务。当客户意识到被骗时,由店长罗某等人出面安抚,不让客户退款。一审法院认为,御府男士 SPA 馆根本不是以提供合格、高质量服务获取报酬的正常经营,而是以色情为诱饵的"套路嫖"行为,构成诈骗罪。这个案件不涉及诈骗罪与盗窃罪的区别,只是行为是否构成诈骗罪的问题,而认定行为是否构成诈骗罪,则需要判断有无欺骗行为。上述行为人的行为使顾客误以为有特殊服务才充值办卡,充值办卡是一种处分行为,顾客之所以处分是因为产生了认识错误,虽然顾客的交易目的不正当,但不能否认行为人的行为构成诈骗罪。

日本的判例强调诈骗罪中的欺骗行为是对"重要事项""交易基础信息"的欺骗,这样的说法主要不是为了区分诈骗罪与盗窃罪,而是为了区分诈骗罪与非罪。也就是说,如果是就细枝末节的事项撒谎,就不一定属于诈骗罪的欺骗行为。

报告人说,诈骗罪中的欺骗行为可以是作为,也可以是不作为,但盗窃罪是直接破坏型犯罪,不作为与盗窃的破坏占有特征冲突,因此盗窃罪的直接正犯难以通过不作为构成。但我认为,这样的表述可能存在疑问。一般情形下,盗窃都是通过作为实现的,但也不绝对。例如,母亲带着 6 岁的小孩在餐厅吃饭时,小孩看到旁边桌上有一部手机,就主动去盗窃。母亲明知小孩要盗窃手机,却不予制止,小孩窃取了手机,母亲成立不作为的盗窃罪。母亲不是间接正犯,而是不作为犯,也是直接正犯。所以,不要轻易说某个犯罪只能是作为犯。

报告人强调,无欺骗行为是区分诈骗罪与盗窃罪的第一步,这一点当然是成立的。尤其是在诈骗未遂的场合,如果对方没有产生认识错误,就只能从行为人是否实施了欺骗行为的角度进行区分。但区分时一定要注意，只有能够使人产生处分财产的认识错误的欺骗行为，才是诈骗罪中的欺骗行为。刑法理论通常说受骗人是否基于认识错误处分财产，是区分诈骗罪与盗窃罪的关键，这是侧重于从既遂犯的角度来说的。

总之，欺骗行为有特定的含义，只限于使他人产生处分财产的认识错误的欺骗行为，这个欺骗行为本身就能起到与盗窃行为相区别的作用。

第四，从"处分意识"看盗窃罪与诈骗罪的关系。

前面讲过，欺骗行为后面所要求的受骗人产生认识错误，基于认识错误处分财产，都是进一步说明欺骗行为的实质内容的。成立诈骗罪，要求受骗人处分财产，如果受骗人没有处分财产而行为人得到了财产，就表明行为人得到的财产不是基于受骗人的处分行为，这就不能认定为诈骗罪，大概率是成立盗窃罪。即使前面的行为是诈骗罪的欺骗行为，前面的行为只是成立诈骗未遂，后面取得财产的行为就会是盗窃行为。例如，行为人拿着一个苹果模型手机对被害人说，我手上的手机是最新款苹果手机，愿意换你的三星手机。被害人根本没有受骗，而且明确表示不同意。在这种情形下，行为人如若得到了被害人的三星手机，就表明行为人是盗窃了手机。反之，如果被害人同意换手机，将三星手机交给行为人，则被害人的处分行为使行为人取得了财物，行为人的行为构成诈骗罪。由此可见，成立诈骗罪的既遂犯，要求受骗人基于认识错误处分财产，即必须有处分行为。这一点没有疑问。

争议的问题在于，受骗人是否必须有处分意识。如果需要，处分意识的内容是什么，这才是关键问题。

报告人说，德国的通说采取处分意识不要说。其实，严格地说，德国的通说是，就行为对象是有体物而言，需要受骗人有处分意识，但就行为对象是财产性利益而言，不需要受骗人有处分意识。这是为了防止处罚漏洞而形成的结论。因为如果对于财产性利益也要求处分意识，那么，在被害人没有处分意识时，就属于窃取财产性利益，但德国的盗窃罪对象仅限于可移动的物品，不包括财产性利益。德国为什么增设了利用计算机诈骗罪呢？这也是因为盗窃财产性利益的行为不构成盗窃罪。利用计算机诈骗罪的构成要件行为中,并没有欺骗行为,也就是说,利用计算机诈骗罪实际上是窃取财产性利益。但是,增设这个罪只解决了部分问题,而没有解决全部问题。也就是说,当行为人不是利用计算机却骗取了财产性利益时,需要处分意识就会导致受骗人没有处分意识的案件不成立任何犯罪。于是,德国的通说认为,诈骗财产性利益时不需要被害人有处分意识,这样也与利用计算机诈骗相协调。

日本对处分意识的争议很大。西田典之教授就主张处分意识不要说。一个基本的理由是,行为人的欺骗行为导致受骗人知道自己将财产给他人了是诈骗,行为人的欺骗行为导致受骗人连将财物交付给他人了都不知道,更是诈骗。这是很有道理的。持反对观点的山口厚教授则反驳说,如果不需要处分意识,就根本无法判断受骗人是否实施了处分行为,因为处分行为不限于作为,而是包括不作为与容忍。但这一反驳也并非完全成立。例如,丙的石头放在乙的庭院里,某日,甲谎称自己是丙派去搬运石头的工人,让乙同意自己将石头运走,乙没有吭声,甲将石头运走。不管乙的内心是怎么想的,都能认定他实施了处分行为,否则他就会拒绝丙运走石头。所以,处分意识不要说还是有道理的。

主张处分意识必要说,在很大程度上是为了特意区分盗窃罪与诈骗罪,使二者成为互斥关系。这在德国与日本就会带来不少问题,尤其是会形成处罚漏洞。但在我国,由于盗窃罪与诈骗罪的对象都是广义的财物,因此要求受骗人具有处分意识不会形成处罚漏洞,只是就相关行为是认定为盗窃罪还是认定为诈骗罪的问题。处分意识必要说面临的最大问题是,行为人发生认识错误时,没有妥当的处理办法。这是我前面举例讲过的问题。

主张处分意识不要说,就会导致诈骗罪与盗窃罪不是对立的,因而就同一行为对象可能形成想象竞合,这样就不会形成处罚漏洞。但是,主张处分意识不要说,会导致许多行为同时构成盗窃罪与诈骗罪,在二者的法定刑相同时,不同的法院会选择按不同的罪名处罚。刚才有同学说,诈骗罪与盗窃罪可以是法条竞合关系,这个说法不成立。即使主张处分意识不要说,也只是承认诈骗罪与盗窃罪可以成立想象竞合。

主张处分意识不要说,并不会支持机器可以被骗的观点。这是因为,否认机器可以被骗,并不是主要基于机器没有处分意识,而是因为机器不会产生认识错误,但成立诈骗罪是要求受骗人产生认识错误的。为什么说机器不能产生认识错误呢?因为符合机器设定的,就能实现相应的结果;不符合机器设定的,就不可能实现相应的结果。这是事前设定的,不可以像人那样具有灵活性。德国与日本等国的刑法之所以增设利用计算机诈骗罪,最主要的原因也是机器不会因为受骗而产生认识错误。就自然人而言,虽然受骗时显现出自愿交付财物的样子,但事后知道真相就会后悔,但机器不可能是这样的。换言之,自然人会存在如果知道真相就不会交付财物的情形,但机器不存在如果知道真相就不会交付财物的问题。从我的阅读范围来看,没有见到其他国家的学者认为机器是可以被骗的。

报告人提到,司法解释规定,使用他人的信用卡在机器上取款的,要认定为冒用他人信用卡,从而认定为信用卡诈骗罪。报告人说,原则上将对人冒用信用卡,对方陷入认识错误时符合一般诈骗罪构成要件的行为认定为信用卡诈骗罪;司法解释将对机器冒用信用卡的行为认定为信用卡诈骗罪,报告人认为这一规定的性质是法律拟制,即为了方便实务人员办案,将原本应认定为盗窃罪的行为拟制为信用卡诈骗罪。我认为,报告人的这个说法有问题。法律拟制是只有法律才能做出的,不是司法解释可以做出的。因为法律拟制是将不同视为相同,如果司法解释将不同视为相同就是典型的类推解释了。

如果说要将使用他人信用卡在机器上取款的行为认定为信用卡诈骗罪是合理的、妥当的,可能有另外一个途径,即《刑法》第 196 条规定的信用卡诈骗罪不是诈骗罪的特别法条,而是各种利用信用卡实施的非法占有他人财物的犯罪,所以不管是利用自然人还是利用机器实施的犯罪,只要利用了各种信用卡,就构成信用卡诈骗罪。但我不赞成这个路径,因为《刑法》第 196 条使用了"诈骗"一词,刑法分则第三章第五节的标题也是"金融诈骗罪",没有理由说信用卡诈骗罪不是诈骗犯罪。也难以认为,金融诈骗罪中的"诈骗"、信用卡诈骗罪中的“诈骗”,与《刑法》第 266 条中的“诈骗”不是一个意思。

如果要求诈骗罪的成立必须以受骗人具有处分意识为前提,那么,处分意识的内容是应该严格一点还是宽泛一点?在日本、德国,肯定是要宽泛一点、缓和一点,因为当盗窃仅限于有体物,需要去弥补盗窃罪的漏洞时,如果处分意识太严格,就会导致很多行为无罪。例如,行为人在餐馆吃完饭后发现自己没有带钱就想溜走,于是在经过收银台时跟收银员说,我送了朋友后就回来付款,收银员信以为真。平野龙一教授认为,这种情形就是有处分意识。又如,山口厚老师举的例子,被害人桌子上的信封里装着一张 1 万日元的钞票,但被害人忘了信封里的钱,行为人欺骗被害人说“你把这个空信封给我吧”,被害人因为不知道里面有钱就同意了。山口厚老师就认为被害人有处分意识,因为被害人同意将信封给行为人,也就同意了将信封里的东西给行为人,即使不知道里面有钱,也是同意了将信封整体给行为人,所以具有处分意识。我国不存在因为处分意识严格就出现处罚漏洞较多的问题,所以我主张有一个确定的标准就可以,于是,我是按受骗人对交付财物是存在质的错误还是只有量的错误来判断有无处分意识的。关于上述两例,我觉得被害人都没有处分意识。

其实,在有些案件中,受骗人究竟有没有处分意识,也很难说。最为典型的是,有些被害人不知道自己享有债权,因而没有主张债权,但不知道自己享有债权和没有主张债权也是行为人的欺骗行为造成的。比如,行为人家里一直在用电,发现电用得多,于是在收电费的人来之前对电表做了手脚,显示自己一度电都没有用。收电费的人来了后,行为人就说刚从国外回来,一直没有用电,收电费的人就信以为真。如果说不需要处分意识,行为人的行为就是典型的诈骗,但如果说需要处分意识,就需要说明为什么本案中的受骗人具有处分意识。可以肯定的是,受骗人知道自己没有收电费,我觉得这一点就能说明受骗人没有收取电费的意识,这个意识就是放弃债权的意识,所以我认为还是有处分意识的。

第五,受骗人的处分权限。

这里主要涉及“三角诈骗”的问题,如果是二者间的诈骗,就不需要讨论这个问题。

我说的“保姆案”是作为“三角诈骗”来讨论的。有学者批判说,“三角诈骗”是一个伪概念,认为“保姆案”的主人并不是被害人,保姆才是被害人,因为主人可以找保姆索赔。但这样来否认“三角诈骗”显然不合适。其一,如果主人没有被害,为什么要找保姆索赔?如果说主人被害了,那是谁的不法行为造成的,当然是诈骗犯罪。其二,《刑法》第 167 条规定:“国有公司、企业、事业单位直接负责的主管人员,在签订、履行合同过程中,因严重不负责任被诈骗,致使国家利益遭受重大损失的,处三年以下有期徒刑或者拘役;致使国家利益遭受特别重大损失的,处三年以上七年以下有期徒刑。”《刑法》第 406 条规定:“国家机关工作人员在签订、履行合同过程中,因严重不负责任被诈骗,致使国家利益遭受重大损失的,处三年以下有期徒刑或者拘役;致使国家利益遭受特别重大损失的,处三年以上七年以下有期徒刑。”但按照否认“三角诈骗”学者的观点,这两个法条是彻底错误的,因为国有公司、企业、国家机关并没有被害,没有财产损失,被害人是相关工作人员,国有公司、企业、国家机关可以找他们个人赔偿。于是,行为人也可以这样辩解,国有单位没有被害,被害的是他本人,他赔偿国有单位的损失就可以了。能这样解释这两个法条吗?显然不能。反过来说,上述两个法条规定的就是典型的“三角诈骗”。

关于“三角诈骗”,德国的通说是“阵营说”,如果受骗人与被害人属于同一阵营,行为人的行为就构成诈骗罪;如果受骗人与行为人属于同一阵营,行为人的行为就构成盗窃罪。但我不赞成“阵营说”。“阵营说”不够明确,有时候不清楚谁是谁的阵营;不能说明诉讼诈骗,因为法官是中立的,不可能属于哪个阵营。日本的通说则是“权限说”,我也主张“权限说”。但这个处分权限不同于民法上的处分权限,要按社会一般观念来判断,受骗人属于哪个阵营,只是处分权限的一种判断资料,而不是一个根据、标准。

报告人提到,要区分处分权限与交付义务,认为在“三角诈骗”中,受骗人具有交付义务不当然存在处分权限。例如,行为人欺骗仓库管理员,谎称自己是受货物物主委托前来提货的,此时仓库管理员对货物物主具有交付义务,但不意味着其存在处分权限,此时如果处分了货物,行为人对货物物主构成盗窃而非“三角诈骗”。但我认为这个说法存在明显的问题,既然具有交付义务,就具有处分权限。上面提到过,“三角诈骗”中的处分权限是宽于民法上的处分权限的,既然受骗人在民法上具有交付义务,就相当于在民法上具有处分权限,行为人的行为就更能成立“三角诈骗”。

第九课

抢劫罪与敲诈勒索罪的区分*

一、学生报告

（一）困境：理论区分之难题

敲诈勒索罪和抢劫罪是财产犯罪中的重要罪名，因其手段行为的相似性，二者的区分在理论和实践中都存在争议。①

按照通说，敲诈勒索罪的基本构造为“恐吓行为→使相对方陷于恐惧心理→相对方基于恐惧心理而处分财产→取得财产→财产损失”。从构成要件的分析看：第一，手段行为是否要求“暴力、胁迫或者其他方法”还存在争论；第二，相对方是否一定产生恐惧心理还有疑问，有学者也提出精神强制的概念；②第

* 本课报告人为周冬青，清华大学2022级刑法学硕士。

① 类似的讨论较多，参见陈兴良：《敲诈勒索罪与抢劫罪之界分——兼对“两个当场”观点的质疑》，载《法学》2011年第2期；赵秉志、刘春阳：《论敲诈勒索罪与抢劫罪之界分——以当场实施暴力、当场取得财物为视角》，载《人民检察》2014年第11期；车浩：《抢劫罪与敲诈勒索罪之界分：基于被害人的处分自由》，载《中国法学》2017年第6期；蔡桂生：《敲诈勒索罪中“被害人处分必要说”之辨析》，载《政治与法律》2019年第3期；张梓弦：《抢劫罪与敲诈勒索罪的界分——以抢劫罪的构造为出发点》，载《法学评论》2021年第4期。

② 参见王琳、张伟珂：《从罪质到行为：敲诈勒索罪行为方式的再解释》，载《中国人民公安大学学报（社会科学版）》2016年第1期。关于此内容之后会详细讨论。

三,相对方基于恐惧心理的处分行为是否必要,仍然没有定论;[①]第四,具体的定量要件是“数额较大或多次”,特殊情形的数额调整可以见司法解释的规定,这一点相对争议较少。

对比而言,抢劫罪的基本构造为“手段行为→压制对方反抗→强取财物”。从构成要件的分析看:第一,根据刑法规定,抢劫罪要求手段行为是“暴力、胁迫或其他方法”,并且完全压迫被害人意志。正如张明楷教授对抢劫罪的“胁迫”方法所作出的解释:指以恶害相通告,使被害人产生恐惧心理因而不敢反抗的行为,这种胁迫也应达到足以压制对方反抗的程度。[②] 第二,根据通说,抢劫罪要求“两个当场”标准,即“当场使用暴力”而且“当场取财”。[③]从刑法理论的讨论现状来看,主要存在以下难题。

1. 行为构造之争

关于敲诈勒索罪,理论上有两种观点,一种观点从两罪都是欺骗行为使被害人有处分行为出发,认为敲诈勒索罪和诈骗罪的构造相同;另一种观点从暴力的手段行为出发,认为敲诈勒索罪与抢劫罪的构造相同。[④] 在我国,相关讨论主要分为两类:(1)如果不要求敲诈勒索罪以被害人处分作为必要要素,抢劫罪与敲诈勒索罪之间存在法条竞合关系。如果低程度的行为能够成立敲诈勒索罪,那么高程度的行为更能成立敲诈勒索罪,所以成立敲诈勒索罪只需要达到低程度即可,如果行为达到高程度,则另构成抢劫罪。[⑤] (2)如果要求敲诈勒索罪以被害人

---

① “恐吓行为仅使被害人产生恐惧心理是不够的,必须使被害人作出财物处分行为,使遭受了财产损害,否则这种行为就并非完整的敲诈勒索行为。”“被害人的处分行为,必须是基于行为人的威胁或要挟行为而使其产生恐惧心理,并基于此作出财物处分行为”,恐惧心理与财物处分行为之间具有的因果关系“仅存在于被害人的内心思考领域,是被害人经过内心思考后作出的财产处分行为的选择”。马克昌主编:《百罪通论》(下卷),北京大学出版社 2014 年版,第 875 页。

② 参见张明楷:《刑法学(下)》(第 6 版),法律出版社 2021 年版,第 972 页。

③ 参见马克昌主编:《百罪通论》(下卷),北京大学出版社 2014 年版,第 877 页。

④ 参见张明楷:《刑法学(下)》(第 6 版),法律出版社 2021 年版,第 1329 ~ 1330 页。

⑤ 参见张明楷:《犯罪之间的界限与竞合》,载《中国法学》2008 年第 4 期。

处分作为必要要素,那么抢劫罪与敲诈勒索罪之间是互斥的关系。[①]

2. 手段区别之争

区分抢劫罪和敲诈勒索罪的第二个难点在于,二者在手段上的区分是否为暴力和胁迫的程度。

在司法实践中,“事出有因”型的案件不存在争论的余地,即行为人和被害人之间存在恩怨、纠纷或经济往来等关系,被害人是相对特定的,行为人对被害人的家庭、个人情况有一定程度的了解,故才能抓住被害人的“把柄”进行要挟,这种情形都不会认定为抢劫罪。[②] 然而,在敲诈勒索罪的手段中,也有常见于抢劫罪的针对人身的暴力,只要它表达了索取财产的意思,故无法使用“有无采取针对人身的暴力”这一标准来区分抢劫罪和敲诈勒索罪。同样地,在抢劫罪中也有常见于敲诈勒索罪中的针对物的暴力和以暴力相威胁的胁迫手段行为,所以也无法以是否采用了胁迫手段来区分这两个罪。

3. 时空限定之争

(1)“两个当场”标准的具体内涵

“两个当场”是抢劫罪对于“当场使用暴力或者胁迫手段”(手段行为的当场性)和“当场取得财物”(目的行为的当场性)的要求,而敲诈勒索的行为不受此限。[③] 根据实务中的观点,“抢劫罪必须是行为人当着被害人的面发出威胁,而敲诈勒索罪则是可以当面,也可以不当面威胁;可以由自己发出,也可以由他人转达威胁……抢劫罪必须是当场夺取财物或使被害人交付财物,而敲诈勒索罪则可以是使被害人当场也可以是日后交付财物”。[④]

---

① 类似的,亦可参见车浩:《法益支配权与财产犯罪》,清华大学法学院2010年博士后出站报告,第156页、第163页;车浩:《抢劫罪与敲诈勒索罪之界分:基于被害人的处分自由》,载《中国法学》2017年第6期。

② 参见赵秉志、刘春阳:《论敲诈勒索罪与抢劫罪之界分——以当场实施暴力、当场取得财物为视角》,载《人民检察》2014年第11期。

③ 参见高铭暄主编:《刑法专论》(第2版),高等教育出版社2006年版,第697页。

④ “王某强等抢劫案”,最高人民法院中国应用法学研究所编:《人民法院案例选》(总第62辑),人民法院出版社2008年版,第55~56页。

“当场”的内容涵盖以下三个方面：“其一，抢劫罪必须是行为人当着被害人的面发出威胁；而敲诈勒索罪也可以不当面威胁。其二，抢劫罪必须是以当场实现威胁的内容相恐吓；敲诈勒索罪则可以当场实现或日后实现威胁内容相恐吓。其三，抢劫罪必须是当场夺取财物或使被害人交付财物；而敲诈勒索罪则可以是使被害人当场也可以是日后交付财物。”①

(2)理论界的观点

然而，“两个当场”的观点在理论界遭到反对。一方面，“两个当场”仅仅是一种形式上的特征，是对抢劫案件的事实性描述，没有与两罪的构成要件相结合；另一方面，“两个当场”并未对敲诈勒索行为进行界定，敲诈勒索罪也可以当场取得财物，其无法作为一个完整的界分标准。② 亦有学者指出，“两个当场”未自证其作为界分标准的法理依据。③

学界对于这一标准采取的策略是“宽松理解”。比如，张明楷教授提出，取财不必具有当场性，即便认定作为取财的要件，一些有延续性的行为，也是当场。亦即，对于“当场”不宜理解过窄。通告恶害的时间与所通告的实现恶害的时间之间比较短暂的，也应认定为当场；如果中间有间断，但是从社会一般观念判断，也属于当场。从构成要件看，通说的限定没有法律依据，可能也会在少数情形下压制被害人反抗。④ 假如行为人和被害人在一个空间内，即使说明天给钱，那么也足以压制被害人反抗；否则会导致对财产所有者、占有者的权利保护不力的局面出现。⑤

---

① 高铭暄、马克昌主编：《刑法学》(第9版)，北京大学出版社、高等教育出版社2019年版，第516页。

② 参见陈兴良：《敲诈勒索罪与抢劫罪之界分——兼对“两个当场”观点的质疑》，载《法学》2011年第2期；周光权：《刑法各论》(第4版)，中国人民大学出版社2021年版，第136页。

③ 参见车浩：《抢劫罪与敲诈勒索罪之界分：基于被害人的处分自由》，载《中国法学》2017年第6期。

④ 参见张明楷：《刑法学》(第6版)，法律出版社2021年版，第1271～1272页。类似的，还可参见张明楷：《犯罪之间的界限与竞合》，载《中国法学》2008年第4期。

⑤ 参见周光权：《刑法各论》(第4版)，中国人民大学出版社2021年版，第103页。

需要注意的是，在威胁之下取得的被害人承诺也可以视为约束被害人，但随着时代的发展进步，人们的想法已经不同于30年前了，在现实生活中，稍有头脑的人都会以“承诺”作为缓兵之计。可以看到，现在对“当场”的理解已经十分宽泛，如“指定期限将来交出财物”已经被列入“当场”的范围，而在指定期限的场合，当事人已经有报案机会了。

其他学者观点与前述学者相类似，都对这一条件提出若干限制，抢劫罪需以当场实施暴力相胁迫或其他侵犯人身的方法迫使被害人当场交出或夺走财物为前提，但对于暴力胁迫的程度仍要求“排除被害人反抗”；①另有学者指出，“两个当场”不是成立抢劫罪的充分条件，而是必要条件，即当场实施了足以压制他人反抗的暴力，或者准备当场兑现的足以压制他人反抗的暴力性胁迫，并且当场取得财物。②

(二)启发：实践做法之总结

1. 手段行为：更关注意思自由

对于手段行为的暴力程度，司法实践没有采取单一视角的标准来评判是否达到抢劫罪的入罪门槛。比如“铐手铐以要钱”“携带刀棍要钱”等行为，需要结合当时案发的具体情境、手段行为是否达到完全压制被害人反抗的程度来判断。

案例1③：被告人叶某1、彭某、叶某2、刘某合谋：以派出所查扣私油的名义截住车辆，私油车主一般不敢报警，所以可以借此勒索私油车主钱财。之后，被告人驾乘轿车到某公路路段，以派出所查车的名义截停驾驶货车途经该处的梁某，用手铐铐手、蒙头等手段，将梁某押上奥德赛轿车，声称知道被害人

① 参见梁晟源、李登杰：《论抢劫罪之方法行为与目的行为》，载《中国人民公安大学学报(社会科学版)》2008年第4期。

② 参见陈洪兵：《敲诈勒索罪与抢劫罪区分中“两个当场”的坚持——兼与陈兴良教授商榷》，载《江苏社会科学》2013年第3期。

③ 参见(2019)粤0111刑初2706号。

卖私油,可以用钱私了,若不私了便扭送派出所,被害人表示愿意私了。后至一偏僻处通过微信转账索取梁某人民币 19 999 元。法院认为,被告人的行为一定程度上限制了被害人的人身自由,但是整个犯罪过程未有其他足以让被害人产生不敢反抗或者不能反抗的暴力或者胁迫行为。对于犯罪数额的最终确定,被告人及被害人双方存在"协商"的过程,被害人给付财物的心理是基于对公权力的畏惧而不是基于自身生命、身体受到现实威胁的恐惧。因此各被告人成立敲诈勒索罪。

由此看到,各被告人虽然对被害人采取了铐手与蒙头等手段行为,但是并未借此压制被害人的反抗,而是与被害人展开"谈判",给予被害人"公了"或"私了"的选择自由。被害人仍然能够自己决定,是将财产处分给被告人以"私了",还是选择保持自己的财产,承受恶害的内容。倘若被害人愿意选择"公了",向派出所承认自己卖私油的违法行为,被告人也会同意他的选择,作为治安员的被告人也确实能够实现其选择。简言之,被告人给被害人限定的选项均是有效选项,且均不会对其人身法益造成重大损害,没有超出被害人的接受范围。因此,被告人的行为固然对被害人自我决定权中的意志要素有一定侵犯,但仍留给被害人一定的财产处分自由,尚未达到完全压制被害人反抗的程度,只能被认定为敲诈勒索行为而非抢劫行为。[①] 但是如果法院认定在当时的环境下,被害人已经完全丧失意思自由,则行为人构成抢劫罪,而非敲诈勒索罪。

在司法实践中,对于两罪的区分,除手段行为本身外,更关注手段行为之下被害人所剩的意思自由。比如,考虑到在当时的场景下,被害人能否采取报警求救等手段,来认定是否具备意思自由。[②] 退一步讲,即使有些是通过分析手段的暴力程度入手,但最终也会落实到被害人是否有考虑余地的层次上。又如,在类似案例中,法院认定被告人构成敲诈勒索的理由之一是,抢劫罪中

---

① 与之相类似,有秦某某等敲诈勒索案。参见卢方主编:《刑事案例精选》,上海人民出版社 2004 年版,第 239 页。

② 参见(2006)鲤刑初字第 386 号。

使用的威胁手段，是为了使被害人当场受到精神强制，使其丧失反抗意志，除将财产当场交付外，没有考虑和选择的余地；而敲诈勒索罪，被害人在决定是否交付财物上尚有可考虑和选择的余地。①

2. 时空限定：坚持“两个当场”

法院对当场实施暴力并当场取得财物的情形判定敲诈勒索罪的比例高于抢劫罪，其中使用轻微暴力的案件数量是使用严重暴力的案件数量的3倍还多。如果结合两罪被判决的比例来看，由于敲诈勒索罪在50个案例中占了82%的绝对多数，那么，“当场使用暴力”毋庸置疑可以成为敲诈勒索罪的手段之一。这表明是否当场取得财物不是影响敲诈勒索罪认定的因素。②

在我国的司法实践中，如果被告人实施暴力之后停留在被害人家中，被害人不得不外出借款以交付被告人，也被认定为抢劫罪。亦即，根据强制力是否延续来认定“当场”。③ 对“两个当场”的分析不能僵硬死板、局限于一个具体明确的标准，需要结合具体情境来认定。

案例2④：2009年5月17日10时许，被告人张某纠集房某并花钱另雇3名陌生男子至苏州市虎丘区狮山路迪欧咖啡店门口，由3名陌生男子强行将被害人姜某带至苏州市某南侧树林里，以推搡、语言威胁等手段，逼迫姜某写下退回赌资（未能证明真实存在赌债）人民币20万元的凭证，后又将其带至木渎镇天平村福湘阁饭店内对其实施拘押，直至被害人将人民币8万元汇入被告人张某的账户并写下12万元借条承诺月底前履行后才予以释放。法院

① 参见（2009）崇刑初字第28号。

② 参见赵秉志、刘春阳：《论敲诈勒索罪与抢劫罪之界分——以当场实施暴力、当场取得财物为视角》，载《人民检察》2014年第11期。

③ 比如著名的何某生抢劫案。参见中华人民共和国最高人民法院刑事审判第一庭、第二庭编：《刑事审判参考》（总第23辑），法律出版社2002年版，第28页。二审法院认为，“当场”不是一个纯粹的时空概念，而是一定物质内容的存在形式。只要暴力威胁造成了强制，且该强制一直持续，即使时间延续较长，空间也发生了一定的转换，同样可以认定符合“当场”的要求。从表面来看，是符合“当场取得财物”这一特征的，只不过存在中断而已。

④ 参见（2010）苏中刑终字第0106号。

认为,被告人以非法占有为目的,采用暴力、胁迫等手段,劫取公民私人财物,价值人民币8万元,数额巨大,其行为已构成抢劫罪。

从本案案情看,被告人张某等人将被害人先带至偏僻的树林进行威胁,后带至饭店的包厢进行拘押,尽管被告人及其同伙没有实施殴打等直接的暴力行为,但因被告人及其同伙的推搡、拘押行为形成了一种威胁强制,明显使被害人不敢反抗,处于极度紧迫的危险状态。被害人因此丧失了意思表示的自由,不能出去报警,也不能回家,除非交出财物才能获得自由,否则其人身将会受到重大侵害。此时,被告人主观上有非法占有的目的,客观上当场实施的威胁手段已达到抑制被害人反抗的程度,符合抢劫罪的构成要件。

相似案件要根据具体情境处理,比如在收取保护费类案中,一些流氓地痞等黑恶势力,以砸店、干扰生意、伤害等相威胁,向商家定期收取保护费。对于这类案件的定性,主要存在抢劫罪与敲诈勒索罪的分歧。① 对于这类案件,如果只是限期交出保护费,而不是上门使用暴力或暴力性威胁,要求当场交出保护费,否则马上砸毁店面,一般而言,应以敲诈勒索罪定罪处罚,若是后一种情形,则应以抢劫罪定罪处罚。②

由此可知,"两个当场"是经验层面的通说,大多数案件靠"两个当场"标准的形式特征就可以精确、快速地区分两罪,只有在少数案件中需要进行暴力程度的实质判断,这也使该标准在司法实践中易于操作。③ 从司法认定来说,不这样限定容易扩大抢劫罪的范围;并且敲诈勒索的法定刑并不低,以将来实施暴力威胁的,一般不认定为抢劫罪。也有少数例外,如甲在乙家安放炸弹,

---

① 参见郑丁足:《轻微暴力下抢劫罪与敲诈勒索罪的区分》,载《人民法院报》2012年2月23日,第7版。

② 参见陈洪兵:《敲诈勒索罪与抢劫罪区分中"两个当场"的坚持——兼与陈兴良教授商榷》,载《江苏社会科学》2013年第3期。

③ 参见李会彬:《抢劫罪与敲诈勒索罪的界分:"两个当场"实质内涵新探》,载《江西社会科学》2016年第12期。

威胁乙两天之内交付100万元,否则遥控爆炸的,应认定为抢劫罪。[①]

3. 特殊类型分析

(1)冒充警察抓赌案件

在冒充警察抓赌类案件中,存在三个争议点。①定抢劫罪还是招摇撞骗罪?实践中有案例,一审定抢劫罪,二审改判为招摇撞骗罪。[②] ②定抢劫罪还是敲诈勒索罪?实践中,关于此类案例定抢劫罪还是敲诈勒索罪存在分歧。[③] ③如果是抢劫,是否为冒充军警人员抢劫的加重情节?有法院以不能重复评价否定冒充军警人员抢劫。[④] 但是实践中,存在不少以冒充军警人员定罪的情况。[⑤]

对这类案件的指导意见,主要是2005年6月8日发布的《最高人民法院关于审理抢劫、抢夺刑事案件适用法律若干问题的意见》第9条的规定。亦即,冒充警察抓赌、抓嫖的,定招摇撞骗罪;冒充治安联防队员抓赌、抓嫖的,定敲诈勒索罪;在实施上述行为中,使用暴力或者暴力威胁的,定抢劫罪。这一司法解释可能存在两个疑问:同样的抓赌、抓嫖行为,冒充人民警察构成招摇撞骗罪,而冒充治安联防队员就构成敲诈勒索罪。但两者之间真的就有实质区别吗?实际上,两者并没有本质区别,因为无论冒充警察,还是冒充治安联

---

① 参见张明楷:《刑法学(下)》(第6版),法律出版社2021年版,第975页。

② 参见(2014)东中法刑二终字第75号。

③ 参见(2004)永刑再初字第3号判决书,经吉林省永吉县人民法院再审维持抢劫罪的定性。对比案例,“李某宗、李某健、何某东、李某广、罗某朝、何某富、黄某、王某、蒙某龙、唐某江敲诈勒索案”判决书,一审以抢劫罪定性,二审改判为敲诈勒索罪。参见陈洪兵:《敲诈勒索罪与抢劫罪区分中“两个当场”的坚持——兼与陈兴良教授商榷》,载《江苏社会科学》2013年第3期。

④ 参见(2010)柳市刑二终字第42号。

⑤ 类似的案例,在2010—2020年都有:①2010年:在李某等抢劫案中,法院最后定冒充军警人员抢劫。参见(2011)豫法刑二终字第00193号。②2018年:在田某庆等抢劫案中,被告人冒充公安人员抓赌,最后定冒充军警人员抢劫。参见(2020)粤19刑终1608号。③2020年:在谢某等抢劫案中,法院认为被告人以非法占有为目的,冒充军警人员以暴力手段入户抢劫公民财物,其行为已构成抢劫罪。参见(2020)黑1281刑初98号。

防人员，身份的冒充虽然具有欺骗性质，但实质上不过是使对方产生畏惧的一种手段而已，应当成立敲诈勒索罪而不是诈骗罪。[①] 被害人都是基于畏惧心理，而非自愿交付财物。

我认为，冒充警察抓赌或抓嫖，应该回到构成要件本身。如果是当场实施的暴力行为抑制住了被害人的反抗使其交付了财物，应构成抢劫罪；反之，如果暴力只是强化了其他要挟手段的威慑力，被害者交付财物的主要原因是害怕其他要挟手段，则应构成敲诈勒索罪。加害人均是以警察身份抓赌、抓嫖，其虽然当场实施了轻微的暴力，但其轻微暴力显然不是强迫被害人当场交付财物的主要原因，它只是强化了“将参赌、参嫖人员送交公安局处理”这一要挟手段的威慑力。因此，被害人是由于害怕被送公安局处理的心理而交付了财物。行为人冒充警察执行任务（抓赌），如若构成招摇撞骗，则只能是参与赌博的人员基于行为人“警察”身份和其“执行任务”的合法性而自愿交付财物。假冒警察的行为，符合“招摇”的特征没有争议，但是其取得财物的行为是被害人基于对其身份的信任而自愿交付的吗？这一点还有待进一步讨论。[②]

（2）“使用其他方法”的案件[③]

①灌酒

案例3[④]**：**行为人通过给被害人灌酒的方式抢走了其电动自行车，法院认定该案属于以其他方法劫取他人财物，构成抢劫罪。灌酒行为，通常都会被认定为其他方法。然而，灌酒时很可能会使用一定的有形力，按照一些学者的理

① 参见李会彬：《抢劫罪与敲诈勒索罪的界分：“两个当场”实质内涵新探》，载《江西社会科学》2016年第12期。

② 总的来说，这类案件可能构成招摇撞骗罪、敲诈勒索罪、抢劫罪与诈骗罪，可能存在想象竞合的情况。因为本报告的重点是关注抢劫罪和敲诈勒索罪，所以对于招摇撞骗罪并不过多展开。

③ 另参见（2016）粤2071刑初1063号；（2014）泰兴刑初字第81号。

④ 参见（2009）开刑初字第817号。

解,该行为应当属于暴力,但司法机关并未如此理解,而是赞同了此类行为属于其他方法的通常见解。①

②关禁闭、强力夺取

案例4②:身强力壮的被告人从18楼翻窗入户盗窃时被发现,遂当场向一老年女性被害人索要钱财,并予以强力夺取,导致被害人倒地。法院结合被告人"高层翻窗入户所致恐惧氛围及现场年轻对老弱实际力量对比、犯罪得逞情况",认为"该行为构成对被害人精神强制并压制其反抗",属于以胁迫方法劫取他人财物,构成抢劫罪。

本案中,行为人也使用了一定的有形力,但法院也仅认定属于胁迫。抢劫罪的各种手段都可能会使用有形力,因此强行以其作为暴力的认定标准,会使暴力与胁迫、其他方法难以区分。

(三)出路:既有理论之反思

抢劫罪与敲诈勒索罪之所以不同,决定性的差异还是在于被告人采取的究竟是抢劫行为,还是敲诈勒索行为。我的观点是,通过"行为→压制导致的自由度剩余大小(是否能保护财产?是否能反抗?)"公式作为考察抢劫罪和敲诈勒索罪的区分路径。如果其采取的行为能够取消具体被害人为了保卫财物而加以反抗的意思自由,则是抢劫行为,即在这种场合,无论是被告人拿走还是让被害人交出财物,都不存在具有一定自主性的被害人处分。倘若被告人采取的行为只是限制具体被害人为保卫财物而反抗的意思自由,则是敲诈勒索行为,在这种场合,被告人已经给被害人留出了自主处分的空间。所以,被害人处分和被害人意思自由是否被取消一样,都只是判断被告人行为之不法内容的辅助性参考材料,不能倒过来决定其行为本身的不法性质。

---

① 参见马寅翔:《抢劫罪中暴力概念的精神化及其限定》,载《法学》2021年第6期。

② 参见(2012)浦刑初字第1546号。

1. 保护法益：财产法益加附属法益[①]

（1）保护法益的双重性

敲诈勒索罪的附属法益是保护意思形成自由免受强迫，而抢劫罪则是以侵犯人身权利为手段取得财产，其意味着取消了对方的意思形成自由。[②] 由此可推出，抢劫和敲诈勒索在手段上的区别：前者具有对被害人保卫财产之可能反抗的压制性，而后者并没有达到压制被害人为保卫财产可能进行的反抗的程度。[③] 因此，处分自由没有单独作为一个标准，正是基于附属法益的情况考虑。

（2）附属法益的证成思路

为了证成附属法益，需要对学界现有的批评观点做一些回应。

第一种批评观点认为，这样的法益观是完全由被害人视角来处理。[④] 但是，处分自由不等于处分行为，不一定强求被害人有处分行为，只是要实质考察其自由是否被压制。第二种批评观点认为，立足"处分自由"仍然未脱离"暴力胁迫程度"的窠臼。[⑤] 但我认为，本来这一点只是作为附属法益的辅助判断，核心还是要建立在行为的角度，这一点在下文会详细展开。第三种批评观点认为，这样的论证是从结果推过程，不能倒过来推行为的不法性。但其实，这是"行为人—被害人"双向互动的过程，需要都参考一下。

在最新的研究中，也有学者关注到暴力胁迫本身的压制反抗可能性，比如

---

① 严格来讲，意思自由和处分自由需要作区分。为了方便论述，这里的意思自由和后文的处分自由可以作同义理解。如有需要，另行撰文。

② 也有学者认为意思自由分为意思决定自由和意思行动自由，之后进一步有财产处分自由。参见陈毅坚：《论"胁迫"的结果要素必要性：基于被害人的客观视角》，载《政治与法律》2020 年第 10 期。

③ 参见蔡桂生：《敲诈勒索罪的规范论展开》，法律出版社 2023 年版，第 351 ~ 352 页。

④ 参见蔡桂生：《敲诈勒索罪中"被害人处分必要说"之辨析》，载《政治与法律》2019 年第 3 期。

⑤ 参见蔡桂生：《敲诈勒索罪中"被害人处分必要说"之辨析》，载《政治与法律》2019 年第 3 期。

张梓弦博士提出法理依据是"强取"概念的解读。他的观点是从抢劫罪的构造出发对敲诈勒索进行界分,抢劫罪的内涵并非财产权与人身权的侵犯叠加,而是行为人通过暴力创设出了一个与被害人持续对立的冲突状态,进而彻底剥夺了被害人通过利益衡量而回避财产转移至行为人处的可能选项,彰显了抢劫罪自由侵害犯的构造。他试图从更细节的层面来证成,即行为人通过暴力胁迫创设出的被害人对于财物的占有转移不具有回避可能性之状态,以及将自由转移至行为人之外的其他选择可能性。[①] 对此,我认为,首先,这是从人身权转向意志自由,这其实是对处分自由的更规范化的解读,而不是他的对立面。其次,需要重视人身权的重要性。根据罪刑均衡原则的要求,刑罚的轻重与行为的社会危害性及行为人的人身危险性密切相关,并且人身危险性会在很大程度上决定刑事责任的大小。[②]

接下来我将从三个方面论证附属法益的优越性:第一,关注"处分自由"是从被害人的视角出发,可以有力区分各个犯罪。该标准立足于被害人视角,以是否尊重了被害人的财产法益支配权作为底层逻辑,相对于回避被害人支配权的盗窃罪和抢夺罪、利用被害人支配权瑕疵的敲诈勒索罪和诈骗罪,抢劫罪中行为人对被害人采取的是正面压制其反抗意志,完全不尊重其财产法益支配权的取财方式。[③] 第二,根据立法机关工作人员的解释,"敲诈勒索罪的威胁行为仅使被害人产生畏惧心理,被害人还有相当程度的意志自由,尚有延缓余地,但在抢劫罪中,被害人的人身安全遭受现实威胁,已没有延缓余地"。[④] 可见,上述观点暗示将被害人的生命、身体安全作为区分二罪的标准。

---

① 参见张梓弦:《抢劫罪与敲诈勒索罪的界分——以抢劫罪的构造为出发点》,载《法学评论》2021 年第 4 期。

② 参见陈兴良:《刑法哲学》(第 6 版),中国人民大学出版社 2017 年版,第 658 页。

③ 参见车浩:《抢劫罪与敲诈勒索罪之界分:基于被害人的处分自由》,载《中国法学》2017 年第 6 期。

④ 全国人大常委会法制工作委员会刑法室编:《中华人民共和国刑法条文说明、立法理由及相关规定》,北京大学出版社 2009 年版,第 571 ~ 572 页。

第三，对于前述恐惧心理是否必要的问题，我认为，这仅是认定处分自由的素材。“胁迫”是连接强制行为与强制结果必不可少的中间结果，只是被害人因为胁迫而陷入恐惧或担忧的心理，是影响其意志自由的一种强制状态或两难的抉择状态。

2. 手段行为：行为人与被害人视角相结合

(1) 直观分析基点：暴力、胁迫的程度

如前所述，有学者认为，以暴力为中心的区分标准本身，既没有实定法上的根据，又不能自我说明其产生的理由，因而尚不能作为成熟的理论标准。①然而，不可否认，刑法条文的确没有对暴力胁迫加以规定，但是学者主张的处分自由说也没有规定；更何况，从这个角度出发，也能兼顾到被害人视角的处分自由。

有学者提出以“暴力的内容”区分的观点，当被害人所受到的胁迫内容不是对其使用暴力时，包括三种情形：对被害人的物使用暴力、对第三人使用暴力、诸如检举揭发被害人或第三人等其他情形，被害人的生命、身体安全并没有受到侵害，行为人的行为则无法构成抢劫罪。由两罪在保护法益上的这种重大区别可以推导出两罪在构成要件要素上的区别，亦即抢劫罪的胁迫内容仅限于对被害人使用暴力，敲诈勒索罪的胁迫内容不包括对被害人使用暴力。值得注意的是，作为抢劫罪保护法益之一的身体安全中的“身体”，应理解为重大身体权，包括身体完整性、性自主权、身体活动自由。② 问题在于，针对财产占有人本身的暴力比较轻微，此时关于暴力的内容区分的路径存在疑问。又有学者提出，关于暴力概念的不当扩张，即放弃暴力中的人身要素，只要某种行为足以对被害人产生物理上或心理上的强制作用，就可以被认定为抢劫罪意义上的暴力。这种理解抛开了针对被害人身体实施现实恶害的要求，而

① 参见车浩：《抢劫罪与敲诈勒索罪之界分：基于被害人的处分自由》，载《中国法学》2017 年第 6 期。

② 参见王德政：《抢劫罪与敲诈勒索罪的区分——以最高人民法院第 147 号指导案例为切入点》，载《法治论坛》2020 年第 3 期。

将一切值得处罚的行为全都涵盖在暴力的范畴之中。[1]

(2)核心考察要素:处分自由

不难发现,从学说发展的角度看,在前期,"手段标准说"尚属于纯粹的行为人视角,而到后来,被害人视角被引进作为判断行为属性的核心依据。当然,处分自由不等于处分行为,关于处分行为是否必要有争议。[2] 处分自由是行为人可以选择做某事,可以选择不做某事的情况。目前,学界基本上是将行为是否足以压制被害人的反抗作为判断标准,也就是看行为是否给被害人造成了强制效果,导致其不能反抗、不敢反抗,或者说是否排除了其财产处分可能性。

3.时空条件:对"两个当场"的处理

(1)文义解释:实质决定性因素发掘

根据文义解释,"当场"指的就应是"当时当地"。之前所总结的学界过于宽泛的论述,不但没有阐明"两个当场"在界分两罪时有何不可或缺的意义,反而是将界分的着眼点转移至手段行为的暴力性程度是否足以压制被害人反抗。在新观点中,以"手段行为的暴力性程度"作为考察对象显然是纳入了行为人视角,以"是否足以压制被害人反抗"作为判断"手段行为的暴力性程度"的依据,显然是纳入了被害人视角,而时空视角下的"两个当场"已被完全架空,不具有判断功能。此时,需要探求其背后的实质决定性因素。

(2)实质标准:财物转移时的处分自由

财物转移时的处分自由,可以被解读为财物转移之时,被告人所施加的强

---

① 参见马寅翔:《抢劫罪中暴力概念的精神化及其限定》,载《法学》2021年第6期。

② 参见劳东燕:《敲诈勒索罪》,载陈兴良主编:《刑法各论精释》(上),人民法院出版社2015年版,第578页。与劳东燕观点类似的学者有车浩、邹兵建等人。参见车浩:《抢劫罪与敲诈勒索罪之界分:基于被害人的处分自由》,载《中国法学》2017年第6期;邹兵建:《交通碰瓷行为之定性研究》,载陈兴良主编:《刑事法判解》(第12卷),人民法院出版社2012年版,第100~102页。

制是否取消了或者是否仍然还在压制被害人为保卫财物的可能反抗。[①] 也可以被解读为，行为人通过暴力胁迫创设出的被害人对于财物的占有转移不具有回避可能性之状态，以及将自由转移至行为人之外的其他选择可能性。[②] 实务界人士所提出的暴力手段和后续的取财之间缺乏因果关系，事实上也是在说明之前的暴力手段在财产转移时没有足以压制被害人反抗。

当行为人的行为令被害人丧失法益支配自由时，其行为构成抢劫罪。例如，行为人以当场引爆炸药威胁被害人交付财物的，其行为构成抢劫罪而非敲诈勒索罪。当行为人的威胁内容为散布流言丑闻、侮辱、轻微暴力或干扰生产生活等侵犯被害人名誉权、生产经营权等处于相对较低位阶的权利或是不严重威胁被害人健康权时，被害人仍具有一定程度的法益支配自由，威胁程度并不足以压制被害人反抗，此时应认定行为人构成敲诈勒索罪。在当场实施暴力日后取财的情况下，被害者完全可以假意应允后，在保证人身安全的情况下去寻求公力救济，这明显降低了其人身和财产受到侵害的紧迫性，因此应以敲诈勒索罪处理。

（3）具体构建：一般类型人的客观适宜性

在这一问题上，主流学说分为“客观说”和“折中说”。“客观说”主张，为了保障构成要件的定型性，应采取普通人标准，当行为人实施的暴力、胁迫行为较为轻缓时，即便被害人被压制了反抗，行为人也不成立抢劫罪。[③] “折中说”认为，一般情况下应当采纳普通人标准，但是当行为人实施的暴力、胁迫

---

① 类似的理解，可参见李会彬：《敲诈勒索罪司法认定疑难问题研究》，中国人民公安大学出版社 2017 年版，第 141 页（“当场的暴力是否为被害人当场交付财物的直接原因力”）；周洁：《敲诈勒索罪研究》，中国政法大学出版社 2020 年版，第 160 页。也有学者将其认定为“财产占有、支配丧失回避可能性、救助可能性的存否与危险圈的脱离”。参见张梓弦：《抢劫罪与敲诈勒索罪的界分——以抢劫罪的构造为出发点》，载《法学评论》2021 年第 4 期。

② 参见张梓弦：《抢劫罪与敲诈勒索罪的界分——以抢劫罪的构造为出发点》，载《法学评论》2021 年第 4 期。

③ 参见周光权：《刑法各论》（第 4 版），中国人民大学出版社 2021 年版，第 136 页。

行为较为轻缓时，只要被害人被压制了反抗，行为人即成立抢劫罪。①

从法教义学的统一性要求来看，“折中说”存在问题，即被害人视角为何要在“一般”和“个案”中间转化。② 如果行为人特别顽强或强大，没有认真对待以恶害相通告。此时，根据主观故意成立未遂。如果行为人特别弱小，但是胁迫客观上没有产生强制效果，那么类似于不能犯或者未遂。③ 按照阶层论的分析方法，可以从阻却故意的角度考虑，但在客观层面应当坚守一致性。“在行为人以对被害人使用暴力为手段而取得财物的场合，是否成立敲诈勒索罪，要看作为手段的暴力按社会一般观念判断，在客观上是否已经达到足以压制被害人反抗的程度……即使当场对被害人使用暴力，只要暴力的程度没有达到压制被害人反抗的程度，则即使行为人当场取得财物，也完全可能成立敲诈勒索罪。”④“客观说”将暴力胁迫本身作为客观构成要件要素，这种基本立场值得肯定，但还须说明“普通人”的建构标准是什么。

我赞同刘鹿鸣博士提出的“客观适宜性”标准，即“暴力、胁迫”本为客观构成要件要素，对于这一要素的判断自然应以客观的基准为尺度。这与结果无价值论的“客观说”之基本立场相符合，但是在此基础上，更加关注“客观说”的具体化。因为时空场所本身塑造了被害人所直面的“具体的、个别化的处境”。⑤

① 参见陈兴良：《敲诈勒索罪与抢劫罪之界分——兼对“两个当场”观点的质疑》，载《法学》2011 年第 2 期；李会彬：《抢劫罪与敲诈勒索罪的界分：“两个当场”实质内涵新探》，载《江西社会科学》2016 年第 12 期。在犯罪审查中，作为手段的暴力是否足以压制被害人反抗，并非简单地按照社会一般人来判断，而是应由法官根据每个具体案情来考察被告人选择的手段，是否足以压制案件中的具体被害人。

② 参见刘鹿鸣：《自我决定权视域下抢劫罪与敲诈勒索罪的界分》，载《法治现代化研究》2021 年第 3 期。

③ 被害人天生胆小、具有特殊体质等情形，相对于行为人的认知而言均属于客观因素，基于评价的全面性要求，在进行客观归属判断时，必须将这些客观因素纳入考量范围，即应当肯定轻微暴力行为与强制效果之间的客观关联性。

④ 陈兴良主编：《刑法各论精释》（上），人民法院出版社 2015 年版，第 574 页。

⑤ 参见车浩：《抢劫罪与敲诈勒索罪之界分：基于被害人的处分自由》，载《中国法学》2017 年第 6 期。

需要在特殊情况下根据被害人与行为人身体差异、作案时间及环境、作案工具等多种因素进行具体分析,即需要更具体地进行类型人的事前判断。所谓类型人的事前判断,是指以群体为单位进行考虑。首先,理性人的确定需要考虑被害人所属群体的一般状况。例如,对于身材弱小的女性群体来说,压制其反抗所需行为的暴力性程度相对偏低;而对于身材高大的运动员群体来说,压制其反抗所需行为的暴力性程度相对偏高。如果不顾群体的类型性差异,就会造成对老年人、残疾人等弱势群体的保护力度不够。[①] 其次,群体的界定、手段行为的压制性判断要考虑社会一般观念。在一般人看来,当行为人的行为能够压制被害人所属群体内理性人的反抗时,为抢劫行为;当行为人的行为只会给被害人所属群体内理性人带来恐惧,而该理性人仍有一定处分自由时,为敲诈勒索行为。[②] 最后,判断一行为是否彻底侵害被害人的意志要素,需要以被害人所属群体内理性人的自我决定权为判断基准,以社会一般人为判断立场。[③]

4. 两罪的关系讨论:竞合说

我赞同张明楷教授的"竞合论"观点。[④] 在两罪的关系上,二者是法条竞合关系。[⑤] 接下来,我主要从两方面对两个争议问题进行回应。

第一,不能简单地认为,由于被害人财产处分自由的"有"与"无"是对立

---

① 有学者指出:"行为人对坐在路边醉酒的人实施暴力夺取其财物,应认定构成抢劫罪。"参见李惠东、陈勇南:《试论抢劫罪、敲诈勒索罪和绑架罪之区分——以李某抢劫案为例》,载《广西政法管理干部学院学报》2020 年第 4 期。

② 比如,在前述"任某抢劫案"中,法院结合行为人"高层翻窗入户所致恐惧氛围及现场年轻对老弱实际力量对比、犯罪得逞情况",认为"该行为构成对被害人精神强制并压制其反抗",属于以胁迫方法劫取他人财物,构成抢劫罪。参见(2012)浦刑初字第 1546 号。

③ 参见刘鹿鸣:《自我决定权视域下抢劫罪与敲诈勒索罪的界分》,载《法治现代化研究》2021 年第 3 期。

④ 参见张明楷:《法条竞合与想象竞合的区分》,载《法学研究》2016 年第 1 期。

⑤ 参见张明楷:《刑法学(下)》(第 6 版),法律出版社 2021 年版,第 1330 页。

关系,[1]抢劫罪与敲诈勒索罪便也是互斥关系,[2]否则会架空行为人视角。如前所述,两罪手段行为对被害人自我决定权的侵害均体现于对意志要素的直接侵害,在侵害类型上没有区别,说明了两罪构成要件的行为结构没有类型差异。被害人财产处分自由的"有"与"无"其实是"部分被侵害"与"全部被侵害"的程度性差异,应当综合行为人视角与被害人视角,将其理解为人身伤害"较重"与"最重"的程度差异关系。然而这并不意味着抢劫罪中被害人的意志决定自由没有受到侵害,相反,是受到了更高程度的侵害。

第二,对待特殊类型的抢劫要单独判断。在刘某、张某等侵犯宋某财产案[3]中,李会彬博士认为,即便是作为本案的被告人,都难以确定其究竟是因为暴力还是因为要挟手段而使被害人交付了财物。从该案情节来看,刘某等人的暴力行为轻微,没有造成人员伤亡,获取财物的数额也不大,依照"以刑制罪"的辅助思路,以抢劫罪判处其10年以上有期徒刑明显畸重,而依照敲诈勒索罪判处3年以下有期徒刑更符合罪责刑相适应原则,故应对刘某等人以敲诈勒索罪论处。[4] 但是,刘某、张某等人冒充人民警察取得宋某财物的行为,在司法实务中很可能以抢劫罪定罪。理由如下:其一,该案中刘某、张某等人所冒充的人民警察,乃是具有合法持枪资格的公权力象征,这本身就有取消

---

① 参见车浩:《抢劫罪与敲诈勒索罪之界分:基于被害人的处分自由》,载《中国法学》2017年第6期;陈兴良主编:《刑法各论精释》(上),人民法院出版社2015年版,第592页。

② 参见车浩:《抢劫罪与敲诈勒索罪之界分:基于被害人的处分自由》,载《中国法学》2017年第6期。学者认为利用被害人的意思瑕疵与压制被害人反抗是两种不同类型的财产犯罪。

③ 刘某得知宋某系某一盗窃案件的嫌疑人,但还未被公安机关发现和抓获,于是刘某便产生了勒索宋某财物的意图。一日,刘某得知宋某将乘公交车去往某地,于是便伙同张某等人冒充人民警察,在公交车上将宋某"抓获",当场对其拳打脚踢(后经鉴定为轻微伤),并威胁道:"你是盗窃犯,打你个半死也不犯法,要想了结此事,就拿些钱出来,否则送你到公安局法办。"宋某央求道:"我身上只有2000元,都给你们,放了我吧。"刘某等人接过钱后,将宋某释放。后刘某等人被公安机关抓获。

④ 参见李会彬:《敲诈勒索罪司法认定疑难问题研究》,中国人民公安大学出版社2017年版,第144~146页。

对方针对财产的意思形成自由的特性，进而足以压制对方反抗。若仅定敲诈勒索罪，就遗漏了对刘某、张某等人冒充人民警察之行为的评价。其二，该案发生在公共交通工具上，根据《刑法》第 263 条第 2 项的规定，“在公共交通工具上抢劫的”本身即足以判处 10 年以上有期徒刑，而刘某等人的行为发生在公交车上，这会成为法官适用重刑的理由。

5. 结论

针对抢劫罪和敲诈勒索罪的区分路径，通过“困境—启发—出路”的梳理，得出的结论如下：

第一，敲诈勒索罪和抢劫罪的保护法益既包括客体性的财产，也包含主体性的对财产的自我决定权，因此界分二者需要考虑行为人视角和被害人视角。需要明确的是，在财产犯罪中，意思形成自由只是附属法益，是手段行为不同导致的附属结果。抢劫行为与敲诈勒索行为在结构上均表现为直接侵害意志要素，前者彻底摧毁被害人的财产处分自由，后者仍留给被害人一定的财产处分自由。两罪在不法层面仅有程度差异而无类型差异，在规范关系上为法条竞合特别关系。判断一行为是否彻底侵害被害人的意志要素，需要以被害人所属群体内理性人的自我决定权为判断基准，以社会一般人为判断立场。

第二，在操作方法上，常规案件可以用“两个当场”判断。疑难案件需要根据案件的事实和情况，认真判断相对方是否有处分自由。

第三，考虑到抢劫量刑过重、敲诈勒索的数额要求，或许可以考虑其他学者所提出的参照其他国家增设强制罪。① 我无意于立法论的构建，但是从学界有声音呼吁强制罪的增设可以看出刑法对意志自由是保护的。未来相关的研究可以重点从关注处分自由、意志自由入手，来进一步深入和完善。

第四，在司法实践中，大部分案件十分清晰。② 如果一个案件中出现了相

---

① 参见王钢：《论刑法对意志自由的保护——增设强制罪的立法建议》，载《政法论丛》2020 年第 6 期。

② 参见(2016)湘 11 刑终 484 号。

似的行为类型，根据传统理论和司法实践通说的“两个当场”标准完全可以解决大部分问题。[①] 但是，正如平野龙一教授所言，“学说应当比判例超前一步，对于判例有牵引力的学说，可以说是最被期待的学说”。[②] 为了使刑法教义学的理论更加自洽，以及能够解决更多的社会案件，而不只是一部分案件，需要在理论构建上继续研究、提出可行的标准。只有这样，才可以早日形成“引领判例”的理论学说。

二、课堂交流

同　学：在冒充军警抢劫案件中，在你看来，相比普通抢劫，这类案件升高的法定刑是对军警本身声誉的保护，还是说我们推定军警的身份对于被害人的处分自由有天然的压制？哪一种更加合适？

报告人：我认为第二种更加合适，军警本身有一种国家赋予公权力的象征，对被害人的处分自由有压制。

同　学：那这样说，是否所有冒充军警人员去进行普通抓捕都是抢劫呢？

报告人：我觉得还是要看手段。身份本身对意思形成自由有压制，但是压制程度还是要看手段行为在具体案件中实施的具体情况，比如前述案例中对被害人是铐起来殴打，还是仅仅停留在吓唬层面。

同　学：那即使像前述查扣私油案例被铐住了，被害人也可以进行反抗的吧？

报告人：该案例中，身份并不是最关键的，而是告诉被害人可以选择私了也可以选择公了，给予了被害人处分自由。

同　学：但是在这种情况下，应该所有人都只能“自愿”选择私了吧，没有人会选择公了。

报告人：我感觉是可以的，可以权衡一下是回到法治正轨上，还是偷偷私了，被

① 类似案例参见(2010)潭中刑终字第167号。

② [日]平野龙一:《刑法的基础》，黎宏译，中国政法大学出版社2016年版，第194页。

害人是有选择权的。但是像后面那个对比案例，行为人把被害人拉到荒郊野岭，这种反抗就微不足道了。

同　学：那你认为压制反抗并不是处分自由的全部？因为该案中，其实已经压制了反抗，但是仍然认定有处分自由。

报告人：对，“处分自由”这个概念更加宽一些。

同　学：还有一个小问题就是我不太明白手段行为的区分是一个怎样的转变过程，从行为人视角到“行为人＋被害人”吗？

报告人：我之前的关注点只是集中在暴力、胁迫的程度本身能否作为抢劫和敲诈勒索的手段行为，并未关注被害人的反抗视角。现在的学说在承认暴力、胁迫均可构成抢劫罪和敲诈勒索罪手段行为的基础上，更加关注是否完全压制被害人的反抗。

同　学：关于二罪竞合的问题，我感觉不管是法条竞合还是想象竞合，法益和犯罪的程度是不是有一定的相当性？我认为敲诈勒索在一定程度上可以成为抢劫的未遂，比如想要抢劫对方，这时正好对方配合我，这个暴力压制没有达到典型的抢劫的程度，是否能认为抢劫的未遂和敲诈勒索是竞合的关系？

报告人：就法益而言，敲诈勒索部分侵害被害人的处分自由，而抢劫是完全侵害。如果构成抢劫的话，应该是肯定构成敲诈勒索的，只是因为刑法有抢劫罪的规定，所以按照更重的犯罪处罚。

同　学：所以，你认为这种竞合不需要敲诈勒索达到特定危害程度，在一些场合中应该和抢劫有明显区分？

报告人：我认为就主要法益看，二者对财产法益都有侵犯，只是在附属法益层面，抢劫对人身法益的侵犯更严重，而敲诈勒索轻微。所以，二者还是在同一个层面，只是程度不一样。

同　学：我理解了，但是我认为竞合的程度没有那么高，二者应该是包含关系。我还有一个问题，为什么前述“事出有因”的案件没有争议？

报告人：这个案件类型是一种概括，比如 A 和 B 之间存在一些纠纷或者有一些关系，会以揭发犯罪事实或者揭露隐私为威胁，比如打电话说如果你今天不给我钱，我就如何如何，这种比较典型的案件都被认定为敲诈勒索，是一种经验归纳。我在这部分“事出有因”案中主要是为了说明，二罪都可能使用暴力或者以暴力相威胁，此时比较难区分，而那种事出有因，有把柄在人家手里的案件，其实比较好判断是抢劫还是敲诈勒索。

同　学：我想问一下，在前述招摇撞骗罪的案例中，包括有威胁手段的情景，但是存在冒充人民警察的行为，我在想有没有可能同时构成招摇撞骗、诈骗和敲诈勒索的想象竞合。

报告人：我觉得和敲诈勒索罪构成想象竞合没问题，但是和诈骗罪应该不行，因为他没有完全自愿交出自己的财物。诈骗应该是一点处分自由都没有被剥夺，被害人完全自由去交付，但自愿性是一种规范性上的自愿，应该不能算事实层面的自愿。

同　学：但是案例中体现的是对公安执法的服从，所以你认为服从不是完全自愿的？

报告人：对，我觉得被害人的服从其内心并不是完全愿意的。退一步讲，即使这个时候是自愿的，但是如何认定财产损失（诈骗罪的构成要件）呢？向国家交钱的话，能否从规范上认定是财产损失？应该不能，所以索性不从规范层面理解，而是从事实层面细致考察，我觉得还是欠缺自愿性的。

同　学：我想问一下，如果换成一个骗子假装自己是收电费的，说你欠了电费要交，和之前警察说哪里违规了要交钱有区别吗？是否可以这样理解：主要在于身份的区分，警察具有公权力赋予的身份，所以会有点压制反抗，不构成诈骗，如果没有公职身份，就不存在压制，可以认定为诈骗。

报告人：这个问题我还没想过，我感觉似乎有一定道理。但我感觉比如在冒充军警人员的情况下，应该有一些暴力手段，但是收电费的手段相对平和，可能被骗了被害人也以为是交电费，所以具备自愿性。二者还是不一样的。

同 学：比如在路上停车，有个人说他是交警，声称停车违规了要交罚款，要停车人交钱给他，这种情况也比较普通，没有伴随一定的压迫。那会不会是不交钱就被带走，面临车辆扣押或者被拘留？

报告人：对，我感觉如果是有一定不利后果的，那么它对被害人的意思自由存在侵害。但是像交电费的场合，是否交电费就没有这么大的侵害，所以可以认定是完全自愿去交。之后的情况是被害人是基于公权力的畏惧感，还是存在意思自由的压迫。

同 学：如果这样的话，是否会对公权力和我们民众的关系产生不良影响？

报告人：我觉得可能不是公权力本身，而是不服从公权力之后的一些后果令人畏惧。如果本身带来的是好的利益，那么应该是自愿的，但是如果是一些不利负担，确实会对被害人的心理造成压制。所以重点不是身份本身，而是身份以及一些特定行为的不利后果压制了处分自由。

同 学：那照你这样解读，现在的电信网络诈骗，比如冒充黑社会、公检法强迫当事人交钱的，若不交钱就会马上上门逮捕你，这种是具有不利后果的，难道都不是诈骗而是敲诈勒索吗？就像这种冒充黑社会的，会和冒充警察一样吗？

报告人：我觉得可能要再斟酌一下，从今天的报告结论看，诈骗应该是完全自愿的。因为现实中冒充军警人员抓赌之类的，都是现场有使用暴力的情形。我感觉之后可以通过具体案例再探讨一下。

同 学：我个人的疑问是，你刚提到基于付费效果的恐惧，但是如果付费本来就是符合规范的，比如违规停车就应当被法律处罚，或者说取财行为是比较平和的、没有实施任何暴力，此时定什么罪？

报告人：如果没有任何暴力、胁迫的话，就不用讨论，因为我的前提是必须有手段行为，在此基础上去考虑构成敲诈勒索还是抢劫。

同 学：关于非法债务的问题，比如勒索或者抢劫赌债之类的非法债务，能不能作为刑法处理的一部分?

报告人:我在整理报告的时候也发现了这个具有争议的问题,就是关于非法占有的问题,比如敲诈勒索或者抢劫违禁品,如果法律本身禁止私人持有,是否还要通过财产犯罪来保护对这些财产的占有。我个人觉得不用保护,因为已经禁止个人持有了,更何况是占有。但是总的来说,今天报告的重点是这两个罪的区分,所以对违禁物的占有并没有深入研究。

三、张明楷评述

关于抢劫罪和敲诈勒索罪的区分,需要先考虑这两个罪是什么关系,然后再讨论如何区别,我下面谈几点看法。

第一,关于两罪的构造。

这两个罪的构造从理论到实践都存在需要研究的问题。抢劫罪的构造分为两种类型。一类是抢劫狭义财物的构造,这类被认定为抢劫罪没有争议,就是行为人使用暴力、胁迫等强制手段,压制被害人反抗,进而强取财物,强取财物既可能是行为人直接取走财物,也可能是迫使被害人交付财物。有疑问的是另一类,即抢劫财产性利益,抢劫财产性利益时也需要有暴力、胁迫等强制手段压制被害人反抗,问题在于是否需要被害人实施处分行为。在抢劫狭义财物的场合,即使有时是被害人交付财物的,也不会要求被害人有处分行为,因为如果要求被害人有处分行为,就意味着行为人直接取走财物时反而不构成抢劫罪,这显然不合适。但行为人在抢劫财产性利益的场合,如果没有被害人的处分行为,怎么判断行为人取得了财产性利益?例如,甲欠乙10万元未还,某日对乙使用暴力压制了乙的反抗,跟乙说“你不能再找我还钱了,否则我杀了你”。如果乙坚持要甲还钱,我们不能说甲抢劫财产性利益既遂。那么,如果乙没有吭声就能认定甲抢劫既遂了吗?换言之,如果乙没有吭声,就能认定甲已经使乙免除了甲的债务吗?当然不能。正是基于这样的考虑,部分学者认为,抢劫财产性利益时,需要被害人实施了处分行为,当然这个处分行为是被强制的结果。

如果要求抢劫财产性利益案件中被害人必须实施处分行为,那么,敲诈勒索罪就与抢劫财产性利益的构造很相似。以胁迫为例,敲诈勒索罪的构造是“行为人实施胁迫行为→被害人产生恐惧心理→基于恐惧心理处分财产→行为人取得财产”。抢劫财产性利益的构造是“行为人实施胁迫行为→被害人被压制反抗或者说丧失意志自由→基于反抗被压制而处分财产→行为人取得财产”。当然,大家也可能认为,这两个构造不同,因为敲诈勒索时,被害人是基于恐惧心理处分财产,而抢劫财产性利益的案件中,被害人不是基于恐惧心理处分财产。其实,在抢劫财产性利益的案件中,被害人不仅产生了恐惧心理,而且丧失了自由意志。在此意义上说,抢劫财产性利益只是比敲诈勒索更严重,而不是行为构造存在区别。

但是,在某些抢劫财产性利益的案件中,要求被害人实施了处分行为才构成抢劫既遂又存在问题。比如,甲坐了乙的出租车,下车时不付车费,乙要求甲付车费,甲拿出凶器将乙打昏迷后逃走。甲的行为也是抢劫财产性利益,一般会认为甲的行为构成抢劫既遂,也就是说,甲免除了乙的债务。但事实上乙并没有实施处分行为,没有答应免除甲的债务。

之所以认为前一个案件中的甲没有被免除债务,一般是考虑到还有其他证据证明甲欠乙 10 万元;之所以认为后一个案件中的甲已经被免除了债务,通常是考虑到乙没有其他证据证明自己的债权,而且难以找到甲。也就是说,行为人是否取得了财产性利益,是基于客观事实做出的判断,而不是从民事法律关系上做出的判断。

从上面的说明可以得出两个结论:其一,最好不将被害人的处分行为作为抢劫财产性利益的必要要素,因为后一个案件就说明了这一点。例如,债务人为了逃债而杀害了债权人的,其实也构成抢劫罪,这就不可能有处分行为。不要求有处分行为,那么,与抢劫狭义财物的构造就是相同的。其二,不要以偏概全,不能因为部分案件中被害人没有处分行为而没有被认定为既遂,就直接得出要求被害人有处分行为的结论。也就是说,行为人抢劫财产性利益是否既遂,需要用另外的客观标准进行判断,而不是单纯根据被害人是否有处分行为来判断的。

如果说抢劫财产性利益不需要被害人有处分行为,那么,抢劫罪的构造与敲诈勒索罪的构造就明显不同。既然明显不同,为什么还讨论它们之间的区别呢?一方面,不能不承认的是,即使抢劫罪的成立不要求被害人有处分行为,但事实上许多案件中被害人客观上实施了处分行为,如将财物交给行为人,或者同意免除行为人的债务,这就与敲诈勒索罪的构造相似。另一方面,敲诈勒索罪的行为使被害人产生了恐惧心理,抢劫罪的行为压制了被害人的反抗,但压制反抗的许多情形,尤其是以胁迫方式实施的抢劫行为,仍然使被害人产生了恐惧心理,如果没有恐惧心理,怎么就不反抗呢?在此意义上说,抢劫罪与敲诈勒索罪存在不法程度上的差异,但这个差异难以判断。

我还是觉得,敲诈勒索罪和诈骗罪的构造更相似,前者是恐吓行为使被害人产生恐惧心理进而处分财产,后者是欺骗行为使被害人产生认识错误进而处分财产。诈骗罪中有“三角诈骗”,敲诈勒索罪中也有“三角敲诈勒索”(三角恐吓)。我们通常所说的,行为人通过胁迫政府工作人员,使政府工作人员产生恐惧心理进而处分政府财产,就是典型的“三角敲诈勒索”。比如,行为人对政府工作人员说,政府必须给我20万元补贴,否则某天会制造恐怖事件。政府工作人员产生了恐惧心理,担心行为人会制造恐怖事件,就从政府财政拿出20万元给行为人。在这个假设的案件中,政府工作人员是被恐吓人,但不是财产的被害人,财产的被害人是政府,这就是“三角敲诈勒索”。所以,政府可以成为敲诈勒索罪的被害人,但不能成为敲诈勒索罪中的被恐吓人。

关于抢劫罪与敲诈勒索罪的关系,首先不要说两罪是对立的、互斥的。如果说二者是对立的、互斥的,那么,当无法判断行为是否压制了被害人反抗的时候,就比较麻烦了。如果说抢劫时被害人没有选择自由,而敲诈勒索时被害人有选择自由,二者就成了对立关系。“有”与“没有”是对立关系,不可能是竞合关系。至于说二者是不是特别关系,则值得研究。如果说二者的行为都使被害人产生了恐惧心理，都使被害人不能按照自己的意志行事，其中，敲诈勒索罪不要求压制被害人的反抗，而抢劫罪必须压制被害人反抗，二者就是特别关系。当然，说抢劫罪与敲诈勒索罪是特别关系，是没有考虑数额要求的，是仅就行为构造而言的。也就是说，由于我国刑法对许多犯罪有数额规定，因此认定两罪之间是特殊关系的结论有时也并不严谨。比如，国外刑法理论都认为抢劫罪与盗窃罪是特殊关系，所有的抢劫行为都符合盗窃罪的构成要件，除此之外还多一些特别要素，如使用暴力等压制被害人反抗。但严格地说，只有部分抢劫数额较大的行为符合盗窃罪的构成要件，如果抢劫数额较小也不是入户抢劫之类的，就不符合盗窃罪的构成要件。抢劫罪与敲诈勒索罪也是如此，敲诈勒索罪的成立也要求数额较大或者多次敲诈勒索，如果一两次抢劫财产的数额并非较大，也不符合敲诈勒索罪的构成要件，就不能说法条竞合。普通法条中除数额之外的构成要件要素，特别法条的犯罪是必须具备的，否则就不可能是特别关系。

刚才有同学说，抢劫罪与敲诈勒索罪竞合的程度不高，二者应该是包含关系。这个说法不准确。什么叫竞合程度不高？如果两个罪是法条竞合，那么在我国这两个罪就基本上一直是法条竞合，少数情形除外。如果是想象竞合，则取决于行为人的行为，而不是取决于刑法规定。包含关系是表面现象，包含关系的实质是特别关系。例如，我们说杀人行为都包含了伤害行为，所以故意杀人罪与故意伤害罪一般是特别关系。又如，通说认为金融诈骗罪都包含了普通诈骗行为，所以金融诈骗罪与普通诈骗罪是特别关系。

第二，关于两罪保护的法益。

刑法理论通常都说抢劫罪的客体是财产权利和人身权利。这个说法不合适。人身权利究竟指什么权利？人身权利是比较宽泛的。比如，我看许多人都说住宅权属于人身权，如果是这样的话，侵入住宅窃取财物是不是就侵犯了两个法益？它是不是与抢劫罪侵犯的法益相同？如果相同，为什么法定刑的差异那么大？保护法益不仅具有特定性或者专属性，而且和构成要件之间应该是融洽的，没有任何例外的。我也不是说抢劫罪没有侵犯人身权利，而是说需要细化其中的人身权利内容,从而指导构成要件的解释。在此我要特别说明的是,我们讲抢劫罪的保护法益,是讲抢劫罪的基本犯的保护法益,而不包括加重犯的保护法益,否则就讲不清楚了。也就是说,成立抢劫罪最起码要侵犯哪些法益。

我觉得抢劫罪的保护法益是财产与意志活动自由,再具体化一点,说是处分财产的意志自由也是有可能的。所谓压制被害人的反抗,就是指被害人不能按自己的意志办事,不能按自己的意志继续占有财产,只能按行为人的要求放弃财产。这与盗窃罪中的违反被害人意志显然不同。盗窃罪中的违反被害人意志,只是意味着行为人取得财产没有经过被害人同意而抢劫罪对意思活动自由的侵害,意味着行为人保护自己财产的意志、反抗意志被压制。所以,即使没有造成被害人的身体伤害,也可能构成抢劫罪。比如,行为人知道被害人长期睡不好觉,为了取得被害人的财物就给被害人吃安眠药,然后趁被害人熟睡之时取走财物的,也构成抢劫罪。即使认为行为人让被害人睡了个好觉对身体有好处,没有造成人身伤害,也构成抢劫罪。抢劫罪的这两个保护法益不是简单的相加关系,从行为构造上说,必须是行为先侵害被害人的意思活动自由,然后侵犯财产。

敲诈勒索罪也侵犯了被害人的意志自由,因为被害人并不是心甘情愿交付财物,而是行为人的敲诈勒索行为使被害人产生了恐惧心理,其处分财产的意志存在明显的瑕疵。这个瑕疵和诈骗罪中被害人的瑕疵不完全一样:诈骗罪中被害人的意志瑕疵是如果知道真相就不会交付财物;敲诈勒索罪中被害人的意志瑕疵是如果不交付财物自己会遭受更严重的损害。在敲诈勒索罪中,被害人是在进行利益权衡,就是两害相权取其轻,而这个“害”是被告人制造出来的,所以被害人的意志有瑕疵。就抢劫罪的基本犯与敲诈勒索罪的保护法益而言,可以说是相同的。自古以来这两个罪的法定刑差距很大,主要是因为对意志自由的侵害程度不同。报告人说,敲诈勒索罪的附属法益是保护意思形成自由免受强迫,而抢劫罪则取消了对方的意思形成自由。这个说法也是成立的。

我还是要再强调一下,抢劫罪有八种加重犯,其中较多的加重犯都是因为另侵害了其他法益而加重法定刑。比如,入户抢劫是另侵害了住宅权,抢劫致人重伤、死亡另侵害了被害人的身体与生命,如此等等。对加重抢劫的保护法益的合理确定,有利于对加重构成要件的合理解释。比如,持枪抢劫中的“枪”是否必须为真枪,在理论上存在争议。 种观点认为,对认定持枪抢劫而言,只要一般人看起来足够像真枪即可,或者说,只要能在外观形式上让人产生酷似真枪的主观印象即可,而不必是真枪,不必在客观上具有实质的危险性。主要理由是,与普通抢劫相比,枪支的暴力形象足以提升被害人的恐惧心理,这正是持枪抢劫法定刑升格的根据;至于枪支的真假,并不是关键的问题。换言之,由于被害人并不知道或并不一定知道行为人所持的枪是假枪,持假枪抢劫在客观上也能对被害人的精神造成严重损害。显然,这种观点没有承认持枪抢劫罪的保护法益不同于普通抢劫,只是将被害人恐惧心理的提升作为法定刑提升的根据。但我们要思考一下,既然非法持有枪支罪属于对公共安全的危险犯,就有理由认为,持枪抢劫的保护法益除了被害人的意志活动自由与财产,还包括公共安全。换言之,对公共安全形成抽象危险才是持枪抢劫的加重理由。如果承认这一点,就不会将使用假枪抢劫的行为认定为持枪抢劫。

第三,关于两罪的手段及其程度。

敲诈勒索罪的手段行为就是恐吓,或者说是胁迫。抢劫的手段行为则有三类。第一类是暴力。暴力本身作为抢劫手段行为没有问题。前面讲的“把被害人关起来”是属于暴力行为本身,还是算作其他方法?这个要结合事后抢劫去理解。例如,行为人盗窃他人财物之后,被害人在后面追,行为人往前跑的时候把被害人关在通道里面。如果说这是暴力、胁迫以外的其他方法,行为人的行为就不构成事后抢劫,因为事后抢劫的手段行为不包括其他方法。如果认为这种行为是暴力,那么就构成事后抢劫。而且,我国非法拘禁的成立通常要求 24 小时,如果将上述行为认定为其他方法,当盗窃数额没有达到较大,拘禁时间也没有达到 24 小时时,就不构成犯罪了,这可能有问题。至于抢劫的暴力是否可能是不作为,在国外刑法理论上有争议。德国有不少判例承认不作为的暴力,我国也有学者就此发表了意见。第二类是胁迫。德国刑法的规定是以暴力相威胁,其他国家刑法一般没有限定为以暴力相威胁。我国刑法理论上所说的以暴力相威胁,完全是理论的限制。最早的教科书写下"以暴力相威胁"时没有论证抢劫罪与敲诈勒索罪的关系。如果不是以暴力相威胁就是敲诈勒索,以暴力相威胁就是抢劫。如果说凡是不以暴力相威胁的就不可能压制被害人反抗,要求以暴力相威胁就是妥当的,但能否这样说还需要研究。第三类是其他方法。好像实践中只有麻醉导致他人昏醉的情况被认定为抢劫罪,没有见到其他情形。

接下来要讲的是,抢劫罪中的暴力、胁迫手段和压制被害人反抗是什么关系。这一点也涉及抢劫罪与敲诈勒索罪的区分,在此问题上,存在三种学说。第一种学说是"暴力、胁迫和压制反抗的二元论",既要暴力、胁迫本身足以压制被害人反抗,也要现实压制被害人反抗。前一点是对行为手段本身的要求,后一点是对中间结果的要求。这种学说会导致抢劫罪的成立范围窄一些,敲诈勒索罪的范围相应地就宽一些。第二种学说是"暴力、胁迫的一元论",只要求暴力、胁迫本身足以压制反抗,不要求现实压制被害人反抗。第三种学说是"压制反抗的一元论",只要求行为人实施暴力、胁迫,至于暴力、胁迫本身的程度则不重要,但要求现实地压制被害人反抗;如果压制反抗是抢劫,没有压制反抗就是敲诈勒索。相比于第一种学说,第二种和第三种学说都会导致敲诈勒索的范围宽一些。

按照第一种学说,对于暴力、胁迫手段要按照一般标准进行判断,对于是否压制了被害人反抗要进行具体判断,具体判断的资料就是行为当时的所有情形。按照第二种学说,就只需要对暴力、胁迫的程度按一般标准进行判断,凡是足以压制他人反抗的,就成立抢劫罪。如果暴力、胁迫不足以压制被害人反抗,即使实际上压制了被害人反抗,也不成立抢劫罪。按照第三种学说,只需要对压制被害人反抗进行具体判断,不需要对暴力、胁迫的程度进行判断。按照这种学说,以当场泄露隐私相威胁的也可能被认定为抢劫罪。

上述三种学说其实有两个视角,一个是行为人视角或者说行为手段视角,另一个是被害人视角。如果侧重于行为手段本身的判断,会考虑一般人在这种情况下意志是否被压制。而对于被害人,此时不是考虑其意志是否被压制,而是考虑前面的暴力、胁迫的手段本身。如果侧重被害人角度,会发现我们根本不需要对暴力、胁迫作限定,核心是考虑手段是否为对被害人产生压制反抗的前提,这涉及理论上争议的两类案件:明知道是胆小的人而抢劫与明知道是警察还要抢劫。行为人明知道是胆小的人可能不用采取暴力、胁迫的严重手段,或者明知道是警察可能采取不一样的暴力、胁迫。在我看来,如果只强调压制被害人反抗,可能是不合适的。否则,相同的行为有的被认定为抢劫,有的被认定为敲诈勒索。因此,不能单纯看是否压制被害人反抗,还要看暴力、胁迫本身的程度。如果行为人采用的是不足以压制对方反抗的手段,但对方却吓得不得了,就可以认为行为人只具备敲诈勒索的故意,只能认定为敲诈勒索罪。

我觉得我们可以从另外的角度提出一些类型性的意见,虽然不一定周延,但如果能解决司法实践中经常争议的问题,就会有意义。例如,如果暴力很轻微,如给了对方一掌,抓住对方的衣领,要求对方交付财物,没有以严重暴力相威胁,这种情形不能认定为抢劫罪,可以认定为敲诈勒索罪。又如,不是以暴力相威胁,而是以揭发隐私相威胁的,即使是以当场揭发隐私相威胁,也只能认定为敲诈勒索罪。因为抢劫罪是一种具有暴力形象的犯罪,如果只是以揭发隐私相威胁,就不包括任何暴力成分,只能认定为敲诈勒索罪。当然,这个问题还值得讨论。再如,威胁的内容不是当场实现,也不要求被害人当场交付财物的,即两个非当场的,只能认定为敲诈勒索罪。

问题是,成立抢劫罪是否必须具备“两个当场”。“两个当场”是比较形式化的判断,一般来说,符合“两个当场”条件的,通常会构成抢劫罪。但严格地说,即使符合“两个当场”的条件,也未必肯定是抢劫。另外,也有一些例外情形虽然不符合“两个当场”的条件,但由于行为人的行为持续性地压制被害人的反抗,还是可以认定为抢劫罪的。比如,行为人把炸弹放在被害人家里,要求被害人在几天内交付财物,而且威胁被害人如果报警的话就引爆,这样的情形应当认定为抢劫罪。即使没有真实地安放炸弹,但由于信息不对称,被害人也不敢轻举妄动,只能满足行为人的要求。这种情形也压制了被害人的反抗,也应当认定为抢劫罪。所以,核心的问题还是在于行为人的行为是否持续性地压制了被害人的反抗。只有持续性地压制了被害人的反抗,才能认为被害人没有选择的自由,才能认定被害人丧失了自由意志。“两个当场”只是持续性压制被害人反抗的一种情形,与此同时,“两个当场”也不必然压制了被害人的反抗。

接下来讲一下冒充警察非法获取他人财物的案件。报告人提到了2005年6月8日发布的《最高人民法院关于审理抢劫、抢夺刑事案件适用法律若干问题的意见》第9条的规定,即行为人冒充正在执行公务的人民警察“抓赌”“抓嫖”,没收赌资或者罚款的行为,构成犯罪的,以招摇撞骗罪从重处罚;在实施上述行为中使用暴力或者暴力威胁的,以抢劫罪定罪处罚。行为人冒充治安联防队员“抓赌”、“抓嫖”、没收赌资或者罚款的行为,构成犯罪的,以敲诈勒索罪定罪处罚;在实施上述行为中使用暴力或者暴力威胁的,以抢劫罪定罪处罚。亦即,冒充警察“抓赌”“抓嫖”的,应认定招摇撞骗罪;冒充治安联防队员“抓赌”“抓嫖”的,定敲诈勒索罪;在实施上述行为中,使用暴力或者暴力威胁的,定抢劫罪。这一司法解释确实存在疑问。其一,行为人冒充正在执行公务的人民警察“抓赌”“抓嫖”,没收赌资或者罚款的行为,不只是触犯招摇撞骗罪,也可能同时触犯诈骗罪、敲诈勒索罪。其二,冒充治安联防队员“抓赌”“抓嫖”的,既可能触犯敲诈勒索罪,也可能触犯诈骗罪。其三,冒充人民警察或者治安联防队员“抓赌”“抓嫖”时,如果使用暴力或者以暴力相威胁,首先成立抢劫罪的基本犯,但冒充警察的抢劫行为是否成立冒充军警人员抢劫,则是下一步的判断。

报告人提到的查扣私油案,我觉得构成抢劫罪。因为多名行为人以派出所查扣私油的名义截住车辆,采用手铐铐手、蒙头等手段,将被害人押上奥德赛轿车,这已经是比较严重的暴力行为,即使说可以私了,被害人也表示愿意私了,但被害人别无选择,而不是有选择的自由。也就是说,行为人的行为压制了被害人的反抗。我猜测，法院只认定为敲诈勒索罪，是考虑到认定为抢劫罪就要认定为冒充军警人员抢劫，判处的刑罚过重。我认为，如果被害人是考虑到行为人是警察才敢反抗的，冒充警察的行为就只能被评价为抢劫罪的基本犯，而不是加重犯，这就是我曾撰文提出的加重情节的作用变更现象。

第四，使用暴力、胁迫的手段逼迫他人写欠条的案件。

实务中对于这类案件有的定敲诈勒索罪，有的定抢劫罪。对此，需要考虑两个方面的问题：一是行为对象究竟是什么；二是是否实现以及如何实现欠条的内容。一方面，在日本，如果写欠条的纸是被害人的，这个欠条本身就是被害人所有的有体物，行为人抢劫欠条的行为就构成抢劫罪。如果是被告人自己拿笔和纸让被害人写下欠条，就不能认定被告人抢劫了作为有体物的欠条。至于是否构成抢劫财产性利益，以及抢劫财产性利益是既遂还是未遂，在理论上存在争议。这可以联系欺骗他人写欠条的案件来思考。日本多数学者认为，行为人欺骗他人写下欠条的，不能直接认定为诈骗罪的既遂，只能认定为诈骗罪的未遂。如果是这样的话，即使行为人使用暴力、胁迫让他人写下了欠条，也不能认定为抢劫财产性利益的既遂。另一方面，要考虑行为人后面的行为，即后续是否继续使用暴力、胁迫等手段实现所谓的债权。比如，报告人提到的暴力、威胁手段逼写借条案，被告人张某等人不仅以推搡、语言威胁等手段逼迫姜某写下退回赌资人民币 20 万元的凭证，还把姜某带至饭店内对其实施拘押，直至被害人将人民币 8 万元汇入被告人张某的账户并写下 12 万元借条承诺月底前履行后才予以释放。仅根据后面的行为，就能认定被告人的行为构成抢劫罪。

第十课

从案例看伪造、变造国家机关公文、证件罪*

一、学生报告

（一）引言

国家机关的公文和证件在确认个人身份、管理社会秩序等方面发挥着重要的作用。然而，随着科技的发展和社会环境的变化，伪造、变造证件的行为日益猖獗，给社会治安和司法实务带来了诸多挑战。我将从司法案例的视角，对伪造、变造复印件、车牌以及身份证图片的案例进行分析和讨论，探讨其行为性质。首先，尽管复印件可以成为伪造国家机关证件罪的对象，但在具体个案中，我们必须谨慎判定伪造国家机关证件的复印件在形式以及实质上是否等同于国家机关证件。其次，电子身份证是国家证件的一种，并在某些场合可以代替传统的身份证原件。然而，对于身份证的图片形式，在绝大多数场合并未得到国家机关的认可，因此在认定犯罪时，需要始终坚持罪刑法定的原则，合理评估个案中图片形式身份证的法律地位。最后，关于车牌是否应被视为国家机关证件的问题，机动车牌主要用于标识车辆所有人和管理交通秩序，并

* 本课报告人为钟业瑜，清华大学 2022 级法律硕士。

不具备代表国家机关的职能，因此在判定是否构成伪造国家机关证件罪时，我们应将机动车牌排除在外，确保刑法适用的准确性和公正性。我将聚焦于伪造、变造国家机关公文、证件犯罪（以下简称伪造罪）在司法实务方面的问题。

对伪造、变造复印件、车牌以及身份证图片的行为进行综合分析和探讨，旨在为司法实务提供有关伪造罪的指导，促进对该类犯罪的更加准确和公正的处理，同时对现有法律的完善和刑事司法实务提出一些建议。

（二）伪造国家机关公文

我国《刑法》第 280 条规定了伪造罪，这类犯罪侵犯的是公文、证件的公共信用。由于复写技术与复印技术的发展，制作与原件一模一样的复印本变得轻而易举。实践中也存在只需要提供复印件或者传真件等使之与原件有相同证明力的情况。本报告对复印件是否属于国家机关公文证件、未核实的复印件是否能定义为国家机关公文证件、篡改部分复印件是伪造行为还是变造行为等问题展开讨论。

1. 复印件是否为国家机关证件

案例 1：长沙市公安局交通警察支队车辆管理所根据《机动车登记规定》，要求外地人在长沙市办理机动车登记时提供公安机关核发的长沙市居住证复印件。被告人董某、彭某是从事车辆上牌、过户等代办业务的人员。为帮助外地客户上长沙市牌照，他们在代办过程中伪造了居住证复印件。制作过程包括使用电脑中的居住证模板制作打印件，并进行复印，以形成伪造的复印件。董某、王某甲、谢某伪造了 800 多个居住证复印件，彭某、李某甲伪造了 100 多个居住证复印件。①

尽管我国《刑法》第280条没有明确将复印件纳入伪造罪的对象中，但是通过检索我国近年来的判例，可以得出我国司法实践普遍承认伪造、变造国家机关证件的复印件的行为构成伪造罪，即复印件也是伪造罪的行为对象。判决理由部分通常表明，伪造复印件的行为侵犯了国家机关证件的公共信用。

对于伪造复印件是否构成伪造国家机关证件罪，学界有不同的观点，形成了肯定说和否定说两种观点。

肯定说从以下方面对复印件属于伪造罪的对象进行阐述：(1)复印件的意思表示。复印件的出现就是因为现实的需要。社会生活中，常常由于获取原件有困难或者为了提高效率，而采取由复印件代替原件的方式。复印件之所以可以当作原件来使用，是因为现代技术可以完整而便利地复刻原件，使复印件具有跟原件一模一样的形式以及内容，也就意味着复印件可以完整地表示原件名义人的意思表示。在这一前提下，复印件发挥的作用与原件相同，因此也应当给予复印件同原件一致的保护。(2)在认定复印件的意思表示的情况下，可以推导出复印件的名义人与原件的名义人是一致的。因此，伪造、变造复印件的行为就是冒用原件名义人行为，属于伪造、变造行为。

---

① 参见(2015)长县刑初字第00374号。类似的案例，参见(2014)浦刑初字第19号、(2020)冀09刑终82号、(2009)川刑初字第00297号。法院一般认为，所谓伪造，是指无权制作的人冒用国家机关名义制作虚假的证件。其中既包括国家机关的人，也包括非国家机关的人，还包括国家机关中的无权制作者的伪造行为。典型的伪造证件，是指制作形式与内容均虚假的证件。而证件的内容是证件的主体，证件的形式(原件或复印件)只是所显示内容的一种载体。我国的司法机关普遍认为在此种伪造情况下，“复印件是原件的再现，使人相信记载内容的真实”。其公信力相当于原件，因此构成犯罪。此外，也有司法机关认为伪造复印件的行为侵犯了国家机关的正常管理活动：“北京执法人员反映侵吞赔偿款的事实存在，该复印证件改变了其真实内容，且对真实的证件或印章利用涂改、拼接等方式进行加工而成，其行为已影响到国家机关正常的管理活动，损害了国家机关的名誉。”(2009)川刑初字第00297号。

否定说从以下方面阐述复印件不属于伪造、变造公文证件的对象：(1)文书的原件性。文书是由名义人直接作出的意思或者观念的表示。复印件不是原件，无法确定实际的制作人是谁。因此，即使复印件表示存在原件这一事实，但只要没有另外的文字来认证该复印件与原本同一无误，以及没有署名或者盖章，则表示名义人不存在，即也不属于文书。[①] 日本学者山口厚也持相类似的反对观点，无论多么精确地再现原件，除原先预定地将写本[②]本身作为原件来使用的情形之外，写本的制作名义人就是写本的制作人本人，那么，因没有注明而无法认识制作者的写本，就不属于伪造文书犯罪中的文书。[③] 总的来说，否定说认为，复印件只是原件机械的再现，在没有名义人总体授权或者是作为原件独立使用的情况下，缺乏原件名义人的意思表示则不是原件。(2)无同一人格的误认。除非在复印件上有原件名义人概括的同意，就只能说该复印件的制作人就是名义人，[④]复印件的制作名义人和原件的制作名义人是两个人。日本学者西田典之提出，文书的证据价值在于其可以追究制作名义人的责任。因此，如果文书没有作为责任主体的名义人的意思表示，或者无法确定名义人，则该文书的信用度大为降低，也不值得运用刑法加以保护，

---

① 参见[日]西田典之著，[日]桥爪隆补订：《日本刑法各论》(第7版)，王昭武、刘明祥译，法律出版社2020年版，第367页。

② 在日本的文书规范中往往在写本上盖有“写”字章，表明其不是原件。按照大谷实教授的解释，“正本，是指按照法定形式所制作的写本，与持有原件具有同等效力。判决书的正本就属于此。誊本，原件的整体抄写，户籍誊本即属于此。抄本，是对原件的摘抄。上述几种形式均附有相应的认证表述，因而其本身就具有原件性。狭义的‘写’，只有以原件的存在为前提，才具有作为文书的机能”。[日]大谷实：《刑法各论》，黎宏译，法律出版社2003年版，第428页。其中，狭义的“写”，就是汉语中的“副本”。参见[日]山口厚：《刑法各论》(第2版)，王昭武译，中国人民大学出版社2011年版，第504页。

③ 参见[日]山口厚：《刑法各论》(第2版)，王昭武译，中国人民大学出版社2011年版，第506页。

④ 参见[日]大谷实：《刑法讲义各论》(新版第5版)，黎宏、邓毅丞译，中国人民大学出版社2023年版，第482页。

那么也不属于伪造罪中的文书。[①] 否定说认为,复印件与原件本就存在两个人格,而伪造罪的本质在于使他人产生同一人格的误认,因此在伪造复印件的情况下,不存在"制作人试图将与自己并不相同的人格作为名义人(文书制作的责任主体)而为人所认识"的情况,[②]也就不能认定为伪造行为。(3)复印件社会信用说。否定说指出,既然复印技术发达,原件的复制本容易制作,那么在原件上加以改变也是容易的事,因此复印件在社会中的社会信用度和证据力都与原件有明显的差距。

通过对肯定说和否定说的讨论,可以发现关于伪造、变造国家机关公文、证件的复印件是否构成伪造罪的争点在于:(1)伪造罪的对象是否具有原件人的意思表示;(2)伪造行为是否造成同一人格的误认;(3)复印件的社会公共信用问题。

首先,伪造罪的对象是否具有原件人的意思表示。我的观点是,原件和复印件都可以作为伪造罪的犯罪对象且具备原件人的意思表示。关于文书的原件性,学者大谷实提出,"文书……必须是不能被替代的唯一的东西",[③]同时其说明的原件性是日本的"抄本"。抄本在形成的过程中可能会加入抄本人的意思,因此公众对于抄本内容的信赖不强。但是在抄本上有记载或抄本有原件人认证的字样时,文书便有原件性。所谓文书的原件性和唯一性是用于认证名义人真实的意思表示,因此在非原件得到原件名义人确证真实的情况下可以发挥原件的作用。然而,复印件不同于抄本和誊本,复印件是照原样重印,在复印的过程中很难对原件进行更改,这也是近年来在许多证明活动中,提供复印件也有同原件相同效力的原因。

其次,在复印件可以利用技术完整展示原件的特性,可以肯定其具有原件

① 参见[日]西田典之著,[日]桥爪隆补订:《日本刑法各论》(第7版),王昭武、刘明祥译,法律出版社2020年版,第366页。

② 参见[日]西田典之著,[日]桥爪隆补订:《日本刑法各论》(第7版),王昭武、刘明祥译,法律出版社2020年版,第370页。

③ [日]大谷实:《刑法各论》,黎宏译,法律出版社2003年版,第320页。

名义人意思表示的前提下，如何确定复印件的名义人与原件的名义人为同一人格？伪造、变造国家机关公文、证件罪的对象限定在国家机关颁发或者授权颁发的公文、证件等，因此本罪的原件名义人始终为国家机关。对于复印件来说，在大多数情况下为证件的持有人自行复印或其他途径的复印，这一行为似乎绕开了“国家机关”这一名义人。现实中，出于便民以及现实需求，使用复印件的场合有大量的法律、[①]行政法规、[②]地方性法规以及地方部门规章的规定。比如，以不动产权证复印件申请电表安装，以及以居住证复印件申请本地车牌，复印件的使用场合大多为申请国家机关证件、办理经营权或者备案。法律法规或者政策明确规定提交的是复印件的情况下，可以认为相关国家机关赋予复印件与原件相同的效力，也就是说，可以认为复印件有原件名义人的意思表示，进一步可以确认复印件制作人与原件制作人为同一人，伪造复印件就是冒用名义人的意思，造成了“制作人试图将与自己并不相同的人格作为名义人（文书制作的责任主体）而为人所认识”。[③] 因此，在伪造的结果方面可以确认伪造复印件的行为也会造成他人的误认。

最后，复印件也与原件同样具有社会公共信用。国家机关公文和证件之

---

① 2001 年《律师法》第 10 条规定：“申请领取律师执业证书的，应当提交下列文件：（一）申请书；（二）律师资格证明；（三）申请人所在律师事务所出具的实习鉴定材料；（四）申请人身份证明的复印件。”《境外非政府组织境内活动管理法》第 13 条规定：“……境外非政府组织代表机构凭登记证书依法办理税务登记，刻制印章，在中国境内的银行开立银行账户，并将税务登记证件复印件、印章式样以及银行账户报登记管理机关备案。”

② 《矿产资源勘查区块登记管理办法》第 6 条规定：“探矿权申请人申请探矿权时，应当向登记管理机关提交下列资料：（一）申请登记书和申请的区块范围图；（二）勘查单位的资格证书复印件……”《城市房地产开发经营管理条例》第 8 条规定：“房地产开发企业应当自领取营业执照之日起 30 日内，提交下列纸质或者电子材料，向登记机关所在地的房地产开发主管部门备案：（一）营业执照复印件……”《商业特许经营管理条例》第 8 条规定：“……特许人向商务主管部门备案，应当提交下列文件、资料：（一）营业执照复印件或者企业登记（注册）证书复印件……”

③ ［日］西田典之著，［日］桥爪隆补订：《日本刑法各论》（第 7 版），王昭武、刘明祥译，法律出版社 2020 年版，第 370 页。

所以具有高度的信用是因为有明确的国家机关作为名义人,其内容的真实性受到国家机关的保证。目前,在我国,法律法规虽然没有明确规定复印件相当于原件的证据效力,但是在一些法律法规和行政法规的规定下,或在一些公务情况下只需要提供复印件也能办理相关国家机关的证件。随着复印件适用的场合增加,在国家机关认可的情况下,不能否认其证明力。

要论证复印件是否构成伪造罪的对象,需要从伪造罪的本质入手。伪造行为的目的在于造成他人对于伪造对象的制作人和名义人的误认。名义人是从文书的记载内容能够理解到其意识内容的主体,即文书中象征性地代表、确认或标识与文书相关的角色或责任。制作人是实际创建文书的人。在伪造行为中,伪造不真实的文书会使他人对于制作人和名义人产生同一人格的误认,即该文书的制作人等同于名义人,从而产生不真实的文书效力等同于真实效力的误解。学术上存在名义人必要说和名义人不要说。名义人必要说认为,伪造文书的名义人必须真实存在,伪造虚构名义人的文书不构成伪造文书行为。名义人不要说则认为,即使制作虚构名义人的文书,也可能构成伪造文书犯罪。① 由于伪造的本质在于对公共信用的侵害,因此只要伪造的文书足以使人误认为真正的文书即可,因此我支持名义人不要说。伪造的复印件行为是否达成伪造的目的,即造成了制作人与名义人同一人格的误认,是判断复印件是否成为伪造国家机关公文、证件罪的关键。判断复印件是否成为伪造罪的判断路径如下:(1)复印件意思表示是否与原件一致;(2)复印件的制作是否具有实际名义人的授权或者概括的同意;(3)名义人是否赋予复印件与原件同样的证明力。如果一份复印件同时能够满足以上三个要求,那么可以判断其是伪造文书犯罪的对象。由于我国刑法保护的是公文书,公文书的唯一名义人为国家机关;在现实情况下,国家机关要求提交的文件形式为"复印件"形式可以视为对于复印件制作的概括的同意;使用复印件即完成公共事务的可以视为名义人对于复印件证明力的确认。

---

① 参见熊永明:《伪造文书罪研究》,武汉大学2005年博士学位论文,第62页。

2. 未核实的复印件是否为伪造国家机关公文的对象

案例 2:2001 年 5 月 14 日上诉人韩某甲注册的青海高原天然矿泉水开发有限责任公司取得“青藏高原”商标注册证。2007 年,韩某甲将该商标更名为“青海高原特色资源开发有限责任公司”,并以此名义参加了化隆县域的“好商标”评选活动。其间,韩某甲指示公司员工祁某甲和马某甲在公司电脑上将原始的商标注册证上的注册人名称由“青海高原天然矿泉水开发有限责任公司”更改为“青海高原特色资源开发有限责任公司”,然后在彩色喷墨打印一体机上进行了复印,并将复印件提交给工商部门。祁某甲、马某甲将青海高原天然矿泉水开发有限责任公司名下的“青藏高原”商标的复印件前半部分的商标所有者变更为“高原特色公司”,后经再次变造的复印件合成提交化隆县工商局评选“好商标”活动。法院判决指出,根据现行刑法,仅对复印件进行变造能否构成犯罪不明确。根据实践经验,复印件本身不具有与原件相等的证明效力,提交复印件时应与原件核实并确定后方与原件有同等的效果。本案中,化隆县工商局收到上述复印件后未进行相关的核实工作。① 其行为已构成变造国家机关证件罪的事实不清,证据不足。②

本案中,被告人先对其商标注册证进行伪造,再打印复印件提交给有关部门。而法院认定的复印件本身不具有与原件相等的证明效力,提交复印件时应与原件核实并确定后方与原件有同等的效果。有关机关的工作人员疏于职责,并没有进行核对,导致该复印件不具有与原件同等的效果,没有侵犯公共信用的危险。我认为,此判决对于被告行为的认定有误。在此案例中,复印只

---

① 化隆县工商局工作人员张某丙、赵某乙在该局保存的“青藏高原”商标注册证复印件(A3 纸)参加“好商标评选”资料上签名注明:“此件系韩某甲于 2007 年初在推选县域好商标活动中提供。”原审判决认定韩某甲于 2007 年实施了变造行为并将复印件提供给化隆县工商局,但上诉人韩某甲获颁发的“好商标”荣誉证书证明,证书的颁发时间为 2006 年 10 月,有先颁证后提供材料之嫌,故该商标复印变造行为造成扰乱国家机关管理活动的后果不明显。

② 参见(2014)东刑终字第 80 号。

是一种伪造的手段，行为人对原件本身进行篡改，再复印下来，其实质还是对于原件的伪造。从复印是伪造原件的手段来看，在篡改公文的内容之后制作复印件的场合，该篡改如果是针对原件自身行为进行的，即便只是达到变造的程度，也成立伪造罪。本案判决理由中还提到了有关工作人员的“核实义务”。在某些复印件使用的场景下，相关的法律法规或者部门规章明确要求相关工作人员必须履行核实义务，复印件才具有与原件相同的证明力。若相关工作人员未履行核实义务，那么复印件不具有与原件相同的证明力，不视为国家机关的文书。此时伪造复印件的行为不成立伪造罪。《最高人民法院关于民事诉讼证据的若干规定》第10条规定：“当事人向人民法院提供证据，应当提供原件或者原物。如需自己保存证据原件、原物或者提供原件、原物确有困难的，可以提供经人民法院核对无异的复制件或者复制品。”民事诉讼中对于复印件是否作为证据有较为严格的规定，同时可以注意到《关于民事诉讼证据的若干规定》中提到的人民法院的核实义务，我认为在法律法规或者部门规章中，若明确规定“核实义务”，此义务是该情形下复印件取得证明力的关键。

在现实生活中，对复印件的广泛应用使复印件的社会公共信用也在逐渐提高，但是始终需要明确的是，复印件不等同于原件，对于变造复印件的证明力应采用更为严格的标准。我认为，复印件由于其特性可以完整地再现原件，同时由于国家机关的授权，在一些情况下，复印件可以代替原件使用，复印件可以成为伪造罪的对象。在公务活动明确表示可以提交复印件的情况下，伪造复印件就是伪造国家机关公文、证件。但是，在一些复印件效力未得到原件名义人（国家机关）承认的情况下，或者复印件未得到名义人认可的情况下，复印件不能成为伪造罪的对象。比如，在未涉及公共信用的私人事务中，利用伪造的公文使他人产生虚假的主观印象，如夸大经营水平或者个人能力等，尽管对方可能相信行为人所伪造的复印件，但由于仅基于相对人的主观认知，复印件并不因此具有与原件等同的实质证明力且并没有危及公共信用的危险，因此不应入罪。同时，伪造、变造复印件也要结合其后果综合判定。

3. 伪造部分复印件属于伪造还是变造

案例3：被告人杜某华在为陈某办理二手房过户手续过程中，为达到免缴地税、自己从中牟利的目的，伪造了多人的契税完税证。其行为方式是更改契税完税证复印件的计税金额，并在契税完税证复印件上书写了“与我所保存档案一致，用于房产过户”的字样和日期，提交给税务部门达到避税的目的。被告人辩称其行为应构成变造国家机关证件罪，伪造是指没有事实而造假，被告人只是在客户提交的契税完税凭证复印件上书写了“与我所保存档案一致，用于房产过户”的字样和日期，其行为只是变造了该契税完税凭证复印件，没有对契税完税凭证复印件进行改动。①

关于变造行为的刑法规定分为两种：一是将变造纳入伪造的行为中，变造行为是伪造的一种方式；二是区分伪造和变造行为，将伪造和变造解释为两种不同的行为。例如，我国《刑法》第280条对伪造、变造、买卖国家机关公文、证件印章罪的规定，对伪造、变造、买卖身份证件罪的规定等。伪造和变造的区别是：首先，变造的对象是指已经完成而独立存在的真正的文书。已经存在的虚假文件或伪造文件无法成为变造的对象。这是因为这些已经存在的虚假文件或伪造文件已经对信用造成了危害，对这些文件进行非本质性的改动并不能再产生新的损害公信力的风险，因此无法被视为变造的对象。② 伪造未完成的文书只能成立伪造而不是变造。其次，伪造的程度不同。变造是对真正的文书进行非实质性的篡改，这意味着篡改的部分是没有文书证明能力的，

① 参见（2011）解刑初字第157号。司法机关认定被告人伪造了契税完税凭证复印件，其行为属于伪造国家机关证件。就被告人的伪造行为来说，契税完税凭证复印件上的字迹“与我所保存档案一致，用于房产过户”系其添加，上面加盖的“焦作市房地产监理所”印文系由伪造的印章加盖，但因4份契税完税凭证均系复印件，无原件，不符合鉴定受理条件，无法对复印件上加盖的“焦作市财政局契税征收专用章”的真伪进行鉴定。同时，该4份契税完税凭证复印件经与公安部门调取的真实的契税完税凭证相比对，已被证实不一致，故作为一个整体，被告人杜某华向税务部门递交的4份房产原契税完税凭证复印件均系伪造。

② 对伪造文书的更改引起了新的侵犯公共信用的危险的仍然属于伪造。

文书的性质并没有改变,反之,则是伪造。

对公信力的损害总体而言伪造大于变造,因此为了贯彻罪责刑相适应原则,刑法对两者进行区分并处以不同的处罚。在本案中,被告人对国家机关证件的复印件进行篡改,其辩护人认为应该为变造国家机关证件罪。我认为应该是伪造国家机关证件罪。变造行为必须是对文书的非本质部分进行变更,使现存文书具有新的证明力。① 在国家机关公务活动应该提供契税完税凭证复印件的情况下,该复印件需要加盖公章并且由复印的公务人员写上"与我所保存档案一致,用于房产过户"的字样和日期,用于证明其与原件具有同等的证明力。在本案中,被告人修改了计税金额,添加了名义人的署名字样,对复印件进行了实质的篡改,毫无疑问是伪造行为。

需要进一步探究的是,复印件是否能成为变造的对象。对复印件的篡改主要有两种方式,一种是在原件上篡改之后再进行复印,另一种为直接在原件的复印件上篡改。第一种篡改行为,毫无疑问属于伪造。大谷实认为,由于是制作不同于原件的另外的文书,因而即使对真正文书加以变更的程度很小,也不是变造而是伪造。② 在这种情况下复印是实现伪造的一种手段。即使只是针对原件非本质的变更,由于其产生了与原件完全不同的文书,在此意义上原件的证明力和文书资格已经发生了实质改变,因此属于伪造而不是变造。第二种情况,即直接在复印件上进行的非本质的篡改是否属于变造行为。日本学者将变造的对象定义为"真正的文书"。③ 真正的文书需要符合形式真实和实质真实。复印件是否能被定义为"真正的文书",如前所述,我认为只有在得到名义人授权或者概括的授权的情况下才能认定其

---

① 参见[日]大谷实:《刑法讲义各论》(新版第5版),黎宏、邓毅丞译,中国人民大学出版社2023年版,第485页。

② 参见[日]大谷实:《刑法讲义各论》(新版第5版),黎宏、邓毅丞译,中国人民大学出版社2023年版,第485页。

③ 参见[日]大谷实:《刑法讲义各论》(新版第5版),黎宏、邓毅丞译,中国人民大学出版社2023年版,第485页。

具有文书的特性。在本案中,加盖公章并出示名义人认可字样的复印件作为真实的文书使用。在此情况下的复印件不等同于原件,但是复印件具有了与原件相同的证明力,可以被视为真正的文书。虽然复印件本质是原件内容机械的再现,但由于存在原本制作名义人的印章和署名,其成为伪造罪的对象。因此,根据此种观点,复印件可以被认定为"真正的文书",即变造行为的对象。

我国刑法规定的变造行为必须满足两大要点:一是变造行为必须是非本质的篡改;二是变造行为必须在原件上进行。由于变造行为表现为非本质的篡改,其对于公共信用的损害较低,但是变造是在原件上直接篡改,因此也存在危害公共信用的可能性。在复印件上进行非本质的篡改,由于复印件不等同于原件,如果认定为伪造行为,不符合罪刑法定原则,也可能会出现罪刑不相适应的情况。如果不认定为犯罪,刑法对此类违法犯罪行为不予规制,同样也会危害公文的社会公共信用。两相权衡,应当认为,在复印件上进行非本质的篡改的行为有可能成立变造国家机关公文罪。但需要注意的是,此种行为是否能成立变造国家机关公文罪,需要考量"复印件"本身是否在特定场景中承担了与原件所发挥的相同社会机能,有着与原件完全相同的效力,从而承担着与原件相同的社会公共信用。在本案中,复印件形式为:加盖公章并且由复印的公务人员写上"与我所保存档案一致,用于房产过户"的字样和日期,用于证明其与原件具有同等的证明力。在这种复印件的制作和形式都比较严格的情况下,应认定复印件是变造国家机关公文罪的对象。

(三)车牌是否属于国家机关证件

1. 车牌是否为国家机关证件

案例4:2017年,被告人严某红伪造机动车证件并贩卖,同时承包代办车牌业务。被告辩称,根据相关司法解释,伪造机动车车牌不构成犯罪,机动车车牌不属于国家证件。法院指出,根据最高人民法院研究室《关于伪造、变造、买卖民用机动车号牌行为能否以伪造、变造、买卖国家机关证件罪定罪处罚问题的请示》的答复："伪造、变造、买卖民用机动车号牌行为不能以伪造、变造、买卖国家机关证件罪定罪处罚。"故公诉机关指控的该两起犯罪事实不成立。①

案例5：2008年3月至2009年12月18日，柳某松（已判刑）以海口市城西乡苍西村一养猪场作为非法制造机动车牌的窝点，大量伪造机动车车牌，并进行贩卖，以此牟取暴利。由柳某松的姐姐柳某敏负责联系肖某银、孔某协（均已判刑）收集需要制作的假机动车牌号码信息。法院认为，柳某敏伙同柳某松等人为获取暴利，长期伪造大量机动车车牌并进行销售，情节严重，其行为已构成伪造、买卖国家机关证件罪，应依法予以惩处。②

根据判例可以得出，关于机动车车牌是否为国家机关证件存在分歧：一种观点认为机动车车牌属于国家机关证件。理由为1998年最高人民法院、最高人民检察院、公安部、原国家工商行政管理局发布的《关于依法查处盗窃、抢劫机动车案件的规定》第7条规定，伪造、变造、买卖机动车牌证及机动车入户、过户、验证的有关证明文件的，依照《刑法》第280条第1款的规定处罚，该规定已将机动车号牌作为《刑法》第280条的犯罪对象。另一种观点认为车牌不是国家机关证件。2007年最高人民法院、最高人民检察院发布的《关于办理与盗窃、抢劫、诈骗、抢夺机动车相关刑事案件具体应用法律若干问题的解释》第2条第1款规定，伪造、变造、买卖机动车行驶证、登记证书，累计3本以上的，依照《刑法》第280条第1款的规定，以伪造、变造、买卖国家机关证件罪定罪，处3年以下有期徒刑、拘役、管制或者剥夺政治权利；第2款规定，伪造、变造、买卖机动车行驶证、登记证书，累计达到第1款规定数量标准5倍以上的，属于《刑法》第280条第1款规定中的"情节严重"，处3年以上

① 参见（2018）豫1003刑初26号。

② 参见（2012）海中法刑终字第176号。类似的案例，参见（2010）宛龙刑初字第84号、（2014）珠香法刑初字第2748号。

10年以下有期徒刑。其中并不包含车辆号牌。因此,民用机动车号牌不属于《刑法》第280条的犯罪对象,不属于国家机关证件,对于只伪造民用机动车号牌,没有伪造其他证件的,不能以伪造国家机关证件罪定罪处罚。

在司法实务中已经形成的主流观点为车牌不是国家机关证件,依据主要为前述最高人民法院研究室对相关请示的答复。同时,学界对于车牌是否为国家机关证件的争议随着该答复的颁布逐渐减少。学界目前对于车牌不属于国家机关证件的观点主要有以下几点原因:首先,从机动车车牌的性质看,其属于标志而不是证件。证件是指由国家机关制作颁发的用以证明身份、权利义务关系或者有关事实的规范性凭证,[①]证件属于文书的范畴,而文书必须是客观上能够理解的特定人的意思、观念的东西。仅是在当事人之间通用的暗号牌、号码牌,即便上面记载了数字或者文字也不是文书。[②] 其次,机动车号牌是英文和数字的组合,车牌便于交通管理部门实施管理和社会公众监督,所起的作用主要是识别作用而不是证明作用。[③] 有学者认为,公安部修订发布的《机动车登记规定》,[④]进一步强化了车牌的个性化色彩。最后,从一般属性来看,机动车号牌只是一种标志,而非国家机关证件。另外,最高人民法院研究室对请示的答复从体系解释的角度说明车牌与驾驶证不具有同一性。[⑤]

---

① 参见黎宏:《刑法学各论》(第2版),法律出版社2016年版,第354页。

② 参见[日]大谷实:《刑法各论》,黎宏译,法律出版社2003年版,第319页。

③ 参见黎宏:《刑法学各论》(第2版),法律出版社2016年版,第354页。

④ 《机动车登记规定》第43条规定:"机动车所有人可以通过计算机随机选取或者按照选号规则自行编排的方式确定机动车号牌号码。公安机关交通管理部门应当使用统一的机动车号牌选号系统发放号牌号码,号牌号码公开向社会发放。"

⑤ 《刑法》第280条第1款规定了伪造、变造、买卖国家机关公文、证件、印章罪,第281条规定了非法生产、买卖警用装备罪,将警用车辆号牌归属于警察专用标志,属于警用装备的范围。从这一点分析,证件与车辆号牌不具有同一性。如果具有同一性,《刑法》第280条中的证件就包括了警用车辆号牌,也就没有必要在第281条中单独明确列举警用车辆号牌了。

司法实务中伪造和变造车牌的处理并不完全一致。《道路交通安全法》第96条第1款规定："伪造、变造或者使用伪造、变造的机动车登记证书、号牌、行驶证、驾驶证的，由公安机关交通管理部门予以收缴，扣留该机动车，处十五日以下拘留，并处二千元以上五千元以下罚款；构成犯罪的，依法追究刑事责任。"该条款对车主伪造、变造车牌的轻微的违法行为作出了行政处罚的规定，但是该条款中有"构成犯罪的，依法追究刑事责任"的规定。在司法实务中，伪造、变造车牌通常还伴随着制造虚假的驾驶证件的情形，甚至还伴随着伪造其他国家机关证件的行为，因此在司法实务中对于伪造车牌的行为的处理处于一个模糊地带。对于大量伪造车牌的行为，司法实务中要么将其纳入国家证件犯罪的评价范围，要么将其完全排除在犯罪之外，只给予行政处罚，如彭某某伪造车牌案。①

2. 伪造临时车牌的定性

案例6：2014年至2018年10月，上诉人曾某林为谋取非法利益，在其租住的遵义市红花岗区，使用电脑、光敏机、打印机等设备为他人伪造机动车临时车牌、国家机关印章、居民身份证等。被告杨某灿找人伪造"遵义市公安局交通警察支队"印章一枚及"重庆市公安局交通管理局"印章一枚，并在自己家中伪造临时车牌。法院认为机动车临时号牌是由国家机关依法颁发的，加盖有国家机关印章的准许机动车临时在道路上行驶的凭据，具有行驶证等证件的性质，故依法属于国家机关证件。杨某灿提供给张某建的伪造的临时车牌，印有机动车牌号，盖有伪造的国家机关印章，其行为已触犯刑律规定，构成伪造国家机关证件、印章罪。②

---

① 违法行为人彭某某于2020年2月开始从事伪造车辆号牌，通过违法行为人毛某某，以外地假牌快递邮寄、市内假牌摩的运送的方式，将制作完成的假牌照发往全国各地。根据《道路交通安全法》第96条第1款之规定，上述两名违法行为人因涉嫌伪造机动车号牌被依法处以行政拘留并处罚款的处罚。

② 参见(2019)黔03刑终602号。

在本案中,被告人由于伪造机动车临时车牌而被认定为伪造国家机关证件、印章罪。临时车牌在司法实务中普遍被认定为国家证件。伪造临时车牌的行为成立伪造国家机关证件罪。“临时车牌”是指在机动车未取得公安交警部门核发的车辆牌照之前,作为车辆合法上路行驶的证明。在一般情况下,车牌和行驶证需要同时办理,因此相关部门为正在办理车牌和行驶证的公民颁发“临时车牌”作为其驾驶资格的证明。临时车牌与普通的机动车车牌最大的不同在于其记载内容,临牌不是单一的信息,其涵盖内容有临时号牌、号牌有效期、机动车车架号、发动机号码、购车时间及车主名字、住址等,属于多种信息的组合。此类信息同时也是行驶证的内容。因此,临时车牌与正式车牌有着本质的区别。机动车牌证是以铁牌和行驶证“合二为一”的形式同时作出,临牌作为上道路行驶的许可证,兼具临时牌号与临时行驶证的功能,是准铁牌与准行驶证的合体。① 从临牌的形式来看,临牌盖有主管部门的印章。临牌加盖有国家机关印章,足以使公众对其产生合理信赖,且在未颁发行驶证前,临牌替代行驶证的证明效力,即凭临牌能够确认机动车的车主,而车主持有临牌可证明其上道路行驶的合法性。因此,此罪名也会与伪造国家机关印章罪竞合。

3. 出售制作车牌的机械设备及模具行为

案例7:被告人杨某华、张某仪为非法牟利,无视国家法律、法规规定,明知他人违法制作应当由国家机关(公安机关)制作的车牌,而向其出售制作车牌的机械设备及车牌模具,并传授制作工艺,侵犯了国家机关的正常管理活动和信誉,主观上明知伪造国家证件(机动车号牌)系违法、犯罪,客观上实施了出售制作车牌的机械设备及模具违法犯罪行为及为他人伪造国家机关证件成品制造条件,其行为构成伪造国家机关证件罪,应当以伪造国家机关证件罪追

① 参见何德辉、应玲玲:《涉机动车临时号牌案件法律适用探究》,载《中国检察官》2019年第16期。

究其刑事责任。①

审判机关首先肯定了机动车牌是国家机关证件的性质,其引用《道路交通安全法》第96条的规定,但以车牌是与行驶证配套颁发为由认定车牌属于国家机关证件的说法站不住脚。而且,本案中被告人杨某华、张某仪是出售制作车牌的机械设备与模具,并没有直接参与车牌的制作。因此,本案对于杨某华、张某仪的判决存在疑问。

我认为,对于伪造车牌类的犯罪,不应以伪造国家机关证件罪处罚。对于案例7中出售制作车牌的机械设备及模具的行为,更不能以伪造国家机关证件罪处罚,可以考虑以非法经营罪处理。大量涉及伪造车牌的案件,在相关的司法解释颁布前,大部分都是以伪造国家机关证件罪定罪处罚。通过检索大量的案件,可以看出许多犯罪人伪造车牌的犯罪行为还伴随伪造、变造其他国家机关证件,比如有些犯罪在伪造驾驶证的同时会伪造配套的车牌,②在判决中,对于伪造车牌行为的定性极少出现,且很少独立评价,大多包含在伪造国家机关证件罪中。

---

① 参见(2019)吉0403刑初59号。最高人民法院研究室于2009年曾答复,伪造、变造、买卖民用机动车号牌行为,不应认定为犯罪。辩护人据此提出辩护意见。判决则指出,根据《道路交通安全法》的规定,机动车辆证件不仅包括机动车登记证书、行驶证等证书,亦包括号牌,这些都是机动车的合法证件,车辆号牌是公安机关专属制发的机动车合法权属及使用的证件之一,是与行驶证书同时使用并起相同作用的法定证件,是公安机关依法管理机动车辆的凭证和手段,它与行驶证配套颁发,起证明机动车合法性的作用,除公安机关外,任何单位、个人无权制作,故本案被告人出售制作号牌机械设备及车牌模具并传授制作工艺的行为及出售制作号牌半成品、直接实施制作成品的其他人均符合本罪的构成要件,各参与人主观犯罪动机明显,客观上均实施了具体犯罪行为。辩护人提出杨某华不应受刑事追究的辩护意见,理由不充分,法院不予采纳。

② 参见(2018)甘0302刑初316号。2013年11月,被告人牛某甲和被告人姜某开始伪造拖拉机行驶证和车牌照,至2015年11月26日,姜某从浙江苍南市一制证厂定制套印有"甘肃省金昌市农机监理所"印章的空白拖拉机行驶证证芯和车牌照,将车牌照和空白证芯以每套800元价格交给被告人牛某甲,牛某甲又将空白证芯交给被告人乔某某根据办证人信息套印,共伪造了2178套拖拉机行驶证(朱某甲、乔某某因伪造其中60套拖拉机行驶证已被另案处理)。

(四)身份证件类犯罪

作为《刑法修正案(九)》的新设罪名,使用虚假身份证件、盗用身份证件罪,是指在依照国家规定应当提供身份证明的活动中,使用伪造、变造的或者盗用他人的居民身份证、护照、社会保障卡、驾驶证等依法可以用于证明身份的证件,情节严重的行为。《刑法修正案(十一)》第32条将盗用、冒用他人身份取得特定资格或待遇的行为单独构罪。需要讨论的是,伪造、变造身份证图片的行为是否构成伪造、变造身份证件罪。

案例8:被告人郭某2在从事有偿删帖活动期间,根据魏某伟的安排,使用改图软件伪造营业执照、居民身份证图片等并通过网络发送给魏某伟,后上述伪造的营业执照、居民身份证等图片被魏某伟等人用于向相关机构提出删帖要求。公诉机关认为被告人郭某2的行为已构成伪造国家机关证件罪、伪造身份证件罪,依法应予惩处。①

案例9:被告人杨某系杭州某鲜花有限公司法定代表人,并在"饿了么"网络平台上开设花店。为扩大公司销售额,杨某于2019年通过网络购买他人的居民身份证及营业执照图片电子版,后指使被告人叶某枝使用电脑软件将身份证图片上的"姓名"修改为营业执照上"经营者"的姓名,再由杨某将修改后的301份身份证图片提交给某网络科技(上海)有限公司用于开设连锁店。杨某共计支付叶某枝人民币一万余元。②

案例10:2019年7月,被告人刘某雯得知张某因被其诈骗向公安机关报警后,利用手机软件将其身份证照片上的姓名与身份证号进行修改,并将修改后的身份证图片通过微信发给张某,意图骗取张某的信任,让张某告诉警察不要抓其。法院认为被告人变造居民身份证,其行为分别触犯了《刑法》第266

---

① 参见(2019)沪0106刑初229号。

② 参见(2020)沪0107刑初266号。法院认为被告人杨某变造、买卖居民身份证,其行为已构成变造、买卖身份证件罪,且情节严重。类似案例参见(2019)沪0106刑初229号、(2017)粤1322刑初231号。

条、第280条第3款，犯罪事实清楚，证据确实、充分，应当分别以诈骗罪、变造身份证件罪追究其刑事责任。[①]

上述被告人实施伪造并使用身份证的行为特殊之处在于，其伪造的是身份证的图片版，单纯以数据形式存在的身份证是否能被定义为伪造身份证件罪的对象，这一点存在疑问。我认为，仅仅伪造身份证的图片不能成立伪造身份证件罪。首先，电子身份证并不是身份证原件，这一点毋庸置疑。身份证图片与电子身份证也存在本质的差别。电子身份证是将公民个人身份通过人脸识别的生物技术比对后，在手机上生成的电子证件，实现线上线下身份认证统一，常用的为带时间戳的二维码或条形码。[②] 身份证图片版是通过拍摄身份证原件或者扫描身份证原件形成的电子数据（图片）。电子身份证可以视为居民身份证的原件，而身份证图片版虽然在某种程度上是身份证信息的再现，但并不能说其是名义人的意思表示的再现，即不是身份证原件。如同复印件一般，文书是由名义人直接作出的意思或者观念的表示。因此，即使复印件表示存在原件这一事实，但只要没有另外的文字来认证该复印件与原本同一无误，以及没有署名或者盖章，则表示名义人不存在，即也不属于文书。[③] 其次，伪造行为并不会导致他人认为身份证图片版的名义人就是身份证原件的名义人。对于身份证原件和电子身份证来说，其名义人为制作颁发身份证和电子身份证的有关部门，而对于身份证图片版或者扫描版来说，在通常意义下，其不会被认为非原件形式的身份证名义人是有关机关的部门。这一点可以同身份证复印件做对比。前文对于身份证复印件可以作为伪造身份证件罪的对象

---

① 参见（2019）皖0225刑初445号。

② 参见（2020）辽13刑终422号。在此案中，被告人刘某强伙同被告人王某利（被告人王某利离职前）或者于某（被告人王某利离职后）通过伪造外地办证人员暂住证、修改外地办证人员电子版身份证住址、代签机动车驾驶证申请表等方式牟取利益。法院认为被告人刘某强、王某利、于某等人成立买卖身份证件罪。此处的电子身份证即为国家有关机关为公民颁发的电子版身份证，认定为国家机关证件并无争议。

③ 参见［日］西田典之著，［日］桥爪隆补订：《日本刑法各论》（第7版），王昭武、刘明祥译，法律出版社2020年版，第367页。

已有描述。在有关机关明文规定出示或者提交身份证复印件，身份证复印件的作用相当于原件的情况下，可以认为该身份证复印件的制作人是有权的国家机关，同时该部门也应当承担核对工作。而现实生活中，特别是国家机关执行公务的情况下，很少仅仅需要提供身份证图片版的情况，一般要求提供原件或者复印件。实际生活中，运用身份证图片版的场景一般是非正式的场合，涉及公民重大事项的活动很少会仅要求提供身份证图片版，因此相对于身份证复印件来说，公众对于身份证的图片形式或者扫描形式的信用评价较低。

使用伪造身份证图片的行为是否触犯了使用虚假身份证以及盗用身份证的行为呢？使用虚假的身份证和盗用身份证要求在依照国家规定应当提供身份证明的活动中，如何定义国家规定的提供身份证明的活动是关键。最高人民法院于 2011 年发布了《关于准确理解和适用刑法中"国家规定"的有关问题的通知》，其第 1 条规定，刑法中的"国家规定"，是指全国人民代表大会及其常务委员会制定的法律和决定，国务院制定的行政法规、规定的行政措施、发布的决定和命令。其中，"国务院规定的行政措施"应当由国务院决定，通常以行政法规或者国务院制发文件的形式加以规定。以国务院办公厅名义制发的文件，符合特定条件的，亦应视为刑法中的"国家规定"。上述解释补正了行政措施制定中的不规范问题，弥补了"国家规定"边界不清的不足，对于准确把握"国家规定"的适用标准具有重要意义，应作为本罪"依照国家规定"的认定依据。① 我国各项基本身份证件及其使用、管理的规范主要涉及两种基本类型：(1)以身份证件登记为中心的法律规范。② (2)以身份证件

① 参见魏昌东、张涛：《使用虚假身份证件、盗用身份证件罪法教义学解构》，载《首都师范大学学报(社会科学版)》2018 年第 6 期。

② 根据《居民身份证法》第 14 条的规定，公民在办理常住户口登记项目变更、兵役登记、婚姻登记、收养登记、申请办理出境手续等事项时，应当出示居民身份证。根据《出境入境管理法》第 11 条的规定，中国公民出境入境，应当向出入境边防检查机关交验本人的护照或者其他旅行证件等出境入境证件。此类规范所规定的身份证件出示属主动出示的类型。

使用为中心的法律规范。[①] 此类规范所确定出示身份证件的范围毫无疑问地属于"依照国家规定应当提供身份证明的活动"。在案例8中,被告人伪造身份证图片和营业执照图片以达到违法删帖的目的。司法机关指控其触犯伪造国家机关证件罪、伪造身份证件罪。在案例9中,被告人购买身份证图片并将修改后的身份证图片提供给网络公司开连锁店。这两起案件的身份证信息确认的主体不能说是国家的有关部门,而是与网络相关的企业。因此,此时身份证图片的用途是相关企业在给公民提供相关服务时,用它达到确认身份或者备案的目的,此时身份证图片效力不等于原件,也不能视为身份证原件的名义人的授权。而在案例10中,被告人仅仅是将自己修改过的身份证图片发送给被害人,达到其误认的目的,司法机关指控其为变造身份证件罪。我认为这种观点是错误的。即使其行为有逃脱法律制裁的目的,其手中的身份证图片并不能认为是真实的国家证件原件,修改身份证图片信息的行为也不能称为变造。

国家机关证件的复印形式和图片形式可以进行类比。两者在是否构成国家机关证件以及伪造行为的界定上都存在争议。复印件在被提供给公共管理事务中,可以认定为有名义人的授权,且具备与原件同样的效力。但是对于身份证图片来说,其适用范围相对于复印件小很多,但是如果确有相关部门要求公民提供身份证的图片或者扫描形式,也可以视身份证图片形式为国家机关证件的认可,此时如果对身份证图片或者扫描件进行篡改且造成相关损害可以被视为伪造。根据我国《居民身份证法》的规定,居民身份证和居民身份证复印件的法律性质是不同的。居民身份证是公民从事有关活动、证明法定身份的唯一有效证件;居民身份证复印件只是证件外观和表面文字信息的记录,只能在核实公民身份信息时起到参考作用,不具有证明公民身份的法律效力。

---

① 《铁路安全管理条例》第64条规定,铁路运输企业应当按照国务院铁路行业监督管理部门的规定实施火车票实名购买、查验制度。实施火车票实名购买、查验制度的,旅客应当凭有效身份证件购票乘车;对车票所记载身份信息与所持身份证件或者真实身份不符的持票人,铁路运输企业有权拒绝其进站乘车。

因此,即使有关部门要求公民提供身份证办理业务,相关的工作人员也要承担核实证件的责任。例如,关于规范金融电信等领域居民身份证复印件使用及其法律责任的提案,①提出了在身份证使用方面国家有关机关的相关核实义务。

伪造身份证图片在不涉及有关部门公共管理职责的情况下,不应该认定为伪造身份证件罪,对于通过图像处理技术 PS 等收集的居民身份证进行处理的行为,刑事立法保护的法益是立足于对真实身份的保护,即人、证是否一致,身份证明的真实性问题。可以将伪造、变造、买卖、盗用及 PS 他人身份证件信息的行为按照侵犯公民个人信息罪进行处理。

二、课堂交流

同　学:你后面提到伪造身份证件罪,如果涉及公民个人信息,有可能会构成侵犯公民个人信息罪,判决上讲,行为人以非法方式获取身份证被评价成立侵犯公民个人信息罪,但是后面一部分盗用身份证件办手机卡过户的行为被评价为盗用身份证件罪,你认为这个罪与侵犯公民个人信息罪有什么关系呢?

报告人:身份证件上的信息就是公民个人信息。我说的这个案例是因为 PS 身份证的行为不能被认定为伪造身份证件,如果符合侵犯公民个人信息罪的构成要件,可以将其认定为侵犯公民个人信息罪。

同　学:我们看一下这个行为结构,前一部分是以非法的方式获取数据,就是

---

① 参见政协十二届一次会议提案第 1726 号。目前,《居民身份证法》和相关法律没有要求公民在办理相关事务时必须留存居民身份证复印件,一些行业和部门要求公民在办理相关事务时留存身份证复印件只是其行业和部门的规定,缺乏法律层面的依据。鉴于居民身份证和居民身份证复印件不同的法律效力,公民在使用居民身份证和居民身份证复印件时,各相关证件使用部门应负有核对人、证同一性的义务,确认无误后方可为其办理相关事务。

个人信息，这侵犯了公民个人信息；后一部分是行为人通过 PS 手段，用这个身份证件去开卡，这可能侵犯了社会管理秩序。有没有可能这是两个行为，要按照两个罪来判决？

报告人：我觉得还是一个侵犯公民个人信息罪的行为。

同　学：你赞同保护法益是公文、证件、身份证件的公共信用。对于这种公共管理秩序，审核身份证件信息是仅限于国家行政机关的管理活动，还是扩张到商业交往中？

报告人：我觉得如果是私人领域，就不涉及公共信用的问题。比如，我和你进行交易时，我虚构了我的资产之类的行为，涉及的只是双方私人之间的一个交往，就不涉及社会的公共管理秩序。

同　学：我对你说的那个核实义务感兴趣，之前也想过这个问题，这个核实义务很像诈骗罪中要求受骗人要有更高的审核义务。实际上，国家机关之所以要求你提供复印件或者是电子身份证图片，只是为了优化和简化审核的流程，如果再提高这个审核义务，是不是有可能需要更多的材料去证明一个事情，反而会造成行政效率低下呢？

报告人：我们对于复印件以及电子证件的使用规范还没有很确定，有些可以用，有些不能用，产生了复印件的效力比较混乱的现象。如果法律能统一规范的话，政府就不需要再承担一个核实的义务。目前的核实义务主要由公共机构的工作人员负担，比如身份证的复印件必须由相关工作人员进行同一性核对方能使用，这是比较明确的规定。这可能是由于身份证原件由公民持有，并且身份证件信息比较重要，制作复印件的方式比较简便。在其他复印件的提供场景中，有些由公共机构保存的原件的复印件的制作是由公共机构的工作人员来进行的，比如前文案例中说到的契税完税凭证复印件上的“与我所保存档案一致，用于房产过户”字样，我认为此类复印件的核实义务已经由公共机构的工作人员承担过。此类复印件在出具时已经具备国家机关公文证件的性质和证明力。在其他场合，未明确规定相关工作人员的核实义务，如果规定核实义务会给工作人员带来不合理的负担，那么是否可以考虑将此种核实义务转嫁给公民本人，采取在复印件上签字或者写上类似于“与我保存档案一致，用于房产过户”等字样，表明公民已经核实过复印件与原件的一致性，对将来出现的复印件造假等伪造情况承担责任。我觉得目前来看伪造复印件和电子身份证件的行为，对证件的公共信用的侵犯还是比较大的，就是因为很多地方公共机构不承担核实义务，它没有核实的这个过程，导致很多人可能会钻这个空子。

同　学：我想到的是，如果说现在公务人员有核实义务，实际上是对公民提供信息等不信任，所以才需要提高核实义务。但是，理论上每个人都应当提交真实有效的证明信息，所以我觉得这个核实义务，虽然可以从结果上减少盗用身份证件的行为，但这个审核过程从逻辑上来看有一点疑问。比如，有个人给我一张复印件，我只能拿原件进行身份核实，我还有什么其他方式能证明这个信息是对的吗？

报告人：可能现在会借助互联网的信息进行核实。

同　学：伪造国家机关公文、证件等行为，在主观上是不是应当有一个更具体的指向？

报告人：需要有使用的意图。比如，伪造身份证件就是为了让别人相信身份证件的名义人就是行为人本人。

同　学：怎么能确认行为人是希望这个身份证件的名义人是他本人，还是单纯利用这个身份证件做点事情，比如办卡等违法行为？行为人利用伪造的身份证件实施违法行为时，反而不希望对方知道身份证件的名义人就是他本人。

报告人：伪造国家机关公文、证件以及身份证件时具有使用的目的，就可以定罪了，至于后来是否实际使用，则不影响犯罪的成立。想利用伪造的证件做点事实，就是有使用的目的。

三、张明楷评述

我一直觉得我国的刑事立法与司法实践在伪造类犯罪方面都存在许多问题，下面我谈几点看法。

第一，关于伪造类犯罪的立法问题。

在现实生活中，伪造文书证件类的犯罪相当多，但由于两个方面的原因，司法机关认定的犯罪远远少于现实中的犯罪。一方面是司法上的原因，即许多无形伪造没有认定为犯罪，这个问题我后面再讲。另一方面是立法上的原因，我国刑法没有规定伪造、变造私文书的犯罪，也没有规定使用伪造、变造的国家机关公文、证件、印章的犯罪，以及使用伪造、变造的私文书的犯罪。以前有的学生要去香港读研究生、去国外读书，冒用我的签名写推荐信。对方大学让我确认推荐信是不是我写的，我一看就不是我的签名，而且学生也没有跟我打过招呼，这种行为在境外就是犯罪。这种伪造私人签名的行为，在我国也应当作为犯罪处理。

我一直建议刑法增设伪造文书、伪造签名的犯罪，其中的文书包括私文书，还要增设使用伪造、变造的各种文书、证件、印章、签名的犯罪。例如，刑法已经增设了使用虚假身份证件、盗用身份证件罪，但使用伪造、变造的国家机关公文、证件、印章的行为却不是犯罪，这就很不协调。又如，《刑法》第 375 条第 3 款规定了使用武装部队车辆号牌等专用标志的行为是犯罪，但第 1 款却没有规定使用伪造、变造的武装部队公文、证件、印章的行为是犯罪，这也很不协调。可能有人认为，使用伪造、变造的国家机关公文、证件、印章的行为通常会构成诈骗等罪，所以可以按别的犯罪论处，但事实上并非如此。我接触的许多案件，根本不能认定行为人的行为构成诈骗犯罪，也查不清公文、证件、印章是谁伪造的，要么就将行为人的行为牵强地认定为诈骗罪，要么认定为伪造国家机关公文、证件、印章罪，这样的做法显然不合适。

人们习惯于认为，伪造、变造行为才是犯罪的源头，如果没有伪造、变造行为就不会有使用行为。其实并非如此。一方面,伪造、变造行为难以被发现,而使用行为特别容易发现;另一方面,对法益的侵害最严重的是使用行为,而不是伪造、变造行为。如果行为人伪造了一枚国家机关印章后根本不使用,长期锁在抽屉里,不会有什么害处。这也是国外刑法将以使用为目的作为伪造类犯罪的主观要素的重要原因。如果将使用行为规定为犯罪,人们就不敢使用了,伪造、变造行为当然就减少了。

很多人认为当今社会缺乏诚信,以前只是会对陌生人的言行产生怀疑,现在对熟人甚至闺蜜的言行都保持警惕,一个重要原因是文书、证件、签名类犯罪的立法与司法存在缺陷。文书、证件、签名类犯罪严重影响国民的生活质量,并不是轻微的犯罪。而且,如果完善了文书、证件、签名类犯罪的刑事立法,就不需要增设一些轻罪。比如,代替考试罪是近几年增设的新罪,日本刑法没有规定代替考试罪,那么,它对代替考试的行为怎么处理呢?认定为伪造私文书罪,因为考试答卷是具有证明作用的文书,行为人将自己的答题内容伪造成他人的答案或者相反,当然就伪造了私文书。

一提到增设新罪,总是有许多人说刑法要讲谦抑性,总是希望把刑法处罚范围控制得越窄越好,总是想用治安处罚去解决。但是,治安处罚这一路径是行不通的,也是意义不大的。2023 年修订了《反间谍法》,修订的原因就是现在的间谍犯罪比较严重,《反间谍法》规定了 6 类间谍行为,①可是其中有的行

---

① 《反间谍法》第 4 条第 1 款规定:“本法所称间谍行为,是指下列行为:(一)间谍组织及其代理人实施或者指使、资助他人实施,或者境内外机构、组织、个人与其相勾结实施的危害中华人民共和国国家安全的活动;(二)参加间谍组织或者接受间谍组织及其代理人的任务,或者投靠间谍组织及其代理人;(三)间谍组织及其代理人以外的其他境外机构、组织、个人实施或者指使、资助他人实施,或者境内机构、组织、个人与其相勾结实施的窃取、刺探、收买、非法提供国家秘密、情报以及其他关系国家安全和利益的文件、数据、资料、物品,或者策动、引诱、胁迫、收买国家工作人员叛变的活动;(四)间谍组织及其代理人实施或者指使、资助他人实施,或者境内外机构、组织、个人与其相勾结实施针对国家机关、涉密单位或者关键信息基础设施等的网络攻击、侵入、干扰、控制、破坏等活动;(五)为敌人指示攻击目标;(六)进行其他间谍活动。”

为刑法根本没有规定,《反间谍法》规定对一些间谍行为给予治安处罚。但是,对间谍行为都只给予治安处罚会带来两个方面的问题:一是间谍行为是比较严重的犯罪,只给予治安处罚不合适。二是治安处罚不是法院判决的,国外的人们都认为只能由法院科处各种处罚,如果间谍是国外人,由行政机关给予他们处罚,而没有经过法院的审判,他们就接受不了。一些人总是说,我们按中国的法律处罚,管他外国人接受还是不接受。但我觉得不能这么说。中国人一向讲实惠,犯罪人大多想的是只要不受处罚或者处罚较轻就可以了,如果对他处罚轻即使不讲任何程序,他都接受。但我们现在一直强调程序正义,程序正义本身就是正义的内容,没有程序正义怎么可能确保实体正义,程序正义才能使人接受实体的处罚。

刑法增设了危险驾驶罪之后,危险驾驶罪的定罪数量排在了第一位,这原本很正常,许多国家的交通犯罪都超过了盗窃罪。但在我国,有的人认为危险驾驶罪超过了盗窃罪,这太不应该了。我想不明白,这有什么不正常吗?总是有一种犯罪是排第一的,为什么盗窃罪必须在第一,我就想不通了。轻微的犯罪排第一有什么不好?盗窃罪排在第一有什么好处?主要问题还是在于附随后果严重,我也认为一些法律法规关于附随后果的规定明显不当,但这是附随后果本身问题,需要修改附随后果的相关规定来解决,不能因为附随后果严重就控制犯罪的成立范围。凭什么认为对犯盗窃罪的人就可以附加严重的附随后果,而对犯危险驾驶罪的人就不能附加附随后果?再者,以前在盗窃罪排第一的时候,为什么不是想方设法要让它降到第二、第三?大家去思考一下这里面的问题与观念吧,借用一句流行的话:你品!你细品!

第二,关于伪造类犯罪的保护法益问题。

伪造类犯罪是一类犯罪,其中的伪造是最广义的,包括变造以及使用伪造、变造的文书等。伪造货币、伪造金融凭证等也属于伪造类犯罪,在境外的刑法学中,所有伪造与使用行为都在刑法各论的一章中讨论,伪造类犯罪的保护法益就是被伪造的对象的公共信用。如果是伪造货币罪,那么其保护法益就是货币的公共信用;如果是伪造文书的犯罪,那么其保护法益就是文书的公共信用。就文书类而言,各种文书越是具有公共信用,就越能发挥证明机能;文书越是缺乏公共信用,它就越不能发挥证明机能。伪造的文书越多,文书就越没有公共信用,因而就越不能发挥证明机能。伪造类犯罪作为对社会法益的犯罪,基本上没有什么争议。

伪造类犯罪虽然是对社会法益的犯罪,但它实实在在地对每一个人的利益都造成了危害,我们从伪造类犯罪的保护法益可以清楚地看出社会法益与个人法益的关系,可以看到社会法益乃至集体法益并不是空洞的,而是都能够还原为个人法益的。比如,伪造类犯罪导致我们都不知道事实的真相,影响我们做出决定和实施某种行为。以前通常使用纸币时,伪造货币的犯罪导致大家拿到100元的纸币后要查验许久,生怕收到假币。在持假警官证假冒警察的案件较多时,大家都不知道面前的警察究竟是真警察还是假警察,不知道如何面对。所以,处罚伪造类犯罪其实是在保护每个人的法益。

有时也能见到国外的刑法学者提到伪造类犯罪具有预备罪的性质,亦即行为人伪造文书等是为了实施其他犯罪。这是从事实角度来说的,并不是说伪造类犯罪的保护法益是不确定的。例如,伪造国家机关公文、证件的行为人,既可能是为了实施诈骗罪,也可能是为了实施招摇撞骗罪,但我们不可能将伪造行为认定为诈骗罪的预备犯与招摇撞骗罪的预备犯,也不可能根据行为人的目的去确定伪造罪的保护法益,而是应当认为伪造行为本身就侵犯了国家机关公文、证件的公共信用。

我国的传统观点都认为伪造类犯罪侵犯的是国家的相应管理制度或者管理秩序,如伪造货币罪的保护法益是国家对货币的管理秩序,伪造国家机关公文、证件、印章罪的保护法益是国家对公文、证件、印章的管理制度,如此等等。制度本身是人制定出来的,制定制度的目的就是要保护某种法益,国家对货币、公文等的管理就是为了使它们具有公共信用,所以不宜将管理制度本身作为保护法益。

第三,关于伪造类犯罪中的有形伪造与无形伪造。

有形伪造就是没有制作权限的人制作虚假的文书,无形伪造则是有制作权限的人制作内容虚假的文书等。比如,公安机关中制作身份证件的人为他人制作了虚假的身份证件,就是无形伪造。要我们国家的司法实践接受无形伪造概念真的很难,包括很多教授都不接受这个概念。我一直想不通为什么认定无形伪造就这么难。民国时期也使用无形伪造的概念,而且无形伪造行为并不罕见,它是相当普遍的,跟有形伪造相比,危害更大,应当作为犯罪处理。例如,公安局制作身份证件的人制作了假的身份证件,更难被识别。昨天,公安局的一位同志问我一个案件,公安局内部人员把一个人的户籍留档文件改了,户籍留档文件要么是公文、要么是证件。我说这个行为是无形变造,还跟对方解释了一番:有制作权的人擅自修改了相关内容,这也是变造。这个户籍留档文件,外部人员是见不到的,只有内部人员才可能变造,这个变造行为还难以被识破。

常常听到有人说,有的地方政府向上级政府虚报各种数据,以便显示自己的政绩。我认为,这样的行为构成伪造国家机关公文罪。地方政府向上级政府报告的相关数据,当然是国家机关公文,这是没有疑问的。地方政府的相关人员是有制作相关数据的权限的人,原本应当上报真实的数据,或者说制作内容真实的文书,但他们却制作内容虚假的文书,不仅侵犯公文的公共信用,而且妨碍上级政府的决策,危害性很大,不能不当犯罪处理。只要接受无形伪造的概念,就会没有任何疑问地肯定这种行为构成伪造国家机关公文罪。

无形伪造不同于间接正犯的伪造。大家都知道最高人民法院指导性案例第104号,5名被告人采取堵塞空气采样器的方法伪造或者指使他人伪造监测数据、弄虚作假的行为,被认定为破坏计算机信息系统罪。但是,他们的行为既没有对计算机信息系统功能进行删除、修改、增加、干扰,也没有对计算机信息系统中存储、处理或者传输的数据和应用程序进行删除、修改、增加,只是对需要由计算机处理的外部判断资料进行了干扰,而不是对计算机系统本身的破坏,计算机系统仍然可以正常运行(如同使用假币不等于破坏验钞机一样)。在计算机信息系统遭到破坏,计算机系统的正常运行受到影响的情形下,只有对计算机系统采取修复、恢复等措施,计算机系统才能正常运行。空气采样器虽然是环境空气质量监测系统的重要组成部分,但不是计算机系统本身的组成部分。在本案中,即使不对计算机系统采取任何修复恢复措施,只要不从外部干扰空气采样器,计算机系统所提供的数据也完全正常。例如,顾客购买9件单价为28元的商品时,收银员故意将“9乘38”输入计算器中得出了错误数据,就不能认为这一行为破坏了计算器系统和影响了计算器系统的正常运行。其实,本案被告人的行为只不过是提供了虚假的证明文件,正因为如此,《刑法修正案(十一)》在《刑法》第229条中增加了承担“环境影响评价、环境监测等职责”的中介组织的人员故意提供虚假证明文件的行为。除提供虚假证明文件罪外,还有一个伪造国家机关公文罪可以规制这类行为。最高人民法院指导性案例第104号的行为人不是国家机关工作人员,他们伪造的数据不是国家机关公文,但是,行为人提供给国家机关如生态环境局的数据,国家机关是会公布或者上报的,国家机关对行为人提供的数据予以公布或上报时,该数据就是国家机关公文,但行为人导致国家机关公布或者上报的是内容虚假的公文,所以行为人向国家机关提供内容虚假的数据,其实是使国家机关相关人员受欺骗,完全符合伪造国家机关公文罪的间接正犯的成立条件。[①] 我顺便讲一下,民国时期的刑法有一个罪名,叫使公务员登载不实罪,日本现行刑法也规定了这个罪名,就是指一般人向公务员提供虚假信息,使公务员在相关文书上登载不实。这个罪有点间接正犯的构造,即行为人欺骗公务员使之受骗,进而导致公务员登载了不实的内容。西田典之教授主要是以此罪为由认为间接正犯不需要身份,不过我难以赞成西田老师的观点。虽然从构造上来说,使公务员登载不实罪属于间接正犯,但刑法分则已经将行为人的行为作为直接正犯规定,所以在这种情形下,不能再说使

① 此处有同学问:为什么是间接正犯?张老师回答:你认为是直接正犯?同学回答:是不是教唆犯?张老师回答:中介组织人员制作的数据不是国家机关公文,这个数据转化为国家机关公布或者上报的数据时,才是国家机关公文,国家机关工作人员因为受骗而制作了内容虚假的公文,是直接行为者,但间接正犯则是中介组织人员。间接正犯与教唆犯不是对立关系,按照我的观点,间接正犯都符合教唆犯的特征。

公务员登载不实属于间接正犯。大家知道,诈骗罪也可谓盗窃罪的间接正犯,但在刑法分则规定了诈骗罪的构成要件之后,就不能再将诈骗罪认定为盗窃罪的间接正犯。

之前某地发生了一起类似于最高人民法院指导性案例第 104 号的案件,但行为主体不同。某县大气质量排名在全省处于倒数地位,环境治理压力大。行为人刘某某身为生态环境局负责大气污染防治工作的公职人员,指使第三方服务公司人员张某某、范某某,采用塑料管连接汽车排气孔,将汽车尾气通过下水管道引到省控大气检测点检测设备空气采集口处,使汽车尾气中的一氧化氮和空气中的臭氧发生化学反应,造成检测到的臭氧数值异常。行为人利用上述方式先后 6 次干扰空气采样,导致检测到的臭氧数值非规律性变化超过 30%,造成了至少 3 次原本是轻度污染的空气质量变成良好的空气质量。上述 6 次干扰期间的数据已实时向社会公布,同时相关数据也被编入全省 8 月的大气质量月报,影响了全省大气环境治理成效的客观公正评估。这个案件其实是典型的无形伪造国家机关公文,即生态环境局的工作人员向外公布和向上级报送了虚假的国家机关公文,将其认定为伪造国家机关公文罪没有任何疑问。①

但是,当地司法机关不少人还按最高人民法院指导性案例第 104 号的观点,主张认定为破坏计算机信息系统罪。我觉得有一点奇怪,明明有一个完全符合罪刑法定原则的罪名放在这儿不使用,偏要定一个让人觉得是类推解释的破坏计算机信息系统罪。一个重要原因是很多人不知道或者不接受无形伪造、无形变造的概念。

顺便指出的是,《刑法》第 280 条规定的国家机关公文,不是大家所理解的党政机关公文的那个公文。公文是指公文书,就是指国家机关制作的文书,

① 此处有同学问:地方政府对外的一些新闻或者宣传里有一些数据如果是虚假的,是不是也能构成伪造国家机关公文罪?张老师回答:我不是一直在讲这个问题吗?如果国家机关工作人员制作内容虚假的数据予以公布或者上报,当然也构成伪造国家机关公文罪。

只要能起证明作用就是公文书。[①] 当然，日本的公文书的范围可能宽于我国的公文，因为日本没有将证件独立出来，证件也在公文或者文书中，我国的公文是指证件以外的公文书，但不管是公文还是证件，都是能证明某个事项的文书。

第四，关于伪造国家机关公文、证件的复印件的问题。

伪造、变造复印件主要有两种情形。一种情形是把原件篡改之后再复印，这样复印后就看不出来篡改的痕迹。比如，行为人先在别人的博士学位证书上篡改姓名，将别人的姓名改为自己的姓名，然后再复印。另一种情形是复印原件后，在复印件上进行篡改。

前一种情形伪造或变造了原件，但行为人伪造或者变造原件只是为了复印，如果说伪造国家机关公文罪必须出于使用的目的，如果说复印就是为了使用，就可以认定为伪造国家机关公文罪。但是，为了复印似乎难以认定为为了使用，因为使用是指使公文起证明作用或者其他使公文发挥其应有机能的情形，复印本身并非如此。所以，将复印本身认定为使用，还存在疑问。而且，行为人篡改原件复印后，原件可能恢复了原状。所以，前一种情形的主要问题还在于，行为人以使用为目的而伪造复印件的行为是否构成伪造国家机关公文罪。后一种情形更是如此。所以，问题的焦点都在于国家机关公文、证件的复印件是不是国家机关公文、证件，这是在国外争议也很大的问题。日本的判例和许多学者承认复印件也是文书，但不少学者持反对意见。德国以前都不承认伪造复印件属于伪造文书，但近来好像又开始承认伪造复印件属于伪造文书。

可以肯定的是，虽然《刑法》第 280 条规定的行为对象是国家机关公文，但复印件不可能针对任何行为都是行为对象。例如，盗窃、抢夺、毁灭他人持

---

① 此处有同学问：现在很多政府机关有公众号，公众号发的新闻是不是公文？张老师回答：不一定都是公文，但其中的多数应当是公文，只要能证明某个事项，而且应当由国家机关制作，就属于公文。还有同学问：生态环境局提供的是数据，数据是公文吗？张老师回答：数据和公文不是对立关系，数据一般都是公文。

有的国家机关公文的复印件的行为,不可能被认定为《刑法》第 280 条规定的犯罪。买卖国家机关公文的复印件的行为,也不会被认定为买卖国家机关公文罪。所以,关键的问题是,伪造或者变造国家机关公文的复印件的行为是否构成犯罪。我觉得,在国家机关需要提供公文、证件等的复印件时,如果行为人以使用为目的伪造国家机关的公文或者证件的复印件,应当由刑法规制。比如,甲教授在外地讲课后,外地某单位要给教授报酬,按当地税务局的规定,代扣代缴单位必须向当地税务机关提供甲教授的身份证复印件。我觉得在这种情形下,伪造复印件的行为应当被认定为伪造居民身份证件。这是因为这种场合下的身份证复印件就起到了重要证明作用,该证明作用与原件的证明作用是一样的。所以,我认为,伪造、变造复印件的,也可能成立伪造、变造国家机关公文、证件罪和伪造、变造身份证件罪。例如,伪造判决书的复印件,将该复印件提供给相关机关或人员起证明作用的,应当认定为伪造国家机关公文罪。

第五,关于伪造车牌的问题。

伪造车牌其实是一个很严重的问题。有的人伪造他人的车牌挂在自己车上后随意违章,让他人缴纳大量罚款,有的人挂着伪造的车牌造成事故后逃逸,导致案件难以查清。

我原本一直想将车牌解释成国家机关证件的,但后来的刑法修正导致我无能为力。《刑法》第 281 条第 1 款规定:“非法生产、买卖人民警察制式服装、车辆号牌等专用标志、警械,情节严重的,处三年以下有期徒刑、拘役或者管制,并处或者单处罚金。”第 2 款规定:“单位犯前款罪的,对单位判处罚金,并对其直接负责的主管人员和其他直接责任人员,依照前款的规定处罚。”《刑法》第 375 条第 1 至 3 款原本规定:“伪造、变造、买卖或者盗窃、抢夺武装部队公文、证件、印章的,处三年以下有期徒刑、拘役、管制或者剥夺政治权利;情节严重的,处三年以上十年以下有期徒刑。”“非法生产、买卖武装部队制式服装、车辆号牌等专用标志,情节严重的,处三年以下有期徒刑、拘役或者管制,并处或者单处罚金。”“单位犯第二款罪的,对单位判处罚金,并对其直接负责的主管人员和其他直接责任人员,依照该款的规定处罚。"我原本想说,《刑法》第281条第1款与第375条第2款规定的非法生产、买卖车辆号牌,是指取得了生产许可的个人或者单位违反规定生产车辆号牌,这样,那些没有取得生产许可的个人或单位非法制造车辆号牌的行为,就成立《刑法》第280条规定的伪造国家机关证件罪,这样解释不仅说得通,而且处理起来也比较协调。

但是,2009年《刑法修正案(七)》删除了《刑法》第375条第2款非法生产、买卖"车辆号牌等专用标志"的文字,增设了第3款;将原第3款改为第4款,并将该款"单位犯第二款罪"修改为"单位犯第二款、第三款罪"。现在的《刑法》第375条第1款规定:"伪造、变造、买卖或者盗窃、抢夺武装部队公文、证件、印章的,处三年以下有期徒刑、拘役、管制或者剥夺政治权利;情节严重的,处三年以上十年以下有期徒刑。"第3款规定:"伪造、盗窃、买卖或者非法提供、使用武装部队车辆号牌等专用标志,情节严重的,处三年以下有期徒刑、拘役或者管制,并处或者单处罚金;情节特别严重的,处三年以上七年以下有期徒刑,并处罚金。"这两款放在一起就充分说明车辆号牌不是证件,否则第3款不会专门规定车辆号牌。所以,现在要将车辆号牌解释为国家机关证件就特别困难了。

现在有没有可能说,如果是伪造、盗窃武装部队车辆号牌的,认定为《刑法》第375条第3款规定的犯罪,但如果是伪造、变造普通的车辆号牌的,就认定为伪造国家机关证件罪,而取得了生产许可的单位非法生产车辆号牌的,则认定为第281条规定的犯罪。这样解释虽然也有一点道理,但会造成法定刑的不协调。因为伪造、变造武装部队的车辆号牌,最高只能处7年有期徒刑,而伪造、变造普通的车辆号牌当作伪造、变造国家机关证件罪处罚,最高可能处10年有期徒刑,这可能不合适。当然,如果能找到充分的理由,也可以说是协调的。比如,伪造、变造普通车辆号牌,有没有可能因为案件多,一般预防的必要性大,所以法定刑可以高一些?当然,我只是提思路,不能下结论。

临时车牌上有一个印章吧?如果伪造临时车牌,就可以认定为伪造国家机关证件罪还是伪造国家机关印章罪？临时车牌是公民个人可以从网上下载打印出来，然后放在车上的。虽然由公民个人下载，但它仍然是国家机关制作的，不能因为公民个人可以下载就认为是公民个人制作的。临时车牌上如果有印章，那么，这个印章严格地说是印影，而不是印形。大家通常所理解的图章，是一个有体物，称为印形。其实，单纯伪造印形的危害不大，伪造印影的危害要大一些。日本现行刑法也规定了伪造印章罪，在理论上就有一种观点认为，伪造有形的图章的行为不属于伪造印章，只有伪造印影的，也就是盖在文书上的或者在文书上描绘伪造的印影，才构成伪造印章罪。正因为存在争议，所以日本1974年改正刑法草案，在规定了伪造印章罪的构成要件与法定刑之后，在第2项规定“伪造印形的，亦同”。这说明伪造印影的行为是需要刑法规制的行为。

第十一课

帮信罪的适用现状、原因分析及解释方向*

一、学生报告

自《刑法修正案(九)》增设帮助信息网络犯罪活动罪(以下简称帮信罪)以来,司法实践对这一罪名的适用始终处于较为混乱的状态,学界对此罪名的研究也众说纷纭。本次报告尝试结合学者所做的实证研究、相关司法解释及案例,观察和透视帮信罪在司法实践中的适用现状和存在的问题,并分析背后的原因。在此基础上,尝试对帮信罪的解释方向提出一些见解。

(一)概述:帮信罪案件数量的发展趋势及成因

我们可以先从帮信罪案件数量的发展趋势这一比较宏观的角度,来俯瞰帮信罪自增设以来在司法实践中的适用情况。整体而言,帮信罪的案件数量发展趋势可以概括为:从沉寂到激增再到回落的过程。自 2015 年《刑法修正案(九)》增设该罪名至 2019 年,司法实践对这一罪名的适用并不多见,甚至可以说很少。但进入 2020 年之后,案件数量就已经有了明显的提升,是 2019 年案件数量 20 倍有余。到 2021 年,帮信罪的案件数量更是呈

---

* 本课报告人为万一璇,清华大学 2022 级刑法学硕士。

现“井喷式”增长，[①]达到近2万起，涉嫌帮信罪的犯罪嫌疑人达到了12.9万人，是2020年的9.5倍。[②] 帮信罪一跃成为各类刑事犯罪中起诉人数仅次于危险驾驶罪、盗窃罪的排名第三的罪名。[③] 但在2022年，帮信罪案件数量迅速跌落至2021年的二分之一左右；在2023年，截至6月案件数量仅为900余起。帮信罪似乎又回到了最初的低位运行状态。

帮信罪的案件数量之所以会呈现这一波动的发展趋势，与刑事政策的调整有密切的关联。2019年11月1日，“两高”发布的《关于办理非法利用信息网络、帮助信息网络犯罪活动等刑事案件适用法律若干问题的解释》（以下简称《信息网络犯罪解释》）正式实施，该司法解释首次明确了帮信罪的“明知推定”“情节严重”等概念的内涵，为司法实务部门适用该罪名提供了具体化的操作标准，也传达出了惩治网络犯罪、维护网络秩序的政策导向。司法适用标准的明确化对激活帮信罪的适用发挥了一定的作用，但这并非帮信罪在2020年大幅度增长的主要原因。因为从数据上看，2020年的2000多起案例中的绝大多数均分布在2020年10月以后。2020年10月10日，国务院决定在全国范围内开展“断卡”专项行动，尝试通过严厉打击收购、贩卖电话卡、银行卡等行为，斩断“两卡”贩卖产业链条的方式，来遏制电信网络诈骗犯罪高发态势。[④] “断卡”行动出台之后，部分实务部门为高效治理涉“两卡”的电信网络诈骗行为，倾向于适用帮信罪这一入罪门槛较低的罪名，这才是帮信罪案件数

---

① 参见陈洪兵：《帮助信息网络犯罪活动罪的“口袋化”纠偏》，载《湖南大学学报（社会科学版）》2022年第2期。

② 参见郭洪平：《“帮信罪”：一年增长21倍，已成电信网络诈骗“第一罪”》，载中华人民共和国最高人民检察院官网，https://www.spp.gov.cn/zdgz/202205/t20220517_557036.shtml。

③ 参见《2022年上半年检察机关起诉帮信罪6.4万人》，载中华人民共和国最高人民检察院官网，https://www.spp.gov.cn/xwfbh/wsfbt/202207/t20220722_566409.shtml#1。

④ 参见李晓婷、樊丰琴：《“断卡”行动中帮助信息网络犯罪活动罪的司法实务适用难点及出路》，载《法制博览》2022年第5期。

量激增的直接原因。[①]

值得说明的是,将提供“两卡”的行为认定为帮信罪的做法,并非在“断卡”行动之后突然出现的。在此之前,就已经有部分司法机关采取了这一认定思路,只是尚未形成一种惯常性的做法,[②]多数法院还是倾向于认定为关联犯罪的共犯。可以认为,利用帮信罪来规制提供、贩卖“两卡”的行为,其实是在新的政策背景下对此前的碎片化司法实践的重新发现,并将其作为实现政策目的的手段加以惯常化和一般化,并被正式的司法文件确认。[③]

案件数量的激增也带来了打击范围过宽等负面效果,鉴于此,司法实务近两年对帮信罪的适用做出了动态化的调整。例如,2022 年“两高一部”下发的《关于“断卡”行动中有关法律适用问题的会议纪要》(以下简称《2022 会议纪要》)在多处对帮信罪的构成要件做出了限制性解释,[④]强调限制帮信罪司法适用的政策立场。[⑤] 帮信罪的扩张态势也随之缓解,案件数量大幅度回落。

从上述分析可以看出,帮信罪的司法适用极易受到刑事政策变化的影响。当刑事政策提出严厉打击电信网络诈骗犯罪、切断“两卡”贩卖产业链条等要求时,帮信罪几乎是毫无招架即被刑事政策所裹挟,被用作实现政策目的的工具,短时间内攀升为起诉率前三的罪名。之所以会出现这样的情况,原因当然是多方面的。本次报告主要想分析的一条线索是:在帮信罪立法与司法实践

① 参见王璐:《支付结算型帮助信息网络犯罪活动罪的司法限缩——以“两卡”电信网络诈骗犯罪为视角》,载《江西警察学院学报》2023 年第 1 期。

② 参见(2018)浙 0702 刑初 915 号、(2019)浙 0782 刑初 248 号、(2019)豫 0102 刑初 532 号、(2019)桂 0330 刑初 188 号等。

③ 参见“两高一部”下发的《关于办理电信网络诈骗等刑事案件适用法律若干问题的意见(二)》(以下简称《电诈意见(二)》)第 7 条。

④ 例如,其规定,“行为人出租、出售的信用卡被用于接收电信网络诈骗资金,但行为人未实施代为转账、套现、取现等行为,或者未实施为配合他人转账、套现、取现而提供刷脸等验证服务的,不宜认定为《解释》第十二条第一款第(二)项规定的‘支付结算’行为”。

⑤ 参见莫洪宪、吕行:《论帮助信息网络犯罪活动罪的司法扩张与规范适用》,载《贵州师范大学学报(社会科学版)》2023 年第 1 期。

中,占据实务人员意识的主导性观念始终是一种功利主义导向的、政策性的论述,这种论述不仅为帮信罪的增设提供了正当化的依据,而且极易与刑事政策相互结合进而影响司法实践。以下论述将具体分析这一线索的发生过程。

(二)作为立法目的的政策性论述

围绕帮信罪这一罪名的正当性和必要性问题始终存有争议。对帮信罪的设立持积极肯定立场的观点,主要是基于一种功利主义的思维方式,考虑的是在网络犯罪蔓延以后,刑法的立法与司法如何能够及时调整,以便能够适应惩治网络犯罪的实际需要。例如,陈兴良教授指出,网络犯罪的帮助行为具有不同于传统犯罪的特征,如"一对多"的帮助结构、中立帮助的特征、团体化的帮助以及证明难度大等。这些特征给传统刑法框架带来巨大的冲击,使其难以预防和控制这类新型犯罪,而急需一种新的机制来应对。因此,"网络犯罪帮助行为的正犯化确实具有其刑事政策上的必要性和合理性"。① 有的学者甚至认为,网络帮助行为通过"一对多"的行为结构实现犯罪危害性的全面提升,具有比正犯行为更大的危害性,因此必须对网络帮助行为的不法予以独立评价。②

这些论述构成了一种叙事,其捕捉并描述了一种新的社会现实,要求实务中的行动者提出一种全新的解决方案。当这种叙事形成一种较为普遍的共识时,就可能会对立法者的决策产生影响。事实证明也确实如此。立法机关工作人员对帮信罪的立法原因作出了说明,核心理由就在于"网络犯罪与传统犯罪相比,呈现出很多不同特点,对犯罪追诉模式带来了一定挑战,也给依法

---

① 陈兴良:《共犯行为的正犯化:以帮助信息网络犯罪活动罪为视角》,载《比较法研究》2022年第2期。

② 参见黄现清:《正犯化的帮助信息网络犯罪活动罪问题研究》,载《法律适用》2022年第7期;敬力嘉:《网络参与行为刑事归责的"风险犯"模式及其反思》,载《政治与法律》2018年第6期。

打击犯罪带来了困难”。[1] 显然,这一说明背后的逻辑与上述学者的逻辑如出一辙。

可以认为,帮信罪的设立是立法者在安全刑法、预防刑法等积极刑法立法观的引导下所进行的一次有力尝试,其体现的是犯罪预防的刑事政策导向,目的在于更有效地回应网络犯罪的新型特征,严密刑事法网,保障网络安全。[2] 这种立法目的促使立法者有意或无意地使帮信罪的罪状设置具有以下特点:表述不够明确、客观行为方式泛化、入罪门槛低等,使该罪名天生蕴藏着“口袋化”的基因。[3] 不仅如此,在对该罪名进行解释论上的体系构建时,这一论述及其背后的思维方式被刑法理论和司法实务反复调用,几乎成为讨论帮信罪领域具体问题的一种程序性话语,影响着帮信罪的解释与适用。

(三)帮信罪的性质之争

围绕着帮信罪的性质这一基本问题,刑法理论主要有帮助犯的正犯化说、量刑规则说、独立构罪说三种不同的观点。

帮助犯的正犯化说的支持者相对较多,其基本观点是:增设帮信罪是刑法分则条文将原本属于相关信息网络犯罪活动的帮助行为提升为实行行为,并设立了独立的罪名和法定刑。正犯化后的帮助犯脱离了共犯从属性,具有独立可罚的内涵。量刑规则说则提出了针锋相对的观点,主张本罪不是帮助犯的正犯化,而是帮助犯的量刑规则。因为认定本罪时仍然要以共犯的成立要件为依据,尤其是要遵守共犯从属性的要求,只是在量刑阶段可以适用该条文所设立的特殊规则。独立构罪说认为,首先从方法论上就应当跳出共犯理论

---

① 臧铁伟主编:《中华人民共和国刑法修正案(九)解读》,中国法制出版社 2015 年版,第 207 页。转引自莫洪宪、吕行:《论帮助信息网络犯罪活动罪的司法扩张与规范适用》,载《贵州师范大学学报(社会科学版)》2023 年第 1 期。

② 参见孙运梁:《帮助信息网络犯罪活动罪的核心问题研究》,载《政法论坛》2019 年第 2 期。

③ 参见喻海松:《帮助信息网络犯罪活动罪的司法限定与具体展开》,载《国家检察官学院学报》2022 年第 6 期。

这一观察视角，而直接从帮信罪自身的独立性、法益侵害性等特征出发考察其正犯性，并在此基础上解释它的构成要件。① 例如，累积犯说是对独立的妨害信息网络安全管理秩序行为进行的规定，这类行为的独立法益侵害性就在于行为人利用信息网络大量实施低危害性行为，累积的危害后果或者危险已达到应处刑罚的严重程度。②

我认为，帮助犯的正犯化说与独立构罪说的主要差异在于考察视角的不同，前者更加关注帮信罪由帮助行为被提升为正犯行为的设立过程，而后者则更加关注帮信罪设立之后如何对其构成要件做独立化的解释。但是在效果上，两种解释立场都使帮信罪摆脱了共犯从属性这一强制性的要求，而获得了独立性。因此，可以将这两种学说都概括为独立性说，与量刑规则说形成对立。

量刑规则说和独立性说在对立法的态度及对共犯从属性的要求上存在差异。量刑规则说对帮信罪的立法基本持反对态度，认为共犯体系足以解决帮助网络犯罪的问题，没有必要增设帮信罪。在解释帮信罪时，强调网络犯罪的帮助行为固有的帮助犯性质，重视共犯从属性理论对共犯成立范围的制约意义，要求网络犯罪的帮助行为达到"可罚性"的程度。③ 独立性说对立法持有肯定的态度，且与立法者的政策性论述逻辑具有亲和性。其认为从共犯的立场来解读帮信罪难以契合网络犯罪独特的参与结构，而应正面承认网络犯罪参与行为具有独立性，从正犯的视角来阐释帮信罪，这样才能解决处罚漏洞等

① 参见陈毅坚、陈梓瀚：《帮助信息网络犯罪活动罪的司法适用——基于正犯性视角的教义学展开》，载《地方立法研究》2021 年第 5 期；熊亚文：《从共犯论到法益论：帮助行为正犯化再审视》，载《法学》2021 年第 8 期。

② 参见王肃之：《论网络犯罪参与行为的正犯性——基于帮助信息网络犯罪活动罪的反思》，载《比较法研究》2020 年第 1 期。

③ 参见王昭武：《共犯最小从属性说之再提倡——兼论帮助信息网络犯罪活动罪的性质》，载《政法论坛》2021 年第 2 期。

司法难题,更好地实现预防和控制网络犯罪的目的。[①] 采纳独立性说的立场并不必然意味着与共犯从属性说完全脱钩,解释者在解释帮信罪的构成要件时完全可以将共犯从属性原理作为一种实质解释的方法和工具,来限制帮信罪的处罚范围。[②] 但在多数情况下,独立性说的证成都是为学者扩张性地解释帮信罪的构成要件铺路,即使部分学者明确提出要以共犯从属性原理来限缩解释帮信罪的构成要件,但也仅仅是将处罚犯罪实行行为的帮助作为原则,在例外情况下,仍允许处罚独立的帮助行为。[③]

独立性说不仅在刑法理论中占据多数说的地位,而且由于其内在逻辑与帮信罪的立法目的以及预防与控制网络犯罪的政策目的相契合,独立性说的思维方式构成了司法实务人员的底层逻辑,主导着司法解释和具体案件的处理。这一点可以从有关帮信罪的司法解释以及司法实务人员对具体案件的处理中得到印证。

(四)帮信罪的构成要件之解释与适用

1.对“犯罪”的解释与适用

(1)学理解释与司法解释

《刑法》第287条之二第1款的表述是,“明知他人利用信息网络实施犯罪,为其犯罪提供……等帮助,情节严重的”。因此,必须对其中的“犯罪”一词作出合理解释。“犯罪”这一概念在刑法解释论上具有不同的含义,一般认为至少包含以下两种:一是不法且有责意义上的犯罪;二是不法层面的犯罪。[④] 进一步扩张的话,可能认为其包含构成要件符合性层面的犯罪。

根据量刑规则说,共犯从属性虽然是帮信罪成立的强制性要求,但不同学

① 参见王肃之:《论网络犯罪参与行为的正犯性——基于帮助信息网络犯罪活动罪的反思》,载《比较法研究》2020年第1期。

② 参见熊亚文:《从共犯论到法益论:帮助行为正犯化再审视》,载《法学》2021年第8期。

③ 参见熊亚文:《从共犯论到法益论:帮助行为正犯化再审视》,载《法学》2021年第8期。

④ 参见张明楷:《刑法学(上)》(第6版),法律出版社2021年版,第496页。

者在从属性程度上持有不同的观点，主要是限制从属性说和最小从属性说之间的对立，进而可能对“犯罪”的内涵作出不同解释。持限制从属性说的学者可能将“犯罪”解释为不法层面的犯罪，而持有最小从属性说的学者则可能将“犯罪”解释为构成要件符合性层面的犯罪。从独立性说的理论逻辑上来看，该学说并不要求正犯实施了犯罪行为，但由于罪刑法定原则的要求，其不可能完全忽视条文的明文规定。因此，在解释论上，至少要将此处的“犯罪”解释为构成要件符合性层面的犯罪。据此，无论在帮信罪的性质上采取何种立场，比较合理的推论都是要求帮信罪的成立至少要以正犯的行为符合构成要件为前提。

但是，这样的要求与网络空间中“一对多”的犯罪参与模型相互交织时，就可能会产生颇为复杂的处罚难题。① 我国刑法分则中有很多条文都规定了罪量要素，一般认为，这些罪量要素属于表明不法的构成要件要素。根据上述要求，帮信罪的成立不仅要求正犯实施了构成要件行为，而且要求满足相应的罪量要素。但在网络空间中，作为实际正犯的网络用户可能只具有较低的不法程度，尚且达不到我国刑法分则所设定的罪量标准。此时，对于“一对多”“节点型”的网络帮助者能否惩罚则存在疑问。一方面，部分学者可能会认为，网络空间里大量的违法行为正是以这样的参与结构发生的，放任这种结构性问题恶化可能会导致处罚漏洞。② 另一方面，处罚这类行为存在将违法行为解释为犯罪行为的类推解释的危险，极容易过度扩张刑法处罚范围。

即使存在类推解释的疑虑，在处罚必要性的推动下，司法实践的一些做法已经突破了这一边界。《信息网络犯罪解释》第 12 条是对帮信罪的“情节严重”这一要素的解释。该条第 1 款针对被帮助对象达到犯罪程度的情形，设置了 6 项具体标准和 1 个兜底项“其他情节严重的情形”作为基本罪量标准。该条第 2 款针对确因客观条件限制无法查证被帮助对象是否达到犯罪程度的

---

① 参见王华伟：《网络语境中的共同犯罪与罪量要素》，载《中国刑事法杂志》2019 年第 2 期。

② 参见王华伟：《网络语境中的共同犯罪与罪量要素》，载《中国刑事法杂志》2019 年第 2 期。

情形，设置了特别罪量标准，即要求达到基本罪量标准的5倍以上或者造成特别严重后果。反过来说，该条第2款的规定意味着如果帮助行为自身达到了一般罪量要素标准的5倍以上，如支付结算金额达到100万元以上的，即使上游行为并非犯罪行为，帮助行为也可以单独成立帮信罪。换言之，帮信罪的成立不以上游行为构成犯罪为条件，甚至可能不以构成要件符合性层面的犯罪为条件。

之所以设置这一条款，司法解释起草者的解释是，“考虑到与传统犯罪中帮助行为不同，网络犯罪中帮助者往往为众多对象提供帮助，一一查证被帮助对象是否已构成犯罪存在客观困难，而帮助行为累计的社会危害性严重”。[①]显然，司法解释再次调用了政策性的论证进路以及独立性说的立场。其不仅强调网络犯罪的帮助行为相较于传统犯罪的帮助行为具有不同的特征，而且指出“一对多”的帮助行为本身具有“海量积数×低量损害”的“积量构罪”罪行构造，[②]进而论证设立本条款具有正当性。

司法解释在设立本条款的同时，也认识到了本条款具有过度扩张处罚范围的风险，因此起草者为本条款的适用设立了三点注意事项：“一是此种情形下通常是被帮助对象人数众多，对于帮助单个或者少数对象利用信息网络实施犯罪的，必须以被帮助对象构成犯罪为入罪前提；二是确因客观条件限制无法证实被帮助对象实施的行为达到犯罪程度，但经查证确系刑法分则规定的行为的，如果是一般的违法行为也不能适用这一例外规则；三是情节远高于情节严重的程度，即此种情形下虽然无法查证被帮助对象构成犯罪，但帮助行为本身具有十分严重的社会危害性，达到独立刑事惩处的程度。”[③]据此，在适用

---

① 周加海、喻海松：《〈关于办理非法利用信息网络、帮助信息网络犯罪活动等刑事案件适用法律若干问题的解释〉的理解与适用》，载《人民司法》2019年第31期。

② 参见王惠志：《帮助信息网络犯罪活动罪的认定困境及解决路径》，载《江苏警官学院学报》2023年第1期。

③ 周加海、喻海松：《〈关于办理非法利用信息网络、帮助信息网络犯罪活动等刑事案件适用法律若干问题的解释〉的理解与适用》，载《人民司法》2019年第31期。

《信息网络犯罪解释》第12条时,适用第1款是原则,适用第2款为例外。司法机关在程序上应当证明确实存在客观原因导致事实无法查明,才可能例外性地适用第2款。尤其值得注意的是,第2款仅仅是放松了对罪量的要求,即帮信罪的成立虽然不要求正犯行为具有刑事不法,但至少要求正犯实施了构成要件行为,而且要求帮助行为本身达到了对应的罪量标准。

学者为这一司法解释提供了不同的证成方案。第一种方案是"共犯不法叠加理论"。该理论认为,"在一定的时间跨度内,当共犯基于同一主观犯意,连续、反复、并发性地实施同类行为时,同样可以借助连续犯或集合犯的法理,从规范性的视角出发将其整体性地评价为行为单数。在此整体性评价的基础上,便可以进行共犯不法程度(罪量)的叠加。如果达到相应犯罪罪量标准,那么共犯的可罚性便在定性与定量两个层面都得以奠定"。[①] 换言之,共犯对不同正犯所提供的帮助行为的不法在规范上是可以叠加的,累加之后达到了帮信罪情节严重的要求,就可单独以帮信罪定罪处罚,而无须纠结正犯的行为是否成立犯罪。[②] 第二种方案是主张最小从属性仅要求共犯从属于正犯的实行行为,而不要求从属于罪量。[③] 第三种方案是主张罪量要素并非构成要件要素,而是属于客观处罚条件,从属性的要求并不要求共犯从属于客观处罚条件。[④]

从方法论上来看,以上解释方案都尝试对一个特殊的司法解释提出一个一般化的论证。这种论证进路的问题在于,即使这些论证可以对这一特定的司法解释做出合理化的说明,也会导致对整体的共犯理论、罪量要素的定位产生牵一发而动全身的不当影响。例如,将最小从属性的要求降低到仅从属于

---

① 王华伟:《网络语境中的共同犯罪与罪量要素》,载《中国刑事法杂志》2019年第2期。

② 参见陈洪兵:《帮助信息网络犯罪活动罪的"口袋化"纠偏》,载《湖南大学学报(社会科学版)》2022年第2期。

③ 参见王昭武:《共犯最小从属性说之再提倡——兼论帮助信息网络犯罪活动罪的性质》,载《政法论坛》2021年第2期。

④ 参见阎二鹏:《共犯行为正犯化及其反思》,载《国家检察官学院学报》2013年第3期。

正犯的实行行为,可能会过分降低其他罪名共犯成立的标准。因此,这些解释方案在方法论上是否妥当就值得怀疑。此外,在论证的过程中,这些学者始终没有具体说明如何缓解将“犯罪”解释为“构成要件行为”所带来的与罪刑法定原则之间的紧张关系。

(2)司法实践的适用

尽管存在诸多疑问,但司法实践已经在具体个案中适用这一司法解释,而且存在滥用的危险。根据学者所做的实证研究,在其“全部所统计的 2131 名被告人中,其所帮助的正犯行为为犯罪行为的占比 81.8%,但近 18% 的判决书并未以正犯行为具备刑事违法性作为本罪成立的条件”。① 在部分案例中,法院明确援引《信息网络犯罪解释》第 12 条第 2 款,认定被告人成立帮信罪。例如,在李某润帮助信息网络犯罪活动罪案中,上游行为人是谁及其实施了何种行为均未查实。法院在判决书中仅笼统地表述为被告人明知他人从事“违法犯罪”活动、用账户接收或转出“违法”资金,且进账和出账违法资金累计高达500 万元,达到了支付结算金额对应的 5 倍标准,根据《信息网络犯罪解释》第 12 条第 2 款,认定被告人成立帮信罪。②

这个案件在一定程度上反映了《信息网络犯罪解释》第 12 条第 2 款在司法实践中常态化适用情况。司法实践在适用这一条款时并没有遵循司法解释者为该条所设置的限制性条件。首先,法院通常没有表明原则上《信息网络犯罪解释》第 12 条的适用以上游行为构成犯罪为前提的立场;其次,法院通常也没有说明具体因为何种原因而导致无法查证被帮助对象是否达到犯罪程度,且这种困难足以为适用例外规定提供正当化理由;最后,法院也没有明确上游行为是构成要件行为还是普通的违法行为,仅含糊其词地表述为被告人明知他人实施“违法犯罪”活动并为其提供帮助。③

---

① 阎二鹏:《共犯行为正犯化及其反思》,载《国家检察官学院学报》2013 年第 3 期。

② 参见(2021)湘 0621 刑初 348 号。

③ 参见(2021)湘 0621 刑初 338 号、(2021)湘 0621 刑初 347 号、(2021)甘 2922 刑初 67 号、(2022)赣 0123 刑初 37 号、(2023)甘 1221 刑初 10 号。

司法实践突破司法解释者所设置的限制，暗示着司法实践偏离了《信息网络犯罪解释》第12条的适用框架。从司法解释的表述以及《〈关于办理非法利用信息网络、帮助信息网络犯罪活动等刑事案件适用法律若干问题的解释〉的理解与适用》的解读来看，司法解释的起草者将第12条的适用框架设想为：首先审查上游行为是否构成犯罪，如果构成，再审查帮助行为是否符合第1款的基本罪量标准；只有在因为客观理由无法查明上游行为是否构成犯罪的例外情况下，才可以适用第2款，并审查是否符合第2款的特别罪量标准。但司法实践的实际运作并未遵循这一框架，以下以提供银行卡为例加以说明。在司法实践中，多数案例适用“支付结算金额”这一情节来认定提供银行卡的行为是否达到了帮信罪“情节严重”的标准。在计算“支付结算金额”时，通常会将涉案银行卡的流水数额等同于支付结算金额，①部分司法机关还会将进账流水和出账流水数额累计计算。这导致《信息网络犯罪解释》第12条第2款所设立的“支付结算金额100万元以上”这一看似很高的入罪门槛被实质性地降低。在司法实践中，对提供银行卡类的案件认定为帮信罪的过程就转变为：首先考察涉案银行卡中的流水金额是否达到了100万元以上，如果达到，就直接适用第2款认定行为人成立帮信罪，而没有必要回过头去考虑或审查上游行为是否构成犯罪，也不必区分流水金额是犯罪相关金额还是违法相关金额。只有在没有达到这一数额标准时，才需要回溯到上游行为是否构成犯罪这一条件上，判断帮信罪是否成立。这一做法不仅背离了司法解释设立的初衷，而且简化了证明的流程，上游行为性质的问题可能都不会被纳入司法辩论的范围。

值得说明的是，即使是这种简化的审查框架可能都难以在司法实践中得到维持。因为部分司法机关在论述行为人构成犯罪的理由时，存在虚置“情

---

① 参见王惠志：《帮助信息网络犯罪活动罪的认定困境及解决路径》，载《江苏警官学院学报》2023年第1期。

节严重”这一罪量要素的情况。[①] 较为常见的是，“司法机关在裁判理由部分仅仅只是论述被告人明知他人利用信息网络实施犯罪，同时实施了何种帮助信息网络犯罪活动的行为后，便直接得出被告人触犯了帮助信息网络犯罪活动罪的结论，省去了对行为达到‘情节严重’程度的描述”。[②]

2. 对“明知”的解释与适用

(1)学理解释

在刑法理论中，对帮信罪明知范围的界定从窄到宽，有三种观点：①明知只能是确知，亦即明确知道、明明知道，是一种现实的认识，具体的、有针对性的明知。②明知包括明确知道和可能知道，可能知道是指行为人依据案件有关事实，对他人有犯罪行为存在可能性认识，知道他人可能实施犯罪行为，但对此又不能确定。③明知包括明确知道和应当知道，应当知道是指行为人主观上并不知道或者可能不知道，但依据客观行为、认知能力等因素可推定其应当知道的情形。[③]

我认为，以上三种观点并没有太多实质性的差异。首先，“可能知道”和“应当知道”在概念内涵上的差异并不明显。在司法实践的证明过程中，无论是对于可能知道还是应当知道，都只能借助部分间接证据来认定。在能根据间接证据推定行为人应当知道的情况下，显然也能推出行为人有知道的可能性。因此，即使可以在理论上对两个概念做出微妙的区分，对司法实践而言两者似乎只存在表述上的差异。其次，主张第一种观点的学者往往会同时认可司法实践中推定明知的程序性做法。[④] 与使用证据直接证明行为人的主观明

---

① 参见莫洪宪、吕行：《论帮助信息网络犯罪活动罪的司法扩张与规范适用》，载《贵州师范大学学报(社会科学版)》2023 年第 1 期。

② 莫洪宪、吕行：《论帮助信息网络犯罪活动罪的司法扩张与规范适用》，载《贵州师范大学学报(社会科学版)》2023 年第 1 期。相关案例参见(2022)云 0103 刑初 335 号、(2022)鄂 0281 刑初 53 号、(2022)豫 1628 刑初 161 号。

③ 参见曾磊：《帮助信息网络犯罪活动罪中“明知”的判断逻辑与范围限定》，载《中国人民公安大学学报(社会科学版)》2023 年第 1 期。

④ 参见孙运梁：《帮助信息网络犯罪活动罪的核心问题研究》，载《政法论坛》2019 年第 2 期。

知相比,推定的方式极大地减轻了证明难度,检察机关只需证明已经客观化了的基础事实,即可根据司法解释的规定直接得出推定事实存在的结论。① 可以说,在认定帮信罪的明知时适用刑事推定制度,其结局就是认定行为人对他人实施犯罪的预见可能性。② 因此,第一种观点与第二、三种观点也仅存在文字上的差别,其只是为了维护实体法上的逻辑圆满而将问题推到程序法中。

无论是将"明知"解释为包含可能知道或应当知道,还是通过推定的方式简化证明程序的做法,在效果上都扩张了明知的内涵、降低了司法机关的定罪难度。③ 这些做法是否具有正当性值得讨论。

一方面,不同于传统共同犯罪,网络共同犯罪具有"网状形、聚合射线形和链条形的结构",参与人员之间的联系松散,④行为人实际上可能不明确知道或者并不关心上游的行为。而且在程序上要证明行为人"明知他人利用信息网络实施犯罪活动"也存在极大困难。因此,如果将明知狭窄地界定为明确知道,则会导致处罚范围过小而出现处罚漏洞,可能难以实现打击网络犯罪的现实需要。⑤ 为解决这一难题,对明知作宽泛化的理解或在刑事程序上适用推定制度,具有一定的必要性和合理性。

另一方面,有学者指出,"将'明知'从'知道'向'应当知道'扩张的过程,实际上是替换犯罪构成要件的过程,将证据要求更高、证明难度更大的'实际知道'替换为'不必实际知道',这其实是将故意犯扩张到过失犯,超越了'明

---

① 参见何邦武、胡凌宇:《论帮助信息网络犯罪活动罪中"明知"的证明——从推定到综合认定》,载《辽宁师范大学学报(社会科学版)》2023 年第 2 期。

② 参见黄明儒、刘方可:《论帮助信息网络犯罪活动罪故意的认定——要素分析模式的提倡与运用》,载《青少年犯罪问题》2023 年第 1 期。

③ 参见陈俊秀、岳美莲:《帮助信息网络犯罪活动罪中"明知"之扩张趋势及其限缩》,载《大连海事大学学报(社会科学版)》2023 年第 1 期。

④ 参见黄明儒、刘方可:《论帮助信息网络犯罪活动罪故意的认定——要素分析模式的提倡与运用》,载《青少年犯罪问题》2023 年第 1 期。

⑤ 参见陈俊秀、岳美莲:《帮助信息网络犯罪活动罪中"明知"之扩张趋势及其限缩》,载《大连海事大学学报(社会科学版)》2023 年第 1 期。

知'的含义,违背罪刑法定原则"。[1] 而且,过错推定制度可以被认为是一种"程序性"的严格责任,其通过将罪过问题的证明责任转移给被告人,实现了责任主义要求与实体性的严格责任之间的妥协。[2] 因此,对明知做宽泛化的理解,有将帮信罪转化为过失犯甚至严格责任的风险。

由此可见,对明知做宽泛化的理解或采取推定的认定方式,并不是帮信罪构成要件解释论上的逻辑演绎结果。实际上,只有基于功利主义的考量和采取政策性的论证进路,才可能论证宽泛解释明知的正当性。

(2)司法解释与适用

在司法实践中,对明知的宽泛化理解占据主流地位。[3]

首先,司法实践宽泛化地解释"明知",且没有明确区分"应当知道"和"可能知道"这两个概念,而是混用二者。[4]

其次,在程序法上,司法实践通常采取推定的方式来认定帮信罪中的明知。例如,《信息网络犯罪解释》第 11 条列举了 7 项可以推定行为人主观明知的情形。虽然这一规定属于可反驳的推定,即在"有相反证据"的情况下,可以推翻对明知的认定,但是该条并未明确列举出罪的具体情形。在网络犯罪源头治理成为打击网络犯罪的新政策目标的背景下,司法人员在办理帮信犯罪案件时往往重视入罪、忽视出罪,在缺乏明确条文的规定与指示时,司法机关可能会为了契合严厉打击网络犯罪的政策目标,对一些存疑案件不敢直接做出无罪判决。[5] 目前,司法实务中出现了对明知采取综合认定方式的动

① 冀洋:《帮助信息网络犯罪活动罪的证明简化及其限制》,载《法学评论》2022 年第 4 期。

② 参见劳东燕:《功能主义的刑法解释》,中国人民大学出版社 2020 年版,第 41 页。

③ 参见陈俊秀、岳美莲:《帮助信息网络犯罪活动罪中"明知"之扩张趋势及其限缩》,载《大连海事大学学报(社会科学版)》2023 年第 1 期。

④ 在部分案件中,法院在判决书中使用的是"可能知道"这一表述,参见(2021)吉 0422 刑初 57 号;而在另一些案件中采用的是"应当知道"的表述,参见(2020)沪 0115 刑初 5591 号、(2020)川 0116 刑初 622 号、(2021)闽 0783 刑初 115 号、(2021)冀 0928 刑初 39 号。

⑤ 参见陈俊秀、岳美莲:《帮助信息网络犯罪活动罪中"明知"之扩张趋势及其限缩》,载《大连海事大学学报(社会科学版)》2023 年第 1 期。

向。例如,《电诈意见(二)》第8条规定了两种综合认定行为人主观明知的情形。但是固有的观念似乎仍未消失,在司法实践中,法院一般都倾向于优先适用推定规定,只有在不具备推定的基础事实时,才可能转而适用综合认定规则。①

最后,司法实务中对"明知"的认定过程存在诸多问题。其一,地方司法文件为明知设立了不同的标准,将"明知他人实施犯罪"解释为"明知他人可能实施犯罪",②这可能导致变相降低司法解释确立的标准。③ 其二,司法实践忽略了对"明知"认定的说理,绝大多数司法机关仅在事实部分声称该行为人"明知他人可能进行犯罪",但并未明确列举任何事实加以论证。④ 根据学者所做的实证研究,在其所统计的116个需运用推定来论证主观明知的行为人中,法官仅对其中5起案件中的7个行为人的主观心态进行了论证。⑤ 其三,在提供了部分论证的案件中,或者说理过程非常简单,或者根本难以根据法院认定的事实推断出行为人具有明知的主观心态。例如,部分裁判文书仅通过证明行为人明知银行卡不得出售、出借、转租就直接认定帮信罪成立。⑥

---

① 参见何邦武、胡凌宇:《论帮助信息网络犯罪活动罪中"明知"的证明——从推定到综合认定》,载《辽宁师范大学学报(社会科学版)》2023年第2期。

② 参见浙江省高级人民法院、浙江省人民检察院、浙江省公安厅下发的《关于办理电信网络诈骗犯罪案件若干问题的解答》,重庆市高级人民法院、重庆市人民检察院、重庆市公安局下发的《关于办理电信网络诈骗及其关联犯罪案件法律适用问题的会议纪要》。

③ 参见莫洪宪、吕行:《论帮助信息网络犯罪活动罪的司法扩张与规范适用》,载《贵州师范大学学报(社会科学版)》2023年第1期。

④ 参见张磊、张萌:《帮助信息网络犯罪活动罪司法适用问题研究——以131份判决书为视角》,载《青少年犯罪问题》2021年第4期。类似案例参见(2020)鲁0686刑初245号、(2022)豫1628刑初161号。

⑤ 张磊、张萌:《帮助信息网络犯罪活动罪司法适用问题研究——以131份判决书为视角》,载《青少年犯罪问题》2021年第4期。之所以会出现这一情况,可能与在帮信罪案件中大量适用认罪认罚程序有关。参见冀洋:《帮助信息网络犯罪活动罪的证明简化及其限制》,载《法学评论》2022年第4期。

⑥ 参见(2022)湘0522刑初135号、(2022)豫0203刑初77号、(2022)黑8110刑初56号。

其中似乎存在思维跳跃的疑问,因为“明知银行卡不得出售、出借、转租并不意味着行为人明知他人实施信息网络犯罪”。[①] 这种不说理、不论证或论证不足的情况,不仅在法律论证过程中存在重大逻辑漏洞,[②]而且会导致论证的“因果链条延长,或然性增加,错判风险加大”,[③]加剧帮信罪明知要素扩张化的趋势。

(3)小结

独立性说主导着帮信罪的解释论构建,使帮信罪的成立标准具有如下特点:首先,司法实践对帮信罪的构成要件行为做了宽泛化的理解,即使是与技术支持、广告推广、支付结算不具有相同性质的劳务性帮助等也被纳入这一范畴。[④] 其次,帮信罪的成立不以帮助行为与正犯结果之间具有因果性为前提,强调帮助行为自身的独立性和危害性。正犯尚未着手实施构成要件行为时,帮信罪也可能因为其自身的行为达到了情节严重的标准而成立犯罪。最后,“明知”的认定标准被降低到几乎无法发挥限制入罪机能的程度。主、客观两方面的放松导致帮信罪极大地背离了传统的责任类型。之所以会如此,显然是因为政策性的逻辑在帮信罪的解释论构建中已经成为压倒性的力量:行为、因果性和罪过的要求因为犯罪预防、法益保护等考量而被降低,刑事责任基本原则为被告人所提供的权利保障也因此被削减。[⑤]

(五)政策性论述过度适用的后果:打击重点的扩张与偏离

从以上分析可以看出,无论是在帮信罪的设立还是适用阶段,塑造实务工

---

① 陈俊秀、岳美莲:《帮助信息网络犯罪活动罪中“明知”之扩张趋势及其限缩》,载《大连海事大学学报(社会科学版)》2023 年第 1 期。

② 参见何邦武、胡凌宇:《论帮助信息网络犯罪活动罪中“明知”的证明——从推定到综合认定》,载《辽宁师范大学学报(社会科学版)》2023 年第 2 期。

③ 陈俊秀、岳美莲:《帮助信息网络犯罪活动罪中“明知”之扩张趋势及其限缩》,载《大连海事大学学报(社会科学版)》2023 年第 1 期。

④ 参见(2022)云 0103 刑初 330 号、(2022)黔 2732 刑初 53 号。

⑤ 参见劳东燕:《功能主义的刑法解释》,中国人民大学出版社 2020 年版,第 51 页。

作者和政策制定者之思考方式与习惯的，始终都是一种政策性或功利主义的论述话语和逻辑。这种论述将网络犯罪的帮助行为预设为一种具有“一对多”或“多对多”、产业化、业务化、团体化等特征的行为，由于“数量积累”与“重要性叠加”等效应，产生了大于正犯行为的法益侵害性或危害性。[①] 这种预设的网络犯罪形象构成了一种典范或理想模型，主导着学者和实务工作人员的论证逻辑与规范设计思路。不仅立法者基于对这一理想模型的想象增设了帮信罪，司法者和刑法学者也不断受到这一理想模型的牵引，在扩张化解释帮信罪的进路上越走越远，最终引发了帮信罪案件数量在 2020 年和 2021 年的“井喷式”增长。

但仔细考察司法实践中帮信罪的案件类型会发现，多数案件所涉及的行为类型并不符合上述理想模型。尤其是在“两卡”类案件中，多数涉及的是一些非业务化、个人化的行为，并不具有理论上所称的“一对多”的特征。根据学者所做的实证研究，在司法实践中，“构成本罪的行为人往往并非掌握信息网络技术、知识的专业人士或机构，通常是对信息网络知识了解较少，乃至于全然不知，仅是通过出售其身份信息或为他人办理银行卡或公司账户等手段，为正犯行为提供支付结算服务者”。[②] 在多数案例中，被帮助对象的数量在 3 人及以下，被帮助对象数在 100 人以上的极少。[③] 实际上，司法实务中多数案件的典型情况是，被告人将个人用的两至三张银行卡出售或出租给犯罪团伙，从而收取一定的费用（一般为几千元不等），而并非像学者所预设的那样，作为“两卡”产业链条中的核心反复多次地向不同对象提供银行卡。

如此便出现了一个悖论。刑事立法、司法与理论正是借助理想模型才得

① 参见黄现清：《正犯化的帮助信息网络犯罪活动罪问题研究》，载《法律适用》2022 年第 7 期。

② 周振杰、赵春阳：《帮助信息网络犯罪活动罪实证研究——以 1081 份判决书为样本》，载《法律适用》2022 年第 6 期。

③ 参见周振杰、赵春阳：《帮助信息网络犯罪活动罪实证研究——以 1081 份判决书为样本》，载《法律适用》2022 年第 6 期。

以为帮信罪的增设和扩张提供正当化根据,这也就意味着符合这一理想模型特征的网络犯罪帮助行为才是立法者设立帮信罪所要重点制裁和预防的对象,也应当是司法实践所需要重点打击的目标。但在具体适用时,刑事司法系统却调转矛头,没有主要针对那些业务型的互联网技术、服务的持有者、提供者,而是指向了对网络技术并不了解乃至于较为陌生的一般行为人。①

打击重点的偏离不仅会导致立法者所设定的主要立法目的难以实现,②而且会引发其他问题。政策性论述自始至终都是将上述理想模型作为论述的起点,这暗示着该论述从一开始就预设了两种不同的网络犯罪帮助行为:第一种是符合理想模型的行为;第二种是非理想模型的行为。根据政策性论述的逻辑,它只是承认和论证了符合理想模型的信息网络犯罪帮助行为具有独立法益侵害性甚至是高于正犯的危害性,因而应当对应较低的犯罪成立标准。换言之,低于这一行为标准的行为或者非理想模型的网络犯罪帮助行为,从一开始就被排除在了讨论范围之外,至于这类行为是否具有类似的独立法益侵害性、是否可以对应较低的入罪标准、满足了帮信罪的入罪门槛是否就具有了刑事可罚性等问题,从来没有得到过任何论证与说明。因此,根据独立性说的逻辑,较为合理的推论是:两类不同的网络犯罪帮助行为对应不同的入罪标准,符合理想模型的行为对应入罪门槛较低的帮信罪,不符合理想则按照入罪门槛相对较高的传统共犯规则所设立的标准。③

然而,司法实践并没有遵循政策性论述所预设的二元区分的逻辑,而是将两种不同的行为类型混为一谈。在具体案件中,是认定为帮信罪还是关联犯

---

① 参见周振杰、赵春阳:《帮助信息网络犯罪活动罪实证研究——以1081份判决书为样本》,载《法律适用》2022年第6期。

② 参见陈毅坚、陈梓瀚:《帮助信息网络犯罪活动罪的司法适用——基于正犯性视角的教义学展开》,载《地方立法研究》2021年第5期。

③ 这样理解似乎也存在一定的疑问,如上所述,主张独立性说的学者多数将帮信罪定位为堵截性罪名,只有在不能按照共犯框架处理的案件中,才能转而判断是否符合帮信罪的犯罪构成要件。这种优先适用与补充适用的关系,与理想模型与非理想模型的区分似乎并不能相互对应。

罪共犯表现出一定程度的不确定性,目前司法实践中更为常见的做法是,对两种不同类型的行为一概认定为帮信罪,这会引发至少两方面的问题。

一方面,将帮信罪的成立条件较为普遍地适用于个别化的行为上,可能会导致部分法益侵害性很低的行为因低入罪标准的直接套用而被入罪化,即引发无罪行为有罪化的疑虑。例如,在部分案件中,[①]行为人准备提供几张银行卡给上游犯罪团伙并获取一定的费用,但在其尚未将银行卡交付给上游团伙时,即被抓获。对于这类案件,如果按照共犯途径来认定,只能认定其无罪,[②]但如果按照帮信罪的途径来认定,在不将帮信罪的成立范围限定为理想行为类型的情况下,就可能认定这类行为也符合帮信罪的成立条件。

另一方面,在部分个别化的行为已经满足了诈骗罪等关联犯罪的共犯的成立条件下,为定罪方便,司法机关将其降格认定为帮信罪,造成了重罪行为轻罚化的现象。[③] 尤其是在一个行为人帮助多人实施电信网络诈骗或行为人帮助电信网络诈骗的犯罪数额极其巨大的情况下,此时如果以帮信罪这一单独犯罪对被告人定罪处罚,则会导致量刑过轻、罪刑不均的局面。此外,司法实践往往倾向于单独认定为帮信罪,而很少正面在判决书中承认某一信息网络犯罪的帮助行为构成本罪与其关联犯罪的想象竞合,[④]这就导致《刑法》第287条之二第3款适用的前提条件很难满足,造成了该款被严重虚置的问题。

至于出现这种打击重点偏差的原因,可能包含如下两点:其一,对电信网络诈骗等上游犯罪存在打不深、打不透、打不到的困局。[⑤] 由于上游犯罪人多

---

① 参见(2018)浙0702刑初915号。

② 是否成立预备犯或预备犯的共犯,则可以再讨论。

③ 参见王璐:《支付结算型帮助信息网络犯罪活动罪的司法限缩——以"两卡"电信网络诈骗犯罪为视角》,载《江西警察学院学报》2023年第1期;欧阳本祺、刘梦:《帮助信息网络犯罪活动罪的适用方法:从本罪优先到共犯优先》,载《中国应用法学》2022年第1期。

④ 欧阳本祺、刘梦:《帮助信息网络犯罪活动罪的适用方法:从本罪优先到共犯优先》,载《中国应用法学》2022年第1期。

⑤ 参见喻海松:《帮助信息网络犯罪活动罪的司法限定与具体展开》,载《国家检察官学院学报》2022年第6期。

在国外、警力紧缺等各方面的原因,有时确实难以抓获危害更大的电信诈骗犯罪组织者、实施者,只能退而求其次地将惩治重点集中于提供“两卡”等中间环节,尝试通过断开中间产业链条的方式来间接控制日益猖獗的上游犯罪行为。但在打击中间环节的过程中,再次遭遇类似的困局,即难以追究“两卡”贩卖链条中的核心人员的刑事责任,最终惩治的只是提供“两卡”的边缘人员。其二,在这一过程中,甚至不排除存在司法惰性的影响,对一些本应当适用入罪门槛更高的罪名或以共犯论处的行为,“由于适用帮助信息网络犯罪活动罪‘省时省力’而未作进一步追究”。①

(六)帮信罪的解释方向

整体而言,在帮信罪的解释论上,量刑规则说和独立性说确立了两个不同的解释方向,前者倾向于将帮信罪整合到既有的共犯框架体系中,而后者则倾向于对帮信罪做独立化的解释。从司法实践的现状来看,量刑规则说背后的限制帮信罪处罚范围的立场、对帮信罪滥用的担忧都具有很强的现实意义。但是,在立法已经增设了帮信罪,而且司法实践沿着独立性说的逻辑运作了多年的情况下,在解释论上将立场撤回到既有的共犯理论框架中,可能难以对司法实践产生影响。而且部分网络犯罪帮助行为确实具有与传统帮助行为不同的特点,如果将所有网络犯罪帮助行为都放在共犯的框架下来处理,有时候就不可避免地为了处罚而牺牲共犯理论的部分规则,带来为解决具体问题而牺牲整体框架的风险。例如,为了解决所谓“一对多”型共犯处罚的困境,部分学者表面上维持了共犯从属性原理,但在解释共犯从属性的具体内容时,将共犯从属性的程度降低到最小从属性,并声称最小从属性仅要求共犯行为从属于正犯的实行行为,而不要求正犯实施了符合构成要件的不法行为。这一解释方案实质上滑向了违法相对性的立场,而背离了“违法是连带的”这一传统

① 喻海松:《帮助信息网络犯罪活动罪的司法限定与具体展开》,载《国家检察官学院学报》2022 年第 6 期。

教义规则。①

基于上述考虑，我比较赞成直接从正犯的角度来解释帮信罪的思路。

首先，必须明确帮信罪的保护法益。由于帮信罪并没有对上游犯罪行为作任何限定，而是可以指向任何一种刑法分则所规定的犯罪行为，帮信罪的法益和保护范围难以确定、模糊不清。② 本报告初步的想法是，与现实物理空间类似，网络空间作为一种公共空间同样具有一定的公共秩序。《网络安全法》等法律规定为这一秩序的形成搭建了基本的法律框架。由于网络技术日益渗透进入社会的各个领域，网络生活也逐步成为人们日常生活中的重要组成部分，良好的网络空间秩序是人们借助网络开展交流、交易等活动的一项基本前提和制度基础，也是各网络主体权利的重要保障。一旦这种公共秩序被破坏或者被滥用，其影响会辐射至现实空间，指向现实生活中不确定的法益侵害。③ 因此，为实现法益的有效保护，有必要将信息网络空间的公共秩序设置为一个阻挡层的法益。这一阻挡层的法益和现实生活中的各类法益的关系是，为了保护现实中的法益而提前保护阻挡层的法益，现实中的法益是目的，阻挡层的法益本身是目的的同时，也是一种手段。如学者所言，"相比于扰乱公共秩序的传统犯罪，妨害信息网络公共秩序犯罪是对于现实空间公共秩序法益的前置化保护，并未对现实空间公共秩序造成严重危害的不法行为可能已然侵害了信息网络公共秩序，从而刑法将这类网络不法行为规定为妨害信

---

① 参见王昭武：《论共犯的最小从属性说——日本共犯从属性理论的发展与借鉴》，载《法学》2007年第11期。正因为如此，部分主张违法相对性的学者认为最小从属性说也并非最佳方案。参见李瑞杰：《犯罪参与的归责模式——个别归责说之提倡》，载《北大法律评论》2019年第2期。

② 参见李明鲁、皮勇：《网络空间犯罪中的公共秩序法益研究——从帮助信息网络犯罪活动罪的独立性切入》，载《海南大学学报(人文社会科学版)》2023年第5期。

③ 参见李明鲁、皮勇：《网络空间犯罪中的公共秩序法益研究——从帮助信息网络犯罪活动罪的独立性切入》，载《海南大学学报(人文社会科学版)》2023年第5期。

息网络公共秩序的犯罪”。①

其次，在将帮信罪的法益定位为网络空间公共秩序的前提下，解释构成要件时至少要注意以下几点：其一，既然帮信罪的保护法益指向的是网络空间的公共秩序，那么《刑法》第287条之二第1款中的“等帮助”行为就应当仅限于与信息网络技术相关的帮助行为，而不应包括租车等物理劳务性的帮助行为。其二，在通常情况下，难以认为个别化的网络帮助行为产生了扰乱网络公共秩序的效果，其行为也不能进一步指向现实中不特定的法益侵害。因此，帮信罪所规制的行为主要指向那些具有产业化、团体化等特征的网络帮助行为，即前述的符合理想模型的行为类型。② 其三，在“犯罪”要素的解释上，应解释为他人至少实施了不法层面的犯罪行为的预备行为。之所以做出这一限定是出于以下考虑：从形式的角度看，根据罪刑法定原则的要求，在条文明确规定了“为其犯罪”提供帮助的情况下，不可能将上游行为解释为包含违法行为。从实质的角度看，阻挡层法益的保护是为了更加周全地保护现实中的法益，如果上游行为人尚未实施犯罪预备行为，则不可能对现实中的法益造成任何威胁，更不可能指向现实中的不特定的法益侵害。此时仍认定为帮信罪，则只会沦为为了保护秩序而保护秩序。

最后，在帮信罪与共犯的关系上，我初步想法如下：其一，帮信罪具有独立的构造，与共犯的成立条件并不相同。在客观方面，“情节严重”是帮信罪成立的罪量要素，但并非共犯的成立要件。如学者所言，“根据刑法关于共同犯罪的规定及其原理，只要行为人明知他人犯罪而为其提供帮助，该帮助行为与正犯结果具有因果性的，就应当以共犯论处，而不以帮助行为‘情节严重’为

① 李明鲁、皮勇：《网络空间犯罪中的公共秩序法益研究——从帮助信息网络犯罪活动罪的独立性切入》，载《海南大学学报（人文社会科学版）》2023年第5期。

② 在判断行为是否符合理想模型时，应当确立一个较为综合的判断标准。也就是说，不能单方面地考虑参与的人数，还应当考虑产业的规模、影响的范围、销售额、组织模式等。因此，此处使用“个别化”的表述并非指只要行为人只有一个人，就必然不符合帮信罪的构成要件。

前提”。[①] 在我国，预备犯的处罚原本就是极为例外的情况，[②]处罚预备犯的共犯则更是例外的例外。但由于帮信罪的构成要件的行为自身具有产业化等积量特征，即使其帮助的行为尚处于预备阶段，在满足其他要素的前提下，也可能成立犯罪。在主观方面，由于已经将帮信罪的构成要件行为类型限定为具有一定组织化特征的行为上，在明知的认定上则可以相应地放宽标准，将其解释为确实知道和可能知道他人实施犯罪行为，且不要求认识到他人具体实施何种犯罪行为类型。这一理解也符合网络犯罪领域行为人之间彼此介入较少甚至漠不关心的特点。在共犯领域，明知他人实施犯罪这一主观标准较帮信罪的标准更高，一般至少要求帮助人明知正犯实施的犯罪行为类型。其二，帮信罪与关联犯罪的共犯并非对立的关系，虽然个别化的行为一般难以满足帮信罪的成立条件，但产业化的行为则完全可能同时符合两者的成立标准，此时应适用《刑法》第 283 条之二第 3 款的规定，从一重罪处罚。

二、课堂交流

张老师：实践中有什么帮信罪是组织化的？这样的案件有多少？

报告人：例如，以公司的形式提供银行卡或者提供网站等服务，可以被认为是组织化的。案件应该比较多。

张老师：如果单位还有其他的正常营业活动，那不就是《刑法》第 287 条之二第 2 款规定的单位犯罪吗？

报告人：如果公司成立本身就是为了提供这些非法服务，应该不能认定为单位犯罪吧。

张老师：整体来看，帮信罪的案件是不是以提供银行卡的居多？

---

① 张明楷：《刑法学(下)》(第 6 版)，法律出版社 2021 年版，第 1384 页。

② 张明楷：《刑法学(上)》(第 6 版)，法律出版社 2021 年版，第 434 页。

报告人:对。

同　学:你最后赞成的是独立性说的立场,你是仅在帮信罪中赞成独立性说,还是在整个共犯理论中赞成独立性说?

报告人:我的观点是在一般的共犯理论框架之外,对帮信罪做特殊的处理,仅在帮信罪的场合赞成独立性说。对其他的犯罪,如果没有特殊规定,按照传统的共犯理论框架来处理。

同　学:这样处理的话,如何区分帮信罪和诈骗罪等犯罪的共犯?

报告人:我初步认为,帮信罪主要适用于刚刚提到的这类产业化、组织化的行为。在这类案件中,行为人与上游行为人通常缺乏明确的联系,可能仅仅是在网络上销售自己的服务,没有达到共同犯罪的成立标准。这类案件的行为人与上游行为人有明确联系的,可以成立帮信罪和共同犯罪的想象竞合。

同　学:我也认为两者是一种低程度和高程度的关系。低程度的情况是指行为人与上游行为人缺乏犯罪联络、行为人没有实施后续的一些行为等,构成帮信罪,但如果行为人的不法程度提高,行为符合诈骗共犯的话,成立想象竞合。

报告人:我也是这样理解的。

同　学:一种观点认为,量刑规则说可能会导致所有行为都要按照想象竞合来处理,最终导致帮信罪被虚置。你赞同对量刑规则说的这一批判吗?

报告人:是的。我认为量刑规则说对帮信罪的成立限制太多,会导致帮信罪被虚置。

同　学:刚刚你也提到了中立帮助行为,你是否认为行为是否中立,很难仅通过客观因素来判断,而应结合行为人的主观方面来判断?

报告人:我个人认为大部分情况下可以通过客观因素来综合判断,如行为人提供的是否是通常会被用于犯罪的工具或服务。

同　学:按照正犯的实质化标准,帮信罪是否就是一个正犯?

报告人:我是这样理解的。

同　学：你认为帮助犯的正犯化与共犯的从属性说是对立的吗？

报告人：我认为两者在逻辑上是对立的。但是部分学者主张独立性说的同时，认为从属性虽然不是帮信罪成立的强制性要求，但可以将它作为限制帮信罪成立范围的解释工具。

同　学：我有一个想法是，帮助行为正犯化和共犯从属性虽然看上去是冲突的，但实际上是可以协调的。帮助行为正犯化是立法上的考量，主要是考虑到刑法的罪名设置功能，因为在司法实践中可能很难找到正犯，所以转换认定视角，不再从正犯行为切入，转而从帮助行为来认定犯罪。共犯从属性理论是一种司法层面的理论，也就是通过实质解释等来对帮信罪的处罚范围做合理的限缩。所以我认为，可以从这两种观点来协调独立性的立场和从属性的要求。

报告人：我认为可以。但是这里是否存在概念被转换的问题。独立性和从属性原本都是在讨论共犯的成立是否以正犯实施符合构成要件的不法行为为前提，但这里的独立性似乎只是在说罪名独立设置的问题，这意味着没有在同一问题下来讨论独立性和从属性两个概念了。

同　学：对，我认为帮信罪的立法设置有功能上的考量，因此所谓独立和从属是不同维度的问题。一方面，为了加强网络秩序的管理，需要在立法上有所扩张，如通过立法增设新的罪名；另一方面，在司法上要注意处罚范围不能过度扩张，如违法行为也被纳入处罚范围。因此，我认为应该从立法和司法两方面来做解读。

同　学：在你刚刚提到的案例中，有的行为人帮助上游行为人实施了取现行为，为什么不能认定成立掩饰、隐瞒犯罪所得罪呢？

报告人：帮信罪和掩饰、隐瞒犯罪所得罪的关系是目前的热点问题。我前面提到的《2022 会议纪要》中，为了限制帮信罪的处罚范围，规定仅提供银行卡但没有取现的，不属于支付结算行为，因此不成立帮信罪，但如果实施了取现行为，则会同时构成掩饰、隐瞒犯罪所得罪和帮信罪。[①]如何处理两个罪名的关系，确实是现在的争议问题。

同　学：我也认为帮信罪和很多其他罪名具有关联性，如虚假广告罪等。还有一个问题是，如果要承认帮信罪的独立性，你认为它有独立的保护法益吗？

报告人：我目前的初步想法是，如果将帮信罪限定为组织化、规模化的行为，那么可以认为帮信罪的保护法益是信息网络空间的秩序。但是，这种界定可能仍存在宽泛化的问题。

同　学：我个人比较同意你刚刚说的阻挡层法益的观点。例如，帮助恐怖活动罪实际上不同于恐怖活动犯罪的保护法益，即公共安全，它所保护的法益可能就是一种阻挡层法益，如社会治安或一般安全感等。因此，我认为你的方案比较可行，因为网络空间秩序本身就是比较虚的概念，通过阻挡层和核心层法益的双重设置，可能能更好地界定帮信罪的成立范围。

同　学：如果认为帮信罪是独立的，且保护法益是信息网络空间的秩序，那是否意味着帮信罪的行为也必须发生在网络空间内？但是支付结算行为完全可以发生在网络空间之外。

报告人：实践中很多案件是"跑分"的案件，是通过网络软件来实施支付结算

① 《2022 会议纪要》第 5 条规定，"关于正确区分帮助信息网络犯罪活动罪、掩饰、隐瞒犯罪所得、犯罪所得收益罪与诈骗罪的界限。在办理涉'两卡'犯罪案件中，存在准确界定前述三个罪名之间界限的问题。应当根据行为人的主观明知内容和实施的具体犯罪行为，确定其行为性质。以信用卡为例：(1)明知他人实施电信网络诈骗犯罪，参加诈骗团伙或者与诈骗团伙之间形成较为稳定的配合关系，长期为他人提供信用卡或者转账取现的，可以诈骗罪论处。(2)行为人向他人出租、出售信用卡后，在明知是犯罪所得及其收益的情况下，又代为转账、套现、取现等，或者为配合他人转账、套现、取现而提供刷脸等验证服务的，可以掩饰、隐瞒犯罪所得、犯罪所得收益罪论处。(3)明知他人利用信息网络实施犯罪，仅向他人出租、出售信用卡，未实施其他行为，达到情节严重标准的，可以帮助信息网络犯罪活动罪论处"。

行为。即使支付结算行为可以发生在网络空间之外，帮信罪的成立范围也仅限于发生在网络空间之内的支付结算行为。对于发生在网络空间之外的行为，可以适用掩饰、隐瞒犯罪所得罪等罪名。对于发生在网络空间之内的行为，可能会出现帮信罪与掩饰、隐瞒犯罪所得罪竞合的情况。

同　学：为什么要从行为的主体来限制帮信罪的成立范围，即要求行为具有规模化等特征，而不是从行为产生的后果来限制，比如情节严重等？

报告人：情节严重本身是限制因素之一，但我认为同时也要从主体上做限制。

同　学：为什么要将个别化的网络帮助行为排除在帮信罪之外？

报告人：我认为对于个别化的行为，如果符合共犯的成立条件就放在共犯的框架下来处理，如果不符合共犯的成立条件，也不要适用帮信罪来对其入罪化。因为帮信罪在最初设立的时候，立法者所设想的行为就是具有组织化等特征的行为。不能在解释论上降低帮信罪的成立标准。

同　学：举个例子，比如说我创建了一个公司，招了 100 多个人帮别人通过网络支付结算洗钱 1 亿元，这与我一个人洗了 1 亿元有什么区别吗？

报告人：在设置组织化或者产业化的成立标准时，可以从规模、人数等多个要素来理解，单个人行为并不意味着不能达到规模化的标准，在规模很大的情况下，也可以认定为成立帮信罪。

同　学：如果将帮信罪解释为独立的犯罪，是否意味着要将法条中的"犯罪"这一表述给解释掉？

报告人：可以将"犯罪"解释为他人至少实施了犯罪的预备行为。

同　学：一般在解释"犯罪"时会解释为不法层面的犯罪，你说不愿意在共犯理论上做一般性的扩张，为什么在对"犯罪"的解释上又做了一般化的扩张？

报告人：因为在共犯理论中做扩张化解释，其解释结论会适用于所有的犯罪，但是在特定条文下对某一概念做扩张解释，并不会产生这样的效果。

同　学：但这为其他的条文解释提供了一种扩张化解释的可能。帮信罪所规定的很多行为本身都是偏中立的行为。我认为帮信罪还是要以他人实施犯罪为前提,因为正是他人实施的犯罪行为使这些中立行为转变为犯罪行为,在他人实施正常行为时,这些行为也不可能被认定为犯罪行为。

张老师:中立帮助行为主要考虑的是某些行为是职业行为或者日常生活行为,需要限制处罚的范围。并不是从行为方式本身来判断某个行为是不是中立帮助行为,也不能从条文表述中看出来这些行为是中立帮助行为。只是说在这个条文中规定的提供技术性帮助等行为可能比较偏向职业行为,但不能据此得出结论认为条文中规定的都是中立帮助行为。

同　学:我认可张老师的观点。我们在实务中认定相关的帮助行为时,肯定要看提供的软件、投放的广告的具体内容和功能等,才能得出判断结论,而不是仅仅看法条的规定。

同　学:帮信罪的设立原本是用来控制犯罪的,现在的情况似乎是电信网络诈骗越来越多了。

同　学:可能是以前没有查出来,现在查出来了。

报告人:有点像我们在犯罪学的课上讨论的观点,即国家作为一个主体去控制犯罪时,总是会出现悖论性的情况,即犯罪控制的目的落空。

同　学:如果认可帮信罪的独立性,并将法益解释为信息网络空间的秩序,是否就能证成和适用司法解释的 5 倍条款的规定?

报告人:是的,满足司法解释的相应标准时,可以针对规模化的帮助行为适用 5 倍条款。

同　学:司法实践存在一个变化,最开始确实适用了 5 倍条款,但在《电诈意见(二)》以及《2022 会议纪要》出台之后,出现了兜底性规定。比如,我们已经查实一笔钱是诈骗款 3000 元,达到了诈骗罪的入罪门槛,无法查明其他资金的来源,但经过公示之后没有人来主张这些是合法资金,也没有其他任何反证,这个时候就会将所有的金额认定为帮信罪的犯罪金额。你们认为这样做是否合适?

报告人:根据《2022 会议纪要》的规定,在认定帮信罪的金额时,不仅要求流水金额已经达到司法解释所规定的标准,还要求至少已经查明其中有一笔款项达到了相关犯罪的成立标准,如诈骗款 3000 元。但我认为这一规定似乎存在一定的矛盾,因为司法解释想要通过要求上游行为构成犯罪来限定帮信罪的成立范围,但是在认定帮信罪的犯罪数额时,又不要求查清每一笔数额,而是作整体认定,导致被认定的犯罪数额非常大。司法解释似乎是在独立性说和从属性说两种观点之间妥协的结果。

同　学:司法解释可能是基于同质化的推定逻辑,如流水是在同一时间反复多次发生的,或者转账发生的时间非常集中,此时可以推定每笔金额的性质是一样的。

报告人:如果从证明的角度来理解这一司法解释,似乎表明司法解释确实是要求上游行为是构成犯罪的,接近从属性说的立场。但是我有一点困惑,既然能查清楚部分钱款与具体犯罪相关,其他的钱款查不清楚来源,那仅就这部分钱款足以认定行为人构成犯罪,为什么还要将其他的金额也作为犯罪数额作整体认定呢?虽然可以说推定这部分金额的性质也是一样的,但总感觉还是不太扎实。

同　学:还有一个关于明知的问题。在司法实践中,法院可能确实表述的是行为人应当知道或可能知道,但是法院可能在证据分析的部分说明,基于行为的反常性等理由来认定行为人明知他人实施了犯罪行为。此外,在司法实践中,还有一种"明知可能"的表述。法律和司法解释规定的都是"明知",但很多行为人不知道银行卡被具体用于什么犯罪,但可以查明他明知可能被用于诈骗等犯罪,因此表述为"明知可能"。

报告人:确实,在司法实践中,有一些地方性的司法文件就明确规定,对于帮助者明知的内容和程度,一般只要有证据能印证其认识到对方可能是犯罪即可。①

张老师：知道他人可能实施犯罪就够了。

同　学：之前司法解释在界定明知的时候，规定包含两种类型，即知道或应当知道，但是后来的司法解释都不这么界定了，只用了"明知"这一个表述。这里司法解释的态度发生了变化。所以，在司法实践中，再用"应当知道"，确实就是不对的。现在一般都会表述为"明知可能"，也就是说明知他人用于犯罪，只是不知道具体用于何种犯罪，这不就是帮信罪最大的特点吗？然后就要看客观上最终是否实际用于犯罪。

三、张明楷评述

有关这个罪名的争论很多，我原本想写一篇论文，但我又觉得一点挑战性都没有，就不想写了，不排除以后还是会写一篇论文。下面我讲几点想法。

第一，关于增设帮信罪的必要性的问题。

按照我的观点，这个罪原本就不应该设置。之所以会出现这个罪名，主要是因为司法实践按照传统的共犯理论来认定共犯。传统共犯理论要求二人以上达到法定年龄、有共同故意、有共同行为，才成立共犯。其实，传统的共同犯罪理论也没有要求二人以上具有意思联络，只是要求有共同故意，但司法实践都理解为要有意思联络，要有通谋、共谋之类的。但很多案件中，正犯在泰国、缅甸等，司法机关找不到正犯，也就不可能知道他多少岁等，因此按照传统共犯理论不能认定为共犯。这种共犯理论实在是太陈旧了，建议你们忘掉"共同犯罪"这个词，这个词一点意义都没有。

在认定时，要以正犯为中心，正犯是独立的，因此只要查明有人在泰国向

① 浙江省高级人民法院、浙江省人民检察院、浙江省公安厅下发的《关于办理电信网络诈骗犯罪案件若干问题的解答》第10条规定，"对于帮助者明知的内容和程度，一般只要有证据能够印证其认识到对方可能实施诈骗犯罪行为即可，并不要求其认识到对方实施犯罪的具体情况"。

中国人打了诈骗电话,被害人因此将钱打到特定的银行卡上,就算抓不到正犯,也可以认定提供银行卡的人为诈骗犯提供了帮助,剩下的就是判断这个提供银行卡的人是否知道自己提供的银行卡被他人用于诈骗。只要知道,那么就可以认定为诈骗罪的共犯。共犯的从属性,是说成立共犯以正犯的存在为前提,其中的正犯既包括已经实施了实行行为的正犯,也包括仅实施了预备行为的正犯;共犯的从属性,不是说成立共犯以抓获了正犯为前提。认定共犯也要从客观到主观来判断,当行为人客观上的行为确实帮助他人实施了电信诈骗的时候,是否成立诈骗罪共犯,还要看行为人是否认识到他人可能是诈骗,如果认识到了,当然成立诈骗罪共犯。

帮信罪的设立就是以传统共同犯罪理论为根据的,因为电信诈骗的正犯大多在国外,公安机关一时抓不到正犯,只能抓到在国内提供银行卡以及实施其他帮助行为的人,公安机关人员又习惯于通过口供判断二人以上是否成立共犯,在没有抓获正犯的情况下,就无法认定提供银行卡的人的行为构成犯罪,于是有学者建议设立这个帮信罪。

但在我看来,设立这个罪是基于对成立共犯条件的误解,如果妥当地理解共犯的成立条件,是没有设立帮信罪的必要性的。我也知道现在许多被认定为帮信罪的行为,其实是诈骗罪的共犯,但司法机关为了省事就认定为帮信罪。当然,被认定为帮信罪的原因还比较多,不过都不是正常现象。

第二,关于帮信罪的性质,即帮信罪是共犯的正犯化还是量刑规则。

独立构罪和共犯的正犯化两种观点应该是一样的。所谓独立构罪或者共犯的正犯化可能指以下几种情形。

第一种独立情形是,以为他人要利用网络传播淫秽物品而提供网络帮助,结果发现他人利用网络实施的是电信诈骗,这属于抽象的事实认识错误。按照我以前的说法,对于这种情况勉强可以认定为帮信罪。但是,如果注重体系解释,就会发现这样认定会导致罪刑不均衡。比如,明知他人要实施走私行为而提供帮助,结果他人实施的是组织他人偷越国边境。这种情况不能认定为犯罪。因为帮助行为人不知道他人要实施偷越国边境行为,对此没有故意,他人又根本没有实施走私行为，对帮助者的行为也不可能认定为走私的帮助。既然这种情况下不成立犯罪，那在提供网络帮助的场合，为什么就能认定为犯罪呢？网络犯罪真的就是最严重的犯罪吗？这个意义上的独立构罪，从法条上看好像是可行的，但实际上是不均衡的，会导致刑法不公正。

第二种独立情形就是刚刚同学所说的，帮信罪的成立至少以他人实施了犯罪的预备为前提。但是，预备行为在通常情况下不被追究刑事责任，既然不追究预备行为本身，凭什么追究对预备行为的帮助？如果追究预备行为的刑事责任，那提供帮助的人也只能按帮助犯去追究。那按帮助犯去追究，独立性体现在哪里呢？并没有独立。因此，第二种独立构罪的情况我觉得行不通。而且，要求正犯至少实施了预备行为，这也是共犯从属性说的内容。我国部分学者误解了平野龙一老师的意思，平野老师讲实行从属性只是在没有讲预备的时候来讨论的，并不是说正犯仅实施了预备行为，共犯就不成立。而且平野老师认为预备犯也有实行行为。国内有人就断章取义，看到实行从属性一句话，就认为正犯仅实施预备行为的时候，共犯就不成立犯罪，人家根本不是这个意思。如果正犯构成预备犯，共犯也能成立预备犯的教唆犯或帮助犯。平野老师和山口老师等都是这么说的，这在理论上没有任何疑问。

第三种独立情形是指被帮助的人只实施了一般违法行为，或者行为外表符合构成要件但没有达到罪量要求，但帮助者的行为依然成立帮信罪。我认为将这种情形认定为帮信罪，明显违反罪刑法定原则，因为被帮助的人没有犯罪，帮助行为怎么能被认定为"明知他人利用信息网络实施犯罪"而提供帮助行为呢？这一点我下面还要专门讲一下。

第四种独立情形是所谓"一对多"的帮助，即多人实施了一般违法行为，一个帮助者帮助了多人，虽然被帮助的人不构成犯罪，但帮助者的行为要构成帮信罪。我也不赞成这种独立性说。既然被帮助的人的行为都不是犯罪行为，就不可能将他们的行为相加起来认定为犯罪行为，既然如此，帮助者的行为怎么可能构成犯罪呢？

第五种独立情形是指无论他人是否实施了犯罪，独立认定帮助行为成立犯罪。但这怎么可能呢？以为他人要实施电信诈骗为他人提供了 3 张银行卡，结果他人根本没有实施电信诈骗行为，认定提供银行卡的人成立帮信罪，怎么对得起这个条文的表述呢？条文表述的明明是“明知他人利用信息网络实施犯罪”，他人都没有实施犯罪行为，怎么可能认定为帮信罪？这是不可能的。因此，独立构罪说明显讲不通。我们现在所说的独立构罪的情况，其实都已经构成了其他罪的共犯，只是没有去认定而已。前面同学提到的部分案例中，法院虽然在判决书中没有提到上游行为人实施了犯罪行为，但实际上他们的行为还是成立犯罪的。

报告人提出了第六种独立定罪的情形，将立法者所设想的具有组织化等特征的帮助行为认定为帮信罪，但个别化的网络帮助行为被排除在帮信罪之外。这可能难以让人接受。一方面，何以认为具有组织化等特征的行为才能适用帮信罪的规定，而对个别人实施的帮助行为就不能认定为帮信罪。大家不能将立法机关工作人员的论述当作立法理由或者立法原意，他们的解释只是他们自己的解释，也只是一种学理解释。另一方面，按照报告人的观点，具有组织化等特征的帮助行为，处罚得反而更轻，最高只能处 3 年有期徒刑，而对于个别化的行为按共犯处罚，可能处罚更重，这不符合刑法的公平正义要求。

对于共犯的正犯化千万不能理解为，只要对共犯规定了独立的法定刑，就是共犯的正犯化。共犯的正犯化以对正犯与共犯采取区分制体系为前提。如果采取单一正犯体系，认为所有的参与者都是正犯，共犯的正犯化概念便没有存在的余地。在区分制体系中，正犯是一次责任，刑法首先要抑制的是正犯，正犯不从属于其他犯罪，因而具有独立性；教唆犯与帮助犯是二次责任，二次责任正是以正犯的存在为前提的派生性、扩张性的犯罪形态。倘若没有正犯，就不可能存在由其派生出来的扩张性的二次责任。采取区分制、区分一次责任与二次责任，实际上限制了共犯的处罚范围。限制共犯的处罚范围的基本路径就是采取共犯从属性原理，即强调教唆犯、帮助犯的成立以正犯的存在为前提。概言之，正犯并不从属于其他参与人，但共犯必须从属于正犯。反过来说，如果一个犯罪的成立以正犯实施构成要件行为为前提，该犯罪就不可能是正犯，只能是共犯；如果一个帮助行为成立犯罪不以对正犯行为与结果起到了帮助作为前提，或者说，如果一个帮助行为没有对某个正犯的行为与结果起到促进作用，却仍然成立犯罪，则是共犯的正犯化。

《刑法》第287条之二第1款规定："明知他人利用信息网络实施犯罪，为其犯罪提供互联网接入、服务器托管、网络存储、通讯传输等技术支持，或者提供广告推广、支付结算等帮助，情节严重的，处三年以下有期徒刑或者拘役，并处或者单处罚金。"问题是，倘若他人并没有利用信息网络实施犯罪，而行为人以为他人会利用信息网络实施，进而提供技术支持等帮助的，行为人提供帮助的行为是否成立犯罪？如果持肯定回答，则帮信罪是共犯的正犯化。因为行为人成立帮信罪并不以他人利用信息网络实施犯罪为前提。但是，我们对上述问题不可能持肯定回答。

从《刑法》第287条之二第1款的规定来看，如果他人没有利用信息网络实施犯罪，行为人就不可能为他人的犯罪提供帮助，不可能符合帮信罪的构成要件。除非站在主观主义立场采取共犯独立性说，才可能持肯定回答。然而，采取共犯独立性说得出肯定结论时，也不意味着共犯的正犯化，只是意味着对共犯采取了独立性说。

反过来说，只有当行为人明知他人利用信息网络实施犯罪，为其犯罪提供了帮助，他人事实上也利用信息网络实施了犯罪，而且行为人对他人的犯罪起到了帮助作用，才有可能认定行为人的行为成立帮信罪。显然，帮信罪的成立从属于"他人利用信息网络实施犯罪"，亦即帮信罪的成立从属于其他正犯。既然如此，这就不可能是共犯的正犯化。

我特别要讲一个问题，就是当被帮助者的行为并不构成犯罪，只是一般违法行为时，帮助者的行为是否成立帮信罪。《刑法》第287条之二第1款明文规定的是"明知他人利用信息网络实施犯罪"。问题是，如何理解其中的"犯罪"？

第一种观点认为，应当遵循共犯从属性原理，本款的"犯罪"限定为符合我国刑法规定的构成要件且违法的、能被认定为相应罪名的犯罪行为。这个地方的犯罪行为,只要求是不法层面的犯罪行为。我是赞成这种观点的。

第二种观点认为,对本款的“犯罪”应做扩张解释,即不仅指犯罪行为,还包括符合刑法分则行为类型但尚未构成犯罪(如未达到罪量要求)的行为。在我看来,第二种观点不只是扩张解释,而是类推解释。因为《刑法》第287条之二第1款的规定表明了被帮助者必须利用信息网络实施犯罪。既然如此,就不能将尚未构成犯罪的一般违法行为包含进来。即使该一般违法行为与刑法分则规定的行为类型相同,但如果没有达到犯罪数量、情节等要求,就不属于不法层面的犯罪。在所谓正犯者的行为不成立不法层面的犯罪的情形下,帮助者的行为就更不可能构成犯罪,否则就明显不协调。刑法分则在相关法条中分别使用了“犯罪”与“违法犯罪”两个不同概念。例如,《刑法》第285条第3款规定的后一种帮助对象是“违法犯罪”,第287条之一使用的是“违法犯罪”。在这种立法例之下,将第287条之二的“犯罪”解释为“违法犯罪”,就不符合体系解释的原理,也有类推解释之嫌。因为被帮助者实施了属于刑法分则规定的行为类型的行为,不等于实施了犯罪。所有的盗窃、诈骗行为都是刑法分则规定的行为类型,但绝不意味着其属于“犯罪”,否则,就混淆了一般违法行为与犯罪行为。不能为了有效打击网络犯罪帮助行为,就将网络一般违法行为的帮助行为也作为刑法打击对象。

第三种观点认为,对刑法分则中存在对应犯罪但罪量未达犯罪程度的一般违法行为提供帮助的,帮助者一般不成立本罪;但在“一对多”“多对多”的共同犯罪场合,即便共犯所帮助的正犯行为的违法性均未达到定罪的程度,但如果所有的正犯行为之违法的量累积起来达到定罪的程度,则应肯定共犯的成立。在我看来,第三种观点并不是对限制从属性说的坚守,而是采取了一般违法从属性说。(1)按照一般违法从属性说,成立共犯并不需要正犯的行为符合构成要件,只要正犯的行为具有一般的违法性即可。但是,一般违法行为的范围并不明确,在正犯不成立犯罪的场合,反而认定共犯成立犯罪,就扩大了共犯的成立范围。(2)根据共犯从属性原理,即使被帮助的正犯者为多人,但只要该多人的行为均不成立犯罪,帮助者的行为就不成立犯罪。例如,甲分别帮助乙、丙、丁三人实施了违反《治安管理处罚法》的殴打行为,后三者分别造成被害人 A、B、C 轻微伤。在这种情形下,不可能认定甲的行为成立故意伤害罪的共犯。只要承认帮信罪并非共犯的正犯化,那么,在被帮助的多人并没有"利用信息网络实施犯罪"的情形下,将帮助行为认定为帮信罪,就没有遵循共犯从属性原理,而是采取了共犯独立性说。易言之,第三种观点有自相矛盾之嫌。(3)在被帮助者并非共同犯罪,而是单个人实施不法行为的情形下,将不同的被帮助者的行为"累积起来"认定帮助者的行为达到犯罪的程度,缺乏法律依据与事实根据。(4)不能以因果性取代从属性。不可否认的是,当 A 分别帮助 B、C、D 等人利用信息网络实施一般违法行为时,A 的行为与 B、C、D 等人造成的一般违法结果具有因果性。但是,具有因果性不是成立共犯的充分条件。只有当正犯的行为符合构成要件且违法,帮助行为与正犯结果具有因果性时,才可能成立共犯。而正犯的行为是否符合构成要件且违法,在正犯并非共同正犯的情形下,只能是分别判断,而不能将它们累积起来予以判断。(5)在司法实践中,"一对多""多对多"的帮助并非帮信罪的主流表现形式,只是少数现象。既然如此,就没有必要为了处罚少数行为而违背共犯从属性原理。换言之,上述第三种观点,也并非一般化的可能解决方案,不可能运用到其他情形。

第四种观点采取了相对化的立场:在非正犯化的场合,在查证被帮助对象成立犯罪时,"犯罪"一词系指符合构成要件且违法的行为;在正犯化的场合,在无法查证被帮助对象是否达到犯罪程度时,"犯罪"一词系仅指符合构成要件的行为类型。我认为,第四种观点也难以成立。在帮助行为成立共犯而非帮信罪的正犯的场合,根据限制从属性说,当然要求正犯行为符合构成要件且违法。但是,即使对帮信罪独立定罪,也要求行为人为他人实施"犯罪"提供帮助。如前所述,由于所有的盗窃、诈骗、虚假广告等行为均是符合犯罪构成要件的行为类型,故将"犯罪"一词解释为符合构成要件的行为类型,就属于类推解释。而且,帮信罪不是共犯的正犯化,所以也不存在该观点所称的"正犯化”与“非正犯化”的区分。

所以,我赞成第一种观点。只有当被帮助者的行为符合具体犯罪的构成要件且违法(不法层面的犯罪)时,亦即被帮助者的行为符合刑法分则规定的行为类型,且达到立法或者司法解释规定的数额、情节、后果等罪量标准时,帮助者的行为才可能成立帮信罪。如前所述,《刑法》第 287 条之二第 1 款仅规定了帮助“犯罪”,而没有表述为帮助“违法犯罪”。况且,即使《刑法》第 285 条第 3 款、第 287 条之一规定为“违法犯罪”,也只有限制解释为“犯罪”,才能实现刑法的公平正义性。既然如此,就不应反过来认为《刑法》第 287 条之二第 1 款规定的“犯罪”包括一般违法行为。

《信息网络犯罪解释》第 12 条第 2 款规定,确因客观条件限制无法查证被帮助对象是否达到犯罪的程度,但相关数额总计达到前款第 2 项至第 4 项规定标准 5 倍以上,亦即支付结算金额 100 万元以上、以投放广告等方式提供资金 25 万元以上、违法所得 5 万元以上的,或者造成特别严重后果的,应当以帮信罪追究行为人的刑事责任。在我看来,这一规定只不过是以推定方式认定正犯的行为符合构成要件且违法,而不是指帮助一般违法行为的也成立帮信罪。《2022 会议纪要》也明确指出,《信息网络犯罪解释》第 12 条所规定的“为三个以上对象提供帮助”,应理解为分别为三个以上行为人或团伙组织提供帮助,且被帮助的行为人或团伙组织实施的行为均达到犯罪程度。这显然也肯定了上述第一种观点。

总之,帮信罪不是共犯的正犯化,不能理解为独立的犯罪。前面有同学和报告人试图调和帮助行为正犯化和共犯从属性,说帮助行为正犯化是立法上的考量,主要是考虑到刑法的罪名设置功能,因为在司法实践中可能很难找到正犯。共犯从属性理论是一种司法层面的理论,也就是通过实质解释等来对帮信罪的处罚范围做合理的限缩。这样思考并不合适,如果立法上是共犯独立性,司法上怎么可能是共犯从属性。共犯的两重性原本就是十分矛盾的观点,大家不能去调和独立性说与从属性说,也不要在另外的意义上使用独立性说与从属性说的概念。

第三,关于故意中的明知的判断或认定。

明知的判断既影响提供帮助的人是否成立诈骗等罪的共犯的认定,也影响帮信罪的认定。现在很多人认为,对明知他人实施犯罪的认定很困难。在德国、日本,根本没有人写文章讨论明知怎么认定,如何认定明知不是一件困难的事情,如同如何判断情节严重也不是一件困难的事情。在电信诈骗如此多发的当下,一名大学生给他人提供银行卡居然还不知道该银行卡可能被用于电信诈骗吗?我不相信。

由于司法实践对成立共犯所必须具备的明知进行了不当的限制解释,导致将诈骗等罪的共犯认定为帮信罪。通过查阅相关判决可以发现,否认共犯的判决对成立共犯所必需的"明知"进行了严格的限定,事实上都要求通谋、共谋等,对成立帮信罪所必须具备的明知却进行了宽松的认定。这样的认定方式既自相矛盾,又导致将诈骗等罪的共犯认定为帮信罪。现在认定的帮信罪过多了,于是又主张对帮信罪中的明知进行限定。

对帮信罪中的明知认定与对共同犯罪中的明知的认定,不应当有任何区别。因为明知属于故意的内容,对于共犯人的故意,要根据刑法关于故意犯罪的规定予以解释与判断,不能任意使用一些概念。根据《刑法》第 14 条的规定,下列几种情形均具备诈骗罪共犯的故意的认识因素:(1)明知他人必然或肯定实施诈骗犯罪而提供帮助,他人实施了诈骗罪的;(2)明知他人可能实施诈骗犯罪而提供帮助,他人实施了诈骗罪的;(3)明知他人必然或肯定实施诈骗、开设赌场等犯罪而提供帮助,他人实施了诈骗罪的;(4)明知他人可能实施诈骗、开设赌场等犯罪而提供帮助,他人实施了诈骗罪的。将诈骗罪共犯的明知限定为上述第(1)种情形明显不合适。不可能认为,上述第(2)(3)(4)种情形是不明知,因而属于过失或者意外事件。况且,"电信诈骗"家喻户晓、人人皆知,难以相信行为人向他人提供银行卡、对公账户时不明知他人可能利用它们实施电信诈骗行为(当然,特殊情形除外)。在具备上述认识因素的前提下,提供帮助的行为人不是希望就是放任诈骗犯罪结果的发生,因而具备诈骗罪共犯的故意。反之,如果没有认识到自己在帮助某种犯罪,也不可能具备帮信罪的故意。此外,需要强调的是,不能要求提供帮助的行为人具有自己非法占有的目的,只要其认识到正犯可能具有非法占有目的、意图或放任他人非法占有即可。帮信罪中的明知与上述共犯的明知的认定没有区别,不存在特殊之处。

第四,关于量刑规则导致帮信罪的罪名虚置的问题。

我主张帮信罪是量刑规则,就是要把这个罪解释掉,让这个罪名一直沉睡,只是在论文中不好这么说。将多余的解释掉、使其虚置,并不是什么新鲜事,自古以来就是如此。虚置本身并不是错误,问题在于罪名是否应该存在。大家不要以为每个罪名都需要适用,每个罪名的适用都应当占一定比例。罪名的适用比例是多少才能说罪名没有被虚置?《刑法》第 102 条从来没有被用过,是否就是被虚置了?从来没有用过的条文很多,法条的沉睡很正常。有些人认为,一个新增的罪名应当被广泛地适用,甚至还要优先适用。我认为这种观念并不妥当。即使在法条竞合时,也不可能说新法条优于旧法条,只能是特殊法条优于普通法条,但不可能认为帮信罪的法条相对于诈骗罪的法条而言是特别法条。如果是想象竞合,也不可能说新罪优于旧罪。

有人认为,为了"彰显修法精神",应当限缩共犯的成立,尽可能认定帮信罪的成立。有人还指出,以往的司法解释一般规定,只要行为人明知他人实施信息网络犯罪而为其提供帮助的,便成立共同犯罪,但这是在刑法增设帮信罪之前的解决方案;在刑法增设帮信罪之后,宜对帮信罪适用共同犯罪处理的情形做出适当限制,以扩大帮信罪的规制范围,从而彰显修法精神。亦即,对于帮信行为适用共同犯罪以帮助犯论处的,宜限于"通谋"的情形;对于主观上仅具有明知,且对于后续实施的信息网络犯罪未实际参与的,原则上宜以帮信罪论处。但我难以赞成上述观点。"修法精神"究竟是什么,是值得研究的问题。(1)不能认为,只要刑法增设了新罪,就要尽量缩小其他犯罪的范围,尽可能扩大新罪的适用范围。因为增设新罪主要是为了填补处罚漏洞,而不是为了缩小其他犯罪的处罚范围,除非以往按其他犯罪处罚违反了罪刑法定原则。在以往将为诈骗罪提供帮助的行为认定为诈骗罪的共犯符合罪刑法定原则的前提下，就没有理由因为帮信罪的设立而否认或者限缩诈骗罪共犯的成立。(2)“只要行为人明知他人实施信息网络犯罪而为其提供帮助的，便成立共同犯罪”，这一观点与做法在《刑法修正案(九)》之后都是完全妥当的，并未因帮信罪的设立而过时或者存在缺陷。(3)上述观点基本上否认了《刑法》第287条之二第3款关于想象竞合的规定，难言妥当。(4)上述观点导致案件处理不协调。例如，根据《刑法》第287条之二第1款的表述以及同类解释规则，事前或事中单纯强化他人利用信息网络实施犯罪的心理的，并不成立帮信罪，只能认定为其他(较重)罪的共犯。可是，事前或事中为他人利用信息网络实施犯罪提供技术支持等帮助的，反而只能成立较轻的帮信罪。难以认为这是公平的处理方案。(5)如前所述，将诈骗等罪的共犯限于具有通谋(谋议)的情形，既不符合共同犯罪的原理，也导致定罪量刑的不协调。

还有人说，现在提供“两卡”的很多都是大学生，如果认定为诈骗罪的共犯会导致量刑很重，因此转而认定为帮信罪这一轻罪名。这种说法让我很惊讶。如果认定为共犯，法院对从犯应当从轻、减轻或免除处罚，检察院也可以在审查起诉阶段不起诉，这不是对大学生更有利吗？为什么偏要用帮信罪来定罪量刑呢？因为司法机关平时都不敢适用免除处罚的规定。不走法律明文规定的路，非要走另外一条路破坏共犯的基本原理。这是我难以接受的。当然，司法实践中的潜规则确实厉害，比刑法的效力还高，但这种现象并不正常。

第十二课

受贿犯罪若干疑难问题[*]

一、学生报告

(一)受贿罪的保护法益

我国《刑法》有两条关于受贿罪的规定,即第385条和第388条。第385条第1款规定:"国家工作人员利用职务上的便利,索取他人财物的,或者非法收受他人财物,为他人谋取利益的,是受贿罪。"按照该规定,受贿罪的构造是:国家工作人员→利用职务上的便利→收受或索取他人财物→为他人谋取利益。第388条规定:"国家工作人员利用本人职权或者地位形成的便利条件,通过其他国家工作人员职务上的行为,为请托人谋取不正当利益,索取请托人财物或者收受请托人财物的,以受贿论处。"该种犯罪又被我国学者称为"斡旋受贿罪",①它的构造是:国家工作人员→利用本人职权或地位形成的便利条件→通过其他国家工作人员职务上的行为→为他人谋取不正当利益→索取或收受请托人财物。从罪状上看,两条规定的共同点是国家工作人员利用职务行为为他人谋取(正当或不正当)利益,收受或索取财物,侵害了相同的法益,因此均被称为受贿罪。

---

* 本课报告人为郭德勇,清华大学2022级刑法学硕士。

① 参见黎宏:《受贿犯罪保护法益与刑法第388条的解释》,载《法学研究》2017年第1期。

关于受贿罪的保护法益，源于罗马法的立场认为，受贿罪的保护法益是职务行为的不可收买性，其核心要义是公务员在实施职务行为时，只要和请托人约定或者收受了与职务行为相关的报酬就构成受贿罪；源于日耳曼法的立场认为，受贿罪的保护法益是职务行为的纯洁性或公正性、职务行为的不可侵犯性。① 在我国，关于受贿犯罪的保护法益，存在廉洁性说、公正性说、不可收买性说、不可谋私利说等观点。

1. 廉洁性说

我国的通说认为受贿罪的保护法益是国家工作人员职务行为的廉洁性，其含义是国家工作人员在工作中已经获得国家给予的合法报酬的情况下，不能再基于职务行为收受或索取他人财物。如果国家工作人员以职务行为的作为或不作为为条件，以直接或间接的方式，收受或索取他人财物时，即对国家工作人员的职务行为廉洁性构成侵害，应当以受贿罪论处。质言之，国家工作人员接受国家给予的合法薪资以外的财物的，都有可能构成受贿罪。②

学界对廉洁性说的批判颇多。主要的批评观点认为，廉洁性说内容过于抽象，含义和立场不够明确，难以通过法益侵害将受贿罪与贪污、巨额财产来源不明罪等国家工作人员渎职犯罪区分开来，还有可能导致受贿罪的处罚范围无限扩张。③

我认为，“廉洁”是对国家工作人员履职行为的基本要求，具有天然的不可侵犯性。国家工作人员在履行职务行为时不得收受薪资报酬之外的其他财物。廉洁性说可能过于抽象的问题可以通过与国家工作人员履职相关的法律、法规或所在单位的相关规定予以解决。比如，《公务员法》第 1 条就对国

---

① 参见张明楷：《刑法学（下）》（第 6 版），法律出版社 2021 年版，第 1580 页。

② 参见高铭暄、马克昌主编：《刑法学》（第 7 版），北京大学出版社、高等教育出版社 2016 年版，第 629 页；齐文远主编：《刑法学》（第 3 版），北京大学出版社 2016 年版，第 568 页；黎宏：《受贿犯罪保护法益与刑法第 388 条的解释》，载《法学研究》2017 年第 1 期。

③ 参见黎宏：《受贿犯罪保护法益与刑法第 388 条的解释》，载《法学研究》2017 年第 1 期；张明楷：《刑法学（下）》（第 6 版），法律出版社 2021 年版，第 1580 ~ 1589 页。

家公务员的廉洁义务提出了要求,[①]几乎所有国家工作单位都有关于廉洁履职的规定,对于在履职过程中收受他人财物的行为也有相应处理措施,凡是国家工作人员在履职过程中利用职务上的便利为他人谋取了利益,或利用本人职权或者地位形成的便利条件,通过其他国家工作人员职务上的便利,为他人谋取不正当利益,从而收受他人财物的行为,均应视为侵害了国家工作人员职务的廉洁性,有可能构成受贿罪。至于行为人是否按规定程序办理请托事项,是否给国家造成危害后果,并不影响定罪量刑。至于廉洁性说立场下难以区分受贿罪与贪污、巨额财产来源不明等罪的问题,可以通过各罪罪状及其在实务中呈现出来的典型特征进行区分,有效克服上述各罪之间的区分难题。

2. 公正性说

这种立场认为,受贿罪的保护法益应当是国家工作人员职务行为的公正性,受贿行为应当受到处罚的原因就是国家工作人员利用职务上的便利,以及利用职务或地位上形成的便利条件,索取或者收受他人贿赂之后,将会为他人谋取利益,将本应公平公正为全体国民服务的职务行为,变成为某个请托人服务的行为,进而出现"在执行职务的过程中不当行使裁量权的危险"。[②] 上述观点可能会出现以下疑问:不违背职务行为的受贿,"贪赃不枉法"的场合将无法定罪,[③]如果行为人"公正"履行了职务,但是仍然收受他人财物的情况下将无法定罪,这不但与我国刑事政策不符,也将出现巨大的处罚漏洞。另外,公正性说存在与滥用职权罪的处罚、罪数、受贿数额与量刑情节的规定不协调等问题。[④]

针对上述质疑,公正性说立场分情况予以回应:一是在谋取合法利益而收

---

① 《公务员法》第 1 条规定:"为了规范公务员的管理,保障公务员的合法权益,加强对公务员的监督,促进公务员正确履职尽责,建设信念坚定、为民服务、勤政务实、敢于担当、清正廉洁的高素质专业化公务员队伍,根据宪法,制定本法。"

② 黎宏:《贿赂犯罪的保护法益与事后受财行为的定性》,载《中国法学》2017 年第 4 期。

③ 参见[日]伊藤涉等:《当代刑法各论》,弘文堂 2007 年版,第 509 页。

④ 参见张明楷:《刑法学(下)》(第 6 版),法律出版社 2021 年版,第 1580 ~ 1589 页。

受贿赂的场合,会导致将职务行为置于贿赂之下的危险,进而有可能影响职务行为的公正裁量;二是从实体上看,职务行为的合法性和公正性是两个问题,即使在形式上合法的职务行为,也有可能在具体细节裁量上出现公正性受到侵害的问题;三是在完全没有侵害职务行为公正性情况下而接受他人财物行为,即便不构成受贿罪也有可能构成诈骗、侵占等具他财产性犯罪,不会出现处罚漏洞;四是在事先没有约定,在公正行使职务之后收受他人财物的情况下,原则上不构成受贿罪,例外情况下可以认定为受贿罪。比如,在能够推定行为人具有因为公正履行职务行为而在事后收受该行为对价的心理期待或者内心联想时,或者行为人与财物提供者所处环境存在通行的“潜规则”或从属关系时,仍然可以认定职务行为的公正性受到了侵害或者有受到侵害的危险,从而认定行为人构成受贿罪。①

3. 不可收买性说

不可收买性说认为,普通受贿罪的保护法益是国家工作人员职务行为的不可收买性,主要包括两个方面的内容:一是职务行为的不可收买性本身,即国家工作人员不得收受或索取与职务行为具有对价关系的财物,只要国家工作人员因为职务行为索取或者收受了合法收入以外的不正当报酬,就侵害了职务行为的不可收买性;二是公民对职务行为不可收买性的信赖,这种信赖是公民基于公平正义观念,相信国家工作人员的职务行为不会被财物收买,进而对国家机关本身也产生信赖感,保证国家机关和社会的正常运转。对不可收买性说的批评主要有以下几点:一是认为不可收买性说停留在形式上的说明,没有解释职务行为为什么不能收买;二是认为不可收买性说存在内涵模糊的问题,特别是将国民对职务行为不可收买性的信赖作为保护法益,内容过于模糊,主观色彩浓厚,与廉洁性说相比没有高下之分。② 对此,不可收买性说的回应是,基于宪法与公务员法的规定,不可收买性是一种独立的保护法益,也

① 参见黎宏:《贿赂犯罪的保护法益与事后受财行为的定性》,载《中国法学》2017 年第 4 期。

② 参见黎宏:《受贿犯罪保护法益与刑法第 388 条的解释》,载《法学研究》2017 年第 1 期。

是受贿罪要保护的最基本的法益，只要行为人侵害了职务行为的不可收买性，就具备了受贿罪的本质，至于进一步是否侵犯职务行为的公正性，不影响法益侵害的认定。①

4. 各种学说的内在一致性

我查阅了100余份受贿罪案件判决书，在案件的判决理由部分基本上是对罪状的描述，对法益的部分基本上采取了回避态度。仅有一份判决书写道"被告人的行为侵犯了国家工作人员的职务廉洁性"。在办理受贿罪案件实务中，也多采用廉洁性说。②

实际上，无论是廉洁性说、不可收买性说还是公正性说，甚至近期出现的不可谋私性说，③都能对受贿罪的"权钱交易"本质做出较为妥当的解释，上述说法的差别也并没有想象中那么大，为了充分实现对受贿行为的评价，上述观点都需要对各自的概念做进一步的解释。比如，廉洁性说要对廉洁的内容做进一步具体化的解释，就认为受贿罪保护法益中的廉洁是针对国家工作人员不得收受他人因职务行为给予的财物而言，蕴含着国家工作人员的职务行为的不可收买性和公正性；不可收买性说本身包含了廉洁性的内容，同时也意味着人民对国家工作人员职务行为公正性的期待与信赖；公正性说实际将受贿罪理解为抽象危险犯，④相当于对公正性概念做了扩大解释，弥补了在"贪赃不枉法"情况下的处罚漏洞，同样要求国家工作人员不得因职务行为收受他人财物，要保持职务行为的廉洁性与不可收买性。

即使上述学说严格坚持各自立场，其都无法否认受贿罪都是财物与职务

① 参见张明楷：《刑法学（下）》（第6版），法律出版社2021年版，第1580～1589页。

② 当然在公诉词中有时也会指出被告人的行为侵犯了国家工作人员的职务不可收买性。

③ 参见劳东燕：《受贿犯罪的保护法益：公职的不可谋私利性》，载《法学研究》2019年第5期。

④ 参见[日]山口厚：《刑法各论》（第2版），王昭武译，中国人民大学出版社2011年版，第719页；黎宏：《贿赂犯罪的保护法益与事后受财行为的定性》，载《中国法学》2017年第4期。

行为的对价关系。日本也有学者认为,“贿赂,是指作为对公务员的职务行为的对价的不正当报酬”。[①] 我国《刑法》第385条规定的受贿罪,其本质是进行“权钱交易”的渎职类犯罪;第388条规定的受贿罪虽然不是直接用本人的职权为他人谋取利益,而是“本人职权或者地位形成的便利条件”,仍然“以受贿论处”。[②] 但是,我们依然可以理解为国家工作人员的职权或职务是受贿的对价,因为没有国家工作人员的职务,后续的“本人职权或者地位形成的便利条件”便成无根之木、无源之水。法律的相关规定也说明,受贿罪的本质是“权钱交易”。受贿罪的认定必须以利用职务上的便利(或者“本人职权或者地位形成的便利条件”)为前提,但无论在理论上还是在司法实务中,对职务行为的理解都存在较多争议,进而影响该罪是否成立的认定。

(二)如何理解“利用职务上的便利”

从文义上说,职务就是指按照职位规定所应该担任的工作,职务范围内的权力被称为职权。[③] 在刑法学界,对于“职务”和“利用职务上的便利”也有多种理解。刑法学界曾经流行法定职权说和实际职权说。法定职权说的观点为职务的范围应该由法律、法规和规章明确规定,不能随意解释;实际职权说认为应对职务做宽泛理解,超出法定职权外的实际公权力也属于职务的范围。[④]

从解释学的角度来看,法定职权说严格遵循了文义解释,对职务行为做出了非常明确的理解和规定,但是在现实权力运行体制下,职务的实际内容很难被法律、法规和规章详尽列举,且有的职务的岗位影响力远远超越文字规定的内涵,如果严格遵循该观点,将会造成诸多处罚漏洞。实际职权说将法定职务之外的公权力也归入“职务”范围之内,极大扩大了刑法对“职务”行为的规制范围,但是实际职权说还是比较笼统、概括,无法准确界定“实际职权”到底有

---

① [日]西田典之著,[日]橋爪隆補訂:《刑法各論》(第7版),弘文堂2018年版,第516页。

② 参见黎宏:《受贿犯罪保护法益与刑法第388条的解释》,载《法学研究》2017年第1期。

③ 参见《现代汉语规范词典》,商务印书馆2016年版,第1682~1683页。

④ 参见孙国祥:《受贿罪“利用职务上的便利”新论》,载《法学论坛》2011年第6期。

哪些内容。其他较为流行的学说与这两种学说也多有相似之处,但是更为精细,接下来我将重点讨论当前在理论和司法实务中比较常见的其他学说。

1. 关于"利用职务上的便利"的理论学说

(1)职务范围内的权力说

利用职务上的便利专指利用本人职务范围内的权力,包括利用本人直接主管、经办和参与某种具体公共事务的职权或便利。① 该学说是较为典型的法定职权说,将"职务上的便利"解释为"职务范围内的便利",而不再包括"利用本人职权或者地位形成的便利条件"。"利用本人职权或者地位形成的便利条件"专指行为人与被其利用的国家工作人员之间在职务上没有隶属、制约关系的场合,只能考虑构成斡旋受贿罪,除此之外,都属于"利用职务上的便利"。② 上述观点能够明确区分《刑法》第 385 条与第 388 条所规定的两类受贿行为,对于认定常见的受贿罪案件非常有效。但是批评意见认为,上述观点明显无法涵盖"职务上的便利"的所有内容,因为法令规定不可能穷尽所有权限,只要根据合理的解释,能认定是属于该公务员权限的职务即可。③ 在实务中也的确可能存在这样的情况,因为我国社会是"大政府"治理模式,政府和相关国家工作人员承担了大量的社会治理工作,自然会使国家工作人员承担更多的工作职责,这会导致有些国家工作人员的职务范围边界并不一定非常清晰和明确,"法规范不可能穷尽国家工作人员的所有权限",对职务范围的内容可能不会一一列出。④ 如果严格按照该立场,很有可能造成处罚上的漏洞。

---

① 参见孙谦主编:《国家工作人员职务犯罪研究》,法律出版社 1998 年版,第 91 页;孙国祥:《受贿罪"利用职务上的便利"新论》,载《法学论坛》2011 年第 6 期;黎宏:《受贿犯罪保护法益与刑法第 388 条的解释》,载《法学研究》2017 年第 1 期。

② 参见黎宏:《受贿犯罪保护法益与刑法第 388 条的解释》,载《法学研究》2017 年第 1 期。

③ 参见孙国祥:《受贿罪"利用职务上的便利"新论》,载《法学论坛》2011 年第 6 期。

④ 参见张明楷:《论刑法中的利用职务上的便利》,载《法治社会》2022 年第 5 期。

以国某某受贿案①为例，检察机关指控，国某某在担任莱州市柞村镇党委书记期间，隋某经营的莱州市宏元石料建材有限公司（以下简称宏元公司）在柞村镇辖区内，其任柞村镇书记期间，多次为宏元公司介绍客户，隋某为感谢其对他的关照及与其处理好关系，继续帮他介绍客户及协调解决问题，从2007年中秋节至2013年中秋节，逢年过节时，多次到办公室送给国某某现金共计人民币80 000元。国某某辩解称，隋某给予80 000元系其推荐朋友与隋某做生意，隋某赚钱后对其表示的感谢，其收受的钱款与职务无关，不应构成受贿罪。法院判决认为，国某某收受隋某给予的钱财系基于履职事由，与职务相关，依法应当认定属于为他人谋取利益，符合受贿罪的构成要件。可见，法院的判决突破了职务范围内的权力说的认知，有效避免了处罚漏洞。

如果按照职务范围内的权力说，宏元公司尽管在国某某任职的辖区内，但是国某某对隋某的公司经营业务并没有“主管、经办和参与”的职责，隋某的公司经营甚至不是“公共事务”，因为给隋某介绍业务而收受钱款的行为当然不能构成受贿罪。但是如果就此认定该行为，将造成巨大的处罚漏洞，国家工作人员特别是主要党政领导则很有可能沦为公司企业“超级业务员”，国家工作人员职权的公正性、廉洁性或不可收买性将无从谈起。

（2）便利条件说

该学说认为，利用职务上的便利既包括直接利用本人职务范围内的权力，也包括因为职务关系所形成的便利条件，对于“便利条件”的含义又形成了多种观点。

①认为包括利用上下级职务之间纵向制约关系所形成的便利条件，包括利用在行政权关系上直接主管、分管的下属国家工作人员的职权。② 该种观点在司法实务中也未尝没有处罚漏洞，而且与2003年11月13日发布并实施

---

① 参见(2017)鲁0602刑初472号。

② 参见杨兴国：《贪污贿赂罪法律与司法解释应用问题解疑》，中国检察出版社2002年版，第185～189页；孙国祥：《受贿罪“利用职务上的便利”新论》，载《法学论坛》2011年第6期。

的《全国法院审理经济犯罪案件工作座谈会纪要》(以下简称《纪要》)规定相冲突。

以李某海受贿案①为例,2011 年 5 月,李某海担任福建省残联计财部部长期间,接受黄某 2 的请托,通过残联直属单位福建省残疾人康复中心(以下简称康复中心)主任罗某 1,在 2011 年康复中心改扩建工程项目中为黄某 2 谋取利益,于 2011 年 5 月、2012 年年底先后两次收受黄某 2 送予的 5000 元、2000 元。其辩护人提出李某海在上述项目中既无主管、负责、承办的职权,李某海与罗某 1 之间也无职务上的隶属、制约关系,不属于"利用职务上的便利",不构成受贿。法院判决认为,计财部系福建省残联财务主管部门,康复中心属于福建省残联的直属单位,李某海作为计财部部长,对上述该单位的财务具有指导、管理权限,对时任康复中心主任罗某 1 具有职务上的制约关系,其通过罗某 1 为黄某 2 谋取利益,应当认定为"利用职务上的便利"为他人谋取利益。

如果按照上述观点,李某海作为残联计财部部长,可能不会主管、分管康复中心主任罗某 1,无法构成"利用职务上的便利",如此认定显然无法充分评价其收受财物的行为。

②认为利用职务上的便利包括利用本人的职权和地位所形成的便利条件,即利用本人在职权和地位上处于控制、操纵、干预他人或者处于优势地位所形成的便利条件,②以及本人与第三人之间因纵向或横向制约、监管、指导、合作、影响关系所形成的便利条件。③ 该观点显然将《刑法》第 385 条中的"利用职务上的便利"和第 388 条中的"利用本人职权或者地位形成的便利条件"混为一谈,但是两个法条的罪状和犯罪构成有很大区别,普通受贿罪要求行为人为请托人谋取利益即可,斡旋受贿罪则要求行为人通过第三人为请托人谋取不正当利益,因此不能将二者混为一谈。

① 参见(2018)闽 07 刑初 5 号。

② 参见钊作俊:《受贿罪的本质及其要件》,载《甘肃政法成人教育学院学报》2002 年第 4 期。

③ 参见陈正云、文盛堂主编:《贪污贿赂犯罪认定与侦查实务》,中国检察出版社 2002 年版,第 64 页。

(3)职务范围内的权力说+纵向制约说

利用职务上的便利既包括直接利用本人职务范围内的权力,也包括利用上下级职务之间纵向制约关系所形成的便利条件,①或者虽然不是直接主管、分管但是仍然能对其施加影响的下级国家工作人员的职权。② 这种说法对职务范围内的权力说做了扩展,能够较好弥补前者的处罚漏洞,但是依然难以避免地存在处罚的盲区。

以高某雷受贿案③为例,2013年11月,王某1因在河南涉嫌盗窃,被阜阳市公安局颍泉分局民警抓获。为使该案留在阜阳处理,王某1及家人通过郝某1找到时任阜阳市纪委执法二室纪检监察员的高某雷。高某雷接受请托,帮忙找阜阳市公安局颍泉分局局长孙某1协调,并收受王某1所送的3万元现金。法院认为,高某雷身为市级纪检监察干部,对全市党员干部等具有广义上的廉政监察监督之责,对全市党员干部具有一定的震慑力、制约力,其本人以自己的职务为基础,利用这种特殊地位和职务形成的便利条件,或与本人职务活动有紧密联系的身份便利,属于利用职务上的便利,符合受贿罪构成要件。

如果仅按纵向制约说,则无法认定高某雷利用了职务便利,如果高某雷让孙某1协调的是正当利益,则高某雷连斡旋受贿罪都无法构成,这样就为纪委干部收钱办"合法"的事情提供了指引,这显然无法让人接受。

(4)职务关联说

张明楷老师认为,受贿罪中的利用职务上的便利的外延在职务犯罪中最为宽泛。其主要包括三方面内容:一是包括一切能够满足他人需要的职务。二是既可能是过去的职务,也可能是将来的职务。三是既包括国家工作人员的具体职务便利,也包括国家工作人员具有的一般的、抽象的职务便利,还包括与职务密切关联的职务便利。这里的职务便利,既包括利用正当的职务便

① 参见杨兴国:《贪污贿赂罪法律与司法解释应用问题解疑》,中国检察出版社2002年版,第185~189页。

② 参见孙国祥:《受贿罪"利用职务上的便利"新论》,载《法学论坛》2011年第6期。

③ 参见(2017)皖1282刑初271号。

利,也包括滥用职务上的便利。[1]

一言以蔽之,所有与职务相关的便利均可理解为"利用职务上的便利"。该观点极大扩展了传统意义上的"职务上的便利"范围,基本涵盖了《刑法》第385条和《刑法》第388条职务行为中所有可能与"职务"相关联的职务上的便利。由于《刑法》第385条和第388条的罪名相同,法定刑罚也并无区别,因此这种观点更有助于理解受贿罪的实质。但是在实践中可能会让司法机关有较大的自由裁量权,另外,根据《刑法》第388条规定,只有为请托人谋取不正当利益才有可能构成受贿罪,如果按照该种观点,很有可能会与刑法的谦抑性形成紧张关系,因此存在进一步解释的空间。

以延某夫受贿案[2]为例,2010年6月,延某夫从陕西省安塞县招商局局长的职位上离岗,此后仍是招商局的工作人员,[3]在时任县长程某娣、副县长陆某某的鼓励下,继续发挥招商引资的专业特长,积极为安塞县招商引资工作引荐投资人员、介绍投资项目,但是没有正式的任命或委任手续。后在陆某某的安排下,延某夫和某项目的投资商一起到相关政府职能部门办理了相关投资手续,在该项目的前期运作过程中,延某夫个人垫付相关费用1万余元,在其参与的项目成功运作后收到项目方给予的5万元款项。一审认为其行为具有公务性质,且为他人谋取非法利益后,收取请托人的感谢费,其行为符合受贿犯罪构成要件,构成受贿罪。如果按照一般职务权限说,一审判决应该是正确判决,因为此时延某夫虽然刚从招商局局长职位上离岗,但仍然具有国家工作人员身份,其行为也有公务性质,其对招商有"抽象的"职务便利。但是延某夫离开局长工作岗位后,投资商和当地政府都明知其不具备局长的职务权限,只是利用其了解招商工作的"专长"帮助投资商办理了相关招商手续,个人为此还垫付了1万余元,据此说其利用职务上的便利收受贿赂显然过于牵强。

---

① 参见张明楷:《论刑法中的利用职务上的便利》,载《法治社会》2022年第5期。

② 参见(2016)陕06刑终151号。

③ 这种情况在现实中俗称退居"二线",在人情交往中,外人一般仍以"局长"称呼之。

该案二审法院认为,在案证据无法认定延某夫是否有利用职务上的便利为他人谋取利益的行为,无法查明延某夫所收受5万元款项的性质是收受的财物还是投资商给予的劳动报酬,延某夫不构成受贿罪。我认可二审判决,延某夫离岗之后的行为与离岗之前的权限与行为均有质的差别,对国家工作人员的职务行为认定不宜过于"抽象"。另外,在地方政府大力鼓励招商的大环境下,这样的判决也更容易被社会接受。

2. 司法解释的规定

在司法实务中,司法解释对于《刑法》第385条第1款中"利用职务上的便利"的含义的理解也存在一定冲突。

1999年9月16日发布并实施的《最高人民检察院关于人民检察院直接受理立案侦查案件立案标准的规定(试行)》(以下简称《规定》)规定:"'利用职务上的便利',是指利用本人职务范围内的权力,即自己职务上主管、负责或者承办某项公共事务的职权及其所形成的便利条件。"

《纪要》规定:"刑法第三百八十五条第一款规定的'利用职务上的便利',既包括利用本人职务上主管、负责、承办某项公共事务的职权,也包括利用职务上有隶属、制约关系的其他国家工作人员的职权。担任单位领导职务的国家工作人员通过不属自己主管的下级部门的国家工作人员的职务为他人谋取利益的,应当认定为'利用职务上的便利'为他人谋取利益。"该解释认为"利用职务上的便利"应该包含三个层次:一是行为人利用本人职务范围内的主管、负责、承办某项公共事务的直接职权,包含了《规定》的内容。二是行为人并非利用本人职务范围内权力,而是利用在职务上有隶属、制约关系的其他国家工作人员的职权,这种隶属和制约关系可以发生在纵向的上下级部门之间,比如某市的市长与该市某局的局长之间的隶属和制约关系,也可以是横向的不同平级部门之间,比如某市的纪委工作人员与该市同级工作人员的制约、监督关系。上述高某雷受贿案即为该情况。三是行为人并非利用职务范围内直接权限,也非利用与本人在职务上具有直接隶属、制约关系的他人的职权,担任领导职务的行为人是利用了其他国家工作人员的职权,行为人和被利用人分别位于具有隶属关系的上、下级两个部门,但是行为人并不分管被利用人所在的部门。在我国层级较为分明的行政体制下,上级部门的领导尽管不分管特定的下级部门,但是其对下级部门的影响力依然存在。胡某清受贿案①即体现了这一观点。胡某清在担任江西省人民政府副省长职务期间,不直接分管交通、毕业生分配等工作,但是接受他人请托,在该领域内找到下级部门或政府内负责人员,为请托人谋取利益并收受巨额贿赂,仍然应认定为"利用职务上的便利"。其基本依据是我国的政府组织机构(含党的组织)有较为完整的上下级组织体系,隶属、制约关系非常明显,上级组织的领导对下级部门具备有形或无形的影响力。

上述两个司法解释,对于"职务"的理解也存在一定的冲突。《规定》的解释更接近于"法定职权说",《纪要》的解释更接近于"实际职权说",其对"职务上的便利"的理解也更为宽泛。我在司法实务和查阅的案例中发现,判决基本采用了《纪要》的观点。但是对于滥用职权、职权缺失等情况下"职务上的便利"的范围认定仍然需要做进一步的解释。

3. 特殊情况下"利用职务上的便利"的认定难题及解释路径

关于"利用职务上的便利",当前的学说能够解释在实务中遇到的大部分受贿案件,但是遇到一些特殊情况,上述观点依然难以解释。

(1)中途离职情况下继续"利用职务上的便利"

以某甲受贿案②为例,B 市规定只能补缴 5 年个人所得税才能获得在本市购房资格,某甲为 B 市税务局具有税款缴纳权限的工作人员,为了帮助在 B 市没有居住或工作满 5 年的人违规获得购房资格,2015 年 7 月起,某甲利用税务缴纳系统漏洞,多次违规为在 B 市没有居住或工作满 5 年的人违规补缴 5 年个人所得税,收受补缴人给予的巨额财物。2015 年 11 月 14 日起,某甲被调离至没有税务补缴权限的岗位,并不再负责税务补缴工作,但是因为工作交接问题,某甲的税务缴纳系统权限没有被及时注销,某甲利用对本单位及税务

① 参见(2000)赣刑二终字第 02 号。

② 参见(2019)京 03 刑初 15 号,案情略有改编。

缴纳系统的熟悉，仍然多次趁下班单位无人之际，偷偷回到以前的工位，多次在税务系统上为请托人违规补缴5年个人所得税，帮助补缴人违规获得了在B市的购房资格，并收受补缴人给予的巨额财物。关于2015年11月14日之前某甲违规为他人补缴5年个人所得税并收受他人财物的情况，很容易就能认定为《刑法》第385条规定的受贿罪。但是2015年11月14日其被调离原岗位后不再具有补缴个税职责和权限，也不再“负责、主管和承办”税务缴纳业务，实际上是利用对工作环境熟悉的便利条件，“盗用”自己以前的职务权限，私下继续违规为他人操作补缴税款事宜并收受他人财物。如果按照前述理论观点和司法实务观点，均难认定其“利用职务上的便利”，某甲也没有利用个人影响力找具有个人所得税补缴权限的同事替其办理该项业务，难以认定其构成斡旋受贿罪，但是如果不对该行为定罪，似乎又成了税务系统工作人员乃至国家工作人员的一个犯罪指引：国家工作人员借用或盗用不属于本人职务权限为他人谋取利益并收受贿赂的，都可以不构成犯罪，这显然不合理。

我认为，某甲调离岗位之后的行为仍然构成受贿罪。首先，某甲被调离岗位后能够为他人补缴税款的便利条件是由其在税款补缴岗位时形成的，因为客观原因一直延续到其没有职务权限之后，因此这种便利条件仍然是以前的职权带来的。其次，在委托人看来，其工作岗位虽有调整，但是仍然具备个人所得税补缴权限，因此会继续委托其办理个人所得税补缴业务并给予其财物，其权限的行使和受贿行为应该视为一个连续的整体。在这种情况下，某甲的权力内容发生了质的变化，体制之外的人并不知道这种变化，即便知道这样的变化也可能认为其仍然具备通过国家公权力谋取利益的能力。

从法益保护的角度来说，如果按照廉洁性说或者不可收买性说，某甲收受他人财物为他人谋取利益的行为显然侵犯了国家工作人员职务行为的廉洁性或不可收买性，其“盗用”不属于自己的职务权限行为同样也侵害了权力的公正性。站在“权钱交易”的角度，虽然交易的不是本人的法定职权，但依然是其通过“盗用”得来的职权，如果可以借用财产犯罪中的“占有权说”，则依然可以认定某甲占有了该职权，进而可以认定为“利用职务上的便利”。

(2)利用职务地位骗取请托人信任情况下的“利用职务上的便利”

以周某时受贿案①为例,2007年2月至2014年12月,被告人周某时担任沈阳铁路局沈阳土地房产管理办公室沈阳土地房产管理站副站长兼土地监察职务,负责铁路用地使用证的年检、收缴土地租金及调查处理违章建筑、违法占地等工作。2011年5月至7月,请托人常某某、李某某、许某某为使自己在沈阳市苏家屯区中兴街道官房社区购买的违建房获得拆迁补偿,经人介绍找到被告人周某时请其帮助办理铁路用地使用证。周某时明知沈阳铁路土地管理局已停止办理铁路用地使用证的规定,仍然接受常某某、李某某、许某某的请托,承诺以每本2.6万元的价格为三人办理铁路用地使用证。随后,周某时指使社会人员肖某某(另案处理)分三次为常某某、李某某、许某某办理伪造的铁路用地使用证14个。累计收受三人给予的人民币36.4万元。同时,为达到帮助常某某、李某某、许某某确认土地权属以获得拆迁补偿的目的,利用职务便利擅自对14个伪造的铁路用地使用证进行年检、验证、收取土地租金费并开具了相关发票。法院判决周某时构成受贿罪。

在本案中,周某时并没有核发、制作铁路用地使用证的“法定职权”或“实际职权”,但其仍能够以土地管理站副站长的身份和地位,取得他人的信任,接受他人请托承诺为其办证,指使下属为他人办理铁路用地使用证和伪造的铁路用地使用证,利用职权擅自对伪造的铁路用地使用证进行年检、收取租金及开具发票,收受他人给予的财物,根本原因还是周某时担任了土地房产管理站副站长兼土地监察职务。在请托人或一般人看来,在权力的形式上或外观上具有国家工作人员的职权,请托人也相信周某时能“利用职务上的便利”为其谋取不正当利益,才会给予其财物,其职权的缺失并没有阻止受贿罪的形成。

(3)职权正常行使之外的“利用职务上的便利”

以李某受贿案②为例,李某在A镇担任负责拆迁工作的副镇长,在某个拆

① 参见(2015)沈铁刑初字第00032号。

② 参见(2019)京03刑初32号,案情略有改编。

迁项目中，被拆迁方和拆迁方（双方均为民营公司或混合股份公司）因为拆迁数额僵持不下，先后私下找到李某帮忙协调解决，李某接受双方委托后，分别私下找到双方，利用对拆迁政策的熟悉提出了一个双方都能接受的方案，并劝说双方接受了该方案，并约定拆迁方案达成之后按比例从双方处收取酬劳。事后接受被拆迁方给予的900万元“感谢费”，被拆迁方的10万元“奖励费”。在本案中，李某并没有直接利用主管拆迁的权力向双方施加影响，甚至和双方的商讨都是私下进行，劝解双方接受拆迁方案时都是利用了自己的“专业知识”。此后，李某转任该镇纪委书记，不再负责拆迁工作，但是在纪委书记任上仍然依靠自己的“专业知识”多次协调拆迁事宜，收取了大量的“感谢费”或“奖励费”。按照法定职权说、实际职权说，都很难认定李某构成受贿罪，但是李某作为负责镇域内拆迁工作的副镇长，必然对镇域内的工作非常熟悉，对属地的拆迁双方不可避免地具有影响力，其掌握的企业信息及关于拆迁的“专业知识”都是自身职务的附加物，其私下找拆迁双方协调，同样是利用了职务给其工作带来的便利。如果是主管教育、文化、卫生健康领域的副镇长去找双方企业协调拆迁的事情，则不可能出现这种效果。因此，李某利用了职务上的影响力，这是“职务上的便利”的另外一种表现形式，在职务的外观上能给请托人或社会一般人信赖感，能够确定其利用了职务便利。

（4）利用本职工作之外谋取利益的情况

以刘某受贿案①为例，2013年，刘某在担任甘肃省高级人民法院审判员期间，先后两次为某律师介绍本院所办理的案源，共收取代理费回扣82万元，法院认定其构成受贿罪。审判员的本职工作为办理案件，为律师介绍案源显然不是其工作内容，更不是其职权范围内的事项，但是在一般人或请托人看来，正是因为具有了审判员的职务才能了解案源和接触律师，因此应将为律师介绍案源并收取回扣的行为视为“利用职务上的便利”。

从法益侵害角度来看，审判员为当事人介绍本院审理的案源并收取回扣，

---

① 参见（2016）甘1227刑初字第8号。

显然侵犯了职务行为的廉洁性和不可收买性，同时让案件难免遭受不公正判决的风险，使国家工作人员的职务行为公正性也遭受到了侵害，该行为应当认定为侵害了受贿罪的保护法益。

(5)其他依法从事公务人员的“利用职务上的便利”问题

以吕某付受贿案①为例，吕某付于2003年4月至2016年11月，任天津市蓟州区杨津庄镇小漫河村党支部书记兼村委会主任。2015年年初，蓟州区国土资源分局发现杨津庄镇小漫河村有400亩鱼池符合土地复垦条件，遂决定将其作为蓟州区土地复垦后备资源使用，土地复垦工程所需资金来源于蓟州区国土资源分局的财政资金，并委托杨津庄镇人民政府协助做好相关地上附着物补偿工作，杨津庄镇人民政府委托时任小漫河村党支部书记兼村委会主任吕某付协助镇人民政府与鱼池承包者张某1、张某2协商相关地上附着物补偿事宜。吕某付在协助政府与张某1、张某2协商补偿事宜过程中，强行向其二人索要干股812 000元。

在本案中，吕某付作为村干部不是国家工作人员，没有相应“职务”，按规定不具有“职务上的便利”。但是在本案中，复耕工程系政府行为，不是村内自治工作，吕某付受镇政府委托与承包者协商附着物补偿款数额系协助镇政府从事行政管理工作。根据《刑法》第93条第2款及相关立法解释规定，②应当视为具有国家工作人员身份，属于拟制的国家工作人员，其职务也属于拟制

① 参见(2017)津0119刑初893号。

② 《刑法》第93条第2款规定：“国有公司、企业、事业单位、人民团体中从事公务的人员和国家机关、国有公司、企业、事业单位委派到非国有公司、企业、事业单位、社会团体从事公务的人员，以及其他依照法律从事公务的人员，以国家工作人员论。”2000年4月29日第九届全国人民代表大会常务委员会第十五次会议通过的《关于〈中华人民共和国刑法〉第九十三条第二款的解释》规定：“村民委员会等村基层组织人员协助人民政府从事下列行政管理工作，属于刑法第九十三条第二款规定的‘其他依照法律从事公务的人员’：(一)救灾、抢险、防汛、优抚、扶贫、移民、救济款物的管理；(二)社会捐助公益事业款物的管理；(三)国有土地的经营和管理；(四)土地征收、征用补偿费用的管理；(五)代征、代缴税款；(六)有关计划生育、户籍、征兵工作；(七)协助人民政府从事的其他行政管理工作。”

的职务，仍然符合受贿罪的主体，其找承包人协商附着物补偿款数额为职责范围之内事项，按照一般人的理解，也是在履行国家工作人员职务，应视为具有“职务上的便利”。

4. 本人观点：“权力外观说”之下的“利用职务上的便利”

我认为，《刑法》第 385 条和第 388 条有明显的区别，应该先从文义出发对“利用职务上的便利”进行解释。具体来说，职权范围的射程应该包含以下四个层次：第一个层次是本人职务范围内的权限，即法律和各项规章制度明文规定的主管、负责或承办某项事务的直接权限，这也是受贿罪的典型构成要件；第二个层次是法规范明文规定的在行政权力基础上具有的隶属、制约其他国家工作人员的职权，这种隶属、制约关系既包括上级领导对下级领导的纵向制约，也包括平级机构之间因职权分工形成的监督、制约关系；第三个层次是担任单位领导职务的国家工作人员通过不属于自己主管的下级部门的国家工作人员的职务为他人谋取利益的，应当认定为“利用职务上的便利”为他人谋取利益；第四个层次是国家工作人员缺乏相关职权或超越职权情况下行使的“职务上的便利”，包括让请托人或一般人都认为行为人具有的能够为他人谋取利益的一切便利。上述情况下，行为人可以直接完成受贿罪的犯罪活动，或者通过与之有隶属、制约关系的上下级部门等对承办事项的国家工作人员形成较大力度的心理强制作用，使承办特定事项的国家工作人员无法拒绝行为人要求，行为人通过被监督、被制约或下级部门的国家工作人员完成为他人谋取利益的行为，这种心理上的强制作用是行为人本身的职务带来的，其行为可以视为本身职务的延伸。

上述四个层次有个共同点，即在请托人或一般人看来，行为人在权力的形式或外观上都具有“职务上的便利”。特别是在以上所列举的特殊类型中，行为人虽然缺乏法规范明文规定的职权，但是能够为他人谋取利益还是因为具有形式上或者外观上的职权，其行为依然侵犯了受贿罪的保护法益（职务的廉洁性、不可收买性或公正性），我们可以借用商法上权利外观的概念，将这种观点理解为“权力外观说”或“形式的权力说”。① 如果用本观点分析上述特殊情况下的“利用职务上的便利”，则认定难题即可迎刃而解，因为如果从权力外观来看，上述行为人均可以被普通人认定为利用了职务上的便利。

（三）利用本人职权或者地位形成的便利条件

1. 学界的争议

学界对“利用本人职权或者地位形成的便利条件”认定也存在多种学说。

（1）制约说

“制约说”认为，只有在行为人与被利用的国家工作人员之间存在职务上的制约关系时，行为人才属于“利用本人职权或者地位形成的便利条件”，这种制约关系包括纵向上下级的制约，也包括横向同级国家机关工作人员的制约关系。② 这种说法与《刑法》第 385 条的“利用职务上的便利”并无明显区分，无法突出刑法斡旋受贿的特点。如果存在制约关系，则不需要再“斡旋”了。

（2）身份说

“身份说”认为，一般人特别是请托人将国家工作人员身份等同于其享有相应的职权，不用问其与被斡旋的国家工作人员之间的特殊关系。③ 该观点把握住了行为人的主体资格，有利于保护国家工作人员职务的廉洁性。但是不考虑行为人与第三人的关系显然存在较大问题：一是难以区分斡旋受贿与普通受贿的界限，如果行为人与普通人之间存在制约或影响力较大的关系，则

---

① “权力外观”一词非本次报告首创，刘卓曾提到这一概念，但是其内容和本次报告不同。参见刘卓：《监察权定性的双重视角：权力外观与生成逻辑》，载《湖北经济学院学报（人文社会科学版）》2022 年第 10 期。

② 参见何秉松主编：《刑法教科书》（修订版），中国法制出版社 1997 年版，第 1052 页；赵秉志主编：《新刑法全书》，中国人民公安大学出版社 1997 年版，第 1265 页；黄太云、滕炜主编：《〈中华人民共和国刑法〉释义与适用指南》，红旗出版社 1997 年版，第 561 页。

③ 参见王健：《再论斡旋受贿中“利用本人职权或者地位形成的便利条件”》，载《山东农业工程学院学报》2015 年第 2 期。

有可能构成普通受贿罪；二是将国家工作人员身份与国家工作人员的职权和地位等同起来，有违罪刑法定原则之嫌。

(3)影响说

"影响说"认为，行为人与被利用的第三人之间不存在职务上的制约关系，只是在职务关系上存在程度要轻得多的"影响"关系。① 该说要求两者没有上下级关系或其他职务上的制约关系，第三人在是否接受行为人指令时有完全的意志自由，如果不接受行为指令可能会对以后的工作有一定影响，但只能是潜在、不明显或不直接的影响。"影响说"体现了司法解释的要求，但是所谓的"影响"内容过于宽泛。是直接影响还是间接影响，是明显影响还是潜在影响，影响到何种程度才算合理，这些问题在实务中仍然要作价值判断。

(4)具有有限意志自由的"影响说"

还有一种比较接近"影响说"的观点，其从与普通受贿和利用影响力受贿罪成立条件的比较出发，认为利用职权或者地位形成的便利条件必须以职务为基础，而不是以亲友关系为基础，利用职权或者地位形成的能对第三人施加职务影响的便利条件，其核心内容是职务影响力。这种缺乏制约关系的影响力，使第三人在利用本人职务为他人谋取不正当利益时仍然有较大而又不完全的意志自由。②

(5)类似教唆犯说

该学说从受贿罪保护法益为公正性的立场出发，认为《刑法》第 388 条所规定的受贿罪的谴责重心是行为人转托的其他国家工作人员的渎职行为，被利用的其他国家工作人员才是本罪的正犯，行为人与第三人是共犯行为，在本罪中充当了"类似教唆犯"的角色。其主要包括以下几个方面的含义：第一，行为人与被其利用的国家工作人员的关系未达到"制约"或者"支配"的程度，

① 参见游伟、谢锡美：《斡旋受贿罪司法认定的理论展开——以陆来富受贿案终审裁定为例》，载《法学》2002 年第 1 期。

② 参见朱孝清：《斡旋受贿的几个问题》，载《法学研究》2005 年第 3 期。

不是真正的间接正犯。第二,在行为人与被其利用的国家工作人员的关系上,也不仅仅是教唆犯,在教唆的同时还必须是“利用本人职权或者地位形成的便利条件”。第三,《刑法》第 388 条受贿犯罪的行为人不仅让其他没有犯罪意思的国家工作人员利用职务行为为请托人谋取不正当利益,还必须据此索取或者收受请托人的财物,超过了教唆犯只要让没有犯罪意思的人实施犯罪的构成要件。在此基础上,该学说认为“利用本人职权或者地位形成的便利条件”,就是行为人与被其利用的国家工作人员之间在职务上没有隶属、制约关系的场合,除此之外,都属于“利用职务上的便利”。① 换言之,《刑法》第 388 条行为人是“利用本人职权或者地位形成的便利条件”实施受贿行为的教唆犯。

(6)立场说

张明楷老师认为,利用本人职权或者地位形成的便利条件,并不要求行为人积极地利用其职权或地位,只要立于国家工作人员的立场实施或者承诺实施斡旋行为即可。一般来说,行为人与被其利用的国家工作人员(下文或称第三人)之间在职务上虽然没有隶属、制约关系,但是行为人利用了本人职权或者地位产生的影响和一定的工作联系,如单位内不同部门的国家工作人员之间,上下级单位没有职务上隶属、制约关系的国家工作人员之间,有工作联系的不同单位的国家工作人员之间,都符合斡旋受贿的条件。具体而言,以国家工作人员的立场实施的斡旋行为主要有以下情形:(1)有威信的情形;(2)有公务关联的情形;(3)有面子的情形。② 张老师的观点集中了“身份说”和“影响说”的优点,基本涵盖了“利用本人职权或者地位形成的便利条件”可能具有的情形。

2. 司法解释的规定

根据《纪要》的规定,《刑法》第 388 条规定的“利用本人职权或者地位形

① 参见黎宏:《受贿犯罪保护法益与刑法第 388 条的解释》,载《法学研究》2017 年第 1 期。
② 参见张明楷:《刑法学(下)》(第 6 版),法律出版社 2021 年版,第 1597 ~ 1598 页。

成的便利条件”,是指行为人与被其利用的国家工作人员之间在职务上虽然没有隶属、制约关系,但是行为人利用了本人职权或者地位产生的影响和一定的工作联系,如单位内不同部门的国家工作人员之间,上下级单位没有职务上隶属、制约关系的国家工作人员之间,有工作联系的不同单位的国家工作人员之间等。根据该解释,行为人在为他人谋取不正当利益时并没有利用本人的职权,而是利用了与自己有关联的其他工作人员的职权,不要求行为人对被利用人存在心理强制作用。

3. 本人观点:职务认同说

《刑法》第 388 条规定的“利用本人职权或者地位形成的便利条件”是与第 385 条规定的“利用职务上的便利”相对应的概念,两者的涵摄范围应当是相互排斥的,否则作为同一个罪名、保护同一个法益,没有必要另外单设一个法条。《刑法》第 385 条要求行为人与第三人在职务上有隶属、制约关系,行为人对第三人能够形成心理强制作用,而第388 条中“利用本人职权或者地位形成的便利条件”则要求行为人与第三人在职务上没有隶属、制约关系,行为人无法对第三人形成心理强制作用。行为人应该基于国家工作人员的公职身份赢得请托人或一般人的信赖,同时因为工作上的原因与第三人存在除隶属、制约关系之外的较为密切的联系,这种关系应该源于同为国家工作人员的身份认同感。具体来说,行为人和第三人因为处于在职务行为上联系较为密切的同一单位、同一系统、同一区域或共同工作的经历等原因具有身份认同感,①比如同一单位的同事、同一行政上下级单位或部门的熟人、同一行政区域内具有工作关联关系的不同单位的国家工作人员等,行为人因为存在这种职务关联关系而转请托第三人,第三人因为受这种认同感的影响而接受了请托,利用职务上的便利为请托人谋取不正当利益。我们不妨将这种观点称为“职务认同说”。

---

① 在日常生活中,可以理解为“同为国家工作人员的朋友”。

二、课堂交流

同　学:我有个疑问,关于利用职务上的便利,你认为是受贿罪的客观构成要件要素或者是实行行为的一部分吗?

报告人:利用职务上的便利应该是一个外在的客观条件,作为外在条件,它就不是一个独立的构成要件要素。但是如果把“利用”当成一个动词来理解,它可以是受贿过程的一个步骤,此时它也可以是构成要件要素,并且是实行行为。可以说“利用职务上的便利”就是拿着职务的便利去做事,为其他人谋取不正当利益,此时它是犯罪行为的一部分。

同　学:你在介绍“职务”的时候引用了几种观点,基本上是从职权的角度来讲的,无论是法定职权还是实际职权,还是从规范上去认定,我觉得包括像张老师这样的界定方式,可能从“职位”的角度看,职位的概念不但包括职位包含的权力,还包括因为层级关系所拥有的支配权,是否从职位的角度去界定职务会更妥帖一些,因为我觉得如果过于从规范上扩张对职权的理解,比如把过去的、未来的、间接上可能存在的权力都纳入进来可能太过于扩张了,有可能违反罪刑法定原则。有没有可能通过职位来理解?

报告人:在 1999 年发布的《规定》中提到,“‘利用职务上的便利’,是指利用本人职务范围内的权力,即自己职务上主管、负责或者承办某项公共事务的职权及其所形成的便利条件”。它对职务的概念主要表述的还是职位上的权力。从文义上说,职务就是指按照职位规定所应该担任的工作,职务范围内的权力被称为职权。如果按照职位来理解,很有可能造成处罚上的漏洞,在司法实践中是很难做到的。我的基本理解是这样的,职务的理解比职位的内涵更宽泛一些。比如,我只是一个负责公诉的检察工作人员,这就是我的职位,但是如果我是一个主管公诉的处长或副检察长,那么这就是我的职务,我就能对其他人有制约和影响力。

同　学：什么叫廉洁？廉洁性和不可收买性有什么区别？

报告人：通俗地讲，廉洁就是国家工作人员在工作中不可以因为职务行为收受正常工薪之外的报酬，它是职务行为的廉洁，而不是国家工作人员身份上的廉洁。在受贿罪保护法益中，廉洁性说和不可收买性说的确比较相似，我在汇报中也都进行了论述。在司法实务中，这两种说法都是较为主流的说法。但是，不可收买性有不得进行权钱交易之义，并且包括了对国家工作人员公权力的信赖。廉洁性说是指国家工作人员不可以因为本职工作收受他人财物，国家工作人员履行职责的时候不能因为财物的介入而影响自己的职务行为，廉洁性说也更容易被国家工作人员和司法机关理解与接受。

同　学：是否可以理解为这个廉洁性是人的廉洁性？

报告人：不能把这里的“人”当成一个普通人来理解，如果把人的廉洁性当成是普通人的廉洁性，就与刑法的关系不大了。国家工作人员作为社会人，是不同于普通人的，只要有职务行为存在，就存在职务的廉洁性问题。如果国家工作人员仅仅是个人身份问题，私下收受与职务相关的他人财物也可能会对职务行为造成影响。比如，国家工作人员在逢年过节的时候收受他人财物，如果在他人需要国家工作人员履行对自己有利的职务行为时，国家工作人员职务行为的正当性就会受到影响。其实，在国家工作人员的职务行为存在为他人谋利的可能性而收受他人财物时，就不能认为是人的廉洁性，而是职务行为的廉洁性。

同　学：我感到非常有启发的一点是你提到的“权力外观说”。我的理解是，“权力外观说”下利用职务上的便利是集中在职务上的便利这种优势本身，所以在“权力外观说”下，行为人虽然退休或离岗了，但是在普通人看来，行为人仍然可以展现出其具有权力的一面，尽管他只是虚晃一枪，依然利用职务上的便利为他人谋取利益。从这个角度来看，我感觉利用职务上的便利不属于纯粹的实行行为，就是类似于一种客观的附随的条件或者情状,因为只利用职务上的便利,无论是索取型受贿还是收受型受贿,都不能构成受贿行为的着手。所以,利用职务上的便利不应该是实行行为,而是条件或情状本身,是不是可以把利用职务上的便利稍微处理一下就可以解决它的定位问题了,因为你这里所讲的更多也是一种条件,在外人看来就是这样一个情状,后面才可以着手,比如收受钱财。

报告人:"权力外观说"可能是我不太成熟的提法,我想解决这样一个问题:行为人可能没有职权或者滥用职权时,依然可以为他人谋取利益并收受贿赂,此时依然可以认定为利用职务上的便利。实际上在受贿案件中,请托人和受托人直接认识的情况并不是常见现象,就像供给和需求并不是直接匹配一样,所以有的行为人没有直接利用自己的职权或没有实际职权时一样能为他人谋取利益,于是我就把这种情况和《纪要》中的前三个层次放在一起命名为"权力外观说",目的也是要解决行为人身份或权力缺失情况下对行为人的定罪问题。还有一个是对"利用"的理解,你可以将其理解为通过或方式的意思(可以对应英语中的"by")。比如,我是一个单位的分管领导,我在这个位置有这个权力直接办事,这个时候它就是一个条件。但是如果你通过单位其他工作人员办事,其他工作人员服从领导安排去做事时,这个过程也可以理解为利用(可以对应英语中的"do"),此时我认为"利用"就可以成为实行行为。实际上,你问了一个非常好的问题,我也想引申讨论一下你提的问题。在司法实务中,很多时候对"利用职务上的便利"或者是否实施了职务上的行为的认定的确会有不同观点,特别是行贿、受贿链条比较长的时候尤其如此。比如,在"截贿型"受贿案件中,行贿人和受贿人之间隔着很多中间人,中间人会在行贿、受贿过程中截留一部分犯罪所得。位于犯罪链条两端的犯罪行为认定相对较为容易,行贿和受贿的界限也比较明显,但是居于行贿、受贿行为中间的人的行为认定在实务中经常会存在争议,进而影响了罪名和情节的认定。

在这里我给大家分享一下个人参与办理过的周某峰受贿案①，顺便与大家共同讨论一下你提出的问题，也想听取一下大家对于该案涉及的罪名、涉案金额等问题的看法。

2011 年，北京市人民政府出台了文件，规定持有本市有效暂住证在本市没拥有住房且连续 5 年（含）以上在本市缴纳社会保险或个人所得税的非本市户籍居民家庭，限购一套住房，于是部分在京实际居住不满 5 年的非京籍人员设法通过中介机构违规补缴 5 年个人所得税和个人社保。2016 年 9 月至 2017 年 3 月，中介人员周某峰通过另外一名中介人员刘某 1（另案处理），认识了国家工作人员黄某，黄某没有个人所得税补交权限，于是找到具有个人所得税补交权限的郝某，并利用郝某等国家税务机关工作人员职务上的便利，为不符合条件的非京籍人员违规补缴 5 年个人所得税，并收取上线中介人员王某 1 等人及其他非京籍人员（另案处理）给予的好处费人民币 2169.2 万元。周某峰将其中 1817.7 万元转账给刘某 1，个人截留 351.5 万元。后因部分补缴人员补缴未能成功，刘某 1 退给周某峰 200 万元，周某峰退给王某 1 等人 399.1 万元。整个案件犯罪环节较长，周某峰上线还有 10 余名中介朋友参与该类活动，其上线中介人员主要为周某峰提供“客源”，所有中间环节最终都被认定为受贿罪。②

检察机关对周某峰以行贿罪提起公诉。一审法院认为，被告人周某峰作为诸多中介人员中的一员，伙同国家工作人员，利用国家工作人员职务上的便利，非法收受他人的财物，为他人谋取利益，其行为已构成受贿罪，且数额特别巨大，依法应予以惩处。判决被告人周某峰犯受贿罪，判处有期徒刑 8 年，并处罚金人民币 40 万元。

---

① 参见（2019）京刑终 152 号。

② 参见（2020）京刑终 244 号、（2019）京 0105 刑初 27 号、（2019）京 0105 刑初 94 号。

检察机关提起抗诉，认为一审判决认定周某峰的罪名和数额有误，导致适用法律错误。2016 年 9 月至 2017 年 3 月，在违规为非京籍人员补缴 5 年个人所得税的过程中，周某峰本人或通过中介人员向非京籍人员收取高额费用，自己留存一部分后，将其余 1817.7 万元支付给刘某 1，由刘某 1 留存一部分后再转交给国家工作人员，周某峰的行为符合行贿罪的特征，行贿数额为 1817.7 万元，一审判决认定其收受他人给予的好处费 351.5 万元构成受贿罪的定性错误。

北京市人民检察院支持抗诉及出庭意见为：对周某峰的犯罪性质认定与事实不符确有错误，适用法律错误，改变起诉罪名和犯罪数额的理由不充分。审查后认为周某峰的行为构成行贿罪，行贿金额为 1817.7 万元，原公诉机关指控罪名和数额正确。周某峰行贿犯罪情节特别严重，依法应处 10 年以上有期徒刑，一审判决量刑结果偏轻。原公诉机关的抗诉理由成立，建议二审法院依法对一审判决予以纠正，以行贿罪对周某峰定罪处罚。

二审判决认为，周某峰为获取不正当利益的行贿人向受贿方传递请托事项、转送行贿人支付的贿赂款，并由此取得了部分贿赂款，其实施的行为和客观结果证明，是通过权钱交易积极追求获得财物的结果，与直接利用职务便利的国家工作人员为他人谋取利益及收受财物具有共同受贿犯罪故意，构成受贿罪的共犯，应当与郝某等人共同承担刑事责任，一审法院以受贿罪对周某峰所作判决，定罪及适用法律正确，故上述北京市人民检察院第三分院的抗诉意见及北京市人民检察院的支持抗诉意见不能成立。

同　学：你说的周某峰受贿案例中，周某峰被定为受贿罪，周某峰和真正办事的黄某之间隔了很多人，周某峰和黄某之间并没有直接的联系，周某峰最终和其他国家工作人员以及其他人被认定为共同犯罪。这样是否会导致共同犯罪的标准降低了呢？他有送钱的行为，但是并不认识国家工作人员，你对这样判罚是怎样认识的？法院对此事怎样说理？

报告人：这个案件非常复杂，当时案件中涉及滥用职权、行贿、受贿等多个罪名，整个犯罪链条中的很多涉案人员如何处理等也都有很大争议。关于周某峰为什么被定为受贿的问题，法院的观点认为，周某峰对受贿有概括的故意，周某峰虽然不知道他把钱送给谁，但是他本身就是做替人补缴个税和社保业务的，他又通过其他中间人找到了税务机关工作人员，他应当知道中间人没有为他人补缴个税的权限，只有税务机关工作人员才有为他人补缴个税的权限，因此推定周某峰应当知道钱是送给国家工作人员的。在认定中间人是构成行贿还是受贿的时候，有个"阵营说"，即中间人到底是和行贿人一个阵营还是与受贿人一个阵营的人。周某峰一开始就是替他人补缴个税的，他和补缴个税的人就是一个阵营的，这个时候他就是与个税补缴人一起为谋取不正当利益，给予国家工作人员财物，他应当构成行贿罪。在过往的长链条行贿、受贿案件中，周某峰这样的行为也都是按照行贿罪定性的。但是现在北京市法院系统都是按照受贿罪来判的。

张老师：这个案件为什么要抗诉？

报告人：当时我们认为法院把行贿和受贿的罪名搞错了，包括这个刘某 1 也是行贿，法院也是按照受贿来判的。刘某 2、黄某和郝某是受贿没有问题。另外，就是被告人周某峰在一审中被判了 8 年，罪刑不够均衡，所以我们就上诉了。

张老师：刘某 1 给黄某打了招呼，但是通过刘某 2 给黄某送的钱，黄某是否知道刘某 1 收了多少钱，是否知道郝某收了多少钱？

报告人：黄某不知道刘某 1 收了多少钱，他收钱时是通过刘某 2 收的。黄某对刘某 1 收了多少钱只能有个大概的了解，有时候刘某 1 收了钱之后也没有告诉黄某自己到底收了多少钱，黄某不知道刘某 1 具体收了多少钱，因为刘某 1 收到钱后自己截留了一部分之后才通过刘某 2 送给黄某的。但是黄某和郝某提前商量过替他人补缴个税的"收费标准"，因此黄某知道郝某收了多少钱。

张老师：周某峰和刘某1怎么构成受贿呢？前面给钱的人都是行贿。

报告人：法院在这里认定，只有为了补缴个税而给国家工作人员或其关系人送钱的人才构成行贿，从周某峰以下全部构成受贿。法院的观点简单概括来讲就是“拿钱换事是行贿，拿事换钱是受贿”。

张老师：现在回到延某夫受贿案中，二审中延某夫被判无罪，问题的焦点是延某夫实际所得是劳动报酬还是职务报酬，是这个意思吧？

报告人：是这样的。在本案中，延某夫收钱的行为是非常清楚的，我认为以什么名义给或者以什么名义收并不重要，延某夫此时已经退居“二线”，只是对县里的情况很熟悉才能帮助投资商办理手续，并且投资商知道延某夫已经没有了招商局局长的职权，延某夫的权力已经不具备我所说的“权力外观说”中的权力外观。因此，他的行为只是帮忙的性质，并没有利用职务上的便利。

三、张明楷评述

关于受贿罪，我主要讲以下几个方面的问题。

第一，如何确定受贿罪的保护法益。

关于受贿罪的保护法益通常有以下几种说法：

一是公正性说。有人认为受贿罪的保护法益是职务行为的公正性。但我不赞成这种说法。首先要注意的是，普通受贿与加重的受贿、斡旋受贿是不一样的，通常所说的加重的受贿要求行为人在收受贿赂的时候有违背职务的行为，斡旋受贿也是斡旋不正当的职务行为，所以后两种受贿肯定侵犯了职务行为的公正性。问题是，普通受贿行为是否侵犯了职务行为的公正性？这里有几种情形是公正性说需要解释的：其一，国家工作人员仅仅是索取或者收受了职务行为的对价，但并没有实施违背职务行为公正性的行为，这种情形肯定是要认定为受贿罪的。对此应当怎么解释？持公正性说的学者认为，这种情形有侵害职务行为公正性的抽象危险。这么说也是可能的，因为既然索取或者收受了他人财物,就有可能为他人谋取不正当利益,从而有可能侵犯职务行为的公正性。其二,请托人的请托事项是正当的,而且请托的是特定的一个事项并不是所谓感情投资,在请托时给予了国家工作人员以财物,国家工作人员收受财物后为他人谋取了正当利益的,也应当认定为受贿罪。那么,公正性说对此如何解释呢?仍然是有实施不正当职务行为的抽象危险性。可是,这哪里有实施不正当行为的抽象危险性呢?因为请托人请托的就是特定的正当事项,国家工作人员只是利用职务实施这一事项,怎么会侵犯职务行为的公正性呢?比如,按照法律规定,请托人的户口可以从某地农村转到北京市海淀区,请托人给国家工作人员一笔钱,希望国家工作人员转户口,国家工作人员按规定转了户口,这哪里有侵犯职务行为公正性的危险呢?其三,国家工作人员已经实施了正当的职务行为,为他人谋取了利益,他人也应当获取这一利益,事后他人给予国家工作人员以财物,这种情形也要认定国家工作人员的行为构成受贿罪。公正性说要么认为这种情形不构成受贿罪,要么还是说有侵害职务行为公正性的抽象危险。但我认为,这种情形也必须认定为受贿罪,否则国家工作人员实施了正当的职务行为之后都可以向他人索取财物,这怎么行呢?说这种情形也具有侵害职务行为的危险,是难以被人接受的。虽然抽象危险存在与否不需要具体判断,但国家工作人员明明已经实施了正当行为,就不能说具有侵犯职务行为公正性的抽象危险。

正因为如此,日本的判例与通说采取了信赖保护说,意思是说,在上述几种情形下,虽然国家工作人员没有实施违背职务行为公正性的行为,但国民不相信他们的职务行为是公正的,所以,动摇了国民对职务行为的公正性的信赖。可是,就上述第三种情形而言,国民凭什么不相信国家工作人员实施了正当的职务行为呢?

刑法理论上有一种很奇怪的现象,一方面将许多犯罪解释为抽象的危险犯,另一方面在刑法增设抽象的危险犯时又主张极力限制,或者主张对已有的抽象危险犯的认定进行严格的限制。可是,为什么要对受贿罪的成立范围进行严格限制呢?

二是廉洁性说。首先要知道，真正的廉洁性说是指国家工作人员本人要廉洁，廉洁性说实际上不要求贿赂是职务行为的对价，只要求是国家工作人员身份的对价。不能认为廉洁性与不可收买性的意思是一样的。当然，有人可能说，我国刑法理论所说的廉洁性说，不是说贿赂是国家工作人员身份的对价，同样是说贿赂是国家工作人员职务行为的对价，与日本的廉洁性说不是一个意思。如果是这样的话，就没有必要称为廉洁性说，而要称为不可收买性说。在世界范围内都是用某个特定概念表达某个含义或者指称某个对象时，我们没有必要偏要换一个概念。廉洁性说的问题表现在两个方面：一方面，可能将不构成受贿罪的行为包含进来，如国家工作人员没有利用职务的经商行为，也是不廉洁的，但这种行为并不构成受贿罪；另一方面，不利于区分受贿罪与其他职务犯罪，比如贪污罪也侵犯了职务行为的廉洁性。报告人在汇报中说，如果把廉洁性当成受贿罪保护法益，可以通过罪状去区分受贿罪和贪污罪等。问题是，罪状怎么解释？罪状本来就是要以保护法益为指导去解释的，如果几个罪的保护法益是一样的，就要按同一保护法益解释这几个罪的构成要件。更为重要的是，保护法益必须具有特定性或者专属性，不可以让许多犯罪的保护法益都相同。

三是不可收买性说。职务行为的不可收买性指的是职务和财物的不可交换性，这既涵盖了行贿罪的保护法益，也涵盖了受贿罪的保护法益。行贿的时候就是不该收买的去收买了，受贿的时候就是不该出卖的去出卖了。所以，在外国，行贿罪和受贿罪的保护法益是一样的，或者说刑法理论是一起讨论行贿罪和受贿罪的保护法益的，而不是分开讨论两个罪的保护法益。在很多国家和地区，行贿和受贿的法定刑是一模一样的。但严格地说，受贿罪侵害的法益是职务行为的不可出卖性，行贿罪侵害的法益才是职务行为的不可收买性。不过，大家没有必要纠缠这个表述，刑法理论都是用职务行为的不可收买性表述贿赂罪的保护法益。根据不可收买性说，国家工作人员为他人谋取了合法利益，没有实施也不可能实施违背职责的行为时，只要索取或者收受了职务行为的对价，就成立受贿罪。

其实，在日本也有学者认为，不可收买性说和信赖保护说（对公正性的信赖）没有什么区别，事实上它们在犯罪认定上的确没有什么差异，无论是采用不可收买性说还是公正性说，抑或是信赖保护说，对于实施正当职务行为却索取、收受他人财物的行为，明摆着肯定是要定受贿罪的。例如，对于事前公正的职务行为为他人谋取了合法利益，事后收受财物的案件，日本的各种学说都是主张认定为受贿罪的，关键在于如何解释保护法益，使保护法益与构成要件相融洽。我认为受贿罪的保护法益是职务行为的不可收买性，受贿罪是侵害犯，不是抽象危险犯。当然，这是就成立受贿罪的起码要求或者最低要求而言，或者说是就普通受贿而言，不是说现实中的任何受贿罪都只侵害了职务行为的不可收买性。例如，加重受贿与斡旋受贿就侵害了职务行为的公正性。

报告人说，无论是廉洁性说、不可收买性说还是公正性说，甚至近期出现的不可谋私性说，上述说法的差别并没有想象中的那么大。比如，廉洁性说要对廉洁的内容做进一步具体化的解释，认为受贿罪保护法益中的廉洁是针对国家工作人员不得收受他人因职务行为给予的财物而言，蕴含着国家工作人员的职务行为的不可收买性和公正性。报告人的这个说法既对也不对。所谓对，是说就构成受贿罪的案件而言，各种学说都主张构成受贿罪；所谓不对，是说按不同学说的内在要求来说，原本就会得出不同结论的。再者，在廉洁性说中添加公正性说的内容就明显不合适。

另外，我国司法实践对行贿、受贿行为的认定其实比较窄。在日本，只要送给公务员的东西超出日常交往的范畴就可能构成行贿、受贿罪，如果送给公务员一瓶茅台酒，是可能构成行贿、受贿罪的。①

第二，如何理解“利用职务上的便利”。

首先要理解利用职务上的便利是什么意思，它是否是独立要素。先看一

① 此处有同学问：日本刑法对谋取利益或不正当利益有要求吗？张老师回答：日本刑法的法条与判例并不要求公务员为他人谋取正当利益或不正当利益，只有我国刑法要求“为他人谋取利益”。

下《刑法》第 385 条第 1 款的规定："国家工作人员利用职务上的便利，索取他人财物的，或者非法收受他人财物，为他人谋取利益的，是受贿罪。"

我想问的是，利用职务上的便利干什么？索取他人财物时如何利用职务上的便利？显然，他人客观上或者主观上有求于国家工作人员的职务行为，国家工作人员趁机索取财物，就是利用了职务上的便利。收受他人财物需要利用职务上的便利吗？显然不需要，三岁小孩也能收受财物，国家工作人员的妻子是家庭主妇时也能收受财物。所以，收受财物不需要利用职务上的便利。那么，利用职务上的便利是指利用职务上的便利实施为他人谋取利益的行为吗？也不是，国家工作人员收受请托人的财物后，即使没有实施为他人谋取利益的行为，也同样成立受贿罪。按照现在的司法解释与通行做法，只要有许诺为他人谋取利益的言行，就可以构成受贿罪。可是，许诺本身还需要利用职务上的便利吗？也不是，只是说所许诺的是将要利用职务实施某种行为，或者说许诺的内容与职务具有关联性。

所以，《刑法》第 385 条中的利用职务上的便利，根本不是一个独立的构成要件要素，它只是为了说明国家工作人员索取或者收受的财物是职务或者职务行为的不正当报酬。报告人说，利用职务上的便利应该是一个外在的客观条件，但是如果把"利用"当成一个动词来理解的话，它可以是受贿过程的一个步骤，此时它也可以是构成要件要素，并且是实行行为，可以说"利用职务上的便利"就是拿着职务的便利去做事，为其他人谋取不正当利益，此时它是犯罪行为的一部分。我觉得报告人的这个说法也有问题，什么叫外在的客观条件？这个概念是从哪里来的？另外，利用职务上的便利，是要拿着职务的便利去做事，为其他人谋取不正当利益吗？显然也不能这么要求。在请托人给予国家工作人员以财物后，国家工作人员不为请托人做任何事情的，也成立受贿罪。

其实从受贿罪的立法来讲，民国时期的刑法以及外国刑法的法条，都没有表述利用职务上的便利做什么，而是表述为，公务员就职务或者职务行为要求、约定或者收受贿赂。所要表明的仍然是贿赂与职务或职务行为的关联性，是职务或职务行为的不正当报酬。例如,1935 年《中华民国刑法》第 121 条第 1 款规定:“公务员或仲裁人对职务上之行为,要求、期约或收受贿赂或其他不正利益者,处三年以上十年以下有期徒刑,得并科七千元以下罚金。”《日本刑法》第 197 条规定:“公务员就其职务收受、要求或期约贿赂者,处五年以下惩役。”《德国刑法》第 331 条规定:“公务员或从事特别公务之人员对现在或将来职务上之行为要求、期约或收受利益者,处二年以下自由刑或并科罚金。”《奥地利刑法》第 303 条规定,“公务员关于违背职务之作为或者不作为,为自己或第三人对于他人要求、收受或期约财产上之利益者,处三年以下自由刑”;第 304 条规定:“公务员关于职务上之作为或者不作为,为自己或第三人对于他人要求、收受或期约财产上之利益者,处一年以下自由刑。”上述规定基本相同,只是表述略有差异,含义都是“就”或“针对”其职务行为要求、期约(约定)或者收受贿赂。将这一点具体化,实质上也是指他人有求于公务人员的职务行为,或者公务人员许诺、正在实施或已经实施为他人谋取利益的行为,公务员要求、期约或者收受作为职务行为不正当报酬的财物。公务人员是否利用了职务上的便利,也只能从这个方面加以认定。

大家可能会说,中国刑法的规定就是不同于国外,中国的受贿罪的特色就是要利用职务上的便利为请托人谋取利益。但是这样解释的话,国家工作人员只收钱不办事就不构成受贿罪了,大家觉得这样可以吗?所以,不能望文生义,不能按字面含义解释法条,要知道《刑法》第 385 条关于利用职务上的便利的表述,所要表述的意思是国家工作人员索取或者收受的财物是其职务或职务行为的对价,没有别的意思了。

报告人刚才在汇报中说的延某夫受贿案主要是一个事实认定问题。延某夫离岗之后,退居“二线”,他究竟还是不是国家工作人员,他是不是还在上班,是不是有需要他处理的公务,如此等等都是要考虑和判断的。比如,他在实施行为时是不是国家工作人员,这要以实际职务为标准进行判断,不能以身份为标准进行判断。又如,他带着投资人到各个部门办理手续是不是职务行为,如果是他的职务行为,他就构成受贿罪。如果他不需要上班了,仅仅是因为熟悉工作环境替人帮忙,那么就不是职务行为,他收受的财物就构成了劳动报酬。报告人说按照我的观点,延某夫的行为构成受贿罪,这明显误解了我的观点。而且,二审判决认为,在案证据无法认定延某夫是否有利用职务上的便利为他人谋取利益的行为,无法查明延某夫所收受5万元款项的性质是收受的财物还是投资商给予的劳动报酬,延某夫不构成受贿罪。这是从事实不清或者事实存疑时有利于被告人的角度来否认延某夫的行为构成犯罪的,这与我说的抽象的职务权限根本不是一回事。

报告人关于职务范围的这一套说法和我在《论刑法中的利用职务上的便利》一文中针对受贿罪所讲的一套说法不是同一个话语体系。不可否认的是,即使不要求国家工作人员利用职务上的便利为他人谋取利益,由于贿赂是职务的不正当报酬,还是要讨论"职务"包括哪些职务,或者说什么是职务。但是,"职务"这一概念有不同的侧面,我是从不同侧面分别来说明的。

一是职务的时间侧面。受贿罪的职务,既可以是现在的职务,也可以是过去的职务,还可以是将来的职务。收受贿赂主要表现为三种情形:其一,行贿人事前主动交付财物,以期国家工作人员为其谋取利益,国家工作人员接受财物;其二,国家工作人员在实施某种职务行为的过程中,行贿人主动交付财物,国家工作人员接受财物;其三,国家工作人员实施了某种职务行为之后,行贿人主动交付财物,国家工作人员接受财物。这三种情形的共同点是,国家工作人员接收财物并许诺为行贿人谋取利益,或者正在实施或已经实施了某种职务行为,使财物成为其职务行为(包括所许诺的职务行为)的不正当报酬。换言之,收受贿赂时,利用职务上的便利表现为,国家工作人员许诺实施、将要实施、正在或者已经实施(包括放弃)职务行为,而收受行贿人交付的财物,该财物成为许诺实施、将要实施、正在或者已经实施其职务行为的不正当报酬。索取贿赂也可以表现为上述三种情形:在请托人有求于自己的职务时索取财物;在为他人谋取利益的过程中索取财物;在为他人谋取利益后索取财物。于是,利用职务上的便利可以利用过去的职务与将来的职务。例如,国家工作人员在税务部门利用职务上的便利为他人谋取利益后转职为财政部门的工作人员,他人为感谢国家工作人员在税务部门为其谋取利益的职务行为而给予国家工作人员以财物的(所谓事后受财的一种情形),也成立受贿罪。在这种情形下,并不是收受财物的行为利用了职务上的便利,而是因为财物是国家工作人员过去职务行为的不正当报酬。又如,公安民警甲在被提拔为户籍科科长的公示期间,请托人为了给亲属上户口而给予甲以财物的,甲收受财物的行为虽然在正式担任户籍科科长之前,但仍然成立受贿罪。

二是职务的外延侧面。这也可以说是职务的范围侧面,可以分为具体的职务、一般的职务或抽象的职务以及密切关联的职务。例如,大学管理人员要求学生从特定商店购买电脑,索取或者收受特定商店财物的,成立受贿罪。如若否定这类行为成立受贿罪,就意味着刑法仅禁止国家工作人员出卖具体的职务权限,于是国家工作人员可以出卖抽象的职务权限以及与职务具有密切关系的职务权限。但事实上,法规范不可能穷尽国家工作人员的所有权限,如果在解释论上不将抽象的职务权限以及与职务具有密切关系的职务权限包含在受贿罪的利用职务便利之中,就不当缩小了受贿罪的处罚范围。所以,首先,要肯定的是,受贿罪中的职务不限于具体的职务,而是包括一般的或抽象的职务。比如,报告人提到的以某甲受贿案为例,2015 年 11 月 14 日起,某甲被调离至没有税务补缴权限的岗位,并不再负责税务补缴工作,但是某甲的税务缴纳系统权限没有被及时注销,某甲利用对本单位及税务缴纳系统的熟悉,仍然多次趁下班单位无人之际,偷偷回到以前的工位,多次在税务系统上为请托人违规补缴 5 年个人所得税,帮助补缴人违规获得了在 B 市的购房资格,并收受补缴人给予的巨额财物。报告人认为某甲的行为构成受贿罪。我也同意这一结论,某甲就是利用了一般的职务权限,虽然他没有税务补缴的具体权限,但他仍然是税务机关的工作人员,这个职务就使他能够从事税务补缴。认定某甲的行为构成受贿罪,也不需要考虑行为人以前具备个税补缴权限,只要承认受贿罪中的职务包括一般的职务权限就可以。其次,不能否认国家工作人员利用密切关联职务索取、收受财物的行为构成受贿罪。密切关联职务一般分为两类:其一,自己的职务派生出来的权限,本来不是自己的职务,而是基于一种习惯去做的事情。比如,某个地方人大常委会要出台一部法规,如果通过了会对某些企业很有利,于是某个企业就想让人大常委会投票通过这部法规,企业负责人先找到人大常委会的一个常委,该常委收了企业的钱和其他常委打招呼,于是人大常委会顺利通过了这部法规。那么这个给别人打招呼的常委就构成了普通受贿罪,而不是斡旋受贿罪,这是因为他收受的是与职务有密切关系的职权的报酬,很多时候投票都是这样的。其二,职权的影响力。在这方面我们和国外不完全一样,在日本,职权行为的影响力就是我们所说的制约力。像某个市的党委书记或市长给大的民企打招呼,让大的民企把自己的某项工程给小企业去做,小企业再给书记或市长钱,这在日本同样定受贿。在我国也不可以定斡旋受贿,因为民企负责人不是国家工作人员,但要认定为受贿罪。这就是利用了职权的影响力。总之,即使国家工作人员所获得的财物不是针对该国家工作人员本来的职务权限所属事务,而是针对该国家工作人员在惯例上所担当的职务,或由本来的职务派生出来的职务,或是针对该国家工作人员以其职务实际上能够施加影响力的事务,均能构成贿赂。

三是职务的性质侧面。严格地说,它是职务行为的性质侧面。也就是说,受贿罪中的利用职务上的便利,既包括利用正当的职务便利,也包括滥用职务上的便利。例如,税务机关工作人员滥用职权为他人减免纳税义务,从而索取或者收受财物,当然成立受贿罪。当然,行为人之所以能够滥用职权为他人减免纳税义务,是因为行为人是税务机关工作人员,如果他是教育局的工作人员,他就做不到。这没有什么疑问,但不能基于这一点就否认通过滥用职权实施受贿罪的情形。

第三,如何理解斡旋受贿的成立条件。

我国的斡旋受贿起源于司法解释,后来刑事立法规定对斡旋受贿以受贿论。日本的斡旋受贿罪的法定刑高于普通受贿罪,而且斡旋受贿罪与普通受贿罪是两个不同的罪名。我国的司法解释没有将斡旋受贿罪规定为独立的罪名,但需要承认的是,斡旋受贿罪与普通受贿罪的保护法益与构成要件是不相同的。

我在教材中对斡旋受贿有一些简单的解释。利用本人职权或者地位形成的便利条件，并不要求行为人积极地利用其职权或地位，只要立于国家工作人员的立场实施或者承诺实施斡旋行为即可。一般来说，行为人与被其利用的国家工作人员之间在职务上没有隶属、制约关系，但是行为人利用了本人职权或者地位产生的影响和一定的工作联系。具体而言，以国家工作人员的立场实施的斡旋行为主要有以下情形：(1)有威信的情形，这里的有威信，是基于职务或职权产生的威信，而不是基于其他原因有威信；(2)有公务关联的情形，如上下级单位没有职务上隶属、制约关系的国家工作人员之间，有工作联系的不同单位的国家工作人员之间，都符合斡旋受贿的条件；(3)有面子的情形，单位内不同部门的国家工作人员之间的斡旋就是如此。报告人所说的职务认同说，其实并不能说明所有的情形，可能也难以判断。

报告人说，《刑法》第388条规定的"利用本人职权或者地位形成的便利条件"与第385条规定的"利用职务上的便利"的涵摄范围应当是相互排斥的。我要感慨一下，我这个学期一直在强调不要将两个罪之间说成对立关系，为什么同属于受贿罪的两种情形还要说成对立关系呢？难道二者就不可能竞合吗？二者是完全可能想象竞合的。一定要知道，斡旋受贿犯罪中的"利用本人职权或者地位形成的便利条件"只是最低要求，如果国家工作人员利用了职权形成的制约关系，向其他国家工作人员实施斡旋行为，更符合斡旋受贿犯罪的构成要件，难道职权形成的制约关系不能被评价为职权形成的便利条件吗？当然能。只不过这种情形大家都认为可以直接认定为普通受贿罪，所以就不另认定其行为构成斡旋受贿了。

在斡旋受贿犯罪中，请托人给予的财物是斡旋行为的不正当报酬，而不是被斡旋的国家工作人员的职务行为的报酬，所以只要国家工作人员许诺斡旋就成立斡旋受贿的既遂，不要求被斡旋的国家工作人员实施了不正当的职务行为。因为国家工作人员许诺了斡旋行为，所以就有侵犯职务行为正当性的危险。这一点，《日本刑法》第197条之四表述得特别清楚，即其条文表明，国家工作人员所要求、约定或者收受的贿赂是已经实施或者将要实施的斡旋行为的不正当报酬。

由于斡旋受贿犯罪中财物是斡旋行为的不正当报酬,如果请托人给予的财物不是斡旋行为的报酬,而是填补斡旋行为的支出,则国家工作人员不成立斡旋受贿。例如,请托人让国家工作人员甲对国家工作人员乙实施斡旋行为,甲从本地到外地找到乙,路费、住宿费等花了3万元,请托人给了甲3万元用于填补甲的开支,甲的行为不构成斡旋受贿。如果甲向乙行贿,请托人填补甲用于行贿的开支,则请托人与甲构成行贿罪的共犯。当然,对此需要根据共犯的成立条件进行判断。

第四,如何确定受贿罪的既遂标准。

我主张,国家工作人员利用职务上的便利索要财物,或者与对方约定了贿赂,就构成受贿既遂,行为人只要提出给予国家工作人员以财物,也是行贿既遂。为什么这样认定呢？因为只有这样认定,才有利于预防贿赂犯罪。

我国刑法对行贿罪规定的最高刑是无期徒刑,对受贿罪规定的最高刑为死刑,在法定刑上体现了严厉惩治,但贿赂犯罪仍然普遍。大多数行为人之所以实施犯罪,是因为在实施犯罪之前存在一种侥幸心理,以为犯罪后可以不被发现。在财产罪中,盗窃罪发案率位居首位,就是因为盗窃行为通常是秘密窃取,行为人自以为不会被人发现。贿赂罪是对向犯,双方的行为都构成犯罪,故双方都不愿意案发,因而也都是秘密实施并相互隐瞒。所以,如果在构成要件的设计上,将贿赂犯罪置于囚徒困境,使一方的犯罪行为容易被追责,提高贿赂犯罪被发现的容易性、受刑罚处罚的确定性,则会有利于预防贿赂犯罪。

民国时期的刑法以及国外刑法一般将受贿罪的构成要件行为表述为收受(同意收受)、要求、约定贿赂,将行贿罪的构成要件行为表述为申请(提出)、约定、给予(提供、同意给予)贿赂。我前面列举了一些规定。国外刑法对未遂犯、预备犯的处罚一般以刑法有明文规定为限,但其刑法并不处罚贿赂罪的未遂犯与预备犯,而是将未遂行为既遂化,甚至将我们视为预备的行为规定为既遂犯。为什么国外刑法都将索要、约定、收受(乃至接受许诺、同意收受)财物的行为直接规定为受贿既遂？为什么都将给予、许诺给予、约定给予公务员财物的行为直接规定为行贿既遂呢？我的回答是,除贿赂罪的未遂与既遂具有等同的不法外，更重要的是为了置行贿与受贿于囚徒困境，提高贿赂犯罪被发现的容易性、被认定的确定性（受刑罚处罚的确定性），从而可以更加有效地预防贿赂犯罪。如果行贿人一旦提出给予公务员财物就是行贿既遂，那么，公务员在不敢、不愿收受财物时就可以告发行贿人的罪行；行贿人因担心公务员不收受财物进而告发，便不敢、不愿行贿。同样，如果公务员一旦索要财物就是受贿既遂，对方不敢、不愿行贿时就可以告发公务员犯受贿罪；公务员因担心对方告发就不敢、不愿索要财物。

例如，甲有求于公务员乙的职务行为，并许诺“事成之后给你 10 万元好处”。按照德国、日本等国刑法以及 1935 年《中华民国刑法》的规定，到此为止，甲的行为就构成行贿既遂。所以，甲在讲“事成之后给你 10 万元好处”之前就要反复掂量：乙是否会同意，如果不同意就只有自己构成行贿罪既遂，因而会受刑罚处罚。显然，如果甲没有确定的把握，就不会轻易行贿。同样，在 B 有求于公务员 A 的职务行为时，如果 A 说“事成之后你给我 10 万元好处”，A 的行为就构成受贿既遂。A 在讲“事成之后你给我 10 万元好处”之前也会反复掂量，B 是否会同意。只要 A 不能确定，就不会轻易索要财物。于是，双方都会担心对方不同意而只有自己构成犯罪，因而都不敢、不愿提出、约定贿赂。

我国现行刑法对受贿罪规定的构成要件行为是索取与收受财物，对行贿罪规定的是给予财物。从解释论上来说，完全可以认为，受贿罪中的“索取”就是索要，凡是提出、要求、约定请托人给予财物的就是受贿既遂，行贿罪中的“给予”包括提出给予、许诺给予、约定给予、现实给予。这样解释不仅有利于实现预防犯罪的目的，而且不会违反罪刑法定原则。遗憾的是，刑法学界与司法实践均不接受这样的解释，不知道你们能不能接受我的解释。